통광 스님 현토 · 국역

장자 감산주

통광 스님 국역 · 현토

장자
감산주

· 통광불교연구원

나라연

일러두기

- 감산의 『장자내편주』는 불교 이론에 부합한 까닭에 제월통광 선사께서 쌍계사에서 『장자』를 강의할 때 교재로 채택하였다.
- 제월통광 현토·국역 『장자감산주』는 1997년에 香港佛敎法喜精舍 香港佛經流通處에서 발행한 憨山大師法彙初集 全10冊 중 第8冊 『莊子內篇註』를 대본으로 하였다.
- 원문은 직역과 의역 두 가지로 번역하였고, 감산편해와 감산절해는 직역만 하였다.
- 『장자내편주』에 대한 감산의 세주(細註)는 각주 처리하고, 세주의 직역은 세주 원문 다음에 수록하였다.
- 역자의 주는 짧은 것은 번역문 내에〔 〕안에 넣어 처리하고, 긴 것은 * 표시하여 각주 처리를 하였다.

책머리에

통광 스님께서 입적하신 지 일 년이 지났다. 스님의 육신은 비록 산화하여 자연으로 돌아갔으나 그분의 가르침은 여전히 우리의 마음에 남아 있다. 스님의 가르침을 일련의 책으로 펴내려고 하는 이유는 가까이 모시고 배울 때 느낀 그분의 불교에 대한 탁월한 이해와 번득이는 선지가 시간의 흐름에 따라 바래어 사라지게 되기에는 너무나도 아깝다는 생각 때문이다. 스님이 펼쳐 보인 진리의 흔적은 오롯하여 그 한 자락을 현 찰나를 넘어 영원으로 기리고 싶다.

통광 스님은 선교에 달통한 대선사이자 대강백이셨다. 범어사 시절 엄성호 스님으로부터 선지를 꿰뚫는 안목을 배운 이래 전국의 대선사들을 찾아 수행정진하며 선의 요체를 논하셨으며, 한암 스님, 탄허 스님으로 이어지는 강맥을 이어 한문 경론, 특히 조사어록에 타의 추종을 불허하셨다. 스님은 교학을 탐구함과 동시에 선을 수행하셨다. 이러한 교학과 수행에 두루하심은 교학을 모르는 수행, 혹은 수행이 없는 교학의 한계를 넘어 선교쌍조의 사상체계를 형성하게 만들었다.

이번에 펴내는 〈통광 스님 현토 장자 감산주〉는 선을 알기 위해서는 불·유·도 삼가를 두루 알아야 한다는 스님의 평소의 지론에 입각한 것이다. 이 전통은 가까이는 탄허 스님의 가르침을 따르는 것이며, 멀리는 감산 스님과 같은 明대의 선승들에게서 비롯된 것이다. 스님은 선승 감산이 풀어내는 〈장자〉를 통해서 어떻게 불가, 특히 선가가 도가의 사상을 회통하는가를 보여 주고자 하셨다.

안타깝게도 〈장자 감산주〉는 스님의 유작이다. 스님께서는 병석에서 극심한 육신의 고통에 맞서 한 줄 한 줄 번역하고 토를 붙이셨지만 금생의 시간은 유한하기만 하여 모든 것을 세세히 살피실 시간이 부족하였다. 특히 감산 스님의 주해 부분은 스님의 손길이 일일이 미치지 못한 곳이 있다. 때문에 이 책을 펴내야 하는지에 대한 여러 논의가 있었지만 그래도 스님의 선지가 묻어 있는 부분이 많은 만큼 펴내는 것이 도리라는 것으로 입장이 정리되었다. 다만 스님의 후인들이 첨부한 부분의 오류 때문에 스님의 명성에 흠이 될까 큰 걱정이다. 여기서 분명히 밝히고 싶은 것은 번역과 해석상 문제가 있는 곳이 있다면 그것은 후인들이 첨부하면서 생긴 것이라는 점이다.

이 책을 펴내는 데에 여러 분의 노고로움이 있었다. 먼저 이 책을 펴내도록 미완성 부분의 완결과 감수에 애써 주신 스님의 법제자인 승행 스님, 문광 스님, 우견 스님께 감사드린다. 이 세 분의 노력이 없었다면 이 책은 세상에 나올 수 없었을 것이다.

또한 스님의 가르침이 사장되는 것을 안타까이 여겨 책이 나올 수 있도록 물심양면으로 지원해 주신 칠불사 주지 도응 스님과 법보시해 주신 여러 신도분들께 감사를 드린다. 일일이 찾아뵙고 인사드리는 것이 도리이나 우선 이 자리를 빌려 고마움의 말씀을 표하고 싶다. 편집부터 교정까지 정성을 다 해주신 출판사 나라연의 오세연 선생에게도 감사의 마음을 전한다.

　이 책이 생과 사의 갈림길에서도 늘 여여함을 잃지 않고 몸소 진리를 내어 보여주신 통광 스님의 가르침을 전하는 데에 조그마한 도움이 되기를 부처님께 기원한다.

불기 2559년 1월 어느 오후
통광불교연구원 우제선 교수 합장

간행사

은사이신 통광 큰스님은 오늘날의 모습을 갖춘 칠불사를 만드신 분이다. 스님께서는 6·25전쟁 때 전소된 사찰을 20여 년에 걸쳐 복원하여 대웅전, 아자방, 운상선원, 설선당, 보설루, 원음각, 요사채를 중창하셨다. 현재의 칠불사가 있게 된 것은 어른 스님의 원력에 기인한 바가 절대적이다.

하지만 저희 제자가 가까이 모시고 본 스님은 단순히 불사만 하셨던 분이 아니다. 경론의 문리를 꿰뚫어 아실뿐만 아니라 화두를 타파하여 도리에 밝으신 분이셨다. 늘 어른 스님의 주위에는 교학을 배우고자 하는 학인들과 법거량을 하고자 하는 수좌들로 넘쳐났다. 이것이 그분이 수년간 강주로 계셨던 쌍계사 승가대학이 전국 최고의 강원이 되었고, 칠불사 운상선원이 동국제일선원이라 불리는 계기가 되었던 연유이다.

통광 큰스님은 서원을 세워 늘 정진하셨던 분이다. 염불이면 염불, 경론이면 경론, 참선이면 참선의 깊은 경지에 이른 스님의 모습은 저희 상좌들에게 살아 있는 수행정진의 지침이 되었다. 스님께서 늘 강조하셨던 가르침은 "염불이든 주력이든 경론이든 참선이든 그중에 하나라도 철저히 일념으로 하면 마음이 맑아지고, 맑아지면 밝아지고, 밝아지면 통하게 된다"는 것이었다.

어른 스님께서 원적에 드신 지 벌써 1년이 지났다. 그분이 생전에 남긴 가르침은 저희 상좌들의 가슴속에만 간직하기에는 너무 거룩하고 심오하다. 특히나 불·유·선 3가에 달통한 스님의 지혜는 사장시키기에는 너무 애석함이 있다. 이번에 그분이 남긴 가르침을 모아 정리하여 첫 출발점으로 감산 스님 현토 장자를 펴내게 되는 바 심히 다행스런 일이다. 책 출판 준비를 맡아 바쁜 와중에도 시간을 내어 노고를 마다하지 않은 동국대학교 우제선 교수님과 승행 스님을 비롯한 스님의 법상좌들에게 고마움을 전한다. 이번 펴내는 책이 통광 큰스님의 가르침을 세세에 길이 전할 수 있는 계기가 되기를 불보살님께 기원한다.

불기 2559년 2월 16일
지리산 칠불사 주지 도응 합장

차례

책머리에 / 5

간행사 / 8

국역을 마치고서 / 12

장자 내편주 권1 莊子內篇註 卷之一   ●   21

장자 내편주 권2 莊子內篇註 卷之二   ●   25

    제1 소요유 逍遙遊第一   …   27

    제2 제물론 齊物論第二   …   75

    제3 양생주 養生主第三   … 195

장자 내편주 권3 莊子內篇註 卷之三   ● 215

제4 인간세 人間世第四   … 217

제5 덕충부 德充符第五   … 291

장자 내편주 권4 莊子內篇註 卷之四   ● 335

제6 대종사 大宗師第六   … 337

제7 응제왕 應帝王第七   … 425

국역을 마치고서

1. 장자란 무엇인가?

장자는 전국시대 도가의 사상가이자, 훌륭한 문학가이다. 司馬遷의
『사기』列傳에 따르면 그는 宋나라의 蒙(현 河南省 商邱縣)에서 태어났다.
이름은 周이며, 漆園의 하급 관리를 지냈다. 활동 시기는 전국시대 楚威
王이 재위하던 때로 맹자와 동시대였다.

장자의 사상은 주로 노자를 원용한 것이지만 그가 다룬 주제는 훨씬
광범위하다. 그는 문학과 사상에서 천부적 재능을 발휘하여 유가와 묵가
를 반박한 비판가이기도 하다. 그의 저서 『장자』는 일칭 『南華經』이라 하
며, 노자의 『道德經』, 열자의 『衝虛經』과 함께 도교의 주요 경전인 三眞經
으로 받들어지고 있다.

맹자가 공자의 『논어』의 의미를 밝혔다면, 장자는 노자 『도덕경』의 의미
를 드러냈다. 만약 장자가 없었다면 『도덕경』은 결코 오늘날처럼 빛났으
리라고 장담하기 어렵다. 장자는 노자의 충실한 대변인이다.

『장자』는 內篇 7편, 外篇 15편, 雜篇 11편으로 모두 33편이다. 內 7편
이 장자의 저술이자 종지의 핵심을 밝힌 것이라면 그 밖의 외·잡편은 일

부 저자 미상의 저서로서 內 7편의 蔓衍에 지나지 않는다. 그러나 이 두 편은 장자의 사상을 부연한 것으로 그 나름대로의 가치가 없는 것이 아니다.

『장자』는 도가사상의 절대경전이다. 따라서 西晉의 郭象(?~312)이 처음 注를 쓴 이후로 道家뿐만 아니라 禪宗의 승려까지도 『장자』를 자주 원용해 왔다. 그 결과 『道藏』에 실린 『장자』의 주해만도 수백 가지에 이른다. 이는 유가의 경전 주해를 모아 놓은 『經學集成』에 실린 『맹자』의 주해 수와 비교하여 더 많았으면 많았지, 결코 적은 수가 아니다. 이는 동아시아 사상에서 『장자』에 대한 관심과 그 중요성을 말해 주는 것이다.

2. 憨山德淸 禪師와 莊子註

수많은 『장자』의 주해서 가운데 왜 감산 스님의 주해를 선택했는지? 이는 감산 스님을 이해하지 않고서는 알 수 없을 것이다. 먼저 감산의 생애를 槪述하면 다음과 같다.

감산 스님(1546~1623)은 袾宏, 眞可, 智旭 禪師와 함께 明末 四大 高僧의 한 사람이다. 金陵 全楸(安徽) 사람이며 속성은 蔡氏이며 字는 澄印, 호는 憨山이다.

11세의 어린 나이에 출가의 뜻을 품고서 이듬해 報恩寺 西林 永寧에서 內典(불서)을 배우면서 유학을 겸함으로써 내외전과 노장학을 널리 통달했다. 19세에 棲霞山 雲谷法會를 찾아 『中峰廣錄』을 읽고서 참선을 하기로 결심하였다.

그 후 다시 보은사로 돌아와 삭발하고 無極明信 선사에게서 구족계를 받은 후 『華嚴玄談』의 법문을 들었다. 그 당시 淸凉澄觀 선사의 인품을 사모하여 그 스스로 자신의 字를 澄印이라 하였다. 嘉靖 44년(1565), 다시 법회에 참석하여 염불공안을 받았고, 隆慶 5년(1571) 제방을 행각하다가 북경의 여러 강원에서 교학을 넓혔다. 또 遍融, 笑巖 두 선사를 참방하였다. 萬曆 원년(1573)에는 五臺山을 행각하다가 憨山의 빼어난 경관을 보고서 이로써 자신의 법호를 삼았다.

만력 9년(1582)에는 福登 스님과 함께 북경의 대덕 5백여 인을 오대산으로 초청하여 無遮大會를 열자, 太后는 사신을 보내어 황실의 안녕을 빌도록 하였다. 그 후 東海 牢山(山東 嶗山)에 주석하였는데 명성이 자자하였다. 만력 14년(1587), 신종 황제가 大藏經 15部를 천하 명산에 반포할 적에 태후는 특별히 노산에 1부를 하사하였고, 아울러 海印寺를 창건하고서 스님에게 주지를 맡도록 하였다.

만력 23년(1596), 廟宇를 私修했다는 무고로 被逮, 雷州(廣東)로 유배를 떠났다가 5년 후 南韶道祝 스님의 청으로 조계사에 머물도록 하였다. 그 이듬해 다시 禪院을 세워 승려를 선발하여 戒를 주고, 義學을 세워 사미를 가르치고, 庫舍淸規를 설립하여 조사선풍을 크게 떨쳤다.

만력 42년(1614), 태후가 죽자 왕명으로 승복을 되돌려 주었으며, 그 후 명산승지를 행각하면서 설법과 교화를 떨쳤다. 44년(1616)에 廬山 五乳峰에 法雲禪寺를 창건하고 慧遠 스님의 법을 모방하여 淨業을 닦는 데 마음을 다하였다.

天啓 2년(1622), 韶陽太守 張公의 청으로 다시 조계사에 들어갔다가 그 이듬해 향년 78세로 입적하였다. 諡號는 弘覺 禪師이며, 후인이 스님을 위해 南華寺 天子岡에 부도를 세웠으며, 세인들은 憨山 大師라 부른다.

감산은 禪과 화엄사상을 융합하여 禪淨無別, 三敎歸一說을 주창하였다. 그의 제자로는 福善, 通炯 등이 있으며, 그의 저서는 매우 많은 바, 그 가운데 주요 저서로는 『華嚴綱要』 80권, 『楞嚴經通議』 10권, 『法華經通議』 7권, 『起信論直解』·『圓覺經直解』·『肇論略註』 각 2권, 『唯識論解』, 『淨土會語』, 『中庸直旨』, 『春秋左氏心法』, 『老子道德經註』, 『莊子註』, 『觀老莊影響論』 등이 있고, 문인의 편집으로 『憨山夢遊集』 55권과 『憨山語錄』 20권이 있다. 이상과 같이 스님은 儒佛仙 三家에 博通하여 儒書는 물론 노장학까지 두루 섭렵하여 많은 저서를 남기고 있다.

스님은 열반하기 3년 전, 만력 48년(1620) 봄, 75세의 고령으로 여산 오유봉 法雲禪寺에 주석하면서 강의가 없어 한가할 때 시자 廣益의 청에 의해 『장자』 주해를 저술했다. 이의 原題는 『莊子內篇憨山註』이다. 『장자주』 自序에 의하면, "『장자』 一部의 전서는 33편이지만 內 7편에 이미 그 뜻을 다하였고, 그 나머지 편은 모두 蔓衍한 말일 뿐이다"라고 하여, 內 7편의 중요성을 밝혀 주해의 대상은 內 7편에 국한하였다.

3. 감산 스님이 해석한 『장자』 內 7편의 요지

『장자 감산주』는 노장을 超克한 불가의 입장에서 『장자』의 사상을 승화시켜 그 종지를 밝히는 것을 특징으로 한다.

〈소요유〉: 逍遙란 광대하고 自在하다는 뜻이니, 佛書에서 말한 '걸림 없는 해탈'이라는 말과 같다. 부처님은 번뇌를 끊어 다한 것을 해탈이라 하는 반면에 장자는 形骸(육신)를 초탈하고 知巧를 근절하여 자기 한 몸과 功名에 얽매이지 않는 것을 해탈이라 한다. 逍遙는 廣大自在를 전제로 한다. 도가의 '形骸의 초탈'과 '知巧의 근절'은 곧 불가의 '無碍解脫' 즉 斷盡煩惱이다.

〈제물론〉: 物論이란 고금 인물의 수많은 말들의 논변이다. 諸子百家는 각기 小知와 小見으로 스스로를 옳다고 여겨 자신의 견해만을 고집한다. 物論을 가다듬으려고 한다면 반드시 크게 깨달은 眞人이 세상에 나와 참다운 깨달음을 통해 大道의 견지에서 자타를 잊어야 한다. 物我兩忘은 物論을 굳이 가다듬지 않아도 시비가 스스로 사라져 온갖 차별상이 없어지는 경지이다. '나의 견해', '나의 옳음'에 집착하지 않고, 자신이 본래 지닌 眞宰를 깨닫는 것이 大道의 고향과 하나가 되는 길이다. 物我를 모두 잊어 시비가 사라지는 것은 大人으로서의 無爲而化다.

〈養生主〉: 세상 사람들은 一身의 입과 몸뚱이만을 위해 공명과 이익을 좇아 養生의 계책을 삼는다. 이 때문에 생명을 해치고 본성을 상하게 한다. 도에 들어가는 공부를 하고자 하는 자는 청정으로 욕심을 떠나 본성을 함양해야 한다.

〈人間世〉: 성인 處世의 도는 '心齊'와 '坐忘'에 따른 虛心에 있다. 허심으로 사물을 대해야 한다. 재주와 私情으로 명예를 구하려 하면 환난을 피하지 못한다.

〈德充符〉: 자기의 육신이 大患의 근본임을 알아 덕이 내면에 가득 차기를 힘쓸 일이지, 헛된 명성을 좇아서는 안 된다. 形骸를 잊고 마음을 한결같게 함은 곧 부처님이 말한 분별 망상을 짓는 我障을 타파하는 것이다. 장자가 말한 ‘寓六骸象耳目一知之所知’는 부처님이 말한 ‘假觀’이다. 이것은 불가의 ‘욕심을 떠나기 위해 닦는 禪定’에 다름 아니다.

〈大宗師〉: 대종사는 위 6편의 뜻을 總結하여 도덕을 모두 갖춘 자로 渾然한 큰 造化로써 자아를 잊고, 공업을 잊고, 명예를 잊은 至人이자 神人이며 聖人이다. 內聖의 학문은 반드시 이 경지에 이르러야 極則이라 할 수 있다.

〈應帝王〉: 성인이 時運을 만나 세상에 나아감은 마지못해 천명에 순응한 것이다. 聖帝明王이 無爲로 다스리는 것은 有爲로서의 作爲가 전혀 없다. 大用은 無爲이다. 自然淸淨無爲의 도는 불가의 初禪天의 通明禪과 같다.

4. 『장자』를 읽는 방법

宋代의 林希逸의 『莊子口義』 自序에 의하면 『장자』를 읽는 데에는 다음의 다섯 가지 어려움이 있다.

1) 『장자』에서 말한 仁義와 性命 따위의 字義는 모두 儒書에서 쓰인 뜻과는 다르다.
2) 장자의 의도는 공자와 그 경지를 겨루고자 한 까닭에 『장자』에서 말한 바, 과장된 부분이 많다.
3) 『장자』에서는 中·下 根器의 속인에 대해 비하하고 있다. 예컨대 佛書에서 말한 ‘最上乘者를 위한 설법’이기에 장자의 말은 으레 지나치게 고고하다.
4) 『장자』에서의 문장의 鼓舞와 變化는 모두 여느 文字의 상식적인 경로로

는 추구할 수 없다.

5) 『장자』의 語脈과 機鋒은 대체로 禪家의 頓宗과도 같다. 이른바 禪機의 예리한 칼날과도 같다. 이는 일찍이 儒書에서 찾아볼 수 없는 부분이다.

『장자』를 읽으려면 반드시 『논어』, 『맹자』, 『중용』, 『대학』 등을 精讀하여 문장을 보는 안목이 있어야 한다. 더 나아가 禪宗의 견지를 깨침이 필요하다. 이런 능력이 갖추어진 뒤에야 『장자』의 말과 뜻의 귀결처를 알 수 있게 된다. 『장자』는 跌蕩한 문장과 戲劇의 구성으로 이뤄져 있으나 大綱領, 大宗旨만큼은 聖人과 다를 바 없다.

위의 논지에서 말한 바와 같이 『장자』를 읽으려면 먼저 儒書를 독파하여 문리에 대한 안목과 경전에 관한 이해가 있어야 하고 여기에서 다시 한 걸음 더 나아가 佛書를 섭렵하여 종횡변화를 깨달아 선종에 대한 바른 견해를 지녀야 한다. 이러한 토대에서 『장자』의 문맥과 그 요의를 알게 되어 비로소 옛 사람이 미처 다하지 못한 탐구를 터득할 수 있다.

『장자 감산주』는 선종의 견지에서 『장자』를 해석함으로써 설령 불서를 섭렵하지 않은 사람일지라도 이 책을 이해하는 데 크게 기여하고 있다. 이 점이 바로 이번에 국역에 착수하게 된 계기이자 목적이라 할 수 있다.

오늘날, 장자에 대한 주해서도 많고, 국역본 간행 역시 적지 않은 수가 있다. 그러나 대다수의 국역은 『장자』의 이해라는 측면에서 의역과 연역으로서 그 의미의 전달에 초점을 맞추고 있다. 따라서 더러는 畫蛇添足의 군더더기로 인해 오히려 장자 사상의 이해에 어려움이 적지 않고, 古典으로서의 講讀에는 턱없이 부족한 형편이다.

이 책 『장자 감산주』는 『장자』의 원전 독해를 위해 일찍이 단 한 번도 찾아볼 수 없었던 全文의 현토와 충실한 直譯 체제를 유지한다. 또한 그 사상을 이해하고자 하는 초학자를 위해 직역을 기조로 하여 의역을 별도로 덧붙였다. 이는 한학의 전공자는 물론 일반 독자를 배려하기 위한 의도이다.

이번 현토 주는 『장자』의 사상을 선종의 돈오사상을 기조로 승화한 감산 스님의 마음을 내보이고자 한 것이다. 독자들에게 마치 바람과 그림자를 움켜잡듯이 『장자』의 종지를 꿰뚫어 보게 함으로써 천고에 숱한 사람을 속여 왔던 장자의 문장에 더 이상 얽매이지 않게 하기 위함이다. 더 나아가 물질만능의 혼돈의 산업시대를 살아가는 현대인들에게 광대무변의 逍遙自在와 시비를 초극한 物我兩忘의 사상을 제공하기를 기대한다.

佛紀 2557년 白露之節에

칠불사 회주 霽月通光 삼가 쓰다.

장자 내편주 권1
【莊子 內篇註 卷之一】

장자 내편주 권1
莊子 內篇註 卷之一

莊子一書는 乃老子之註疏라 予嘗謂老子之有莊이 如孔之有孟이라하노
라 若悟徹老子之道하고 後觀此書하면 全從彼中變化出來라 以其人이
宏才博辯하야 其言이 洸洋自恣일새 故로 觀者 如捕風捉影耳니 直是見
徹他立言主意하면 便不被他瞞矣리라 一部全書三十三篇이로되 只內七
篇이 已盡其意요 其外篇은 皆蔓衍之說耳라 學者 但精透內篇하야 得無
窮快活하면 便非世上俗人矣리라 其學問源頭는 影響論에 發明已透하니
請細參之어다

『장자』라는 이 책은 바로 『도덕경』의 註疏(註釋)이다. 내 일찍이 말했듯
이 "노자에게 장자가 있다는 것은 공자에게 맹자가 있는 것과 같다." 만일
노자의 도를 깨달은 후에 이 책을 보면 〈장자의 사상이란〉 모두 그(노자)
가운데서 변화되어 나왔음을 알 수 있다.

그(장자)는 才藝가 宏大하고 논변이 해박하고 그 말이 洸洋하여 아무런
거침이 없는 까닭에 이를 읽는 이들은 마치 바람을 잡고 그림자를 움켜잡
는 듯하다. 다만 그의 立言과 主意를 꿰뚫어 보면 그에게 속임을 당하지
않을 것이다.

『장자』一部의 全書는 33편*이지만 內 7편에 이미 그 뜻을 다하였고, 그 나머지 편은 모두 蔓衍한 말일 뿐이다. 배우는 이가 內篇만을 정미하게 通透하여 무궁한 쾌활을 얻는다면 곧 세상의 속인이 아니다. 그의 학문 源頭(淵源)는 『관노장영향론(觀老莊影響論)』**에서 밝혀 이미 막힘이 없으므로 이를 자세히 參究하기를 請하는 바이다.

---

 * 內篇 7편 , 外篇 15편, 雜篇 11편을 말함.
** 이는 감산의 저술 『三敎源流異同論』으로 유교, 불교, 도교의 공통점과 차이점을 밝혀 주고 있다.

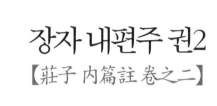

장자 내편주 권2
【莊子 內篇註 卷之二】

제1 소요유(逍遙遊 第一)

【감산 편해】

此는 爲書之首篇이라 莊子 自云 言有宗하며 事有君이라하니 卽此便是立言之宗本也라 逍遙者는 廣大自在之意니 卽如佛經의 無礙解脫이라 佛은 以斷盡煩惱로 爲解脫하고 莊子는 以超脫形骸하고 泯絶知巧하야 不以生人一身功名爲累로 爲解脫하니 蓋指虛無自然하야 爲大道之鄕이며 爲逍遙之境이니 如下云 無何有之鄕과 廣漠之野等語 是也라 意謂唯有眞人이아 能遊於此廣大自在之場者니 卽下所謂大宗師 卽其人也라 世人이 不得如此逍遙者는 只被一箇我字拘礙니 故凡有所作이 只爲自己하고 一身上에 求功求名이라 自古及今히 擧世之人이 無不被此三件事苦了一生이어니 何曾有一息之快活哉아 獨有大聖人은 忘了此三件事일새 故得無窮廣大自在逍遙快活이라 可悲라 世人은 迷執拘拘하야 只在我一身上에 做事일새 以所見者 小니 不但不知大道之妙라 卽言之而亦不信이니 如文中의 小知不及大知等語 皆其意也라 故로 此篇立意 以至人無己聖人無功神人無名으로 爲骨子하야 立定主意로되 只說은 到後하야사 方才指出하니 此是他文章 變化鼓舞處라 學者 若識得立言本意하면 則一書之旨 了然矣리라

이는 『장자』의 첫 편이다. 장자 스스로 말하기를, "말에는 宗旨가 있고

일에는 君主가 있다" 하니, 이는 곧 立言의 종지요, 근본이다. 逍遙란 광대하고 自在하다는 뜻이니, 불경의 걸림 없는 해탈이라는 말과 같다. 부처님은 번뇌를 끊어 다한 것을 해탈이라 하였고, 장자는 形骸〔肉身〕를 초탈하고 知巧를 근절하여 자기 한 몸과 功名에 얽매이지 않는 것을 해탈이라 하였다. 이는 虛無自然을 가리켜 大道의 고향이라 하고 逍遙의 경계라 하니, 下文에서 말한 "아무것도 있지 않은 고을, 드넓은 들녘〔無何有之鄕 廣漠之野〕" 등의 말이 바로 그것이다. 생각해 보면, 오직 眞人이라야 이처럼 광대하고 자유로운 경지에서 노닐 수 있는 자이니, 下文에서 말한 大宗師가 바로 그런 사람이다.

세상 사람이 이 같은 소요를 할 수 없는 것은 오직 '我'라는 하나의 글자에 얽매여 있기 때문이다. 그러므로 모든 作爲가 오로지 자기만을 위하고 일신상의 공을 추구하고 명예를 추구하려고만 한다. 예로부터 오늘에 이르기까지 온 세상 사람들이 이 세 가지 일로 일생 동안 괴로움을 당하지 않은 이가 없으니, 어찌 한 순간의 快活인들 얻을 수 있겠는가. 성인만이 이 세 가지 일을 잊은 까닭에 무궁한 광대 자재와 소요의 쾌활을 얻을 수 있다.

슬프다. 세상 사람들은 혼미와 집착으로 얽매여 오로지 自我의 一身上에서 일을 한 까닭에 所見이 작으니, 단순히 大道의 妙를 모르는 데 그치지 않는다. 나아가 말해 주어도 또한 믿으려 하지 않으니, 본문 중에서 말한 "小知는 大知에 미치지 못한다"는 등의 말이 모두 그런 뜻이다. 그러므로 이 편의 立意는 "至人은 自己가 없고 聖人은 공을 세움이 없고 神人은 이름을 구함이 없다"는 것으로써 骨子를 삼아 주된 뜻을 定立하였지만 이에 관한 說은 뒤 단락에 이르러 바야흐로 말하니, 이는 그 문장이 변화하고 고무된 곳이기도 하다. 배우는 이가 만일 立言의 本意를 안다면『장자』의 宗旨가 了然할 것이다.

【원문】

北冥에[1] 有魚하니 其名이 爲鯤이라 鯤之大는 不知其幾千里也라 化而爲鳥에 其名이 爲鵬이니 鵬之背는 不知其幾千里也라 怒而飛에 其翼이 若垂天之雲이라 是鳥也 海運則將徙於南冥하니니 南冥者는 天池也라

【직역】 北冥에 물고기가 있으니 그 이름을 鯤이라 한다. 鯤의 크기가 그 몇 千里인지 알 수 없고, 變化하여 새가 되니 그 이름을 鵬이라 한다. 鵬의 등이 그 몇 千里인지 알 수 없으니, 怒하여 날아감에 그 날개가 하늘에 드리운 구름과 같다.

이 새(鵬鳥)는 바다가 運動하면 곧 장차 南冥으로 옮겨가니, 南冥이란 天池이다.

【의역】 북쪽 바다가 끝없이 아득하여 그 이름을 북명(北冥)이라 하는데, 그곳에 물고기 한 마리가 살고 있었다. 그 이름을 곤어라 한다. 곤어의 크기가 얼마나 큰지 몇 천 리가 되는지 알 수 없다.

곤어가 변해서 한 마리의 새가 되는데, 그 이름을 붕조라 한다. 붕조 역시 매우 커서 등이 몇 천리나 되는지 알 수 없다. 붕조가 큰 날개를 힘차게 퍼덕이며 날아오르면 그 날개는 마치 하늘을 뒤덮은 구름과 같다. 붕조는

---

1 北海니 乃玄冥處也라 | 北海니 玄冥한 곳이다.

바다가 진동하면서 회오리바람이 일어나는 유월이면 바야흐로 그 바람을 타고서 아득한 남쪽 바다로 옮겨가게 된다. 남쪽 바다는 바로 천지(天池)이다.

【감산 절해】

莊子立言에 自云 寓言은 十九요 重言은 十七이요 巵言은 日出하야 和以天倪라하니 一書之言이 不出三種하니 若此鵾鵬은 皆寓言也라 以托物寓意하야 以明道니 如所云 譬喩是也라 此逍遙主意는 只是形容大而化之之謂聖이니 惟聖人이라야 乃得逍遙故로 撰出鵾鵬하야 以喩大而化之之意耳라 北冥은 卽北海니 以曠遠하야 非世人所見之地일새 以喩玄冥大道라 海中之鵾은 以喩大道體中에 養成大聖之胚胎니 喩如大鵾은 非北海之大면 不能養也라 鯤化鵬은 正喩大而化之之謂聖也라 然鯤雖大나 乃塊然一物耳라 誰知其大아 必若化而爲鵬하야사 乃見其大耳라 鵬翼이 若垂天之雲이라하니 則比鯤在海中之大를 可知矣라 怒而飛者는 言鵬之大는 不易擧也요 必奮全體之力하야사 乃可飛騰이니 以喩聖人이 雖具全體나 向沈於淵深靜密之中일새 難發其用이니 必須奮全體道力하야사 乃可捨靜而趨動이니 故若鵬之必怒而後에 可飛也라 聖人이 一出에 則覆翼羣生하니 故喩鳥翼이 若垂天之雲이니 此則非鵾可比也라 海運은 謂海氣運動이니 以喩聖人이 乘大氣運하사 以出世間이요 非等閒也라 將徙란 徙者는 遷也라 南冥은 猶南明이라 謂陽明之方이니 乃人君南面之喩라 謂聖人이 應運出世하면 則爲聖帝明王하야 卽可南面以臨莅天下也라 後之大宗師는 卽此之聖人이요 應帝王은 卽徙南冥之意也라 所謂言有宗事有君者 正此意也니라

장자는 立言에 있어 스스로 말하기를, "寓言은 열에 아홉이고, 重言은 열에 일곱이고, 巵言은 해가 떠 天倪로써 조화한다" 하니, 『장자』一書의 말들이 이 세 가지에서 벗어나지 않는다. 이 鯤魚와 鵬鳥 같은 것은 모두 寓言이다. 사물에 가탁하여 뜻을 담아 도를 밝히니 이른바 譬喩가 바로 이것이다. 이 〈소요유〉의 주된 뜻은 "大人으로서 자연스럽게 되어지는 성인(大而化之之謂聖)"의 경지를 형용함이니, 오직 성인이라야 소요할 수 있다. 그러므로 곤어와 붕조를 지어내어 "大人으로서 자연스럽게 되어지는 성인"에 대한 뜻을 비유한 것이다.

北冥은 곧 北海다. 曠遠하여 세상 사람들이 볼 수 없는 곳이기에 이로써 玄冥한 大道를 비유한 것이다. 바다 속의 곤어는 大道의 본체 가운데 大聖의 胚胎를 養成함을 비유함이니, 이처럼 커다란 곤어란 北溟만큼 크지 않으면 양성할 수 없음을 비유한 것이다. 곤어가 붕조로 변한 것은 바로 "大人으로서 자연스럽게 되어지는 성인"을 비유한 것이다.

곤어가 비록 크다 하나 한 덩어리의 물고기일 따름이다. 누가 그 크기를 알 수 있겠는가. 반드시 변화하여 붕조처럼 되어야만 그 크기를 볼 수 있다. "붕조의 날개가 하늘에 드리운 구름과 같다" 하니 바다 속 곤어의 크기를 비유하여 알 수 있다.

힘차게 솟구친다(怒而飛)는 것은 붕조가 크기에 쉽사리 날아오를 수 없으므로 반드시 全體의 힘을 분발하여야만 飛騰할 수 있음을 말하니, 이로써 성인이 비록 全體를 갖추고 있지만 깊은 고요 속에 잠겨 있는 까닭에 그 用을 발휘하기 어렵다. 그는 반드시 전체의 道力을 분발하여야만 고요를 떨치고 동함으로 나아갈 수 있음을 비유한 것이다. 그러므로 붕조가 반드시 힘차게 분발하여야 날 수 있는 것과 같다. 성인은 한번 세상에 나오면 그 날개로 많은 생명을 감싸준다. 그러므로 붕조의 날개가 하늘에 드리운 구름 같다 비유한 것이니, 이는 곤어에 견줄 바가 아니다.

海運이란 바다 기운의 運動이니 이로써 성인이 큰 기운을 타고서 世間을 벗어남이요, 等閒함이 아님을 비유한 것이다. 將徙의 徙는 옮겨간다는 것이다. 南冥이란 南明과 같다. 햇살이 밝은 곳을 말하니 곧 임금이 남쪽으로 향한다(南面)는 비유이다. 성인이 天運에 순응하여 세상에 나오면 聖君 明王이 되어 남쪽으로 향하여 천하를 다스릴 수 있음을 말한다. 後篇의 大宗師는 바로 이런 성인이고, 應帝王이란 곧 南冥으로 옮겨간다는 뜻이다. 이른바 "말에는 宗旨가 있고 일에는 君主가 있다"는 것은 바로 이런 뜻이다.

【원문】

齊諧者는 志怪者也니 諧之言에 曰 鵬之徙於南冥也에 水擊三千里하고 搏扶搖而上者 九萬里니 去以六月息者也라하니라

【직역】 齊諧란 怪奇를 記錄한 것이니 齊諧의 말에 이르기를, "鵬이 南冥으로 옮겨갈 적에 水面을 치기 三千里하여 扶搖를 박차고 오르기를 九萬里하니 六月의 息으로써 떠나간 者이다"라고 하였다.

【의역】 『제해』란 괴담을 적어 놓은 책이다. 『제해』에서 아래와 같이 말하였다.

"붕조가 남쪽 바다로 옮겨갈 때면 그 날개가 워낙 커서 갑자기 날아오를 수 없기에, 반드시 해수면을 따라 수평으로 쭉 뻗어가다가 솟아올라야

한다. 이 때문에 날개로 수면을 치면서 저 멀리 3천 리까지 활공을 하다가 회오리바람을 박차고 솟구쳐 9만 리 하늘 높이 올라갔을 적에 비로소 날 수 있다. 이처럼 붕조는 대지에서 내뿜는 유월의 숨〔息〕, 바로 그런 거센 바람을 타고서 남쪽 바다로 날아가는 것이다."

【감산 절해】

莊子 意謂鯤鵬變化之說은 大似不經하야 恐人不信일새 故引此以作證據니 謂我此說이 非是漫談이요 乃我得之於齊諧中也라 問曰 齊諧是何等書오 曰乃志怪之書니 所記怪異之事者也라 故로 諧之有言曰 鵬之徙於南冥也에 水擊三千里라하니 言翼擊海水하야 振蕩三千里하니 則其大를 可知니라 扶搖는 大風也니 以翼搏大風하야 以飛而上者 一擧而九萬里之遠하니 則其大를 益可知已니라 六月은 周六月이라 卽夏之四月이니 謂盛陽이 開發에 風始大而有力일새 乃能鼓其翼이라 息은 卽風也니 意謂天地之風이 若人身中之氣息이라 此筆端鼓舞處니 以此로 證之면 則言可信也로다

장자는 생각하기를, 곤어와 붕조가 변화한다는 말은 너무나 정상적인 말이 아닌 것처럼 느껴져 세상 사람이 믿지 않을까 걱정하였다. 이 때문에 이를 인용하여 증거를 삼음이니, "나의 이 이야기는 漫談이 아니라, 내가『齊諧』라는 책에서 인용했다"라고 말하였다.

어떤 사람이 물었다. "『제해』란 어떤 책인가?" "괴이한 것들을 기록한 책이어서 기록된 것이 괴이한 일이다." 그러므로『제해』에 말하기를, "붕조가 남쪽 바다로 옮겨갈 때 파도를 삼천리나 친다" 하니 이는 날개로 바닷물을 쳐서 삼천리나 요동시킴을 말하는 것으로 그 크기를 알 만하다.

扶搖란 大風이니 날개로 大風을 차고 一擧에 구만 리나 멀리 날아오르
니 그 크기를 더 한층 알 수 있다.

6월은 周曆으로 6월이고 夏曆으로는 4월이니 盛陽이 열리고 발산하
여 바람이 비로소 거세어지고 힘차게 된다. 이에 그 날개를 펼칠 수 있다.
息이란 곧 바람이니 그 뜻은 천지간의 바람은 사람 몸속의 호흡과도 같음
을 말한다. 이 구절은 붓끝이 鼓舞된 곳이니 이로써 증명하여 보면 그 말
을 믿을 만하다.

【원문】
野馬也와 塵埃也는 生物之以息相吹也라 天之蒼蒼이 其正色耶아 其遠
而無所至極耶아 其視下也 亦若是則已矣니라

【직역】 野馬(遊氣)와 塵埃는 生物이 氣息(呼吸)으로써 서로 불어대는 것
이다. 하늘의 蒼蒼함이 그 正色일까? 멀어서 끝이 다함이 없어서일까?
그가 아래를 보는 것도 바로 이와 같을 뿐이다.

【의역】 아지랑이와 티끌, 먼지는 대지에 생명체를 지닌 모든 것들이 서
로 숨을 내쉬면서 뿜어대어 어지럽고 자욱함을 이루 말할 수 없을 지경에
이른 것이다.
　저 아득한 허공을 우러러 바라보면 하나의 푸른 빛만이 보일 뿐인데,
과연 그것이 하늘의 원래 빛깔(本色: 正色)일까? 아니면 워낙 높고 멀리 있
어서 끝이 없는 까닭에 하나의 기(氣)가 이처럼 보이는 것일까?
　붕조가 허공에서 대지를 굽어보면 그 역시 아래에서 하늘을 바라보는

것과 같으리라.

【감산 절해】

此는 言大而又大之意也라 野馬는 澤中陽燄이니 不實之物이라 塵埃는 日光이 射隙하야 以照空中之遊塵이라 生物以息相吹는 言世之禽鳥蟲物이 以息相吹니 謂氣息之微也라 蒼蒼者는 非天之正色이요 乃太虛寥遠하야 目力不及之地也니 意謂鵬鳥之大를 可謂大矣라 然在太虛寥廓之上하야 而下視之에 一似野馬塵埃而已니 眇乎小哉인저 卽扶搖之大風以鼓之 亦若生物之以息相吹相噓而已라 何有於大哉아 故曰 其視下也 亦若此已矣라 意謂聖人之大 雖大나 亦落有形하야 尙有體段이어니와 而虛無大道는 無形하야 不可以名狀이니 又何有於此哉아 此卽以聖人之所以逍遙者 以道코 不以形也니라

이는 크고 또 크다는 뜻을 말한다. 野馬란 연못 가운데 아물거리는 것이니 실제 물건은 아니다. 塵埃는 햇빛이 틈새를 비추어 공중에 보이는 티끌이다. 생물이 호흡으로 뿜어낸다는 것이란 들짐승, 날짐승, 벌레와 미물이 호흡으로써 서로 뿜어냄이니 숨의 미세함을 말한다. 蒼蒼이란 하늘의 正色이 아니다. 太虛가 요원하여 육안의 힘으로 미칠 수 없는 곳이다. 붕조의 크기가 크다고 말할 만하다는 뜻이다. 그러나 太虛의 아득히 먼 곳 위에서 아래를 내려다보면 흡사 아지랑이와 먼지와 같으니 아주 작을 따름이다. 곧 회오리바람 같은 큰바람으로 몰아치는 것 또한 생물들이 서로 숨을 내쉬고 들이쉬는 것과 같을 뿐, 어찌 크다고 할 수 있겠는가.

이 때문에 "그곳에서 아래를 내려다보면 또한 이와 같을 따름이다"라

고 하였다. 그 뜻은 이러하다. 성인의 위대함이야 비록 위대하지만, 또한 有形에 떨어져 오히려 體段[肉身]이 있거니와 虛無의 大道는 형체가 없으므로 형용할 수 없으니 또한 어찌 이[肉身]를 소유함이 있겠는가. 이는 곧 성인이 逍遙할 수 있는 바는 道 때문이지 형체 때문이 아니다.

【원문】

且夫水之積也 不厚면 則負大舟也 無力이니 覆杯水於坳堂[2]之上이면 則芥爲之舟어니와[3] 置杯焉則膠하나니[4] 水淺而舟大也니라 風之積也 不厚면 則其負大翼也 無力이니 故로 九萬里則風斯在下矣라[5] 而後에 乃今培風하야 背負靑天하고[6] 而莫之夭閼者라[7] 而後에 乃今將圖南이니라[8]

---

2 凹處也라 | 坳堂은 움푹 들어간 곳이다.

3 謂芥子 大舟也 | 겨자씨가 큰 배임을 말한 것이다.

4 膠는 粘著也니 謂土幻堂之上은 不過杯水일새 止可以芥子大舟則浮어니와 若以杯爲舟면 則膠粘不動矣리라 | 膠는 바닥에 달라붙음. 움푹 파인 곳은 한 잔 정도의 물에 지나지 않으므로 겨자씨를 큰 배로 띄울 수는 있으나 잔을 배로 삼으면 곧바로 땅바닥에 달라붙어 꼼짝하지 않는다.

5 謂鵬能一飛 九萬里者는 則是風在下而鵬在上이니 鼓之 負之하야사 乃可遠擧어니와 若風小則無力하야 不能擧矣라 | 붕조가 한번 날아 구만 리를 솟아오른 것은 바람이 아래에 있고 붕조가 위에 있기 때문이다. 날개를 치고 바람을 등져야만이 멀리 날아갈 수 있거니와 만일 바람이 작으면 힘이 없어 날아오를 수 없다.

6 大風에 在下에 大鵬이 培在風上하야 使得背負靑天하야사 乃不墮落이니라 | 큰바람이 아래에서 북돋아 주어 붕조가 바람 위에 푸른 하늘을 짊어져야만 떨어지지 않는다.

7 夭는 中道而折也요 閼은 壅滯而不行也니 言得此大風에 培送大鵬하나니 一擧九萬里遠하야 直至南溟하야 而不中路에 夭折壅滯也라 | 夭는 중도에 꺾임이요, 閼은 막혀서 나아가지 못함이니 이처럼 큰바람을 얻어 붕조를 북돋아 실어 주기에 단번에 구만 리 멀리 날아 곧바로 南冥에 이름으로 도중에 꺾이거나 막히

【직역】 또 물의 積聚가 深厚하지 않으면 그 大舟를 실어 주기에 힘이 없다. 杯水를 坳堂의 위에 부으면 芥는 배가 되거니와 거기에 잔을 두면 膠한 것은 물이 얕고 배가 크기 때문이다.

바람의 積聚가 深厚하지 않으면 그 大翼을 실어 주기에 힘이 없다. 그러므로 九萬里라면 바람이 바로 아래에 있으니, 그런 後에야 이제 곧 바람을 북돋아 등으로 靑天을 지고서 夭閼할 者 없는 後에야 이제 곧 장차 南으로 圖謀하는 것이다.

【의역】 수많은 물줄기가 모여들어 물길이 깊지 않으면 큰 배를 띄울 수 있는 역량이 되지 못한다. 움푹 파인 토방 위에다 한잔의 물을 부으면 지푸라기쯤이야 배처럼 뜰 수 있겠지만, 술잔을 올려놓으면 땅바닥에 찰싹 달라붙을 것이다. 그것은 물은 얕은데다가 그에 걸맞지 않게 너무나 큰 배를 띄웠기 때문이다.

바람의 강도가 세차지 않으면 붕조의 큰 날개를 떠받쳐 줄 힘이 없기 마련이다. 이 때문에 붕조가 9만 리 하늘 높이 날면 바람은 그 아래에 있게 된다. 그래야만 비로소 세찬 바람을 타고서 하늘을 등에 짊어지고 날아가는 길에 그 어느 것도 붕조의 앞길을 가로막지 못할 것이다. 이처럼 한 점 장애가 없어야만 비로소 자유자재로 쾌활하게 남쪽 바다로 날아갈 수 있는 것이다.

지 않음을 말한다.

8 言必有此大風한 然後에 方敢遠謀 圖南之擧요 風小則不敢輕擧也니라 | 반드시 이 같은 큰바람이 있어야만 비로소 남쪽 바다로 날아가려는 원대한 생각을 할 수 있다. 바람이 작으면 감히 가벼이 날아오를 수 없음을 말한다.

【감산 절해】

此一節은 總結上鵬鵬變化圖南之意하야 以暗喩大聖必深畜厚養而可
致用也라 意謂北海之水 不厚하면 則不能養大鵬이요 及鵬化爲鵬에 雖欲
遠擧나 非大風培負鼓送이면 必不能遠至南冥이니 以喩非大道之淵深廣
大면 不能涵養大聖之胚胎요 縱養成大體나 若不變化면 亦不能致大用이
요 縱有大聖之作用이라도 若不乘世道交興之大運하면 亦不能應運出興하야
以成廣大光明之事業이라 是必深畜厚養하야 待時而動하야사 方盡大聖之
體用이니 故就在水上風上하야 以形容其厚積이라 然水積本意는 說在鵬上
이로되 今不說養魚하고 則變其文曰 負舟라하니 乃是文之變化處요 使人으로
捉摸不住니 若說在鵬上하면 則板拙不堪矣라 意笑世人輕薄淺陋口耳之
學으로 又無積德深厚커니 何敢言其功名事業也리오

이 한 단락은 上文의 곤어와 붕조가 변화하여 남쪽으로 날아간다는 뜻
을 總結하면서 이로써 大聖이 반드시 깊이 蘊蓄하고 두텁게 涵養하여야
妙用을 다할 수 있음을 은연중 비유한 것이다.

그 뜻은 북해의 물이 깊지 않으면 큰 곤어가 살 수 없고, 곤어가 붕조로
변함에 미쳐 비록 멀리 날아가려 해도 大風을 북돋아 날지 못하면 반드시
저 멀리 南冥에 이를 수 없음을 말함이니, 이로써 大道가 깊고 광대하지
않으면 大聖의 胚胎를 涵養할 수 없고, 설령 大體를 성취했을지라도 만
일 변화하지 못한다면 이 또한 大用을 다할 수 없으며, 비록 성인의 作用
이 있을지라도 世道와 서로 흥성하는 大運을 만나지 못하면 天運에 부응
하여 흥성한 공업을 일으킬 수 없어 廣大光明의 대사업을 이룩할 수 없
음을 비유한 것이다. 이는 반드시 깊이 蘊蓄하고 두텁게 涵養하여 때를

기다려 움직여야만 비로소 성인의 體用을 다할 수 있다. 그러므로 물과 바람으로써 그 깊이를 온축하고 두텁게 함양하여야 함을 형용한 것이다.

그러나 물이 깊이 쌓여야 한다고 말한 本意는 곤어를 말하려는 데에 있으면서도 여기에서 물고기를 기른 데 대해 말하지 않고 그 문장을 바꿔 "배를 띄운다(負舟)"라고 말하니, 이는 곧 문장이 변화한 곳이어서 읽는 이로 하여금 쉽사리 捉摸(把握)할 수 없도록 하였다. 만일 곤어의 입장에서 말한다면 板拙(硬直拙劣)하기 이루 말할 수 없었을 것이다. 그 뜻은 世人이 경박하고 천루한 口耳之學인데다가 또한 덕을 깊고 두텁게 쌓음조차 없으니 어떻게 감히 그 功名과 事業을 말할 수 있겠느냐는 점을 비웃은 것이다.

【원문】

蜩^{9}與鷽鳩^{10} 笑之曰 我는 決起^{11}而飛搶^{12}楡枋하되 時則不至에 而控^{13}於地而已矣라 奚^{14}以之九萬里而南爲라 適^{15}莽蒼^{16}者는 三餐而反하되 腹猶果^{17}然이나 適百里者는 宿舂糧하고 適千里者는 三月聚糧하나니 之二蟲이 又何知리오

---

9 小寒蟬也라 | 蜩는 작은 매미.
10 學飛之小鳩也라 | 鷽鳩는 나는 법을 배우는 어린 비둘기.
11 盡力而飛也라 | 決起는 힘껏 날아오름이다.
12 撞也라 | 搶은 부딪침이다.
13 投也라 | 控은 떨어짐이다.
14 何也라 | 奚는 어떻게…이다.
15 往也라 | 適은 가다이다.
16 一望之地也라 | 바로 눈앞에 바라다보이는 곳이다.
17 實也니 謂 尙飽也라 | 果는 열매이니, 여전히 배가 불룩함을 말한다.

【직역】 蜩와 鷽鳩(山鵲)가 웃으면서 말하기를, "나는 決起(直起)하여 날아 楡枋에 搶(突起)하다가 때로 곧 이르지도 않고 땅에 내려올 따름이니 무엇 하려고 그(鵬)는 九萬里나 南으로 가는 것일까?"라고 하였다.

莽蒼을 가려는 者는 三餐(三㿯)으로 돌아오되 배(腹)는 果(果實의 벌어짐)와 같고, 百里를 가려는 者는 一宿할 糧食을 찧고, 千里를 가려는 者는 三月의 糧食을 모으니 그(之: 此와 같음) 二蟲이 또 어떻게 알리오.

【의역】 매미와 메까치가 붕조를 비웃으며 말하였다.

"우리는 수면으로 3천 리 멀리 나래질할 필요도 없이 펄쩍 뛰어올라서 느릅나무와 다목나무에 솟아오르기도 하지만 때론 그마저도 날아가지 않고 땅바닥에 내려앉을 뿐이다. 붕조는 무얼 하려고 9만 리 하늘 높이 날아 남쪽 바다로 가려는 것일까?"

근교(莽蒼)를 가는 자는 세 끼니를 챙겨 가지고 갔다가 그날로 돌아오되 익은 과일 터질 듯 배가 불룩하고, 백 리 길을 가려는 자는 1박 할 양식을 찧어서 준비하고, 천 리 길을 가려는 자는 3개월간의 양식을 모으는 법이다. 이로 보면 근교를 날아가려는 자가 어떻게 9만 리 먼 길을 떠나가는 붕조의 마음을 알 수 있겠는가. 매미와 메까치가 모르는 것은 당연한 일이다.

【감산 절해】

此는 喩小知不及大知니 謂世俗小見之人은 不知聖人之大 猶二蟲之飛搶楡枋에 則已極矣라 故笑大鵬이 要九萬里何爲哉오하니 此는 喩世人小知란 取足一身口體而已니 又何用聖人之大道爲哉아 莊子 因言世人이 小見

하야 不知聖人者는 以其志不遠大니 故로 所畜이 不深厚하야 各隨其量而已라 故如往一望之地에 則不必畜糧이요 一飯而往返尙飽니 此는 喩小人以目前而自足也라 適百里者는 其志 少遠이라 故로 隔宿舂糧이요 若往千里면 則三月聚糧이니 以其志 漸遠하고 所養이 漸厚라 比二蟲者는 生長楡枋하야 本無所知요 亦無遠擧之志니 宜乎其笑大鵬之飛也라 擧世小知之人이 蓋若此니라

이는 小知란 大知에 미치지 못함을 비유한 것이니 견해가 작은 세속 사람은 성인의 큰 도량을 알지 못함을 말한다. 이는 마치 二蟲이 楡枋에 날아오를 것만으로 지극하게 여긴 까닭에 "大鵬이 구만 리나 가려는 것은 무얼 하려 그러는가"라고 비아냥거린 것이다. 이는 世人의 小知란 一身의 입과 몸의 만족만을 取할 뿐이니, 또한 성인의 大道가 무슨 쓸모가 있겠는가라는 비유이다.

장자는 이런 까닭에 말하였다. 世人이 견해가 작아서 성인을 알아보지 못하는 것은 그 뜻이 원대하지 못한 때문이다. 그러므로 蘊蓄한 바 깊고 두텁지 못하여 각각 그의 도량을 따를 뿐이다. 이 때문에 만일 가까운 교외를 가려면 굳이 양식을 備蓄할 게 없고 한 끼 밥만으로도 갔다 돌아옴에 여전히 배가 부르다. 이는 小人이 目前의 일로써 자족함을 비유한 것이다. 백 리를 가려는 자는 그 뜻이 조금 크므로 하루 전 밤새도록 양식을 찧어야 하고, 만일 천 리를 가려면 3개월 식량을 모아야 하니 그 뜻이 漸漸 遠大하고 涵養한 바 점점 혼후한 때문이다.

二蟲에 비유한 것은 楡枋에서 태어나고 성장하여 본래 지견이 없고 또한 멀리 날아가려는 뜻조차 없으니 그가 大鵬의 나는 것을 비웃음은 당연

하다. 온 세상에 작은 지견을 지닌 사람이 이와 같을 따름이다.

【원문】

小知 不及大知하며[18] 小年이 不及大年이라[19] 奚以知其然耶아 朝菌은[20]
不知晦朔하고[21] 蟪蛄는[22] 不知春秋하나니 此는 小年也요 楚之南에 有冥靈
[23]者하니 以五百歲로 爲春하고 五百歲로 爲秋하며 上古에 有大椿者하니 以
八千歲로 爲春하고 八千歲로 爲秋어늘[24] 而彭祖는[25] 乃今以久로[26] 特[27]聞하
야 衆人이 匹之하니 不亦悲乎아

【직역】 小知는 大知에 미치지 못하고 小年은 大年에 미치지 못한다.
무엇으로써 그러함을 알 수 있는가.
朝菌은 晦朔을 알지 못하고 蟪蛄는 春秋를 알지 못하니 이는 小年이
요, 楚의 남쪽에 冥靈(바다의 큰 거북)이라는 것이 있으니 五百歲로써 봄을

---

18 以上二蟲으로 以喩小知之人이라 | 上文의 二蟲으로써 小知의 사람을 비유하
   였다.
19 此以小年大年으로 又比小知大知也라 | 이는 小年과 大年으로서 또 小知와
   大知에 비유하였다.
20 糞壤之菌이니 朝生夕枯라 | 朝菌은 더러운 땅에서 사는 버섯이니 아침에 나
   서 저녁이면 시든다.
21 一月也라 | 晦朔은 한 달이다.
22 夏蟲也라 | 蟪蛄는 여름에 사는 벌레다.
23 神龜也라 | 冥靈은 신령한 거북이다.
24 此大年也라 | 이는 大年이다.
25 有壽之人이라 | 彭祖는 장수를 누린 사람이다.
26 壽也라 | 久는 長壽의 뜻이다.
27 獨也라 | 特은 獨의 뜻이다.

삼고 五百歲로써 가을을 삼으며, 上古에 大椿이라는 것이 있으니 八千
歲로써 봄을 삼고 八千歲로써 가을을 삼았는데, 彭祖가 이제 곧 久(高壽)
로써 특별히 所聞이 나서 衆人이 그를 짝하려 하니 또한 슬프지 않은가.

【의역】 작은 지혜는 큰 지혜에 미치지 못하고, 짧은 삶은 장수(長壽)의
삶에 미치지 못한다. 어떻게 그들이 그런 줄을 아는가.

아침에 태어났다가 저녁에 죽는 조균(朝菌)은 그믐과 초하루가 있는 줄
알지 못하고, 한 철을 살아가는 쓰르라미는 봄가을이 있는 줄 모른다. 이
것이 곧 짧은 생을 사는 것들이다.

초나라 남쪽에 큰 바다거북이 살고 있는데, 그는 5백 년을 하나의 봄으
로 삼고 5백 년을 하나의 가을로 삼았다. 그리고 아주 옛날 옛적에 대춘
나무가 있었는데, 그는 8천 년을 하나의 봄으로 삼고 8천 년을 하나의 가
을로 삼았다.

이에 비하면 팽조는 장수를 누린 것이 아님에도 오늘날 부질없이 장수
했다는 이름을 얻게 되었다. 이 때문에 가소롭게도 많은 사람들이 팽조를
사모한 나머지 그처럼 오래오래 살기를 원하였다. 이 또한 슬픈 일이 아
니겠는가.

【감산 절해】

此는 因二蟲之不知大鵬하야 以喩小知之人이 不知聖人之廣大니 以各
盡其量이라 無怪其然也니라 如朝菌蟪蛄 豈知有冥靈大椿之壽哉아 且世
人이 只說彭祖八百歲하야 古今에 獨有一人하야 而衆人이 希比其壽로되 以
彭祖로 較大椿이면 則又可悲矣라 世人小知 如是而已로다

이는 二蟲이 大鵬을 알지 못함으로 인하여 小知의 사람이 聖人의 廣大함을 알지 못함을 비유한 것이니 각각 그 도량을 다한 것이기에 그가 그런 것을 이상하게 여길 게 없다. 예컨대 아침버섯과 螺蛄가 어찌 冥靈과 大椿의 장수를 알겠는가. 세상 사람은 팽조가 향년 8백 세로 고금에 유독 一人이라 말하여 많은 사람들이 그와 같은 장수와 比肩하기를 희구하지만 팽조를 대춘나무에 비교하면 또한 슬픈 일이다. 世人의 小知란 이와 같을 뿐이다.

【원문】

湯之問棘²⁸也 是已라²⁹ 窮髮³⁰之北에 有冥海者하니 天池也요³¹ 有魚焉하니 其廣이 數千里라 未有知其脩³²者니 其名이 爲鯤이요 有鳥焉하니 其名이 爲鵬이라 背若泰山하고 翼若垂天之雲하야 搏扶搖羊角³³而上者 九萬里니 絶雲氣하고³⁴ 負靑天하야 然後에 圖南하니라 且適南冥也에 斥鴳이³⁵ 笑之

---

28 湯之賢相也라 | 棘은 탕왕의 현명한 재상이다.

29 言小知不及大知則湯之問棘이 便是此事也라 | 小知는 大知에 미치지 못함을 말한 것이다. 湯이 棘에게 물은 것도 곧 이런 일이다.

30 不毛之地也라 | 窮髮은 불모지이다.

31 要顯北冥南冥이 都是海니 故此著天池字라 | 北冥이든 南冥이든 모두 바다임을 나타내고자 함이다. 이 때문에 여기에 天池라는 글자를 붙인 것이다.

32 長也라 | 脩는 길이이다.

33 旋風也라 | 扶搖羊角은 회오리바람이다.

34 雲在半空에 而鵬飛負天일새 故云絶雲氣라 | 구름은 반 허공에 날고 붕조는 하늘을 등에 지고 나는 까닭에 구름을 끊는다고 말한 것이다.

35 斥은 澤名이요, 鴳은 澤中之小鳥也라 | 斥은 연못 이름, 鴳은 연못에 사는 작은 새다.

曰 彼且奚適也요 我는 騰躍而上하야 不過數仞³⁶而下하야 翱翔蓬蒿之間이러니 此亦飛之至也어늘 而彼且奚適也하니 此는 小大之辨也니라

【직역】 湯이 棘에게 물은 것도 이것일 뿐이다.

窮髮(北方不毛地)의 北에 冥海라는 것이 있으니 天池이다. 거기에 물고기가 있으니, 廣이 數千里라 그 길이를 알 수 없으니 이름을 鯤이라 한다. 거기에 새가 있으니 그 이름을 鵬이라 하니, 등이 泰山과 같고 날개가 하늘에 드리운 구름과 같아서 扶搖 · 羊角(盤風)을 치면서 오름이 九萬里라 雲氣를 끊고 靑天을 짊어진 然後에 南으로 圖謀한다.

또 南冥을 갈 적에 斥鷃(鷦鷯)이 그를 비웃으며 이르기를, "저들은 어디로 가는가. 나는 騰躍하여 올라가되 數仞에 지나지 않고 내려와 蓬蒿의 사이에서 翱翔하니, 이 또한 날아다님이 至極한 것인데, 저들은 또 어디로 가는가" 하니 이것이 小大의 分辨이다.

【의역】 탕임금이 극(棘)에게 물은 것도 이처럼 장수하는 것에 지나지 않을 뿐이다.

풀 한 포기 살지 못하는 불모지의 북쪽에 바다가 있는데, 그 이름을 천지(天池)라 한다. 그곳에 물고기가 한 마리 살고 있다. 그 물고기의 너비가 몇 천 리나 되는지 사람들은 그 크기를 알 수 없다. 그 이름을 곤어라 한다.

새 한 마리가 살고 있는데, 이름을 붕조라 한다. 그 등은 태산처럼 크고

---

36 七尺曰仞이라 | 7척을 仞이라 한다.

그 날개는 하늘을 뒤덮은 구름과도 같다.

붕조는 워낙 큰 새라 혼자 날아오를 수 없어서 부요·양각이라는 회오리바람을 박차고 솟구쳐 저 9만 리 하늘 높이 올라가야 한다. 구름 한 점 찾아볼 수 없을 만큼 저 높이 솟아 날아야 한다. 이처럼 저 멀리 푸른 허공을 등에 지고 남녘을 향하여 남해로 날아가는 것이다.

붕조가 이처럼 하늘 높이 솟구쳐 남쪽 바다로 날아가는데, 작은 늪에 사는 메추라기가 비웃으며 말하였다.

"저들은 어디로 날아가는 것일까? 우리는 그 자리에서 펄쩍 뛰어올라 몇 길 높이를 벗어나지 않고 다시 땅바닥으로 내려앉아 쑥대밭 사이를 오갈 뿐이다. 이것만으로도 우리가 날 수 있는 일을 다한 셈인데, 저들은 도대체 어디로 날아가는 것일까?"

이것이 바로 크고 작은 것의 차이점이다.

【감산 절해】

前引齊諧하야 以證鵾鵬之事하고 此復引湯之問棘하야 以證小知大知之事라 言上說小知不及大知之說은 卽湯之曾問於棘者 便是此事라 然且卽擧鵾鵬하야 不但證其魚鳥之大라 抑且證明小大之辨하니 故로 一引而兩證之니 其事는 同而意別也라 故로 下文에 卽明小大之不同하니라

앞에서 『齊諧』를 인용하여 곤어와 붕조의 일을 증명하였고, 여기에서는 다시 탕왕이 棘에게 물은 것을 인용하여 小知와 大知의 일을 증명하였다. 上文에서 말한 小知가 大知에 미치지 못한다는 이야기는 바로 탕왕이 棘에게 물은 것이 곧 이 일임을 말한 것이다.

게다가 또 곤어와 붕조를 들어서 큰 물고기와 큰 새를 증명했을 뿐만 아니라, 또한 작고 큼의 차이를 밝히고 있다. 그러므로 하나의 인용으로써 두 가지를 증명하였다. 그 일은 같으면서도 그 뜻은 다르다. 그러므로 아래 문장에서 작은 것과 큰 것이 같지 않음을 밝히고 있다.

【원문】

故夫**37**知效一官하고 行比**38**一鄕하고 德**39**合一君하고 而徵**40**一國者 其自視也도 亦若此矣니라**41** 而宋榮子猶然笑之하야**42** 且擧世 而譽之而不加勸하며 擧世 而非之而不加沮하야**43** 定乎內外之分하고 辨乎榮辱之境하니 斯已矣라**44** 彼其於世에 未數數然也로다**45** 雖然이나 猶有未樹也로다**46** 夫列子는

---

37 故夫者는 承上 義而言也라 | 故夫는 앞 단락의 뜻을 이어서 말한 것이다.

38 用也라 | 比는 用이다.

39 才也라 | 德은 才이다.

40 所信也라 | 徵는 신임을 얻은 것이다.

41 亦若斥鴳之自足也라 | 이 또한 斥鴳의 自足과 같다.

42 宋榮子는 宋之賢人也라 笑는 謂彼四等人이 汲汲然以才智로 以祈一己之 浮名者라 | 宋榮子는 송나라 현인이다. 비웃음은 그 네 부류의 사람들이 지혜와 재주로 한 몸의 헛된 명성에 급급해 함을 말한다.

43 沮는 喪氣 失色也라 | 沮는 기운을 잃고 얼굴빛이 창백함을 말한다.

44 言宋榮子 所以笑彼汲汲 於浮名者는 其自處以能忘名이니 故擧世 譽之而 不加勸이라 하며 擧世 非之而不加沮라 此但定其內之實德은 在己요 外之 毁譽는 由人이라 故로 不以毁譽로 少動其心하고 以知榮辱이 與己無預니 如此而已矣라 | 宋榮子가 그들이 헛된 명성에 汲汲하다고 비웃은 것은 그 스스로의 處身이 명예를 잊었기 때문이다. 그러므로 온 세상 사람들이 칭찬 하여도 더 힘쓰지 않고 온 세상 사람들이 비난하여도 그만두지 않는다. 이는 다만 그 내면의 實德은 자기에게 있고 바깥의 칭찬과 비난은 남에게 비롯됨을 마음에 확정한 때문이다. 이 때문에 칭찬과 비난으로써 그 마음이 조금도 동요되지 않은 것이니, 영화와 오욕이 자기에 상관이 없음을 알았기에 이와

於風而行을 泠然[47]善也하야 旬有五日而後에 返하나니 彼於致福者에 未數數然也리오 此雖免乎行이나 猶有所待者也로다[48] 若夫乘天地之正하며[49] 而御六氣之辨하야[50] 以遊無窮者인댄 彼且惡乎待哉아[51] 故로曰 至人은 無己요 神人은 無功이요 聖人은 無名이로다[52]

같이 할 수 있었다.

45 言宋榮子 所以能忘毀譽者는 但不汲汲以求世上之虛名耳라 | 송영자가 칭찬과 비난을 잊을 수 있었던 것은 다만 세상의 虛名에 汲汲하지 않았기 때문이다.

46 言未有樹立也니 以但能忘名하고 未忘我라 | 여전히 송영자의 경지는 아직도 탁월하게 스스로 서지 못하였음을 말한다. 이는 명예는 잊었지만 아직은 자기를 잊지 못했기 때문이다.

47 輕擧貌라 | 泠然은 가볍게 거동하는 모양.

48 列子 雖能忘禍福이나 未能忘死生하니 以形骸를 未脫일새 故不能與造物로 遊於無窮이니 故待風而擧요 亦不過旬五日而卽返하니 非長往也라 | 列子는 비록 禍福을 잊었으나 아직은 생사를 잊지는 못하였다. 形骸(肉身)에서 벗어나지 못한 까닭에 조물주와 무궁한 경계에서 함께 노닐지 못하였다. 이 때문에 바람에 의지해서 거동하고, 또 불과 15일 만에 다시 돌아오게 된 것이니, 길이 떠나지 못한 것이다.

49 正은 天地之本也니 如各正性命之正이라 | 正은 천지의 근본이니, 『주역』의 各正性命이라는 正자의 뜻과 같다.

50 乘天地는 則宇宙在手라 六氣者는 陰·陽·風·雨·晦·明이니 乃造化之氣也라 御六氣는 則造化 生乎身이니 是乘大道 而遊者也라 | 天地를 탄다 함은 곧 우주가 나의 손에 있음을 말한다. 六氣는 陰·陽·風·雨·晦·明이니, 바로 천지조화의 기운이다. 六氣를 부린다 함은 조화가 자기의 몸에서 나옴을 말하니, 大道를 타고서 소요 자재하는 것이다.

51 彼聖人은 乘大道而遊라 與造化로 混而爲一이니 又何有待 於外哉아 | 그런 성인은 大道를 타고서 소요 자재하기에 천지조화와 더불어 혼연하여 하나인데 또 어찌 바람 따위의 外物을 필요로 하겠는가.

52 至人·神人·聖人은 只是一箇聖人이요 不必作三樣看이니 此說能逍遙之聖人也라 以聖人은 忘形絕待하고 超然生死하사 而出於萬化之上하야 廣大自在하야 以道로 自樂하고 不爲物累일새 故獨得逍遙니 非世之小知之

【직역】 그러므로 知가 一官을 效하고 行이 一鄕에 比하고 德이 一君에 合하여 一國에 徵信한 者도 그 스스로 봄이 또한 이와 같다.

宋榮子가 猶然(笑貌)히 그를 비웃었다.

또 온 世上이 그를 기려도 더 勸勉하지 않고 온 世上이 그를 그르다 하여도 沮喪하지 않고서 內(心)外(物)의 分際를 定하고 榮辱의 境界를 分辨하니, 이럴 뿐이었다. 그는 그 世務에 數數(汲汲)然하지 않았다.

비록 그렇더라도 아직은 樹立하지 못한 것이다.

列子는 바람 타고 行하여 冷然히 잘 지내다가 一旬이요, 또 五日 지난 後에야 돌아오니, 그는 福을 招致하는 것(修身, 福世)에 數數然하지 않았다. 이는 비록 行함을 免했으나 오히려 待한 바 있는 者이다.

만일 天地(陰陽 二氣)의 正을 타고서 六氣(六時의 消息)의 辨을 부리어 無窮(無極)에 노니는 者일진댄 그는 또한 무엇을 기다리겠는가.

그러므로 "至人은 몸이 없고 神人은 功이 없고 聖人은 이름이 없다"고 말한다.

人의 可知也니라 | 至人・神人・聖人은 다만 똑같은 聖人이다. 굳이 세 부류로 나누어 볼 게 없다. 이는 소요 자재하는 성인을 말한다. 성인은 形骸를 여의고 외물을 필요로 하지 않으며 생사를 초연하여 만물조화 위를 벗어나 廣大自在하여 道와 더불어 스스로 즐기기에 바깥 사물에 얽매이지 않는다. 그러므로 성인만이 홀로 소요 자재를 얻은 것이기에 세속 小知의 사람들은 그 경계를 알 수 있는 것이 아니다.

* 앞에서 "성인이란 이름이 없다"는 경지의 인물로는 송영자를, "신인이란 공이 없다"는 경지의 인물로는 열자를 들어 말했는데, "지인은 몸이 없다"는 이 단락에 이르러서는 유독 그 이름을 밝히지 않았다. 그 경지란 장자를 놓아두고 또 다른 인물을 들어 말할 수 있을까? '至人無己'란 그 누구에게도 사양할 수 없는 장자의 자부심과 지극한 도의 경지란 그에 걸맞은 인물이 아니면 가벼이 전할 수도 없고 許與할 수도 없다는 自重을 찾아볼 수 있다.

【의역】 이 때문에 그의 재주와 지혜는 하나의 벼슬을 맡기기에 걸맞고, 행실과 하는 일은 한 고을 사람들과 잘 어울리고, 덕망과 인성은 한 임금의 마음과 의기투합하여 한 나라의 신임을 얻을 수 있는 자 역시 그들 자신을 스스로 돌이켜 보면 메추라기가 제 스스로 지극하다 생각한 것과 다를 바 없다.

그러나 송영자는 그들에 대해 웃음을 참을 수 없었다.

송영자는 온 누리 사람들이 자신을 칭찬해도 더 힘쓰지 않았고 온 누리 사람들이 자신을 그르다 말해도 더 멈추지도 않고서, 안으로의 마음과 바깥의 사물에 대한 구분을 정하였고 내심(內心)을 지키는 영화와 외물(外物)에 부림 받는 오욕의 한계를 분별하였다.

하지만 그 역시 여기에 그쳤을 뿐이다. 그는 세상의 명예를 추구하는 일에 급급해 하지 않았다. 여전히 송영자의 경지는 아직도 탁월하게 스스로 서지 못하였다. 그것은 내외·영욕의 분별에 집착한 나머지 이를 초월하지 못했기 때문이다. 이는 "성인이란 이름이 없다"는 경지의 인물로 송영자를 들어 예시한 것이다.

열자는 맑은 바람을 타고 이리저리 노닐면서 속 태우는 인간 세상을 벗어나 시원하게 잘 지내다가 보름 만에 되돌아온다. 그는 몸을 닦아 세상에 복이 되는 공업에 급급해 하지 않았다.

열자는 땅 위에 걷는 발자취를 찾아볼 수 없다. 하지만 그는 아직도 바람을 필요로 하고 있다. 그에게 바람이 없었더라면 그처럼 시원하게 허공을 날 수 있었을까? 이는 "신인이란 공이 없다"는 경지의 인물로 열자를 들어 예시해 준 것이다.

그러나 어떤 사람이 천지 음양의 바른 도를 따라서 6기(六氣) 소식(消息)

의 변화를 부리면서 무극(無極: 無窮) 이전의 경지에 마음을 두고서 소요 (逍遙)하였다. 그런 그에게 열자의 바람도 한낱 구차스런 물건일 뿐, 더 이상 무엇이 필요하겠는가.*

이 때문에 "최상의 지인은 소아(小我)의 몸이 없고 그 다음의 신인은 세상의 공업(功業)이 없고 성인은 세인(世人)의 명예가 없다"고 말한 것이다.

【감산 절해】

莊子의 立言本意는 謂古今世人이 無一得逍遙者는 但被一箇血肉之軀 爲我所累니 故로 汲汲求功求名하야 苦了一生이요 曾無一息之快活이라 且 只執著形骸하고 此外에 更無別事어니 何曾知有大道哉아 唯大而化之之聖 人이라야 忘我忘功忘名하사 超脫生死코 而遊大道之鄉이어니 故得廣大逍 遙自在하야 快樂이 無窮이라 此豈世之拘拘小知 可能知哉아 正若蜩鳩斥 鴳之笑鵾鵬也라 主意는 只是說聖人境界 不同일새 非小知能知니 故로 撰 出鵾鵬變化之事하사 驚駭世人之耳目이로되 其實은 皆寓言以警俗耳라 初 起에 且說別事라가 直到此에 方拈出本意하야 以故曰 一句로 結了하니 此乃 文章機軸之妙라 非大胸襟이면 無此氣槩니 學者 必有所養하야사 方乃知其 妙耳니라 此上은 乃寓言이요 下乃指出忘己忘功忘名之聖人하사 以爲證據 니라

장자가 이 단락을 말한 本意는 다음과 같다.

古今의 世人들이 한 사람도 逍遙를 얻지 못한 것은 오로지 하나의 血 肉덩이인 軀殼의 집착으로써 自我가 얽매인 때문이다. 따라서 공을 세우고 명예를 얻으려는 데 汲汲하여 일생 동안 고생하기에 단 한 순간의 기

뿜마저 누리지 못한 것이다.

또 오로지 形骸[肉身]에 집착할 뿐, 그 밖에 다시는 餘他의 일이 없으니 어찌 大道가 있는지 알기나 하겠는가. 오직 大人으로서 無爲自在한 성인 이라야 自我를 잊고 功業을 잊고 명예를 잊음으로써 생사를 초탈하여 大 道의 고향에서 逍遙할 수 있다. 그러므로 廣大 逍遙 自在함을 얻어 즐거 움이 무궁한 것이다. 이런 경지를 어찌 세간의 拘拘한 小知人이 알기나 하겠는가. 바로 蜩鳩와 斥鴳이 鯤魚와 鵬鳥를 비웃는 것과 같다.

이 단락의 주된 뜻은 성인의 경계란 世人과는 다르기에 小知人으로서 는 알 수 있는 게 아님을 말한 것일 뿐이다. 그러므로 鯤魚가 鵬鳥로 변 화한 일을 撰述하여 世人의 이목을 깜짝 놀라게 만들었으나, 그 실상은 모두 寓言으로써 세속 사람을 일깨우려는 것이다.

첫 부분에서는 鯤鵬의 별난 일을 이야기하다가 이 단락에 이르러 처음 으로 本意를 들어서 "이 때문에 이렇게 말한다[以故曰]"라는 한마디로 끝 맺었다. 이는 문장을 아름답게 엮어 가는 妙味이다. 큰 胸襟을 갖지 않았 다면 이런 氣槪가 나올 수 없었을 것이다. 배우는 이는 반드시 涵養한 바 있어야 그 묘미를 알게 될 것이다. 위는 寓言이며, 아래는 자기를 잊고 공 업을 잊고 명예를 잊은 성인을 지적하여 그 증거를 삼은 것이다.

【원문】

堯 讓天下於許由[53]曰 日月이 出矣로되 而爝火[54]不息하니 其於光也에

---

[53] 堯以治天下로 爲己功이라가 今讓與 許由하니 乃見忘己忘功之實이라 | 堯 는 천하를 다스림으로써 자기의 공이라 생각했었는데, 이제 천하를 허유에게 넘겨 주려 하니, 여기에서 忘己, 忘功의 실상을 볼 수 있다.

不亦難乎아⁵⁵ 時雨 降矣어늘⁵⁶ 而猶浸灌하니⁵⁷ 其於澤⁵⁸也에 不亦勞乎아⁵⁹ 夫子 立而天下治어늘⁶⁰ 而我猶尸⁶¹之라 吾自視缺然이라⁶² 請致天下하노이다⁶³ 許由曰 子治天下에⁶⁴ 天下 旣已治也어늘⁶⁵ 而我猶代子인댄 吾將爲名乎아⁶⁶ 名者는 實之賓也니 吾將爲賓乎아⁶⁷ 鷦鷯⁶⁸巢於深林에 不過一枝요

---

54 堯自喩爝火하고 以許由로 比日月이라 | 堯는 스스로를 횃불에 비유하고, 허유를 해와 달에 비유했다.

55 爝火之光은 難比日月이라 | 횃불의 빛은 해와 달에 비유하기 어렵다.

56 以比許由라 | 이 역시 허유를 비유한 것이다.

57 浸灌은 勞力而功小니 以自比也라 | 浸灌은 많은 힘을 쏟았음에도 공은 적다는 것이니, 요임금이 스스로를 비유해 말한 것이다.

58 潤也라 | 적셔줌이다.

59 此는 自見其功 不足居也라 | 이는 堯는 자신의 공으로는 그 자리에 있을 수 없음을 뜻한다.

60 言許由立地之間에 天下 自治라 | 허유가 그 왕위에 오르자마자 곧바로 천하가 저절로 다스려지리라는 것이다.

61 主也라 | 주장함이다.

62 言有許由 如此之聖人이어늘 返隱而不出이요 而我自愧如此어늘 猶居人君之位하니 今乃自知缺然也라 | 許由는 이와 같은 성인임에도 도리어 은둔한 채 세상에 나오지 않고 나의 부끄러움은 이와 같은 데에도 여전히 임금의 지위에 있다. 이제 비로소 스스로 허전함을 알겠다는 뜻이다.

63 然堯雖能讓天下하야 則能忘己, 忘功이나 尙未忘讓之之名이 如宋榮子之笑世也라 | 그러나 堯는 허유에게 천하를 사양하여 忘己, 忘功이라 할 수 있지만 여전히 천하를 사양하였다는 명예가 남아 있다. 이는 宋榮子가 세상을 비웃은 것과 같다.

64 今子 治天下라 | 지금 그대(堯)가 천하를 다스리고 있다.

65 天下 旣治則已니 又何求人哉아 | 천하가 이미 다스려졌으면 되었지, 또 다시 무엇 때문에 다른 사람을 구하려 하는가.

66 言天下已治는 乃堯之 功也어늘 今讓與我하니 是我無功而虛受人君之名也라 我豈爲名之人乎아 | 천하가 이미 잘 다스려진 것은 堯의 공로이다. 그럼에도 이제 나에게 건네주려고 하니, 이는 내가 아무런 공도 없으면서 부질없이 임금이라는 虛名을 받아들이라는 것이다. 내 어찌 虛名을 위하는 사람

偃鼠飮河에 不過滿腹이라⁶⁹ 歸하야⁷⁰ 休乎인저⁷¹ 君이여⁷² 予無所用天下爲라⁷³ 庖人이 雖 不治庖나 尸祝⁷⁴不越樽俎而代之矣니라⁷⁵

이겠는가.

67 名自實有니 今我無實而有名하면 是는 我全無實德코 而專尙名하야 而處賓이라 吾豈處賓하야 不務實之人乎아 | 명예란 실상에 의해 생긴 것이다. 이제 내가 실상이 없으면서 명예를 지닌다면 이는 나에게 전혀 實德도 없으면서 오로지 虛名만을 숭상하여 賓에 처한 격이다. 내 어찌 賓에 처하여 실상에 힘쓰지 않는 사람이 되겠는가.

68 小鳥也라 | 작은 새이다.

69 此는 許由雖能忘名이나 而未能忘己 如鷦鷯之一枝와 偃鼠之滿腹하야 皆取足一己之意니 正似列子御風而未能忘形이라 若姑射神人은 則無不忘矣니라 | 이는 허유가 비록 명예는 잊었으나 자기를 잊지는 못했다는 것이다. 마치 뱁새가 나뭇가지에 둥지를 틀고 偃鼠가 물로 배를 채우는 것처럼 모두 자기 일신의 만족만을 취한다는 뜻이다. 이는 바로 列子가 바람을 타고 노닐면서도 形骸를 잊지 못한 것과 같다. 하지만 藐姑射 神人 같은 이는 모든 것을 잊지 않은 것이 없다.

70 句이니 此는 斥堯 速歸也라 | 한 구절이니, 이는 堯에게 속히 돌아가라고 떠민 것이다.

71 句이니 此止堯 再不必來也라 | 한 구절이니, 이는 堯에게 다시는 자신을 찾아오지 말라고 막은 것이다.

72 句이니 此一字는 冷語니 意謂你只見得人君尊大也라 | 한 구절이니, 君이라는 한 글자는 냉소적인 말이다. 그(堯)는 임금이 尊大하다는 것을 알 뿐이라는 뜻이다.

73 言我要天下하야 作何用也오 | 나에겐 천하가 아무 쓸모없다는 것을 말한다.

74 巫祝之人이 不離樽俎라 | 巫祝人은 樽俎 곁을 떠나지 않는다.

75 此二句는 乃許由의 掉臂語니 謂堯不治天下 如庖人이 不治庖라 只該尋要天下的人이요 不加尋尸祝이니 我非其人이니 豈棄我之所守而往代之耶아 | 이 두 구절은 허유가 팔을 저으며 떠나가면서 한 말이다. 堯가 천하를 다스리지 못한다는 것은 마치 요리사가 요리를 못한다는 것과 같다. 다만 천하의 보다 나은 사람을 찾아야지, 尸・祝을 찾아서는 안 된다. 나 역시 그에 걸맞은 사람이 아닌데 어떻게 내 자신의 지킬 바를 버리고 堯를 찾아가 대신 정치를 할 수 있겠는가.

【직역】 堯가 許由에게 天下를 辭讓하기를, "日月이 나왔으나 爝火가 그치지 않으니 그 빛에 또 어렵지 않겠습니까? 時雨가 내렸는데도 오히려 浸灌하니 그 潤澤에 또한 수고롭지 않겠습니까? 夫子가 서면 天下가 다스려질 것인데 내가 오히려 이를 尸(主)하니 내 스스로 봄에 缺然합니다. 請컨대 天下를 드리겠습니다."

許由가 말하기를, "그대가 天下를 다스림에 天下가 이미 다스려졌는데도 내가 오히려 그대를 代身하면 나에게 將次 名目을 爲하라는 것인가. 이름이란 實의 賓이니 나에게 將次 賓을 爲하라는 것인가. 鷦鷯(一名 巧婦)가 깊은 숲에 둥지를 틀 적에 한 가지에 지나지 않고 偃鼠가 河水를 마실 적에 배를 채운 데 지나지 않으니, 그대는 돌아가 쉴지어다. 나는 天下를 다스리는 데 所用이 없다. 庖人이 비록 庖廚를 다스리지 못해도 尸·祝이 樽俎를 넘어가 그를 대신하지 않는다."

【의역】 요임금이 허유에게 천하를 사양하면서 말하였다.

"해와 달이 솟았는데도 여태껏 횃불을 끄지 않으니, 그 햇빛에 비하기 또한 어렵지 않겠습니까? 단비가 이미 내렸는데도 아직껏 물을 퍼붓고 있으니, 논밭을 적셔줌 또한 괜한 헛고생이 아니겠습니까?

선생께서 제위(帝位)에 서시면 천하가 곧 스스로 다스려질 것인데 제가 이 자리를 차지하고 있자니, 제 스스로 돌이켜 봄에 겸연쩍습니다. 바라건대 천하를 그대에게 바치겠으니, 받아주십시오."

허유가 말하였다.

"그대가 천하를 다스려서 천하가 이미 잘 다스려졌는데도 내가 다시 그대를 대신하여 다스린다면 그대는 나에게 명목에 집착하라는 것인가?

명목이란 실상의 객체(客體)인데 나에게 그런 객체를 구하라는 것인가?

뱁새가 우거진 나무숲에 둥지를 튼다 해도 그에게 필요한 건 나뭇가지 하나에 지나지 않고, 언서(偃鼠: 생쥐, 또는 두더지라 함)가 드넓은 황하에 엎드려 물을 마신다 할지라도 그에게 필요한 건 제 배 하나 가득 채우는 데 지나지 않는다.

그대는 속히 돌아가라. 나에게 있어 천하를 다스리는 것은 아무런 쓸모가 없다. 부엌지기가 아무리 부엌일을 제대로 하지 못할지라도 시동(尸童)과 축관(祝官)이 제자리의 술동이와 제기를 버려두고 부엌지기 일을 대신할 수는 없는 법이다."

【감산 절해】

因前文 以宋榮子一節에 有三等人으로 以明忘己忘功忘名之人하고 此一節엔 卽以堯讓天下로 雖能忘功이나 而未忘讓之之名이요 許由 不受天下는 雖能忘名이나 而取自足於己하니 是未能忘己라 必若向下姑射之神人은 乃大而化之之神人이며 兼忘之大聖으로 以發明逍遙之實證也라

앞 단락에서 宋榮子를 언급한 대목에서 세 부류의 인물로서 忘己, 忘功, 忘名에 대한 사람들을 밝혔다.

이 대목에서는 요임금이 천하를 사양한 것은 비록 忘功이라 할 수 있으나 아직은 천하를 사양했다는 명예에서 벗어나지는 못한 것이며 허유가 천하를 받지 않은 것은 비록 명예를 잊은 것이라 할 수 있으나 여전히 제 자신의 만족만을 얻으려 한 것이니 이는 몸을 잊었다고 할 수 없음을 밝힌다.

반드시 다음 단락에서 말한 姑射 神人과 같아야만 곧 大而化之의 神人이며 모든 것을 잊은 大聖이라는 점으로써 〈逍遙遊〉의 實證을 밝힌 것이다.

【원문】

肩吾問於連叔曰 吾聞言於接輿하니 大而無當하고⁷⁶ 往而不返이라⁷⁷ 吾驚怖其言이 猶何漢而無極也라 大有逕庭하야⁷⁸ 不近人情焉이로다⁷⁹ 連叔曰 其言이 謂何哉오⁸⁰ 曰藐⁸¹姑射⁸²之山에 有神人이 居焉하니 肌膚 若冰雪하고⁸³ 淖約⁸⁴若處子하야⁸⁵ 不食五穀하고 吸風飮露하며⁸⁶ 乘雲氣하고 御飛龍하야 而遊乎四海之外하야⁸⁷ 其神凝하야⁸⁸ 使物不疵癘⁸⁹而年穀熟이라

---

76 言大無實이라 | 너무 허황되어 진실이 아님을 말한다.

77 言只任語去요 而不反求果否也라 | 말이 나오는 대로 맡겨둘 뿐, 과연 그런지 않은지를 돌이켜 구하지 않음을 말한다.

78 二字는 皆去聲이니 謂過堂也라 | 두 글자는 모두 去聲이니 지나침을 말한다.

79 肩吾 信不及處니 信是小知小見也라 | 肩吾가 믿을 수 없는 부분이니, 참으로 그는 小知와 小見의 인물이다.

80 問所說이 何事也라 | 들은 내용이 어떤 것이었는가를 물음이다.

81 極遠也라 | 지극히 멂을 말한다.

82 山名이라 | 산 이름이다.

83 言肢體淸瑩也라 | 팔다리와 몸이 깨끗하고 맑음을 말한다.

84 美好也라 | 아름답고 어여쁜 얼굴을 말한다.

85 謂顔色이 美好하야 如室中女也라 | 얼굴이 아름답고 어여쁨이 閨中의 처녀 같음을 말한다.

86 言以風露로 爲食也라 | 바람과 이슬로써 음식을 삼은 것이다.

87 言已超脫人世하야 乘雲御龍하야 而遨遊於六合之間也라 | 이미 인간 세상을 초월해 구름을 타고 용을 몰아 六合 사이를 노닒을 말한다.

88 定也라 | 定이다.

89 言所至에 則能福民也라 | 그가 가는 곳마다 사람들에게 복을 내려줌을 말한다.

하니⁹⁰吾以是로 狂⁹¹而不信也로다⁹² 連叔이 曰 然하다⁹³ 瞽者는 無以與乎文章之觀이요 聾者는 無以與乎鐘鼓之聲이니 豈唯⁹⁴形骸 有聾盲哉아 夫知亦有之니⁹⁵ 是其言也⁹⁶猶時⁹⁷汝也라⁹⁸之人也 之德也는⁹⁹ 將磅礴萬物하야¹⁰⁰ 以爲一에 世蘄乎亂이니¹⁰¹ 孰弊弊¹⁰²焉하야 以天下로 爲事리오¹⁰³ 之人也는¹⁰⁴ 物莫之傷이라¹⁰⁵ 大浸이¹⁰⁶ 稽天¹⁰⁷而不溺하며 大旱에 金石流하

---

90 言所經에 則和氣와 風雨 及時也라 | 그가 지나가는 곳마다 온화한 기운과 비바람이 때에 맞게 온다.

91 誆也라 | 속임이다.

92 我는 謂絶無此等人일새 定是誆語라 故不信也니라 | 나는 절대 이런 사람이 없다고 생각한다. 그것은 거짓말이기에 믿지 못한 것임을 말한다.

93 然其不信處라 | 믿지 못하는 게 당연하다는 말이다.

94 不但也라 | 여기에 그치지 않음을 말한다.

95 言肩吾之智는 若聾瞽하야 無所知見이라 故로 不信此說耳라 | 肩吾의 지혜는 귀머거리, 장님처럼 아는 게 없다. 이 때문에 이 이야기를 믿지 못하는 것이다.

96 此聾瞽之言이라 | 이는 귀머거리, 장님의 말이다.

97 是也라 | 이것을 말한다.

98 聾盲之言이 卽是女也라 | 귀머거리, 장님의 말은 곧 너를 두고 한 것이다.

99 此는 神人之妙用이라 | 이는 神人의 妙用이다.

100 與萬物로 混而爲一也라 | 만물과 더불어 渾然히 하나가 된다는 뜻이다.

101 治也라 言此等人은 與造物로 同遊하야 無心於出世하되 則爲一世之福하야 而求乎以治라 | 亂은 治. 이런 사람은 조물주와 함께 노닐면서 出世에 무심하지만 사람들이 一世의 복을 위해서 그가 다스려 주기를 바라는 것이다.

102 汲汲勞悴心之貌라 | 급급하여 노심초사하는 모습이다.

103 言此人이 豈肯汲汲勞心하야 以治天下로 爲事哉아 | 이런 사람이 어찌 노심초사하여 천하를 다스림으로써 일을 삼겠는가.

104 言此人이라 | 이 사람을 말한다.

105 言已脫形骸하야 無我與物對일새 故物莫能傷이니 卽老子 云以其無死地焉이라 | 그는 이미 육신을 초탈하여 자기와 만물이 相對됨이 없는 까닭에 남들이 그를 해칠 수 없는 것이다. 노자가 말한 "그에겐 죽음이 없다"는 것이 그것이다.

고[108] 土山焦而不熱이라[109] 是[110]其塵垢[111] 粃糠으로도[112] 將猶陶鑄堯舜者
也니[113] 孰肯以物로 爲事리오[114]

【직역】 肩吾가 連叔에게 묻기를, "나는 接輿에게 말을 들으니, 커서 該
當됨이 없고 떠나가 되돌아오지 않기에 나는 그의 말이 河漢으로서 다함
이 없는 것과 같음이 놀랍고 두렵습니다. 크게 逕庭(遠隔)이 있어 人情에
가깝지 않습니다."

連叔이 말하기를, "그의 말이 무얼 말하던가?" 하니, 말하기를, "藐姑
射(막고야)의 山(肉身比喩)에 神人(몸속의 神)이 있어 거처하니, 肌膚는 冰雪
같고 淖約이 處子 같아서 五穀(世味)을 먹지 않고 바람을 呼吸하고 이슬
을 마시면서 雲氣를 타고 飛龍을 부리어 四海의 밖에 노닐며 그 精神을
凝集하여 萬物로 하여금 疵癘하지 않게 하고 年穀이 익게 한다' 하니, 저

---

106 大水也라 | 홍수이다.
107 稽는 至也니 言滔天之水라 | 稽는 이른다는 것이니 홍수가 하늘에 넘실댐
  을 말한다.
108 流金鑠石은 言熱之極也라 | 무쇠가 녹아 흐르고 바위가 녹아내린다는 것
  은 극도에 이른 열기를 말한다.
109 不溺不熱은 乃不能傷處라 | 물에 젖지도 불에 타지도 않는다는 것은 곧 그
  를 해칠 수 없음을 말한다.
110 言此人이라 | 이 사람을 가리킨다.
111 猶土苴也라 | 두엄 혹은 쓰레기이다.
112 乃穀之麤皮는 非精實也라 | 곡식의 껍질. 알맹이가 아닌 것을 말한다.
113 言此人之德은 卽土苴粃糠이니 最麤者나 尙能做出堯舜之事業이온 況其精
  神乎아 | 이 사람의 덕은 쓰레기와 쭉정이이니 가장 거친 것이지만 그래도 요
  순의 사업을 이룩할 수 있다. 하물며 그의 정신은 두말할 나위도 없다.
114 言此神人之德이 如此어늘 誰肯弊弊以物爲事리오 | 이는 神人의 덕이 이
  와 같은데 어느 누가 귀찮게 세간의 일을 마음에 두겠는가.

는 이로써 狂(誑)이라 여겨 믿어지지 않았습니다."

連叔이 말하기를, "그렇겠다. '瞽者는 文章의 구경을 함께할 수 없고 聾者는 鐘鼓의 소리를 함께할 수 없으니 어찌 오직 形骸에만 聾盲이 있겠는가. 心知에도 또한 그것이 있다' 하더니, 이런 그의 말은 너와 같다.

그(神人) 사람의 德은 將次 萬物에 磅礴하여 이로써 一體를 삼기에 世人이 다스려 주기를 구하나 누가 弊弊하게 天下로써 일을 삼겠는가.

그 사람은 物이 그를 傷하게 할 수 없다. 大浸이 하늘에 이르러도 빠지지 않고 大旱에 土石이 흐르고 土山이 불타도 뜨거워하지 않으니, 이는 그의 塵垢와 粃糠으로도 將次 오히려 堯舜(唐虞)을 陶鑄할 者이니 누가 기꺼이 物로써 일을 삼겠는가" 하였다.

[의역] 견오가 연숙에게 물었다.

"제가 접여가 하는 말을 듣자니, 워낙 광대하여 그 어디에도 걸맞지 않고 한번 말하노라면 끝이 없습니다. 저는 그의 말이 은하수처럼 끝을 찾을 수 없는 것에 놀랍고 두려워하였습니다. 현실과 너무 큰 차이가 있어서 세속 사람들의 생각과는 가깝지 않았습니다."

연숙이 그에게 말하였다.

"그분의 말씀이 뭐라고 하시던가?"

"'저 멀리 고야(姑射)라는 산에 신인(神人) 한 분이 계시는데, 살갗이 얼음과 하얀 눈처럼 깨끗하고 아름다운 자태는 아가씨처럼 부드럽다. 우리가 흔히 먹는 오곡을 먹지 않고 시원한 바람을 들이마시거나 조촐한 이슬을 먹으면서 하늘 높이 구름을 타고서 용을 말처럼 부리어 사해(四海)의 밖에서 조물주와 함께 노닐고 있습니다. 그 신인은 전혀 하는 일이 없고 그 정신이 응집되어 만물이 병들지 않게 되고 그 해 풍년이 든다'고 말하였습니다. 저는 이 때문에 그의 말이 거짓말이라 생각되어 믿을 수 없었습니다."

연숙이 말하였다.

"그럴 만하겠다. 네가 믿지 못하는 것은 당연하다. '장님은 아름다운 빛깔을 함께 볼 수 없고 귀머거리는 아름다운 음악을 함께 들을 수 없다. 장님과 귀머거리가 어찌 외형의 몸에만 있겠는가. 마음의 지혜에도 또한 장님과 귀머거리가 있다'는 옛말이 있더니만, 이런 말이 어쩌면 그렇게도 꼭 너를 두고 한 말 같으냐?

신인의 그 덕화는 널리 만물에 혜택을 입혀 주어 모두 하나로 만들어 주기에, 사람들은 그분께 이 세상을 다스려 주기를 바라지만 신인이 무엇 때문에 천하를 다스리는 데 허둥대며 고생을 하려고 하겠는가.

그분은 이 세상 그 어떤 것으로도 해칠 수 없다. 홍수가 하늘 끝까지 넘실대도 빠져 죽지 않고, 큰 가뭄에 쇠와 바위가 녹아내리고 대지와 산자락이 훨훨 불타도 뜨거움조차 느끼지 않는다.

이는 그분의 쓰레기, 그리고 쭉정이와 겨만 가지고서도 요·순의 치적(治績) 쯤이야 거뜬히 이룩해 낼 수 있는데, 무엇 때문에 세속의 일을 위해 애써 일하려 하겠는가."

【감산 절해】

此一節은 釋上乘天地·御六氣之至人·神人·聖人之德이 如此니 卽下에 所稱大宗師者라 若此等人은 迫而應世에 必爲聖帝明王하야 無心御世하고 無爲而化라 其土苴緒餘로 以爲天下國家하니 決不肯似堯舜이 弊弊焉하

야 以治天下로 爲事니 極言其無爲而化世者 必是此等人物也라

이 단락에서는 上文에서 말한 천지를 타고 六氣를 부리는 至人·神人·聖人의 덕이 이와 같음을 해석하였다. 下文에서 일컫는 大宗師이다. 이런 사람은 어쩔 수 없이 세상에 나아가면 반드시 聖帝와 明王이 되어 無心으로 세상을 다스리고, 하는 일 없이도 교화하는 것이다. 그는 쓰레기와 나머지로도 천하를 이롭게 할 수 있으므로, 요임금이나 순임금과 같이 고생고생하며 천하를 다스리는 것을 일삼지 않는다. 그 하는 일 없이도 세상을 교화하는 자가 반드시 이런 인물임을 지극히 말한 것이다.

【원문】

宋人이 資[115]章甫而適諸越이러니[116] 越人은 斷髮文身하니 無所用之니라[117] 堯治天下之民하야 平海內之政하고 往見四子[118]藐姑射之山하고 汾水[119]之

---

115 貨賣也라 | 물건을 파는 것이다.
116 宋人이 以章甫로 爲貴重일새 故往資之라 | 송나라 사람은 장보관을 귀중히 생각한 까닭에 월나라로 팔러 간 것이다.
117 宋人이 自以章甫로 爲貴하고 而不知越人은 爲無用也라 此喩堯以天下로 爲貴하야 特讓許由로되 而不知由는 無用天下爲하니 大似越人이 斷髮文身일새 以章甫로 爲無用也라 | 송나라 사람들이 章甫를 귀하게 여겼으나 월나라 사람에게는 아무 쓸모없는 것임을 알지 못했다. 이는 요임금이 천하를 귀중히 여겨 특별히 허유에게 물려주려고 했으나 허유에게는 천하가 아무짝에도 쓸모없는 것을 알지 못한 것임을 비유한 것이다. 이는 월나라 사람들이 머리를 자르고 문신을 한 까닭에 장보가 필요 없는 것과 너무도 닮았다.
118 卽齧缺披衣王倪之類라 | 齧缺, 披衣, 王倪 등이다.
119 堯之都也라 | 요임금의 도읍(현 산서성 平陽 부근의 강)이다.

陽에 窅然[120]喪其天下焉이러라

【직역】 宋人이 章甫를 資本으로 하여 越에 갔더니 越人이 斷髮과 文身을 하여 그게 所用이 없었다.

堯가 天下의 百姓을 다스려 海內의 政事를 平定하고 네 분의 선생을 뵈려고 藐姑射의 山으로 갔다가 분수의 양에서 窅然히 그 天下를 잊어버렸다.

【의역】 송나라 사람이 장보(章甫)라는 은대(殷代)의 옛 관(冠)을 밑천으로 하여 월나라로 장삿길에 나섰는데, 월나라 사람들은 머리를 빡빡 자르고 몸에는 어지럽게 문신하여 그들에겐 장보라는 관이 아무 쓸모가 없었다.

요임금이 천하의 백성을 잘 다스려 사해의 정사를 안정시키고 저 멀리 고야산으로 네 명의 신인을 뵈려 갔다가 분수의 북쪽에서 자신이 천하를 다스리는 천자라는 사실까지 까마득히 잊어버렸다.

【감산 절해】

此一節은 釋上堯讓天下하야 與許由할새 許由 不受니 意謂由 雖不受堯之天下나 卻不能使堯로 忘其天下하고 且不能忘讓之之名하니 以由未忘一己故也라 今一見神人에 則使堯로 頓喪天下하니 此足見神人御世의 無爲之大用이라 一書立言之意는 盡在此一語니 不但爲逍遙之結文而已也라 莊子文章을 觀者는 似乎縱橫洸洋自恣나 而其中屬意는 精密嚴整之不可當

---

120 茫然自失之貌라 | 아득히 自失한 모양이다.

이니 卽逍遙一篇에 精意入神之如此하사 逍遙之意를 已結하니 所謂寓言 ·
重言이요 而後文은 乃卮言也라 大似詼諧戲劇之意하야 以發自己心事라 謂
人以莊子所言으로 大而無用이라하니 但人不善用하야 不知無用之用이 爲
大用일새 故로 假惠子以發之니라

이 단락에서는 上文에서 말한, 요임금이 천하를 허유에게 물려주었으
나 허유가 받지 않은 것에 대한 해석이다. 그 뜻은 허유가 비록 천하를 받
지 않았으나 도리어 요임금으로 하여금 천하를 잊게 하지는 못했고, 또
천하를 사양했다는 명예심을 잊게 하지도 못했다. 이는 허유 자신이 자기
의 몸을 잊지〔忘己〕 못한 데에서 연유한 때문이다.

여기에서는 요임금이 神人을 한번 보자, 神人은 요임금으로 하여금 단
번에 천하를 놓아버리게 만들었다. 여기에서 神人이 세상을 다스리는 '無
爲의 大用'임을 볼 수 있다. 〈소요유〉의 立言 本意는 모두 이 한마디에
있다. 이는 단순히 〈소요유〉편의 結語에 그친 것만은 아니다.

『장자』의 문장을 보는 자들은 그 문장이 종횡하고 걷잡을 수 없고 거침
이 없는 것처럼 보이지만 그 가운데 담긴 뜻이 정밀하고 엄정함은 그 어
느 것으로도 당할 수 없다. 〈소요유〉편에 그 뜻이 정밀하고 신묘의 경지
에 듦이 이와 같다는 점으로써 소요유의 뜻을 끝맺었다. 이는 이른바 寓言
과 重言이다. 아래의 문장은 바로 卮言이다. 아주 우스갯소리와 희극처럼
보일지 모르지만 이로써 자기의 心神과 자신의 行事를 밝히고 있다.

사람들은 장자가 말한 것이 광대하기만 하고 아무짝에도 쓸모가 없다
고 생각하는데, 이는 세상 사람이 善用하지 못하여 "無用의 用이 大用"
이 된다는 점을 모르기 때문이다.

이 때문에 惠子*를 빌어 이 점을 밝히고 있다.

【원문】

惠子 謂莊子曰 魏王이 遺¹²¹我大瓠之種이어늘¹²² 我樹之成하니 而實五石이라¹²³ 以盛水漿에 其堅을¹²⁴ 不能自擧¹²⁵也요 剖之以爲瓢에 則瓠落¹²⁶無所容하야 非不呺然¹²⁷大也나 吾爲其無用而掊之라¹²⁸ 莊子曰 夫子固拙於用大矣로다¹²⁹ 宋人이 有善爲不龜¹³⁰手之藥者하야¹³¹ 世世에 以洴澼¹³²絖으로¹³³ 爲事러니¹³⁴ 客이 聞之하고 請買其方百金한대¹³⁵ 聚族而

---

* 惠子는 성은 惠, 이름은 施. 名家. 魏 재상까지 지냈다.

121 餽也라 | 내려준다는 뜻이다.

122 惠子는 魏人이니 故言魏王이라 | 惠子는 魏나라 사람이기에 魏王의 일을 말한 것이다.

123 瓠之子 有五石之多하니 言其大如此라 | 박의 씨앗이 다섯 섬이 된다는 것은 그 크기가 이와 같음을 말한다.

124 重也라 | 무게이다.

125 言一人이 擧不動이라 | 한 사람이 들 수 없음을 말한다.

126 言廓落之大로 沒處安頓이라 | 덩그렇게 워낙 커서 둘 곳이 없음을 말한다.

127 大貌라 | 커다란 모양이다.

128 言擊碎之也라 | 쳐서 쪼개버렸음을 말한다.

129 言惠子는 不能善用其大也라 | 혜자는 그 큰 박을 善用하지 못함을 말한다.

130 音均이니 言寒凍에 手背皮皴裂이 如龜背之紋也라 | 龜의 음은 균. 추운 겨울 날씨로 손등이 터지고 피부가 갈라진 모습이 거북이 등의 무늬와 비슷함을 말한다.

131 言能治하야 使手로 不皴裂之藥者라 | 치료가 되어 손이 트지 않게 만들어 주는 약이다.

132 漂洗也라 | 빨래이다.

133 舊緜絮也라 | 헌솜이다.

134 言因有不裂手之藥故로 世世에 以此로 爲業이라 | 손이 트지 않는 약이 있었던 까닭에 이로써 대대로 헌솜 빨래를 家業으로 삼았다.

謀曰 我 世世에 爲洴澼絖하야 不過數金이러니[136] 今一朝에 而鬻技百金이라하고[137] 請與之하리라[138] 客이 得之하야 以說[139]吳王이러니 越有難이어늘 吳王이 使之將하야[140] 冬與越人水戰하야 大敗越人하고[141] 裂地[142]而封之하니[143] 能不龜手는 一也로되 或以封하고 或不免於洴澼絖하니 則所用之異也라[144] 今子 有五石之瓠하니 何不慮[145]以爲大樽[146] 而浮乎江湖하고[147] 而憂其瓠落無所容고 則夫子猶有蓬之心[148]也夫인저

---

135 客이 聞其方妙일새 故重價買之라 | 어느 나그네가 그 약의 秘方이 오묘하다는 말을 들었던 까닭에 비싼 값을 치르고 사려 했다.

136 所獲之利薄이라 | 약을 이용해 얻은 소득이 얼마 되지 않았다.

137 言雖一旦에 而得 厚利나 且不損己라 | 비록 하루아침에 막대한 이익을 얻으면서도 자기에게 아무 손해가 없음을 말한다.

138 不知客所用大也라 | 그 나그네가 그 약을 매우 유용하게 쓰리라는 점을 모른 것이다.

139 去聲이라 | 거성 세(說)로 읽는다.

140 使得方之人으로 以爲將이라 | 그 비법을 얻어온 나그네를 장수로 삼았다.

141 言吳有此藥일새 故士卒이 能兵이요 越無之일새 故敗也라 | 오나라에 이 약이 있었기 때문에 오나라의 병졸들이 잘 싸웠으나 월나라는 이 약이 없었기 때문에 지고 말았다.

142 剖土以封이라 | 땅을 하사하여 그의 봉읍으로 주었다.

143 言以此藥으로 致封侯也라 | 그는 이 약으로써 封侯에 이른 것이다.

144 莊子以此로 喩惠子不善用其無用也라 | 장자는 이의 고사로써 혜자가 無用의 用을 善用할 줄 모른 것을 隱喩한 것이다.

145 思其可用處라 | 그것을 쓸 수 있는 곳을 생각해 보라는 뜻이다.

146 以瓠로 爲度水之樽이니 如今之漁舟小兒背瓠를 可知也라 | 큰 박으로써 강물을 건너는 동이를 만듦이니, 요즘 작은 고기잡이배를 타는 작은 아이들이 등에 짊어진 박과 같은 것임을 알 수 있다.

147 此以所用之大也라 | 이는 크게 사용할 줄 안 것이다.

148 蓬有心而不通이니 此嘲惠子 一竅不通이니 正卮言也라 | 마음이 묵정밭이 되어 통하지 못함을 말한다. 이는 혜자의 마음이 막혀 있음을 비웃는 것으로 바로 卮言이다.

【직역】 惠子(梁의 宰相)가 莊子에게 말하기를, "魏王이 나에게 大瓠의 種子를 주었는데, 내 이를 심어 成熟하니 씨앗이 五石이었고, 이로써 水漿을 담으니 그 堅重을 스스로 들 수 없어서 이를 쪼개어 바가지로 삼으니, 瓠落(廓落)하여 容納할 바 없었다. 呺然(虛大한 모양)하게 크지 않은 것은 아니나 나는 그 쓸모없는 것 때문에 그것을 깨버렸다" 하였다.

莊子가 말하기를, "夫子는 참으로 큰 것을 쓰는 데 못났다. 宋人이 손이 트지 않는 藥을 잘 만드는 者가 있어 世世로 솜을 빨래하는 것으로 일을 삼았더니, 客이 이를 듣고서 그 秘方을 百金으로 사기를 請하자, 一族이 모여서 謀議하기를, '우리가 世世로 솜을 빨아도 數金에 지나지 않았는데, 至今 一朝에 技倆을 百金에 팔게 되었으니, 그에게 주기를 請하노라' 하니, 客이 이를 얻어 가지고서 이로써 吳王에게 遊說하였다.

越이 難을 일으키자, 吳王이 그를 將帥로 삼아 겨울에 越人과 더불어 水戰을 할 적에 越人을 大敗시켜서 땅을 잘라 그를 封하여 주니, 손을 트지 않게 하는 것은 一般이지만 或者는 이로써 封해 받고 或者는 솜 빨래를 免하지 못한 것은 使用한 바의 差異 때문이다.

至今 그대가 五石의 박을 所有하고서 어찌하여 大樽을 만들어 江湖에 띄울 것은 생각지 않고 그 瓠落하여 容納할 바 없음을 걱정하는가. 夫子는 오히려 마음에 蓬蒿가 있다."

【의역】 혜자가 장자에게 말하였다.

"위나라 혜왕(惠王)*이 나에게 큰 박씨를 선물로 주기에, 내 이를 심었

---

* 위나라 혜왕(惠王) : 『맹자』의 첫 부분에서 나온 梁 惠王을 말한다.

는데 정작 박이 익고 보니, 얼마나 크든지 박 속에 든 박씨만도 다섯 섬이 되었다.

여기에 물과 장을 담으니, 워낙 무거워서 혼자서는 들 수 없었다. 그래서 이를 쪼개어 바가지를 만들었다. 그러나 그 역시 워낙 커서 놓아둘 만한 장소가 없었다.** 휑하게 크지 않은 것은 아니지만, 나는 그 바가지가 쓸모없다고 생각되어 깨버렸다."

장자가 그에게 말하였다.

"선생은 정말 큰 물건 사용하는 솜씨가 없다!

송나라에 손이 트지 않은 약을 잘 만드는 사람이 있었다. 그는 대대로 솜 빨래를 하는 것으로 가업(家業)을 삼아 왔는데, 한 길손이 이 말을 전해 듣고서 그 비방을 백금을 주고 사겠다고 청하였다.

그 일족이 모여 상의하기를, '우리 집안은 대대로 솜을 빨아왔지만 고작 몇 푼 얻은 데 지나지 않으나, 하루아침에 우리의 비법을 백금(百金)에 사겠다고 하니, 그에게 우리의 비법을 전해 주고자 한다'고 하였다.

길손이 그 비방을 얻어 가지고서 오나라 왕에게 유세를 하였는데, 때마침 월나라가 오나라를 쳐들어 왔다. 오나라 왕은 그를 장수로 삼았다. 한겨울에 월나라 사람들과 수전(水戰)을 벌여 월나라 사람들을 크게 격퇴시키자, 오나라 왕은 전공(戰功)에 대한 감사로 그에게 땅을 떼어 봉해 주었다.

손을 트지 않게 하는 비방은 한 가지이지만, 한 사람은 그 비방으로써

** 瓠落無所容 | 이 부분에 대해 흔히 "바가지가 워낙 커서 거기에 알맞게 담아 둘 만한 물건이 없다"는 뜻으로 말하고 있으나, 바로 뒤의 장자의 답변을 살펴보면, 이를 강호에 옮겨 놓고서 배로 사용해야 한다는 말과 연결지어 볼 때, 이를 둘 곳이 없음을 걱정하는 장소로 봐야 한다.

봉읍(封邑)을 얻고 한 사람은 줄곧 솜 빨래를 면하지 못한 것은 그 비방을 사용하는 방법이 달랐기 때문이다.

지금 그대는 박씨가 다섯 섬이나 들어 있던 큰 박을 가지고서 어찌하여 큰 술통을 만들어 허리춤에 차고서, 강물을 건너는 배처럼 강호에 띄워둘 것을 생각지 못하고, 바가지가 워낙 커서 놓아둘 장소가 없다고 걱정만 하는가. 선생의 마음은 쑥대밭처럼 온통 잡초로 뒤덮여 있다!"

【감산 절해】

此一節은 莊子 以自創逍遙神人之說하야 以明無用之大用이니 蓋亦有自寓己意하야 言世無所知也라 惠子는 乃莊子生平相契之友일새 故托嘲調하야 以見己意라 蓋亦言其雖有聖人이나 必須擧世有見知者라야 而後에 乃得見用於當世也라 言雖戲劇이나 而心良苦矣라 此等文을 要得其趣인댄 則不可以正解요 別是一種風味니 所謂詩有別趣也라 後諸篇中에 似此寓意者 多하니 學者 不可不知也니라 前雖說不善用其大나 尚未說無用之用하니 故로 下文에 以大樹로 發之니라

이 단락은 장자가 스스로 神人 逍遙에 대한 이야기를 지어 내어 無用의 大用을 밝힌 것이다.

장자는 여기에 또한 스스로 자기의 뜻을 담아, 자신은 세상 사람들이 알아주는 바 없음을 말하였다. 그러나 혜자는 장자와 평생 知己의 벗이기에 조롱하는 말투로 자기의 뜻을 보인 것이다. 그는 또한 비록 성인이 있더라도 반드시 세상 사람들이 그를 알아주어야 當世에 등용된다는 뜻을 밝히고 있다.

그의 말은 희극처럼 보이지만 마음만은 참으로 괴로운 것이다. 이런 문장에 그 旨趣를 얻고자 한다면 글자 그대로 해석해서는 안 된다. 또 다른 하나의 風味가 있다. 이른바 詩에 別趣가 있는 것과 같다. 아래에 이어지는 여러 後篇에도 이와 같은 寓意를 담고 있는 부분이 많다. 배우는 이는 이 점을 몰라서는 안 될 것이다. 앞의 문장에서는 비록 큰 것을 善用하지 못한 것을 말했으나 오히려 無用의 大用에 대해서는 말하지 않았다. 이 때문에 아래의 문장에서 큰 나무로써 이 점을 밝히고 있다.

【원문】

惠子 謂莊子曰 吾有大樹하니 人謂之樗라[149] 其大本이[150] 擁腫而不中繩墨하야[151] 其小枝는 卷曲而不中規矩하니[152] 立之塗에[153] 匠者[154] 不顧라[155] 今子之言大而無用은[156] 衆所同去[157]也로다 莊子曰 子獨不見狸狌乎아[158]

---

149 樗散하야 無用之木이라 | 흐물흐물하여 아무짝에도 쓸모없는 나무이다.
150 樹大身也라 | 나무의 몸체가 큰 것이다.
151 言不材之甚이라 | 아주 재목감이 못 됨을 말한다.
152 言不可裁取也라 | 잘라서 다듬을 수 없음을 말한다.
153 喩當要路라 | 要路(要職)에 있음을 비유한 것이다.
154 喩當世執政之人이라 | 당시의 執政者를 비유한 것이다.
155 喩不爲世所采錄也라 | 세상에서 채용(등용)될 수 없음을 비유한 말이다.
156 言雖大而無實用이라 | 비록 크기는 하지만 실용성이 없음을 말한다.
157 言爲衆人이 所共棄也라 | 모든 사람에게 하나같이 버림받게 됨을 말한다.
158 莊子 因惠子 說大而無用하야 遂將狐狸野貓之小巧하야 以比惠子니 幷世用小知者는 皆不得其死라 | 장자는 혜자가 "말이야 크지만 실용성이 없다"고 말함으로 인해서, 마침내 살쾡이와 들고양이의 교활한 지혜를 예로 들어 혜자를 비유한 것이며, 아울러 얄팍한 지혜를 쓰는 世人까지도 모두 正命을 얻지 못하고 橫死하리라는 점을 말한 것이다.

卑身而伏하야 以候敖者하며¹⁵⁹ 東西跳梁하야 不避高下라¹⁶⁰ 中於機辟하

니¹⁶¹ 死於罔罟라¹⁶² 今夫斄牛는¹⁶³ 其大 若垂天之雲하니¹⁶⁴ 此能爲大矣

로되 而不能執鼠라¹⁶⁵ 今子 有大樹하야 患其無用하니¹⁶⁶ 何不樹之於無何

有之鄕¹⁶⁷ 廣莫之野하야¹⁶⁸ 彷徨¹⁶⁹乎無爲其側하며 逍遙乎寢臥其下오¹⁷⁰

---

159 以比小知之人이 卑身諂求하야 以取功利하야 俟其機會는 如狸狌之伏身
하야 以候遨者라 | 이로써 小知人이 몸을 굽실거리며 아첨하여 공명과 이
익을 얻고자 그 기회를 기다리는 것은 마치 살쾡이가 잔뜩 몸을 웅크리고
먹이를 기다리는 것과 같음을 비유한 것이다.

160 以喩世人無知하야 但知求利하야 恣肆妄行하야 不避利害라 | 세상 사람들
이 무지하여 오직 이익 추구만을 알고서 방자하고 거침없으며 망령되게 행
동하여 利害를 피하지 않음을 비유한 것이다.

161 此機辟은 以取狸狌者라 | 이 덫과 그물은 살쾡이를 잡는 기구이다.

162 以罔罟로 羅取狸狌이라 因不避高下일새 故로 墮死於機 罔之中하나니 以
喩世人之恃知求利名者 亦若此而已라 | 덫과 그물로 살쾡이를 잡은 것이다.
위아래 가리지 않고 날뛰므로 결국 덫과 그물에 걸려 죽게 된다. 이로써 자신
의 하찮은 지혜를 믿고서 이익과 공명을 구하는 자 또한 이와 같은 운명임을
비유한 것이다.

163 南方山中에 有此大牛라 | 남쪽 산중에 사는 커다란 소.

164 斄牛는 雖大나 未必如此니 乃巵言也라 | 斄牛가 아무리 크다 하지만 꼭
이렇지만은 않을 것이다. 바로 巵言이다.

165 言斄牛之大는 縱若垂天之雲하야 能如此大나 亦不能執鼠하니 言其至大
不能就其屑小也라 | 斄牛의 크기가 설령 하늘을 뒤덮는 구름처럼 크다 할지
라도 쥐 한 마리를 잡지 못한다. 지극히 큰 것은 자질구레한 일에 능하지 못함
을 말한다.

166 言旣有此大樹에 不必患其無用이요 任他無用이라 | 이미 이처럼 큰 나무가
있다면 구태여 쓸모없다 걱정하지 말고 쓸모없는 그 나름대로 맡겨두어야 함
을 말한다.

167 此는 莊子自喩也라 然雖大而無用하야 但你世人이 亦不必用이나 但任放
之於無用之地하면 有何不可리오 | 이는 장자 자신을 비유한 것이다. 이 나
무가 아무리 크지만 쓸모가 없어 세상 사람이 아무 쓸모없는 나무라 말한다
할지라도 그저 無用의 땅에 그대로 놓아두면 무슨 안 될 일이 있겠는가.

不夭斤斧하고[171] 物無害者라[172] 無所可用이 安所困苦哉아

【직역】 惠子가 말하기를, "나에게 큰 나무가 있는데, 사람들은 이를 樗라 한다. 그 大本은 擁腫으로서 繩墨에 맞지 않고 그 小枝는 卷曲하여서 規矩에 맞지 않아서 길에 세워 두어도 匠者가 돌아보지 않으니, 至今 그대의 말은 크지만 쓸모가 없다. 衆人이 다 같이 떠나가는 것이다" 하였다.

莊子가 말하기를, "그대는 홀로 狸·狌(고양이류)을 보지 못했는가. 몸을 낮추고 엎드려 敖者를 기다리다가 東西로 跳梁하여 高下를 避하지 않다가 機辟에 걸리고 網罟에 죽거니와 至今 斄牛(旄牛)는 그 크기가 하늘에 드리운 구름과 같으니, 이는 크기는 하지만 쥐도 잡지 못한다.

至今 그대가 큰 나무를 所有하고서 그것이 쓸모없다 근심한다면 어찌하여 無何有의 고을, 廣莫(曠遠)의 들녘에 이를 심어 놓고 彷徨하면서 그 곁에서 無爲하며 逍遙하면서 그 아래에서 寢臥하지 않는가. 斤斧에 夭

---

168 此句與無何有는 皆喩大道之鄕也라 | 이 구절과 無何有之鄕은 모두 大道의 경지(鄕)를 비유한 것이다.

169 遊衍自得也라 | 자유롭게 노님을 말한다.

170 言至人은 無用而任與道遊하야 則行住坐臥에 樂有餘地니 又何患焉고 | 至人은 無用으로서 大道와 함께 소요하므로 行住坐臥에 즐거움이 넉넉하니 또 무슨 근심이 있겠는가.

171 大樹는 本已不材而又樹之無人之境하야 斧斤不傷으로 以喩聖人이 無求於世일새 故不爲世所傷害也라 | 큰 나무는 본래 아무 쓸모가 없고 또 이 나무를 無人之境에 심음으로써 도끼질 당하지 않는다는 것으로써 성인은 세상에 구하는 바가 없는 까닭에 世人에 의해 傷害 당하지 않음을 비유한 것이다.

172 以無用으로 且不置人前이 何害之有哉아 | 쓸모가 없는데다가 또한 남들 앞에 있지 않으니, 무슨 피해가 있겠는가.

折하지 않고 物이 害칠 者 없을 것이다. 쓸 만한 것이 없으니, 어찌 困苦할 바 있겠는가" 하였다.

【의역】 혜자가 다시 말하였다.

"나에게 큰 나무 한 그루가 있는데, 사람들은 그 나무를 가죽나무라 부른다. 그 나무의 큰 줄기는 종기가 나듯 울퉁불퉁하여 먹줄을 칠 수 없고, 작은 가지는 비틀리고 굽어서 잣대를 댈 수 없어서 길 곁에다 심어 놓아도 어느 목수 하나 거들떠보지도 않는다.

지금 그대의 말은 이 나무처럼 크기는 크지만 아무런 쓸모가 없다. 그래서 많은 사람들이 상종하려 들지 않고 모두 그대 곁을 떠나간 것이다."

장자가 말하였다.

"그대는 너구리와 살쾡이를 보지 못했는가. 그들이 몸을 바싹 낮추고서 엎드린 채, 작은 동물이 놀라 나오기를 기다리고 있다가 작은 동물을 덮칠 적에는 이쪽저쪽으로 팔짝팔짝 뛰면서 허공을 가로질러 대들보만큼 높이 날아 높고 낮은 곳을 가리지 않지만, 결국은 덫에 걸리거나 그물에 걸려 죽음을 면치 못한다.

그러나 저 검은 소는 큰 몸집이 마치 하늘에 드리운 구름만큼이나 우람하다. 그는 그처럼 큰 덩치를 가지고 있지만 생쥐 한 마리 잡지 못한다.

지금 그대가 큰 나무를 가지고서 그 나무가 아무짝에도 쓸모없다 걱정한다면 무엇 때문에 그 어떤 것도 존재하지 않는 땅, 드넓은 들녘에 심어 놓고서 그 나무 곁에서 하릴없이 서성이고, 그 나무 아래에서 한가롭게 누워 잠을 자지 않는가.

그 나무는 자귀와 도끼에 잘려 나가지 않고 해치는 자가 없다. 아무 쓸모가 없으니, 어찌 괴롭힘을 당할 게 있겠는가. 그는 괴로움을 여의어 그의 마음이 하늘과 더불어 빛날 것이다."

【감산 절해】

此篇은 托惠子하야 以嘲莊子之無用하고 莊子는 因嘲惠子 以小知로 求名求利之爲害 似狸狌之不免死於罔罟라 若至人이 無求於世니 固雖無用이나 足以道自樂하야 得以終其天年하니 豈不爲全生養道之大用가 是則無用이 又何困苦哉아 此雖巵言이나 足見莊子心事 自得之如此라 豈世之小知之人이 能知耶아

이 〈소요유〉편은 혜자에 가탁하여 장자의 無用을 비웃고, 장자는 이로 인해서 혜자가 小知로써 名利를 추구하는 피해가 마치 살쾡이가 덫과 그물에 죽음을 면치 못하는 것과 같다고 비웃었다.

至人 같은 이는 세상 사람에게 요구됨이 없으니 참으로 쓸모가 없으나 道로써 스스로 즐기며 그 天年(天壽)을 다하니, 어찌 생명을 온전히 하고 도를 함양하는 大用이 아니겠는가. 그러한즉 無用이 또 무엇에 괴롭힘을 당하겠는가. 이는 비록 巵言이지만 장자의 마음과 行事에 자득한 경지가 이와 같음을 보여준다. 어찌 세상의 얄팍한 지혜를 지닌 사람이 이를 알 수 있겠는가.

제2 제물론(齊物論 第二)

【감산 편해】

物論者는 乃古今人物衆口之辯論也라 蓋言世無眞知大覺之大聖하야
而諸子 各以小知小見으로 爲自是하야 都是自執一己之我見일새 故各以己
得으로 爲必是라 旣一人이 以己爲是면 則天下人人이 皆非하야 竟無一人之
眞是者라 大者론 則從儒墨兩家相是非오 下則諸子衆口 各以己是而互相
非하니 則終竟無一人可正齊之者라 故로 物論之難齊也 久矣니 皆不自明
之過也라

今莊子意는 若齊物之論인댄 須是大覺한 眞人이 出世하야 忘我忘人하사
以眞知眞悟로 了無人我之分하고 相忘於大道라 如此則物論을 不必要齊
而是非 自泯하야 了無人我是非之相이니 此齊物之大旨也라

篇中에 立言이 以忘我로 爲第一이니 若不執我見我是하고 必須了悟自
己本有之眞宰하야 脫卻肉質之假我하면 則自然渾融於大道之鄕이라 此乃
齊物之功夫 必至大而化之면 則物我兩忘이 如夢蝶之喩니 乃齊物之實證
也라

篇中에 以三籟로 發端者는 蓋籟者는 猶言機也라 地籟는 萬籟齊鳴이니
乃一氣之機로 殊音衆響이나 了無是非오 人籟는 比竹이니 雖是人爲나 曲屈
而無機心이니 故不必說이요 若天籟는 乃人人說話 本出於天機之妙니 但

人多了一我見하야 而以機心으로 爲主宰일새 故不比地籟之風吹니 以此故로 有是非之相排어니와 若是忘機之言이면 則無可不可니 何有彼此之是非哉아 此立言之本旨也니라 老子云 天地之間이 其猶橐籥乎인저 虛而不屈하며 動而愈出이로다 多言數窮이 不如守中이라하니 此齊物은 分明是其注疏라 以此觀之하면 則思過半矣리라

物論이란 고금 인물의 수많은 말들의 논변이다. 세상에 참으로 알고 크게 깨달은 성인이 없기 때문에 諸子百家는 각기 小知와 小見으로 스스로 옳다고 하여 모두가 제 자신의 견해만을 고집한 까닭에 각기 자신이 얻은 바로써 반드시 옳다고 여긴다. 이미 어떤 한 사람이 자기의 견해로 옳다고 한다면 세상 모든 사람들이 모두 그르다 하여 마침내 어느 누구도 참으로 옳은 이가 없게 되는 것이다. 크게는 유가와 묵가 두 학파가 서로 시비를 다퉜고, 아래로는 제자백가의 수많은 말들이 제각기 자신이 옳다고 서로 시비함으로써 마침내 어느 누구도 이들을 가지런하게 정돈할 수 없었다. 이 때문에 수많은 말들을 정돈하기 어려운 지 오래였다. 이 모두가 스스로 道를 밝히지 못한 잘못 때문이다.

여기에서 장자의 뜻은 만일 物論을 가다듬으려고 한다면 반드시 크게 깨달은 眞人이 세상에 나와 나도 잊고 남도 잊고서 참다운 앎과 참다운 깨달음으로써 모두 남과 나의 구분이 없이 大道에서 서로를 잊어야 한다. 이렇게 되면 物論은 굳이 가다듬지 않아도 시비가 스스로 사라져 전혀 나와 남, 옳고 그름의 차별상이 없어지게 된다. 이것이 齊物論의 大旨이다.

이 편에서 세운 논지는 '忘我'가 가장 으뜸이다. 만일 '나의 견해', '나

의 옳음'에 집착하지 않고, 반드시 자신의 본래 지닌 眞宰를 깨달아 육신의 假我에서 벗어나면 자연스럽게 大道의 고향과 하나가 될 것이다. 이것이 바로 齊物論의 공부가 大人으로서 無爲而化에 이르면 物我를 모두 잊음이 마치 胡蝶夢의 비유와 같을 것이다. 이것이 바로 齊物論의 實證이다.

이 편에서 天籟, 地籟, 人籟 세 가지를 문장의 첫 실마리로 삼은 것은 피리란 소리를 내는 고동(機)과 같기 때문이다. 地籟는 땅 위의 온갖 구멍에서 일제히 내는 소리이다. 이는 곧 一氣의 機로서 소리는 각기 다르지만 전혀 시비가 없기 때문이다.

人籟는 대나무 피리이다. 비록 사람에 의한 것이지만, 높낮이와 굴절이 있더라도 機心이 없기에 굳이 말할 게 없다. 天籟는 사람의 말이 본래 天機의 오묘한 데에서 나온 것이다. 하지만 사람들은 대부분 각자의 我見을 가지고 있어 機心으로 主宰를 삼기에 地籟의 바람소리에 비할 수 없다. 이 때문에 시비를 서로 다투지만 만일 機心을 잊은 말이라면 옳음도 그렇지 않음도 없다. 어떻게 이것과 저것의 시비가 있겠는가. 이것이 齊物論의 本旨이다. 노자가 말하기를, "하늘과 땅 사이는 풀무와 같다. 비었으면서도 다하지 않으며 동할수록 더욱 나온다. 말이 많으면 자주 궁하게 되니 中道를 지키는 것만 같지 못하다"(『도덕경』 제5장)라고 하니, 이 齊物論은 분명 이 부분의 注疏(註解)이다. 이로 보면 생각은 이미 절반을 넘어선 셈이다.

【원문】

南郭子綦[1] 隱几而坐라가[2] 仰天而噓하야[3] 嗒焉[4] 似喪其耦어늘[5]

顔成子游[6] 立侍乎前曰 何居乎[7] 形固可使如槁木하며[8] 而心固可使如死灰乎아[9] 今之隱几者는 非昔之隱几者也로다[10] 子綦曰 偃은[11] 不亦善乎아 而問之也여[12] 今者에 吾喪我니[13] 汝知之乎아[14]

---

1 子綦는 乃有道之士니 隱居南郭이라 | 子綦는 도가 있는 선비인데 南郭에 隱居했다.

2 端居而坐하야 忽然忘身이 如顔子之心齊니 此便是齊物論之第一工夫라 | 단정하게 앉아 있다가 忽然히 몸을 잊음이 顔子의 心齊와 같다. 바로 이것이 齊物論의 第一工夫이다.

3 因忘身而自笑也라 | 몸을 잊음으로 인하여 스스로 웃은 것이다.

4 解體貌니 言不見有身也라 | 몸이 풀린 모양이니, 몸이 있음을 보이지 않음을 말한다.

5 此言色身은 乃眞君之耦耳니 今忽焉忘身일새 故言似喪其耦라 | 이는 色身이란 곧 眞君의 짝인데, 이제 갑자기 몸을 잊은 까닭에 그 짝을 잊은 것 같다고 말한 것이다.

6 子綦之弟子라 | 남곽자기의 제자이다.

7 言先生이 何所安心이 乃如此乎아 | 선생께서 어느 곳에 마음을 두었기에 이처럼 할 수 있는가?

8 子綦 既已忘形 則身同槁木이라 | 남곽자기는 이미 몸을 잊었기에 몸이 마른 나무와 같다.

9 形忘而機自息故로 心若死灰라 子游言形與心 固可如槁木死灰乎아 | 몸을 잊고 機心이 절로 사라진 까닭에 마음이 꺼진 재와 같았다. 때문에 안성자유가 "형체와 마음이 참으로 枯木死灰와 같은가"를 말한 것이다.

10 言昔者隱几에 尙有生機러니 今則如槁木死灰하니 比昔에 大不相侔矣라 | 지난날 의자에 앉아 있을 적에는 그래도 生機가 있었으나, 이제는 枯木死灰와 같으니 예전에 비해 전혀 같지 않음을 말한다.

11 子游名이라 | 안성자유의 이름이다.

12 言問之甚善也라 | 아주 잘 물음을 말한다.

13 吾는 自指眞我요 喪我는 謂長忘其血肉之軀也라 | 吾는 스스로 眞我를 가리키고, 喪我는 길이 피와 살로 이루어진 몸을 잊음을 말한다.

14 言汝豈知吾喪我之意乎아 | 그대가 어찌 내가 나를 잊은 뜻을 알겠는가.

【직역】 南郭子綦가 의자에 기대앉아 있다가 하늘을 우러러 한숨 쉼에 嗒焉하여 그의 짝을 잃은 듯하였는데, 顔成子游가 앞에 모시고 서 있다가 말하기를, "어찌하여 形體는 참으로 槁木과 같게 되었으며, 마음은 참으로 死灰와 같게 되었습니까? 至今 의자에 기대고 있는 者는 옛적에 의자에 기대고 있는 者가 아닙니다."

子綦가 말하기를, "偃(子游의 이름)아! 또한 善하지 않느냐. 너의 물음이여. 이제 내 나를 잃었더니, 네가 이를 알았느냐?

【의역】 남곽 땅에 살아 남곽으로 아호를 삼은 자기(子綦)가 있었는데, 그가 의자에 몸을 기대고 앉은 채, 머리를 들어 하늘을 바라보면서 서서히 한숨을 내쉬는 모습이 정신과 육체의 상대관념을 초월하여 자기자신을 잊은 듯, 몸이 풀려 있었다.

그의 제자 안성자유가 스승을 모시고 서 있다가 말하였다.

"어찌 된 일이십니까? 꼼짝하지도 않는 선생님의 몸은 마치 메마른 나무처럼 생기가 없고, 식어버린 선생님의 마음은 마치 꺼져버린 재처럼 불길을 찾을 수 없는 듯 되어버렸습니까? 지금 의자에 기대고 계신 선생님의 모습과 마음은 지난날 의자에 기대고 계셨던 선생님이 아닙니다."

자기가 말하였다.

"언(偃)아! 네 물음이 참으로 훌륭하다. 내, 이제야 편협하고 집착된 나를 잃었는데* 네가 이를 알았다는 말이더냐?

---

* 장자의 좌망 | 坐忘은 불가(佛家)의 입정(入定)과 같은 것이다. 남곽자기는 은궤(隱几)에서 오상아(吾喪我)에 이르고 있는바, 이는 선사의 타좌(打座)에서 입정(入定)에 이른 것과 같다. 남곽자기의 은궤(隱几)는 타좌시(打座時)를, 오

此齊物에 以喪我로 發端은 要顯世人의 是非 都是我見이니 要齊物論인
댄 必以忘我로 爲第一義也라 故로 逍遙之聖人이 必先忘己而次忘功忘名
이니 此其立言之旨也라

이 〈제물론〉에서 喪我로써 첫 실마리를 일으킴은 세상 사람의 시비는
모두 자신의 견해임을 나타내려는 것이다. 物論을 가다듬으려면 반드시
忘我로써 第一義를 삼아야 한다. 따라서 〈逍遙遊〉의 성인은 먼저 자기
를 잊고서 그 다음에 功과 이름을 잊는 것이다. 이것이 立論의 大旨이다.

【원문】

汝聞人籟¹⁵而未聞地籟하고¹⁶ 汝聞地籟而未聞天籟夫인저¹⁷

【직역】 너는 人籟는 들었으나 地籟는 듣지 못하였고, 너는 地籟는 들
었으나 天籟는 듣지 못하였구나."

【의역】 하지만 너는 인뢰(人籟)는 들었으나 지뢰(地籟)는 듣지 못하였고,
지뢰는 들었으나 천뢰(天籟)는 듣지 못하였구나."

상아(吾喪我)는 입정시(入定時)를 가리키는 것이다.
15 乃簫管之吹而有聲者라 | 대나무로 된 피리를 불어서 나는 소리.
16 卽下文의 長風一鼓에 萬竅怒號라 | 아래 문장에서 말한, 큰 바람이 한번 불
자 땅위의 온갖 구멍에서 울려나오는 소리를 말한다.
17 卽衆人之言論은 乃天機之自發이라 | 뭇사람들의 말은 곧 天機에서 나오는
소리이다.

【감산 절해】

將要齊物論에 而以三籟로 發端者는 要人悟自己言之所出이 乃天機所發이라 果能忘機하면 無心之言이 如風吹竅號어니 又何是非之有哉아 明此三籟之設하면 則大意를 可知니라

장차 物論을 가다듬고자 함에 세 가지 피리로써 첫 실마리를 삼은 것은 사람들에게 자신의 말이 곧 天機에서 나온 것임을 깨닫게 하기 위해서이다. 만일 機心을 잊을 수 있다면 無心의 말은 마치 바람이 불자 땅 위의 구멍에서 나오는 소리와 같으니, 또 어찌 시비가 있겠는가! 이 세 가지 피리를 설정한 뜻을 밝게 알면 大意를 알게 될 것이다.

【원문】

子游曰 敢問其方하노이다**18** 子綦曰**19** 夫大塊**20** 噫**21**氣에 其名이 爲風이라**22** 是**23**唯無作이언정**24** 作則萬竅怒呺어늘**25** 而**26**獨不聞之翏翏乎아**27** 山

---

18 問三籟之所以라 | 삼뢰의 所以를 물었다.

19 先說地籟라 | 먼저 地籟를 말하였다.

20 天地也라 | 천지이다.

21 愛去聲이라 | 噫는 거성 '애'로 읽는다.

22 言大風은 乃天地噫氣니 如逍遙六月之風을 爲息이라 此搏弄造化之意니라 | 大風은 천지가 트림하는 소리니, 〈소요유〉에서 유월의 바람을 息이라 한 것과 같다. 이는 천지조화와 희롱하는 뜻이다.

23 指風이라 | 바람을 말한다.

24 起也라 | 일어남이다.

25 言大風이 一起에 則萬竅怒號라 | 큰 바람이 한번 불면 온갖 구멍에서 노호하는 소리가 나온다.

26 汝也라 | 그〔안성자유〕를 가리킨다.

林之畏隹에²⁸ 大木百圍之竅穴이²⁹ 似鼻³⁰似口³¹似耳하며³² 似枅³³似圈³⁴

似臼하며³⁵ 似洼者³⁶似汚者어니와³⁷ 激者³⁸謞者로³⁹ 叱者⁴⁰吸者며⁴¹ 叫者⁴²

譹⁴³者며⁴⁴ 宎者⁴⁵ 咬者라⁴⁶ 前者⁴⁷唱于에⁴⁸ 而隨者 唱喁하야⁴⁹ 泠風⁵⁰則

---

27 翏翏는 長風 初起之聲也라 | 요요는 長風이 불기 시작할 때 나는 소리이다.

28 搖動也라 | 요동함을 말한다.

29 言深山大木 有百圍者는 則全身是竅穴이라 | 깊은 산 속, 백 아름이나 되는
나무는 온통 구멍이다.

30 此下는 言穴之狀이 有似人鼻之兩孔者라 | 다음은 나무 구멍의 형상을 말함
이다. 마치 사람의 두 콧구멍과도 같다.

31 似人之口橫生者라 | 사람 입처럼 옆으로 찢어진 구멍이다.

32 似人之耳斜垂者라 | 사람의 귀처럼 비스듬히 드리운 구멍이다.

33 有方孔之似枅者라 | 네모 구멍이 가로보와 같다.

34 有圓孔之似圈者라 | 둥근 구멍이 우리와 같다.

35 有孔內小外大似舂臼者라 | 나무 구멍이 안은 작고 밖은 커서 절구와 같다.

36 有長孔似有水之洼者라 | 기다란 구멍이 물웅덩이와 같다.

37 有淺孔이 似水之汚者라 上言竅之形이요 下言聲이라 | 나지막한 구멍이 얕
은 물웅덩이와 같다. 이 위에서는 나무 구멍의 모양을 말했고, 아래에서는 나
무 구멍에서 나오는 소리를 말했다.

38 故有聲이 如水之激石者라 | 마치 물이 돌에 격하게 부딪치는 것 같은 소리이다.

39 有似響箭之聲而謞者라 | 화살이 날면서 울리고 부르짖는 것 같은 소리이다.

40 如人叱牛之聲者라 | 사람이 소를 질책하는 것 같은 소리이다.

41 如人吸氣而聲細若收者라 | 사람이 숨을 들이켜 작게 거두어들이는 것 같은
소리이다.

42 有聲이 似人 高叫者라 | 큰소리로 고함치는 것 같은 소리이다.

43 音豪라 | 譹의 음은 호〔豪〕이다.

44 有低聲若譹者라 | 낮은 목소리로 부르는 것 같은 소리이다.

45 如犬之細聲而留者라 | 가늘게 개 짖는 소리가 여운이 머무르는 듯하다.

46 若犬吠之聲者라 已上은 竅之聲也라 | 개가 커다랗게 짖는 것 같은 소리. 위
에서 말한 것은 구멍에서 나오는 소리이다.

47 前陣風也라 | 앞에 포진한 바람이다.

48 聲輕而緩이라 | 소리가 가볍고 느슨한 것이다.

小和하니⁵¹ 飄風⁵²則大和라 厲⁵³風이 濟⁵⁴則衆竅爲虛하니⁵⁵而⁵⁶獨不見
之調調之刁刁乎아⁵⁷

【직역】 子游가 말하기를, "敢히 그 方을 여쭈옵니다."

子綦가 말하기를, "大塊가 氣를 噫함에 그것을 바람이라 名한다. 이는
일어나지 않을지언정 일어나면 萬竅가 怒呺하는데, 네 홀로 蓼蓼함을 듣
지 못하였는가. 山林의 畏佳에 大木 百圍의 竅穴이 코와 같고 입과 같고
귀와 같으며 枅와 같고 圈과 같고 臼와 같으며 洼와 같고 汚와 같으니 激
한 것과 謞한 것, 叱한 것, 吸한 것, 叫한 것, 譹한 것, 突한 것, 咬한 것들
이다.

앞서 唱于하면 뒤따르는 게 唱喁하여 冷風은 작게 和答하고 飄風은

---

49 後陣而聲重이라 | 뒤에 포진하면서 묵중한 소리이다.
50 靈風이라 | 미세한 바람이다.
51 風一吹에 而衆竅 有聲이 如和라 | 바람이 한번 불자 온갖 구멍이 화답하는
　듯이 나는 소리이다.
52 大風이라 | 거센 바람이다.
53 猛也라 | 사납다는 뜻이다.
54 止也라 | 멈춤이다.
55 謂衆竅之聲이 因風鼓發일새 大風이 一止에 則衆有寂然하니 言聲本無也
　라 | 온갖 구멍의 소리가 바람에 따라 나오는데, 큰 바람이 한번 멈추자 모든
　구멍이 고요하다. 소리가 원래 없음을 말한다.
56 汝也라 | 그를 말한다.
57 調調와 刁刁는 乃草木搖動之餘也라 意謂風雖止나 而草木이 尙搖動而不
　止하니 此暗喩世人의 是非之言論이 而唱者 己亡이로되 而人人이 以緖論
　으로 各執하야 爲是非者라 | 調調와 刁刁는 초목이 요동하는 여운이다. 바
　람은 이미 그쳤음에도 초목은 여전히 흔들리며 멈추지 않음을 말한다. 이는
　세상 사람들의 시비 논쟁이 앞서 그 근거가 사라졌음에도 사람들은 서론으로
　써 각기 고집하여 시비를 일삼는다는 것을 은근히 비유한 것이다.

크게 和答하다가 厲風(暴風)이 濟하면 衆竅가 虛하게 되는데 너만이 홀로 그 調調함의 ㄱㄱ를 보지 못하였는가."

【의역】 안성자유가 남곽자기에게 물었다.

"그곳을 가리켜 주시기를 감히 여쭈옵나이다."

"대지에서 내뿜는 기운을 바람이라 한다. 바람이 불지 않으면 몰라도 바람이 한 차례 일어나면 각기 다른 수많은 구멍에서 울부짖는 소리가 울려 나오는데, 팔방에서 불어대는 장풍(長風)의 소리를 너만 듣지 못하였다는 말인가.

산등성이 높은 곳, 굽이진 모퉁이에 우거진 나무숲은 언제나 거센 바람을 받는 곳인데, 백 아름이나 되는 큰 나무에 갖가지 모습을 한 구멍들이 널려 있다. 어떤 것은 사람의 코와 입과 같고 귀를 닮은 구멍들이 있는가 하면 어떤 것은 상량을 떠받치는 두공(斗栱)과 같고 술잔과 같고 절구통과 같아 하나의 물상(物象)을 닮았고, 또 어떤 것은 땅 위의 깊은 연못과 같고 얕은 웅덩이와 같기도 하다. 이는 모두 나무 구멍의 갖가지 형상들이다.

여기에서 울려나오는 바람 소리 역시 가지가지이다.

세차게 흐르는 물소리처럼 콸~콸거리는 바람 소리,

화살이 나는 소리처럼 씽~씽거리는 바람 소리,

거칠게 나무라는 듯한 바람 소리,

흐~흑 가늘게 들이키는 듯한 바람 소리,

큰소리로 고함치는 듯한 바람 소리,

나직하게 둔탁한 듯한 바람 소리,

깊숙한 데에서 웅웅 울려나오는 듯한 바람 소리,

새가 울듯이 가냘픈 바람 소리.

이 모두가 나무 구멍에서 울려나오는 소리로 각기 다른 것들이다.

이에 그치지 않는다. 앞서 가볍게 휘휘 바람 소리가 울리면 뒤따라서 묵중하게 윙윙 바람 소리가 울려오고, 산들바람이 가볍게 불면 구멍의 바람 소리 또한 가느다랗게 울려오고, 거센 바람이 세차게 불면 구멍에서 울려나오는 바람 소리 역시 크기 마련이다. 나무 구멍에서 울려나오는 바람 소리는 이처럼 연쇄반응을 지니고 있는 것이다.

그러나 그처럼 불어대던 폭풍이 멎으면 수많은 나무 구멍에서 울려나오던 바람 소리 역시 언제 그랬냐는 듯이 모두 사라지게 된다. 이럴 때, 바람 소리는 사라져 귀로 들을 순 없지만 아직도 나뭇가지 끝이 나풀거리다가 서서히 나뭇잎으로 옮겨가면서 미동(微動)하는 모습이 남아 있어 이를 눈으로 볼 수 있는데, 너는 그런 것을 보지 못했다는 말인가."

【감산 절해】

此長風衆竅는 只是箇譬喩니 謂從大道順造物하야 而散於衆人이 如長風之鼓萬竅라 人各稟形器之不同일새 故로 知見之不一이며 而各發論之不齊 如衆竅受風之大小淺深이라 故로 聲有高低大小長短之不一하니 此는 衆論之所一定之不齊也라 故로 古之人이 唱於前者 小에 而和於後者 必盛大하야 各隨所唱而和之 猶人各稟師承之不一也라 前已唱者 已死에 而後之和者 猶追論之不已 若風止而草木이 猶然搖動之不己也라 然이나 天風一氣는 本乎自然이요 元無機心이 存於其間일새 則爲無心之言이니 聖人之所說者 是也라 爭奈人人이 各執己見가 言出於機心이요 不是無心일새 故有是非니 故로 下文에 云 夫言은 非吹也라하야 以明物論之不齊 全出於

機心我見하야 而不自明白之過하니 此는 立言之樞紐也라 知此면 可觀齊物
矣리라

　여기에서 말한 長風과 衆竅는 하나의 비유일 뿐이다. 大道를 따르고
造物을 순종하여 모든 사람에게 도가 散在함은 큰 바람이 온갖 구멍을
울리는 것과 같다. 사람마다 각각 달리 부여받은 形器 때문에 知見이 똑
같지 않으며, 각자의 주장이 똑같지 않음은, 마치 수많은 나무 구멍에서
받아들이는 바람의 大小와 淺深 때문에 구멍에서 울려나오는 소리에 高
低, 大小, 長短이 하나같지 않음과 같다. 이는 衆論이 반드시 다를 수밖
에 없는 이유이다.

　그러므로 옛사람이 앞에서 주장한 게 작지만 뒤의 화답이 반드시 성대
하여 사람마다 각기 앞서 주창한 바에 따라 화답함이 마치 제자들이 스승
의 가르침을 각기 달리 받아들이는 것과 같다. 앞서 주창한 인물이 이미
죽었으나 뒤에 화답하는 사람이 오히려 追論을 멈추지 않음은 마치 바람
이 멈췄으나 초목이 여전히 흔들리는 것과 같다.

　그러나 하늘의 바람이라는 하나의 기운은 자연에 근본한 것으로 원래
機心이 그 사이에 없기에 무심의 말이다. 성인이 말한 바 이와 같은데, 어
찌하여 세상 사람들은 각기 제 소견에 집착하는가. 그들의 말은 機心에서
나오기에 이는 무심의 말이 아니다. 이 때문에 시비가 있다.

　그러므로 아래 문장에서 "말은 불어서 나는 소리가 아니다"라고 하여,
物論의 각기 다름은 모두가 機心과 我見에서 나왔음에도 이를 분명하게
알지 못한 잘못 때문이다. 이것이 〈제물론〉에서 논지를 세운 핵심이다.
이를 알면 〈제물론〉을 볼 수 있을 것이다.

子游曰 地籟則衆竅 是已요 人籟則比竹이 是已어니와**58** 敢問天籟하노이다 子綦曰 夫吹萬不同이나 而使其自己也라**59** 咸其自取어니와 怒者가 其誰耶아**60**

---

58 言已知地籟則是比竹이 無疑니 故로 不必更說이라 | 이미 地籟를 알았으면 이 人籟이 比竹임에 의심이 없다. 때문에 다시 말하지 않은 것이다.

59 言天籟者는 乃人人發言之天機也라 吹萬不同者는 意謂大道는 本無形聲이로되 托造物一氣하야 散而爲萬靈이니 人各得之而爲眞宰者 如長風一氣而吹萬竅也라 以人各以所稟形器之不一일새 故로 各各知見之不同이 亦如衆竅之聲이 不一일새 故로 曰 吹萬不同이라 使其自己者는 謂人人이 迷其眞宰之一體하고 但認血肉之軀하야 爲己身하고 以一偏之見으로 爲己是일새 故로 曰 使其自己니 謂從自己而發이라 此는 物論不齊之病根이라 | 天籟는 사람들이 말을 내게 하는 天機이다. '吹萬不同'이라는 뜻은 大道는 본래 형상과 소리가 없으나 造物의 一氣에 의탁하고 散在하여 모든 이의 靈性이 되는 바, 사람들은 각기 이를 얻어 眞宰를 삼는다. 마치 長風의 一氣로 수많은 구멍에 불어주는 것과 같다. 사람마다 각기 부여받은 바의 形器가 똑같지 않기에 각기 知見도 같지 않다. 이 또한 수많은 나무 구멍의 소리가 똑같지 않은 것과 같다. 이 때문에 '吹萬不同'이라 말한 것이다. '使其自己'라 하는 것은 사람마다 眞宰가 一體임을 알지 못하고, 다만 혈육덩이의 軀殼을 자기의 몸으로 생각하고, 一偏의 견해를 스스로 옳다고 여기기에 '使其自己'라 말한 것이다. 이는 자기의 입장에서 말한 것임을 뜻한다. 이것이 物論이 똑같지 않게 된 病根이다.

60 此一言은 直指齊物之功夫이니 直造忘言之境也라 咸者는 皆也요 取는 猶言看取니 乃返觀內照之意也라 怒者는 鼓其發言之氣니 乘氣而後에 方有言也라 誰者는 要看此言이 畢竟從誰而發也라 但知言從己發하고 而不知有眞宰主之니 若不悟眞宰면 則其言 皆是我見이요 非載道之言이라 由此是非之生을 終竟而不悟也니 要人識取眞宰也니라 | 이 한마디는 곧바로 齊物의 공부를 가리킴이니, 곧장 忘言의 경계로 나아갈 수 있는 것이다. 咸은 모두라는 말이며, 取는 看取로 返觀內照를 말한다. 怒는 그 發言의 氣를 고무시킴이니, 氣에 편승한 후에 말이 있게 되는 것이다. 誰란 이런 말이 결국 어떻게 해서 나왔느냐는 것이다. 말이란 자기에게서 나온 줄만 알 뿐, 眞宰가

【직역】 子游가 말하기를, "地籟는 衆竅가 이것이요, 人籟는 比竹이 이것이려니와 敢히 天籟를 여쭈옵니다."

子綦가 말하기를, "불어댐이 만 가지로 같지 않으나, 그 自己로 하여금 하도록 해 준다. 모두가 그 스스로 看取해야 하거니와 怒하게 한 者는 그 누구일까?

【의역】 안성자유가 다시 물었다.

"지뢰란 위에서 말한 수많은 나무 구멍에서 울려나오는 바람 소리를 말하며, 인뢰란 대나무로 만든 피리에서 울려나오는 소리라고 말할 수 있는데, 천뢰가 뭔지 알 수 없기에 감히 여쭙는 것입니다."

자기가 답했다.

"수많은 구멍을 헤치고 울려나오는 소리는 갖가지로 다르다. 하지만 제각기 그 구멍에서 소리를 나오도록 만들어준 것이 있다. 모두가 그 구멍마다에 각기 스스로 하나의 소리를 내는 것을 살펴보아야 하거니와 이를 진동시켜 소리가 나게 만든 자는 그 누구일까?"

【감산 절해】

齊物之意 最先以忘我로 爲本指니 今方說天籟에 卽要人返觀言語音聲之所自發이 畢竟是誰爲主宰라 若悟此眞宰면 則外離人我하야 言本無言이어니 又何是非堅執之有哉아 此齊物論之下手工夫 直捷示人處 只在自取

이를 주재하는 것임을 모른다. 眞宰를 깨닫지 못하면 그 말은 모두 我見이요, 道를 싣고 있는 말이 아니다. 이 때문에 시비의 발생을 끝내 깨닫지 못하니, 사람들은 眞宰를 알아야 할 것이다.

怒者其誰一語니 此便是禪門參究之功夫라 必如此看破라야 方得此老之
眞實學問處요 殆不可以文字解之니 則全不得其指歸矣라 下文의 大知
閑閑은 將此衆竅音聲하야 作譬喩니 文雖不倫이나 而意實然也니라

　物論을 가다듬는 것은 가장 먼저 忘我를 本旨로 삼는다. 여기에서 처
음 天籟를 말함에 곧 언어와 음성이 나오는 바가 畢竟 그 무엇이 이를 주
재하는지를 돌이켜보도록 하였다. 만일 이 眞宰를 깨달으면 밖으로 人我
를 떠나 본래 말이 없으니, 또 어찌 시비를 고집함이 있겠는가!

　이는 〈제물론〉의 공부에 착수하여 곧바로 사람들에게 가르쳐 준 것은
다만 "怒號하게 만든 자 그 누구인가!"라는 한마디를 스스로 깨달음에 있
을 뿐이다. 이는 바로 禪門의 參究 공부이다. 반드시 이처럼 看破해야 비
로소 장자의 진실한 학문의 경지를 알 수 있으며, 절대로 문자로 해석하
려고 해서는 안 된다. 그렇게 하면 전혀 그 歸趣를 얻을 수 없다.

　아래 문장의 "큰 지혜는 閑閑하다"는 말은 이 단락의 "수많은 구멍에서
울려나오는 소리"를 가지고서 비유한 것이다. 문장은 비록 맥락이 없는
것 같지만 뜻은 실로 이어져 있다.

[원문]

大知는 閑閑하고 小知는 間間하며 大言은 炎炎하고 小言은 詹詹이라[61] 其

---

61 大知는 謂仁義綱常으로 爲知者요 閑은 乃闌檻이니 所以防物不踰越者也
　라 小知間間은 謂法度準繩으로 斤斤하야 一毫不假借者니 與夫工商計利
　之人이 皆此類也라 大言炎炎은 謂綱常之說로 氣燄熏人하야 使不敢犯也
　라 詹詹은 謂分別利害하야 精密不漏也라 此天地間의 人所有之知 唯此兩

寐也에 魂交하고 其覺也에 形開하야⁶² 與接爲搆하야 日以心鬪하나니⁶³ 縵者와⁶⁴ 窖者와⁶⁵ 密者라⁶⁶ 小恐은 惴惴하고⁶⁷ 大恐은 縵縵하며⁶⁸ 其發이 若機栝

等而已니 此皆小知요 乃世俗之知耳니 故로 所言者 非是天然이요 特出於機耳라 故로 次明之니라 ㅣ 大知는 仁義와 綱常으로 지혜을 삼은 자이다. 閑은 곧 '우리'를 말하니, 동물을 가두고서 도망하지 못하도록 하는 것이다. 小知間間이란 法度와 準繩으로 꼼꼼하게 따져 추호도 용서하지 않음이니, 하나하나 이익을 따지는 工商이 모두 이런 유이다. 大言炎炎이란 綱常의 논설로 사람들에게 氣焰을 토하여 감히 대들지 못하게 만드는 것이다. 詹詹이란 利害를 분별하되 빈틈없이 정밀한 것이다. 이 천지의 사이에 사람들이 지닌 앎은 이 두 가지뿐이다. 이는 모두 모두 小知요, 곧 세속의 지혜이다. 이 때문에 말한 바 모두 天然이 아니요, 機心에서 나왔을 뿐이기에 아래의 문장에서 이를 밝힌 것이다.

62 此寐, 覺, 開, 合은 蓋言其機也라 謂寐時에 其魂이 交合일새 其機閉而不發이요 覺時에 形開하야 其機 發於見聞知覺일새 故與境相接이라 ㅣ 잠자고 잠깨고 열리고 닫히는 것(寐, 覺, 開, 合)은 그 機를 말한다. 잠들 때에 그 혼이 서로 닫히므로 그 機가 닫혀 발동하지 않고, 잠깰 때에는 형체가 열려서 그 機가 見聞覺知에 나타나므로 경계의 대상과 서로 만나게 된다.

63 接은 謂心與境接이니 心境內外交搆發生種種好惡取捨不能暫止하니 則境與心이 交相鬪搆하야 無一念之停也라 ㅣ 接은 마음과 경계가 서로 만남이다. 內의 마음과 外의 경계가 서로 만나 갖가지 好惡와 取捨가 발생하여 잠시도 멈추지 않는다. 이는 경계의 대상과 주관인식의 마음이 서로 얽히고설켜 한 생각도 멈춤이 없는 것이다.

64 此下는 形容心境交搆之心機也라 縵은 謂軟緩이니 乃柔奸之人也라 ㅣ 이 아래 문장은 마음과 경계가 서로 얽힌 心機를 형용한 것이다. 縵은 부드럽고 느슨함이니, 곧 부드러우면서 간악한 사람이다.

65 窖는 如掘地爲穽以限人이니 乃陰險之人也라 ㅣ 窖는 예컨대 땅을 파서 함정을 만들어 사람을 꼼짝 못하게 하는 것과 같으니, 곧 음흉한 사람이다.

66 密은 謂心機縣密하야 不易露也라 ㅣ 密은 마음이 주도면밀하여 쉽게 드러내지 않음이다.

67 惴惴는 恐懼貌니 謂假作小心하야 狀有所畏니 乃小人也라 ㅣ 惴惴는 두려워하는 모양. 거짓으로 소심한 척, 두려워하는 모습이니 곧 小人이다.

68 縵縵은 謂寬鬆之狀이니 乃大奸之人이 縱有大恐이라도 而佯爲不采하야 示

하니 其司是非之謂也요⁶⁹ 其留 如詛盟하니 其守勝之謂也요⁷⁰ 其殺이 如秋

冬하니 以言其日消也요⁷¹ 其溺之所爲之 不可使復之也요⁷² 其厭也 如緘

하니 以言其老洫也요⁷³ 近死之心이라 莫使復陽也로다⁷⁴

【직역】 大知는 閑閑하고 小知는 間間하며 큰 말은 炎炎하고 작은 말

은 詹詹하다. 그 잠들었을 적엔 魂과 사귀고 그 잠깨어서는 形體가 열려

接함으로 더불어 얽히게 되어 날마다 이로써 마음과 싸우니 縵者와 窖者

不懼也라 | 縵縵은 느슨한 모양. 곧 아주 간악한 사람이 비록 큰 두려움이 있
어도 위선으로 두렵지 않은 듯 나타내지 않는 것이다.

69 機는 乃弩之發이요 栝은 乃箭之栝이니 謂拏定 傷人之機栝이라 其司是非
는 乃主刁訟之人也라 | 機는 쇠뇌를 당기는 틀이요, 栝은 곧 화살의 틀이니,
사람을 붙잡아 상처를 주는 기구이다. 其司是非란 송사의 분별을 주관하는
사람이다.

70 詛盟은 心藏其事하고 不肯吐露 如有呪誓者乃執 己是하고 不肯輸與人也
니 故로 曰 守勝이니라 | 詛盟은 마음에 그 일을 감춘 채 드러내지 않음이니,
예컨대 저주하려는 자가 자기의 옳음에 집착해 남에게 져주지 않는 것과 같
다. 그러므로 守勝이라 한다.

71 此小知之人이 日與心鬪하야 而機心이 如此之不同이라 總之컨대 自戕眞性
하야 天理日消 如蠱動之殺氣에 絶無生機可望也라 | 小知人은 매일 마음과
다투어 機心이 이처럼 같지 않다. 이를 종합하면 스스로 眞性을 해쳐 天理가
날로 소진함은 마치 밀려드는 살기에 전혀 生機의 가망이 없는 것 같다.

72 言此等機心之人이 沈溺於所爲以爲是하야 不可使復其眞性也라 | 이런 機
心을 지닌 사람은 자신의 행위가 옳다고 집착한 데에 빠진 까닭에 다시는 眞
性을 회복할 수 없다.

73 厭은 卽厭足飽滿之意니 言此等人機心이 厭滿於中하야 至老愈深하니 所
謂老奸之人也라 | 厭이란 만족하고 포만하다는 뜻이니, 이런 사람은 機心이
마음에 가득 차서 늙을수록 더욱 깊어만 가니, 이른바 老奸의 사람이다.

74 言一生用心이 如此하야 至死不能使復其本明也라 | 일생 동안 마음을 쓴 까
닭에 죽음에 임해도 그 본래의 밝은 자리로 돌아갈 수 없다.

와 密者이다.

작은 두려움은 惴惴하고 큰 두려움은 縵縵하다. 그 發言이 機括과 같음은 그 是非를 맡음을 말하며 그 머물음을 詛盟과 같이 함은 그 이기기를 固守함을 말하며 그 殺(衰落)함이 秋冬과 같음은 그 날로 消滅함을 말하며 그 해나가는 바에 沒溺함은 하여금 되돌아오지 못하며, 이 封緘(秘固)한 듯함은 그 늙을수록 洫함을 말함이며, 죽음에 가까운 마음은 陽을 回復시킬 수 없다.

【의역】 큰 지혜는 드넓고 작은 지혜는 세세한 것까지 따지며 큰 말은 기염을 토하고 작은 말은 거듭 말을 되씹는다.

그들은 잠이 들어 꿈속에서도 이런저런 생각으로 정신이 뒤엉키고, 잠 깨어서는 긴장된 몸으로써 바깥 사물과 접촉하면서 삶을 영위(營爲)하고자 날이면 날마다 각기 마음에 온갖 계책을 내어 다투고 있다.

이 때문에 그들의 마음 씀씀이에 따라서 사람도 가지가지이다.

부드럽고 느긋한 척 간악한 사람, 함정을 파놓고 말하는 음흉한 사람, 자기의 마음을 드러내 보이지 않고 삼가는 사람이 있는가 하면 그다지 대수롭지 않은 두려움에도 근심과 공포로써 고개를 떨어뜨린 채 기운이 없고, 큰 두려움에는 아예 넋이 빠져 정신을 잃는 사람이 있다.

말하는 것도 가지가지이다. 말할 적에 날카로운 화살을 쏘는 것처럼 한두 마디의 말로써 그 핵심을 찌르는 것은 오로지 남들의 시비를 살펴 공격하여 말로써 이기려는 사람이다.

말하지 않을 적에는 마치 무슨 맹세나 한 것처럼 침묵으로 일관한 채 기회를 엿보는 것은 자기의 고집으로써 남을 이기고자 어깃장을 놓는 사람이다.

수척하고 메마른 얼굴에 가을, 겨울의 초목처럼 생기가 없는 것은 그
원기(元氣)를 깎아 내림으로써 날마다 천진(天眞)함을 잃어 가는 각박한 사
람이다.

자신의 해 나가는 일에 온통 빠져버리는 것은 한번 떠나가면 다시 되
돌아올 줄 모르는 탕아(蕩兒)이다.

제 마음을 깊숙이 감춰 두고 무슨 비밀이라도 숨기듯 싸두는 것은 사
람이 살다 보면 늙을수록 감추는 게 많기 마련인데 그의 마음을 더욱 알
수 없는 사람이다.

하는 일마다 죽을 짓만 가려서 하는 마음은 모질게 음흉하고 사나운
사람으로 다시는 힘찬 생기가 넘치게 할 수 없다.

【감산 절해】

此一節의 形容擧世古今之人은 未明大道하고 未得無心일새 故로 矜其
小知하야 以爲是니 故其所言若仁義와 若是非 凡所出言이 皆機心所發이어
늘 人人이 執之하야 至死而不悟라 言其人之形器 雖似衆竅之不一하며 其
音聲이 亦似衆響之不同이나 但彼地籟는 無心이어늘 而人言은 有心이니 故
로 後文云 言非吹也라 因此하야 各封己見일새 故有是非니 物論之不齊者
此也라 所謂天地之間이 其猶橐籥乎인저하고 中峰云 三界塵勞如海闊하야
無古無今闇眊眊이 謂是故也라 此下는 形容其情狀이라

이 단락이 형용하는 온 세상 고금의 사람들은 大道를 알지 못하고 無
心의 경지를 얻지 못한 까닭에 그들의 자그마한 알음알이를 자랑하여 옳

다고 생각한다. 이 때문에 그들이 말한 仁義와 是非 따위의 모든 말들이 전부 機心에서 나온 것임에도 사람마다 이를 고집하여 죽을 때까지 이를 깨닫지 못한다.

그 사람의 形器는 비록 수많은 구멍처럼 한 가지가 아니고 그 음성 또한 수많은 구멍에서 울려나오는 소리처럼 같지 않으나, 저 地籟는 無心한 소리이다. 하지만 사람의 말은 有心이다. 따라서 아래 문장에서 "말은 불어대는 것이 아니다"라고 하였다. 이로 인해 제각기 자기 소견에 얽매여서 시비가 있으니, 物論이 똑같지 않음이 바로 이런 것이다.

『도덕경』에서 말한 "하늘과 땅 사이는 풀무와 같다"(제5장)고 하였고, 중봉(中峰: 元僧, 高峰의 法嗣) 스님이 "三界의 티끌은 바다처럼 드넓어서 고금이 없이 시끌시끌 야단법석이다"라고 말한 것이 바로 이 때문이다.

아래 문장에서는 그 情狀을 형용하고 있다.

[원문]

喜怒哀樂과 慮^{75}歎^{76}變^{77}慹과^{78} 姚^{79}佚^{80}啓^{81}態여^{82} 樂出虛며^{83} 蒸成菌

---

75 思慮也라 | 思慮이다.
76 嗟歎也라 | 슬픈 탄식이다.
77 變能不常也라 | 변덕으로 떳떳하지 못함이다.
78 憂疑不動也라 | 걱정과 의심에도 꼼짝하지 않는 것이다.
79 災祥也라 | 재앙이다.
80 縱散也라 | 방종이다.
81 開心也라 | 마음을 여는 것이다.
82 裝模樣作態度也라 | 모양새를 꾸미어 아름다운 자태를 보이는 것이다.
83 言其人이 雖不同하고 其情狀이 雖不一이나 其實은 自亦不知其所發이 如樂之出於虛라 卽老子 云虛而不屈動而愈出之意也니라 | 사람마다 같지 않

이로다[84]

日夜 相代乎前하되 而莫知其所萌하나니[85] 已乎已乎인저[86] 旦暮 得此하
야 其所由以生乎인저[87] 非彼면 無我요 非我면 無所니[88] 取是亦近矣라[89] 而

고 그 情狀이 한 가지가 아니지만, 그 실상은 또한 그 나오는 것이 마치 음악
이 공허한 데에서 나온 것과 같음을 모른 것이다. 노자가 말한 "비어 있지만
다함이 없고 동할수록 더욱 나온다"(『도덕경』 제5장)는 것이다.

84 言此等情狀이 皆非淸淨心中所出이요 乃發於穢濁之氣 如菌之生於糞壤니
故로 其言之不足采也라 | 이런 情狀은 모두 淸淨한 마음에서 나온 것이 아
니라, 더러운 기운에서 발생한 것으로 마치 버섯이 더러운 곳에서 나오는 것
과 같다. 이 때문에 그 말을 채택할 수 없다.

85 言其此等之人의 穢濁心機에 寐形諸夢하고 覺接其境하야 日夜에 與心爲
鬪하야 相代而不已로되 其實은 不自知其萌動處에 不知誰爲之主也라 | 이
런 사람은 더러운 心機로 잠들면 온갖 꿈을 꾸고, 깨어나면 경계를 접촉하여
낮이나 밤이나 마음과 싸워 서로 번갈아 가며 멈추지 않지만, 그 실상은 그
萌動處에 그 무엇이 主宰인지를 모르고 있음을 자각하지 못한 때문이다.

86 猶言且住且住라 我知之矣로라 | 그만두어라, 그만두어라. 나는 알고 있다는
말과 같다.

87 前云 怒者其誰耶아 하고 今言人之機心所發을 不知所萌이라 하야 今要人
人이 識取自己主人公이라 故云 旦暮得此所由以生이니 將一此字하야 暗
點出箇眞宰하니 乃有生之主라 旦暮者는 卽死生晝夜之道也라 得此以生이
니 要人悟此耳라 | 앞 문장에서 "怒號하게 만든 것은 그 누구인가?"라고 말
했는데, 여기서는 사람의 機心이 나오는 싹이 어디인지를 모르겠다고 하여,
여기에서 모든 사람들에게 자기의 주인공을 알도록 하였다. 이 때문에 "아침
저녁에 이를 얻어 이로써 살아간다"고 하니, '此' 자를 가지고서 은연중 하나
의 眞宰를 내보이고 있다. 이것이 곧 삶의 주재이다. 旦暮란 곧 生死晝夜의
道이다. 이것을 얻어 살아가니, 사람들에게 이를 깨닫도록 함이다.

88 彼는 卽上此字니 指眞宰也라 謂非彼眞宰면 則不能有我之形이요 若非我
之假形이면 而彼眞宰亦無所托이라 | 彼는 위에서 말한 '此' 자이니, 眞宰를
가리킨다. 저 眞宰가 아니면 나의 육신이 있을 수 없고, 나의 假形이 아니면
저 眞宰 또한 의탁할 곳이 없다.

89 前云咸其自取怒者其誰라 하고 今云取是라 하니 是는 卽上의 此彼二字니
意指眞宰也라 謂人能識取此眞宰하면 亦近道矣니라 | 앞에서 "모두가 스스

不知其所爲使하며⁹⁰ 若有眞宰하되⁹¹ 而特⁹²不得其朕하며⁹³ 可行⁹⁴已信이나⁹⁵ 而不見其形이요⁹⁶ 有情⁹⁷而無形이니라⁹⁸

【직역】 기쁨, 성냄, 슬픔, 즐거움과 생각이 많음(慮), 슬픔이 많음(嘆), 반복(變), 공포(慹), 아름다움(姚), 방종(佚), 개방(啓), 수식(態)이여!

音樂은 虛에서 나오며 蒸發로 菌이 이뤄진다.

日夜로 앞에서 서로 가름하지만 그 萌芽된 바를 알 수 없으니

그만두자! 그만두어야지! 旦暮로 이(眞宰)를 체득해서 그 유래된 바대

로 취한 것인데, 怒號하게 만든 자는 그 누구인가?"라고 말했는데, 여기서는 "이것을 얻으면…"이라고 했다. 이것이란 앞에서 말한 彼와 此 두 글자이니, 그 뜻은 眞宰를 가리킨다. 사람들이 이 眞宰를 알면 또한 도에 가까울 것이다.

90 謂眞宰는 乃天機之主니 其體自然하야 而不知其所爲使之者ㅣ 眞宰는 天機의 주재로 그 體가 자연스러워서 어느 누가 그렇게 만든 줄을 알 수 없다.

91 到此하야늘 方拈出眞宰二字하니 要人悟此則爲眞知矣라ㅣ 여기에 이르러 비로소 眞宰 두 글자를 들추어냈다. 사람들이 이를 깨달으면 곧 眞知이다.

92 但也라ㅣ 다만이란 뜻이다.

93 朕은 兆也니 言眞宰在人身中하야 本來無形이라 故求之而不得其朕兆也라 ㅣ 朕은 조짐이다. 眞宰는 사람의 몸 가운데 있으나 본래 형상이 없기에, 찾으려 해도 그 조짐마저 얻을 수 없다.

94 言日用云爲無非眞宰爲之用이라ㅣ 일상생활의 모든 언행이 眞宰의 妙用이 아닌 것이 없다.

95 言信有眞實之體可信이라ㅣ 참으로 진실의 본체가 있음을 확신할 수 있다.

96 但求之而不見其形容耳니 此卽老子云 杳杳冥冥하야 其中에 有精이며 其 精이 甚眞하야 其中에 有信之意라ㅣ 그 형상을 찾으려 해도 볼 수 없다. 이는 노자가 말한 "아득하고 그윽하나 그 중에 精粹가 있으며 그 정수가 매우 참되어 그 가운데 믿음이 있다"(『도덕경』 제21장)고 말한 뜻이다.

97 實也라ㅣ 실상이다.

98 謂有眞實之體나 但無形狀耳라ㅣ 진실의 본체가 있으나 다만 형상이 없을 뿐이다.

로 살아갈진저!

저것이 아니면 내가 없고 내가 아니면 네가 없으니 이것을 看取하면 또한 道에 가까울 것이나 그 부리는 바를 알지 못하며, 혹 眞宰가 있더라도 特히 그 兆朕을 얻지 못하며, 可히 行이 이미 확실하나 그 形을 볼 수 없으니, 情은 있으나 形이 없다.

【의역】 뿐만 아니라 그들은 때로는 기쁨을, 때로는 성냄을, 때로는 슬픔을, 때로는 즐거움을, 때로는 수많은 생각을, 때로는 수많은 슬픔을, 때로는 이랬다저랬다, 때로는 공포의 두려움을, 때로는 아름다움을, 때로는 방종을, 때로는 개방을, 때로는 자태를 내보이기도 한다. 이처럼 열두 가지의 모습은 모두 종잡을 수 없는 그들의 마음을 보여주는 것들이다.

이처럼 사람의 갖가지 마음이란 마치 음악 소리가 속이 텅 빈 공간에서 울려 나오고 버섯류가 땅에서 피어오르는 훈김에서 피어나는 것과 같다. 이 모두 무(無)에서 유(有)가 이뤄져 우연스럽게 기(氣)와 더불어 만남으로써 이뤄진 것들이다.

이와 같이 수많은 정감(情感)들은 밤낮을 가리지 않고 나의 마음을 끊임없이 괴롭히고 있다. 하지만 그게 도대체 어디에서 생겨나는 것일까? 알 수 없는 일이다. 그게 어디에서 생겨나는지 알 수 없으니, 이젠 더 이상 알려고 하지 말자! 조석으로 끊임없이 진재를 체득해서 장차 그 정감들이 유래된 바를 알아서 살아가야 할 일이다.

진재가 없으면 내가 있을 수 없고 내가 없으면 진재가 머물 곳이 없다. 이러한 사실을 알면 道에 가까울 것이나 그 부리는 바를 알지 못한다.

참 주재자가 있는 듯한데 그 조짐조차 찾아볼 수 없고, 나의 정감을 움직이게 하는 작용이 있다는 사실은 분명히 믿을 수 있는데 그 형체를 볼 수 없고, 실제로 그 실체는 있으나 끝까지 실오라기같이 가느다란 형체 하나 찾아볼 수 없다.

【감산 절해】

前云知之不同하고 此一節에 言各人情狀之不一이라 而人이 但任私情之所發하고 而不知有天眞之性이 爲之主宰하야 因迷此眞宰일새 故로 任情逐物而不知返本하니 故로 人之可哀者 此耳라 前云 咸其自取怒者其誰하고 到此하야 卻發露하야 出眞宰하니 要人悟此면 則有眞知하야 乃不墮是非窠臼耳라 上言眞宰는 雖是無形이나 今爲有形之主하니 若要悟得인댄 須將此形骸하야 件件看破하야 超脫有形이 乃見無形之妙라 故로 下文에 發之하시니라

앞 문장에서는 知見이 같지 않다 말하고, 이 단락에서는 사람의 情狀이 한 가지가 아님을 말하였다. 사람들은 다만 私情의 일어나는 바에 맡길 뿐, 天眞의 性이 이를 주재하는 줄 모른 까닭에 이 眞宰를 잃게 된다. 이 때문에 情에 맡기고 물욕을 따라 근본으로 돌아올 줄 모르기에 사람으로서 불쌍함이 바로 이것이다.

앞 문장에서 "모두가 스스로 看取해야 하거니와, 怒하게 한 자는 그 누구인가!"를 말했고, 여기에 이르러서 비로소 眞宰를 들추어냈다. 사람이 이를 깨달으면 眞知를 얻어 시비의 구렁텅이에 떨어지지 않을 것이다.

위에서 말한 眞宰는 비록 형상이 없으나 이제 형상의 주재라 하였으

니, 만일 이를 깨닫고자 한다면 모름지기 이 형체를 가지고서 하나하나 간파하고 有形의 육신을 초탈해야 비로소 無形의 오묘함을 보게 되는 것이다. 이 때문에 아래 문장에서 이를 밝혔다.

[원문]

百骸와⁹⁹ 九竅와¹⁰⁰ 六藏이¹⁰¹ 賅而存焉하니 吾誰與爲親고¹⁰² 汝皆悅之乎아 其有私焉가¹⁰³ 如是皆有爲臣妾乎아¹⁰⁴ 其臣妾은 不足以相治也니¹⁰⁵

---

99 骸는 骨也라 人有三百六十骨節하니 總而言之曰百骸라 | 骸는 뼈이다. 사람에게 360개의 骨節이 있으나 이를 총괄하여 百骸라 한다.

100 耳·目·口·鼻에 有七하고 通前後有九라 | 귀·눈·입·코에 일곱 개의 구멍과 하반신의 앞뒤 두 구멍을 통틀어 九竅라 한다.

101 藏者는 心藏神하고 肝藏魂하고 脾藏意하고 肺藏魄하고 腎藏志하며 通命門爲六하니 擧一身之形에 盡此數件而已라 | 심장은 神을, 간장은 魂을, 비장은 意를, 폐장은 魄을, 신장은 志를 간직하고, 命門과 통틀어서 六藏이라 한다. 한 몸의 형체를 들어서 이 몇 가지를 다했을 뿐이다.

102 賅는 猶該也니 言該盡一身하야 若俱存之而爲我니 不知此中에 那一件이 是我最親者아 若以一件으로 爲親하면 則餘者는 皆不屬我矣요 若件件이 都親하면 則有多我니 畢竟其中에 誰爲我者요 此卽佛說小乘析色明空觀法이라 又卽圓覺經에 云 四大各離에 今者妄身이 當在何處오하니 此破我執之第一觀也라 | 賅는 갖춤이다. 한 몸에 여러 가지를 갖추어 이 모두가 있음으로써 내가 된 것이다. 그 중 어느 하나가 나와 가장 친한 것인지 알수 없다. 만일 하나만을 가까이한다면 나머지 것들은 모두 나에게 속해 있지 않을 것이다. 만일 하나하나를 모두 가까이하면 내가 많을 것이니, 결국 그 가운데 어느 것을 나라고 해야 할까? 이는 부처님께서 말한 小乘의 "色을 분석하여 空을 밝히는 觀法"이다. 또 『원각경』에서 "四大가 각기 흩어지면 이제 虛妄한 몸은 어디에 있는 것일까?"라고 하니, 이는 "我執을 打破하는 第一觀이다."

103 言汝身中에 件件皆悅이면 則有私焉者니 則有多我矣라 | 만일 너의 몸에 하나하나를 모두 사랑하면 사사로움이 있음이니, 내가 여럿 있게 된다.

其遞相爲君臣乎아[106] 其有眞君이 存焉이니라[107] 如求得其情與不得이 無
益損乎其眞이니라[108]

【직역】 百骸, 九竅, 六藏을 갖추고 있으니, 내 누구와 더불어 親히 할
까? 네가 모두 그들을 좋아할까? 그 私를 둘까? 이와 같을진댄 모두 臣妾
으로 삼아둘까? 그 臣妾은 足히 서로 다스릴 수 없다. 번갈아 가며 서로
君臣을 삼을까? 그 眞君은 存在한다. 만일 그 情을 求하여 얻든 얻지 못

---

104 言如是件件이 皆我요 若無眞君主之者면 此特臣妾이 但其使令耳요 非其
主也라 | 만일 이렇듯이 하나하나가 모두 나인데, 眞君이 주재하지 못하면
이는 단지 臣妾이 그 使令일 뿐, 그 主宰는 아닌 것이다.

105 若件件이 但其使令이 若臣妾者然이면 臣妾은 不能相治니 誰爲管攝耶아
| 만일 하나하나가 다만 그 使令으로 臣妾과 같다면 신첩은 서로 다스릴
수 없다. 누가 이를 거느리겠는가.

106 若遞相爲君臣則無一定之主矣라 | 만일 서로 번갈아 임금이 되고 신하가
된다면 일정한 主宰가 없다.

107 若件件이 無主하면 乃假我耳니 其必有眞君存焉이라 既有眞君이 在我어
늘 而人이 何不自求之耶아 | 만일 하나하나에 主宰가 없으면 곧 假我일 뿐
이다. 하지만 거기에는 반드시 참된 임금이 있다. 이미 眞君이 나에게 있는
데 어찌하여 스스로 찾지 않는가.

108 言此眞君은 本來不屬形骸하야 天然이 具足하니 人若求之而得其實體라도
在眞君하얀 亦無有增益하고 卽求之而不得而眞君은 亦無所損이니 卽所謂
不增不減이라 迷之不減이며 悟之不增이라 乃本然之性眞者라 此語甚正하
야 有似內敎之說이로되 但彼는 認有箇眞宰니 卽佛所說識神이 是也니라
| 이 眞君은 본래 형상에 속하지 않고 天然으로 具足하다. 어떤 사람이 구
하여 그 실체를 얻었다 해도 眞君에게 있어선 또한 더한 바 없고, 구하여 얻
지 못해도 眞君은 또한 줄어들지 않는다. 곧 더하지도 줄지도 않는다. 깨닫
지 못해도 줄지 않고, 깨달았다 해도 더하지 않는다. 이것이 곧 본연의 眞性
이다. 이 말은 매우 바른 것으로 內敎(佛敎)의 가르침과 같다. 다만 장자는 하
나의 眞宰만을 인식했을 뿐이니, 불교에서 말한 識神이 바로 이것이다.

하든 眞君에는 益損이 없다.

【의역】 사람의 몸에는 백 개의 뼈마디, 눈·귀·코·입 그리고 하반신의 두 구멍과 여섯 내장(內臟)이 모두 갖춰져 있으니, 내 시험 삼아 이 유형(有形)에서 구한다면 이 숱한 육신 가운데 어느 것에 의지하여 주를 삼을까? 네가 그 육신들을 모두 친할까? 아니면 하나만 친할까?

모두 다 좋아할 수도 없고 사사로이 할 수도 없고 또 모두 친할 수도 없고 혹 하나를 친할 수도 없다면 모두 소유하고서 천히 부리는 종을 삼을까? 이처럼 다함께 종이 된다면 주인이 없으니, 어떻게 서로 다스릴 수 있겠는가. 아니, 주인과 종을 서로 교대로 바꾸어 볼까?

또한 형체의 밖에 따로 진군(眞君)은 있다. 진군의 진실을 알든 모르든 진군이란 사람이 앎으로써 더해진 것도 아니요, 사람이 모름으로써 줄어드는 것도 아니다. 진군 그 자체가 본래 여여(如如)할 뿐이다.

【감산 절해】

莊子 心胸廣大일새 故其爲文이 眞似長風鼓竅하야 不知所自라 立言之間에 擧意撗思 卽包括始終이나 但言不頓彰이오 且又筆端鼓舞라 故로 觀者 茫然不知其脈絡이라 如此篇에 初說天籟하되 卽云 吹萬不同이나 而使其自己也라 咸其自取怒者其誰耶아 則已立定脚跟하야 要人自看하야 識取眞宰라 只是一言難盡일새 故로 前面大知閑閑已來 皆是發揮吹萬不同하고 只到旦暮得此已下하야늘 方解說咸其自取怒者其誰하야 方拈出箇眞宰하야 示人하며 今此一節에 乃說破形骸 是假我하야 要人撤脫形骸하야사 方見眞宰라하니 卽是篇首喪我之實也니라

向下에 只說世人이 迷眞逐妄일새 乃可哀之大者라하니 蓋悲愍之意也니라

장자는 마음이 광대하기에 그의 문장이 참으로 커다란 바람이 수많은 구멍을 울리는 것처럼 그 어디에서 비롯되었는지 알 수 없다. 문장을 쓰는 사이에 생각을 들어 그 시작과 끝을 모두 포괄하고 있으나, 다만 말이 뚜렷하게 나타나지 않고, 또 붓끝이 춤을 추듯 날아다니므로 이 글을 읽는 사람들이 아득하여 그 맥락을 알 길이 없다.

예컨대 이 편에서 맨 먼저 天籟를 말하면서 곧장 "불어대는 것은 전혀 같지 않지만 그 자신으로 하여금 그렇게 하게 만든 것이다. 모두가 스스로 看取해야 하거니와 노하게 한 자 그 누구인가!"라고 하여 이미 첫 발을 내세워, 사람들이 스스로 보고서 眞宰를 알도록 하였다. 다만 한마디의 말로써 모두 형언하기 어려운 까닭에 앞에서 "大知는 閑閑하다"라는 구절 이후로 모두 "불어대는 것은 전혀 같지 않다"는 뜻을 밝혔고, "아침과 저녁에 이를 얻어 살아간다"는 구절 아래에 이르러서야 비로소 "모두가 스스로 看取해야 하거니와 노하게 한 자 그 누구인가!"를 해석하면서 바야흐로 하나의 眞宰를 들어 사람들에게 보여주었다.

이제 이 문장에서는 육체는 假我임을 말하여 사람들에게 그 형체를 벗어나야만 眞宰를 볼 수 있다 하니, 이는 이 편의 첫머리에서 말한 喪我의 실상이다.

아래에서는 세상 사람들이 眞宰를 잃고 假我만을 좇음이 바로 큰 슬픔이라 하니, 이는 중생을 가엾이 여기는 뜻이다.

【원문】

一受其成形하얀109 不亡以待盡하야110 與物相刃相靡하야 其行이 盡如
馳하되 而莫之能止하니 不亦悲乎아111 終身役役하되 而不見其成功하며112
苶然113 疲役하되 而不知其所歸하니 可不哀耶아114 人謂之不死나 奚益이리
오115 其形化에 其心이 與之然하니 可不謂大哀乎아116 人之生也 固若是

---

109 言眞君이 本來無形이어늘 自一受軀殼以成形이라 | 眞君은 본래 형체가
　　없으나 한번 육신을 부여받아 형체를 이룬다.
110 則不暫亡이요 只待此形隨化而盡이라 | 잠시도 없을 수 없고, 단지 이 몸이
　　죽음을 따라 다할 때를 기다리는 것이다.
111 言眞君이 爲我有形之主어늘 而不知所養하고 使之與接爲搆하야 日與心
　　鬪하야 以爲血肉之軀하니 故被外物相傷이 如刃之披靡하야 往而不返하
　　니 可不悲乎아 | 眞君이 나의 육신의 주인임에도 이를 함양할 바를 모르고,
　　서로 접촉하며 얽히어 날마다 마음과 싸워 피와 살로 이루어진 몸을 위한
　　까닭에 外物에 의해 손상을 당함이 마치 칼날에 짓눌려 다시 돌아올 줄 모
　　르는 것 같으니, 슬프지 않은가.
112 言馳於物欲하야 終身役役勞苦하되 而竟不見其成功하며 不知竟爲何事
　　라 | 物慾에 치달려 한평생 괴롭게 힘쓰되 끝내 그 성공을 찾아볼 수 없으
　　며, 마침내 무슨 일을 했는지 알지 못한다.
113 疲貌라 | 피곤한 모습이다.
114 言爲名利勞形하야 終身役役하야 以至苶然疲弊하되 而竟莫知所歸宿이라
　　人生之迷 如此하니 可不哀耶아 | 名利를 위해 몸을 고생하면서 한평생 일
　　하여 피곤에 지치더라도 끝내 돌아가 쉴 곳을 모른다. 인생의 혼미가 이와
　　같으니 어찌 슬프지 않은가.
115 世人이 如此昏迷之至하니 其形이 雖存하야 人謂不死나 有何益哉아 | 세
　　상 사람들이 이와 같이 혼미가 지극하니, 그 형체가 비록 존재하여 남들이
　　죽지 않았다고 말한들 무슨 이익이 있겠는가.
116 言其妄情으로 馳逐而不休하고 而形骸與之俱化에 而心亦與之俱溺하되
　　而不悟如此하니 可不謂之大哀乎아 | 그 헛된 생각으로 치달려 쉴 줄 모르
　　고, 육신이 더불어 쇠잔함에 따라 마음 또한 함께 沒溺한 데에도 깨닫지 못
　　함이 이와 같으니, 큰 슬픔이라 말하지 않을 수 있겠는가.

茫¹¹⁷ 乎아¹¹⁸ 其我獨芒코 而人亦有不芒者乎아¹¹⁹

【직역】 한번 그 成形을 받음에 亡하지 않고 다함(죽음)을 기다리는데 物로 더불어 서로 刃(거슬림)하고 서로 靡(順)하여 그 行함이 모두 달리는 듯 멈추지 않으니 또한 슬프지 않은가.

終身토록 役役하되 그 成功을 볼 수 없으며 薾然히 일에 疲困하여도 돌아갈 바를 알지 못하니 可히 슬프지 않으랴?

사람들이 "죽지 않았다"고 말하나 무슨 도움이 되겠는가. 그 形體가 化함에 그 마음이 그와 더불어 그렇게 되니 큰 슬픔이라 말하지 않으랴?

사람들의 生이란 참으로 이처럼 茫한 것일까? 그 홀로 나만이 茫하고 남들은 또한 茫하지 않은 者 있다는 것일까?

【의역】 사람들은 어느 날 하나의 몸을 받은 뒤로 제 몸 하나 지키면서 그대로 죽기를 기다리며 바깥 사물과의 접촉에서 서로 거슬려 부딪치기도 하고 서로 따르면서 순종하여 바쁜 삶의 발걸음이 마치 달리는 말처럼 멈추지 않아 어느덧 세월은 흘러가 버린다. 아, 이 또한 슬프지 않은가.

일평생 일에 시달려도 얻어지는 바 없이 모두 헛일이며, 일에 지쳐 몸이 나른해도 어디로 가야 할지? 마치 해 저물 녘에 갈 곳이 없는 나그네

---

117 無知貌라 | 무지한 모습이다.
118 言人生이 固如此之無知乎아 | 인생이 참으로 이처럼 無知한 것일까.
119 言唯我獨茫然無知耶아 而世人이 亦有不芒者乎아 此는 莊子鼓舞激切之語也니라 | 오직 나 홀로 아득히 무지한 것일까, 세상 사람 또한 아득히 무지하지 않은 자 있을까. 이는 장자의 붓끝이 날리듯 激切한 말이다.

와 같으니, 어찌 슬프지 않겠는가.

사람들은 그처럼 고달프게 살면서도 "나는 죽지 않았다"고 말들 한다. 그러나 아무리 살았다 할지라도 그런 삶이 나에게 무슨 소용이 있는가.

그 어느 날, 하루아침에 사람의 목숨이 다하면 마음 또한 몸을 따라 죽어서 신령한 기운이 모두 사라지게 된다. 이를 참으로 큰 슬픔이라 말하지 않을 수 있겠는가.

인간의 삶이란 본래 이처럼 혼미하여 참 주재자를 잃고서도 모르는 것일까? 아니면 자기만 혼미하고 남들은 혼미하지 않은 자 있다는 것일까?

【감산 절해】

此一節은 言眞君이 一迷於形骸之中하야 而爲物欲之所傷하야 火馳不返하고 勞役而不知止하야 終身不悟하니 可不謂之大哀者耶아 由其迷之也深일새 顚倒於是非而不覺也라 故로 下文에 方露出是非二字하니라

이 문장에서는 眞君이 한번 육신 가운데 昏迷하여 물욕으로 손상되었음에도 불길처럼 달려 되돌아서지 않고 힘들어 지쳐도 멈출 줄 모르고서 죽을 때까지 깨닫지 못하니, 몹시 슬프다고 말하지 않을 수 있겠는가. 그 혼미가 깊은 까닭에 시비에 顚倒되어 있는데도 자각하지 못함을 말한 것이다. 이 때문에 아래 문장에서 바야흐로 是非 두 글자를 들추어 낸 것이다.

夫隨其成心¹²⁰而師之하면 誰獨且無師乎아¹²¹ 奚必知代而心自取者 有

之리오¹²² 愚者 與有焉이라¹²³ 未成乎心일새 而有是非하나니¹²⁴ 是今日適越

而昔至也로다¹²⁵ 是는 以無有로 爲有라¹²⁶ 無有로 爲有하니¹²⁷ 雖有神禹라도

且不能知어니와¹²⁸ 吾獨且奈何哉아¹²⁹

[직역] 그 成心에 따라서 이(大宗師)를 스승 삼으면 누가 홀로 스승이

---

120 現成本有之眞心也라 | 현재 본래 지니고 있는 眞心이다.

121 言人人이 具有此心하니 人皆可自求而師之也라 | 사람마다 이 眞心을 갖
고 있으므로 모두가 스스로 이를 구해 스승으로 섬겨야 함을 말한 것이다.

122 此句는 謂何必聖人有之리오 蓋知代者는 乃聖人이 知形骸爲假借일새 故
忘形而自取於心者也라 | 이 구절은 성인에게만 있는 게 아님을 말한다. 知
代란 성인이 육체라는 것이 잠시 빌려온 것임을 안 까닭에 형체를 잊고서
스스로 마음에서 취한 것이다.

123 雖愚者라도 亦與有焉이라 | 비록 어리석은 자 또한 함께 지니고 있다.

124 言人未悟本有之眞心而便自立是非之說이라 | 사람이 본래 구비된 眞心을
알지 못하고 스스로 시비의 말을 내세운 것이다.

125 言其實未至로 以爲至니 以此로 是非者는 是自欺也라 | 실제로는 도착하
지 못했는데도 도착했다고 한다. 이와 같이 시비한 자는 자신을 속이는 것
이다.

126 所謂未得으로 爲得이며 强不知로 以爲知也라 | 얻지 못했는데도 얻었다
하고, 모르는 것을 억지로 안다고 하는 것이다.

127 言此自欺之人이라 | 이는 자신을 속이는 사람이다.

128 言神禹 雖聖이며 其知雖廣이나 亦直知其所至之處라 若此等人은 以無爲
有하니 又何能知之리오 | 禹임금은 비록 성인이며 지식이 광대하지만 또한
그가 밟아 갔던 곳만을 알 뿐인데, 이런 사람은 없는 것을 있는 것처럼 우기
니, 또 어떻게 알 수 있겠는가.

129 神禹도 且不能知온 吾獨且奈何哉는 甚言此輩는 難與言大道也라 | 禹임
금도 알지 못하는데, 내가 홀로 어찌 하겠는가. 이런 무리는 함께 道를 논하
기가 매우 어려움을 심히 말한 것이다.

없겠는가. 何必 相代함을 알고서 마음으로 스스로 看取한 者만이 이를 두었겠는가. 어리석은 者도 함께 가지고 있거니와 마음에 이루지 못하고서 是非를 두면 이는 今日에 越을 가면서 옛적에 이르렀다 함이다. 이는 無有로써 有를 삼음이다. 無有로써 有를 삼음이니 비록 神禹로서도 또한 알 수 없는 것인데, 내 홀로 어찌하랴?

【의역】 사람의 마음이란 제 스스로 이뤄진 게 아니라 이를 이루어 주는 자가 있다. 그 이루어 주는 마음(成心)에는 오묘한 도가 담겨 있다. 그러므로 그 이루어 주는 마음을 따라 대종사(大宗師)를 스승으로 삼으면 사람마다 모두 마음을 소유하고 있는데 어느 누가 스승이 없다고 하겠는가. 수많은 정감의 소이연(所以然)이 조물주에게서 얻어온 것임을 아는 자만이 소유할 수 있다는 것은 아니다. 그 소이연을 알지 못하는 어리석은 이에게도 일찍이 대종사는 존재하지 않은 바 없다. 진군(眞君)이란 볼 수 없으나 모든 사람의 마음에 갖춰져 있기 때문이다. 진군이 바로 대종사이다.

그러나 오늘날 마음속에 오묘한 도를 깨닫지 못하고서 사사로운 의견으로써 부질없는 시비를 한다는 것은 마치 오늘 월나라를 가면서 옛날 옛적에 이르렀다고 말한 것과 다를 바 없다. 도를 깨닫지 못하고 허튼 소리를 한 자는 이와 같다. 이는 있지도 않은 것을 있다고 생각한 자이다. 있지도 않은 것을 있다고 생각하기 때문에 아무리 신과 같은 지혜를 지닌 우임금이 나온다 할지라도 어차피 眞知를 깨달을 수 없는 일이다. 하물며 나 혼자 어찌 하겠는가.

此一節은 言是非之端이 起於自欺之人이라 强不知로 以爲知며 且執己
見하야 爲必是니 故로 一切皆非라 蓋未悟本有之眞知하고 而執妄知하야 爲
是하니 此等之人은 雖聖人이라도 亦無奈之何哉인저 可惜이라 現成眞心을
昧之而不悟하니 惜之甚矣라 由不悟眞心일새 故執己見하야 爲是하고 則以
人으로 爲非하니 此是非之病根也니라

下文에 方發明이 齊物論之主意하니라

이 문장에서는 시비의 실마리가 스스로 속이는 사람에게서 비롯됨을
말한 것이다. 모르면서도 안다고 억지를 부리며, 또 자기 소견을 고집하
여 반드시 옳다고 여긴 까닭에 모두가 잘못된 것이다.

이는 본래 고유한 眞知를 깨닫지 못하고 妄知를 고집하여 옳다고 하
니, 이런 사람들은 비록 성인이라도 또한 어쩔 수 없다. 애석하다. 현재
자기에게 있는 眞心을 몰라 깨닫지 못하니, 너무도 애달프다!

眞心을 깨닫지 못한 까닭에 자기의 견해를 고집하여 옳다 하고, 남을
틀리다고 하니, 이것이 시비의 病根이다.

아래 문장에서 비로소 〈齊物論〉의 주된 뜻을 밝히고 있다.

[원문]

夫言은 非吹也라[130] 言者는 有言이니[131] 其所言者 特未定也라[132] 果有

---

[130] 前엔 但敷演世人이 不悟眞宰하고 但執我見이며 以未隨其本有之眞心하
고 但執妄見일새 所以各各知見이 不同하고 到此하야 方入物論하니 謂世
人之言은 乃機心所發이요 非若風之吹竅라 | 앞의 문장에서는 다만 세

言耶아 其未嘗有言耶아**133** 其以爲異於鷇音인댄**134** 亦有辯乎아 其無辯乎
아**135**

【직역】 대체로 말이란 불어대는 것이 아니다. 말이란 말이 있음이지 그
말해진 것은 특별히 定해진 게 아니다. 과연 말은 있는 것인가, 일찍이 말
을 두지 않은 것일까? 그 鷇音과 다르다고 생각할진댄 또한 分辨이 있는

상 사람들이 眞宰를 깨닫지 못하고 그저 我見을 고집하여 그 본래 고유한
眞心을 따르지 않고 妄見만을 고집하므로 이 때문에 각기 知見이 같지 않
음을 부연했을 뿐인데, 여기에 이르러서야 비로소 物論으로 들어가니, 세상
사람의 말은 機心에서 나온 것이기에 바람이 수많은 구멍에 불어대는 것과
같지 않음을 말했다.

131 故所言者 非任眞宰요 有機心之言이라 | 이 때문에 말해진 것은 眞宰에 맡
기지 않고 機心이 있는 말이다.

132 以任一己偏見之言일새 故其所言者 特未定其果是果非也라 | 일신의 편견
에서 나온 말이기에 그 말해진 것은 특별히 어느 것이 옳고 어느 것이 그른
지 알 수 없다.

133 此要人이 返觀本來有此言耶아 未嘗有此言耶라 卽此一語 便令人自知니
而齊物論之功夫를 略示於此矣니라 | 이는 요컨대 사람이 본래 이러한 말
이 있었는지 이런 말이 있지 않았는지를 돌이켜 보았는가? 이 한마디의 말
로써 사람들이 스스로 알도록 함이니, 〈齊物論〉의 공부를 여기에서 간단히
보여준 것이다.

134 鷇音者는 乃鳥在殼하야 將出咮咮之聲이니 謂是天機之音이요 全出無心
이나 而人之有心之言은 與鷇音으로 不同이니 要人自看取니라 | 鷇音이
란 새가 알 속에 있으면서 장차 咮咮의 소리를 내려는 것이니, 이는 天機에
서 발하는 소리로 모두 無心에서부터 나온 것이다. 사람의 有心에서 나오는
말은 鷇音과 같지 않으니, 스스로가 이를 알도록 하였다.

135 辯은 謂彼此諍辯也니 謂人返看語言이 如鷇音時에 此則有辯論乎아 無辯
論乎아 要人이 發言當下에 自返觀也라 | 辯은 彼此가 논쟁함을 말한다.
사람들이 말을 鷇音과 같이 할 적에 이렇게 하면 논쟁이 있을까? 논쟁이 없
을까? 사람들에게 말하면서 곧장 스스로 제 말을 돌이켜 보도록 함이다.

가, 그 分辨이 없는가.

【의역】 말이란 천뢰(天籟)처럼 저절로 불어대는 것이 아니다. 말은 말을 낳아 시비를 불러일으키니, 그런 말들은 모두 근거할 만한 게 못 된다. 사람들은 입을 벌려 말할 줄만 알 뿐이니, 진정 말에 맞는 말을 했다고 할 수 있을지, 아니면 말에 맞지 않은 말을 했다고 할 수 있을지. 하지만 그들은 모두 갓 태어난 새 새끼의 지저귀는 소리와 다르다고 생각한다. 그렇다면 결국 분별이 있는 것일까? 아니면 없는 것일까?

【감산 절해】

此一節은 將明物論之不齊에 先指出言語音聲이 本無是非니 若任天機所發하면 則了無是非之辯이라 然絶言處 乃齊物之旨니 已揭示於此는 欲人이 就此做工夫하야 看破天機하면 則是非自泯矣라 從夫言非吹也起하야 直至後文成虧章末이 此之謂以明止로 爲一大章이니 計七百四十餘言이라 節節에 生意하야 最難一貫이니 必細心深觀하야사 乃悟其妙라

向下에 方的指出是非之人이 乃迷眞執妄之流也라

이 문장은 장차 物論이 똑같지 않음을 밝히기에 앞서 언어와 음성이 본래 시비가 없음을 지적하였다. 만일 天機에 맡겨 말한다면 전혀 시비의 논쟁이 없을 것이다. 그러나 언어가 끊어진 곳이 바로 齊物의 宗旨이다. 이미 이를 여기에 제시한 것은 사람들이 여기에 나아가 공부를 하여 天機를 간파하면 시비가 절로 사라진다는 것이다.

이를 뒤이어서 그런데 "말은 불어대는 것이 아니다"라는 구절에서 시

작하여 곧장 아래 문장의 '성취와 파괴' 단락의 끝부분에서 "이는 밝음으로써 함을 말한다"는 구절까지가 하나의 큰 단락을 이루는데, 모두 7백 40여 글자이다. 구절구절마다 새로운 뜻을 내어 하나로 꿰뚫어 보기가 가장 어렵다. 반드시 세심하게 깊이 보아야만 그 오묘함을 깨달을 수 있다.

아래 문장에서는 바야흐로 시비하는 사람이 바로 眞宰를 잃고 妄見에 집착한 무리임을 지적하고 있다.

[원문]

道惡乎隱[136] 而有眞僞며[137] 言惡乎隱而有是非며[138] 道惡乎往而不存이며[139] 言惡乎存而不可리오[140] 道隱於小成하고[141] 言隱於榮華라[142] 故有

---

136 隱은 謂晦而不明也라 | 隱은 어두워 밝지 않음을 말한다.

137 謂大道는 本無眞僞어늘 先設問하야 道爲何不明而有眞僞耶아 | 大道는 본래 참과 거짓이 없다. 먼저 가설로써 "도는 무엇 때문에 밝지 못하여 眞僞가 생겨나는 것일까?"를 물은 것이다.

138 謂眞人之言은 本無是非어늘 設問하되 謂何眞言이 隱而有是非耶아 | 眞人의 말은 본래 시비가 없다. 가설로써 "무엇 때문에 眞言이 숨겨져 시비가 있는가?"를 물은 것이다.

139 言道若無眞僞하면 則了無取捨니 何往而不存耶아 | 도가 만일 참과 거짓이 없다면 전혀 취하거나 버릴 게 없다. 어디를 간들 존재하지 않겠는가.

140 若言出於自然이라 一任天機면 則有何所說而不可아 但爲道隱而言亦僞요 言僞而是非因之而生也라 | 말은 자연으로부터 나온다. 하나같이 天機에 맡겨두면 어떤 말이라도 옳지 않겠는가. 다만 도가 숨겨짐으로써 말 또한 거짓이 있게 되고, 말이 거짓됨으로써 시비는 이를 따라 발생한 것이다.

141 言道本不隱이나 但隱於小知之人이니 小成者小故로 大道不彰耳라 | 도는 본래 숨겨진 게 아니지만 작은 지혜를 지닌 이에 의해 숨겨진다. 작게 성취한 자가 작게 만듦으로 大道가 나타나지 않는다.

142 榮華는 謂虛華不實之言也라 以言不載道하야 故但涉浮華일새 故로 至言이 隱矣라 | 부질없이 화려하고 알맹이가 없는 말을 이른다. 말에 도가 실려

儒墨之是非하야**143** 以是其所非하고 而非其所是하나니**144** 欲是其所非하고 而非其所是인댄 則莫若以明이니라**145**

【직역】 道는 어디에 隱하여 眞僞가 있으며, 말은 어디에 隱하여 是非가 있는가. 道는 어디에 간들 存在하지 않으며, 말은 어디에 있든 可하지 않겠는가. 道는 小成에 어두워지고 말은 榮華에 어두워진다.

이 때문에 儒墨의 是非가 있어 이로써 그가 그르다 한 것은 옳다 하고, 그가 옳다 한 것은 그르다 하니, 그 그릇된 바를 옳다 하고 그 옳다 한 바

있지 않음으로써 浮華에 관계될 뿐이다. 이 때문에 지극한 말은 숨겨진다.

143 到此하야 方指出是非之人이 蓋端爲儒墨而發이니 以儒厚葬하고 墨子는 薄親일새 故互相是非라 當時에 莊子 與孟子로 同時니 以孟子는 闢楊墨曰 予豈好辯哉아 故有是非之辯이라 故以儒墨으로 並之니라 | 이 대목에 이르러 비로소 시비 다툼은 단연코 유가와 묵가 때문에 발생했음을 지적했다. 유가는 厚葬을, 묵가는 薄葬을 주장한 까닭에 서로 시비가 일어난 것이다. 당시 장자는 맹자와 동시대이다. 맹자는 양주와 묵자를 "내 어찌 변론하기를 좋아하겠는가"라고 배척했지만 이 때문에 시비의 논쟁이 일어난 것이다. 그래서 유가와 묵가를 함께 말한 것이다.

144 言儒以厚葬으로 爲是는 乃墨子之所非者라 故로 曰 是其所非요 墨은 以薄親으로 爲是나 而儒非之니 故로 曰 非其所是니라 | 유가에서 厚葬을 옳다 하는 것은 바로 묵가에서 그르다고 여긴 것이다. 이 때문에 "그 그르다는 것을 옳다고 여긴 것이다"라고 하였다. 묵가에서 薄葬을 옳다고 하면 유가는 이를 비난한다. 이 때문에 "그 옳다는 것을 그르다고 여긴 것이다"라고 하였다.

145 言儒墨二家 互相是非는 皆未明大道하고 但各執我見耳니 未必爲眞是也라 苟欲是其所非而非其所是인댄 莫若明乎大道니 則了無是非之辯矣니라 | 유가와 묵가가 서로 시비를 벌이는 것은 모두 大道에 밝지 못하고 각기 我見에 집착했을 뿐이다. 이는 반드시 참으로 옳은 것이라 할 수 없다. 만일 그릇된 것을 옳다 하고, 옳다 하는 것을 그르다 하고자 한다면, 大道에 밝아 시비의 논변을 완전히 없애는 것만 같지 못하다.

를 그르다 하고자 한다면 밝음으로써 함만 같지 못하다.

【의역】 도는 본래 진위(眞僞)의 상대개념을 초월한 것인데 어디에 가려 진실과 거짓이 있으며, 말은 원래 소박한 것인데 어디에 가려 옳고 그름이 나오는 것일까? 도는 어디에나 모두 존재하기에 본래 말을 필요로 하지 않으며, 말은 어디에서나 옳은 것이기에 또한 논변을 필요로 하지 않는다. 편견(偏見)을 지닌 사람에 의해 도는 가려지고 과장된 말에 의해 말은 가려지게 된다.

이 때문에 유가(儒家)와 묵가(墨家)는 편견으로 도가 가려지고 과장된 말로 말을 가리어 시비를 일으키게 함으로써 상대가 그르다 한 것을 옳다 여기고, 상대가 옳다고 한 것을 그르다 한다. 유묵(儒墨) 이가(二家)가 이처럼 자기의 시비로써 상대의 시비를 바로잡고자 한다면 '근본자리의 밝음'으로 하는 것만 같지 못하다.

【감산 절해】

此一節은 方指出是非之端이 起自儒墨이라 當時에 雖有處士橫議나 而儒墨이 爲先唱이라 意謂楊墨은 固失仁義矣나 而儒도 亦未明大道也라 故로 兩家 皆無一定之眞是니 故以此로 爲發論之張本이라 蓋言辯是非는 濫觴於儒墨하야 傍及諸子니라 後에 單結指於惠子는 皆不明之人이 乃喪道者也라

下에 先明本無是非어늘 而人不自知일새 故妄執己見하야 起是非耳니라

이 문장에서는 처음으로 시비의 발단이 유가와 묵가에 의해 비롯됐음을 지적했다. 당시에 處士들의 橫議가 있었으나 유가와 묵가가 先唱이

되었다.

생각해 보면 楊朱와 墨子가 인의를 잃었지만 유가 역시 大道에 밝지 못했다. 따라서 유묵 양가 모두 一定한 참으로 옳음이 없었던 까닭에 이로써 發論의 張本을 삼은 것이다.

言辯의 是非는 유가와 묵가에서 시작되어 사방으로 제자백가에까지 미쳐 갔다. 아래의 문장에서 惠施만을 들어 끝맺은 것은 모두 도에 밝지 못한 사람이 바로 도를 잃은 사람이기 때문이다.

다음 단락에서는 본래 시비가 없는데도 사람들이 스스로 알지 못함으로써 부질없이 자기의 견해를 고집하여 시비가 일어난 것임을 밝히고 있다.

【원문】

物無非彼며[146] 物無非是라[147] 自彼則不見이요[148] 自知則知之니[149] 故로 曰 彼出於是하고[150] 是亦因彼라[151]

---

[146] 言若天地間에 一人이 執我하면 則盡天下之人이 皆彼也라 故로 曰物無非彼니라 | 하늘과 땅 사이에 어떤 사람이 자기에 집착하면 천하 모든 사람이 모두 남이다. 이 때문에 "物은 彼 아닌 게 없다"고 말한 것이다.

[147] 言若一人이 執己爲是면 則人人이 皆執己爲是하나니 則天下에 無不是矣라 故로 曰 物無非是니라 | 만일 한 사람이 자기 견해를 고집하여 옳다고 하면 사람마다 모두가 자기 견해가 옳다고 주장하게 된다. 그렇다면 이 세상에 옳지 않은 것이 없다. 이 때문에 "物은 옳지 않은 게 없다"고 말한 것이다.

[148] 言若但見彼之非하면 則不見自己之非矣라 | 만일 저 사람의 허물만을 보면 자기의 잘못을 보지 못한다.

[149] 言若自知其非則知天下無不是矣니 故로 曰自知則知之니라 | 만일 자신의 잘못을 알면 이 세상에 옳지 않은 게 없음을 알게 된다. 이 때문에 "자기를 알면 모두를 알게 된다"고 말한 것이다.

[150] 言彼之非는 蓋出於我之是라 | 저 사람이 잘못은 내가 옳다는 데에서 나온 것

【직역】 物은 彼 아닌 것이 없으며 物은 是 아닌 것이 없다. 彼로부터 하면 보지 못하고 스스로 알면 지혜롭다. 이 때문에 "彼는 是에서 나오고 是 또한 彼로 因한다"고 하였다.

【의역】 사물을 상대적 대립으로 여겨 서로 관(觀)할 줄 모르면 모두가 저것 아닌 게 없고 또 제각기 자기의 입장에 서서 보면 모두 이것 아닌 게 없다. 저 입장에서 보면 이 입장을 보지 못하여 혼미하고, 스스로의 입장에서 알면 지혜롭다. 이 때문에 "저것은 이것에서 나오고 이것 또한 저것으로 인하여 이뤄진다"고 말하였다.

【감산 절해】

此一節은 言人苦於不自知일새 故以己是로 爲必當이어니와 若彼此互相易地而觀하면 則物我兩忘하며 是非自泯하야 乃見本來無是非也니라

下文에 發明是非 本無로되 特因對待而有니라

이 문장에서는 사람마다 스스로 알지 못한 것이 괴롭다고 말했다. 이 때문에 자기가 옳다는 것을 반드시 타당하다고 생각한다. 만일 피차 서로 입장을 바꿔놓고 보면 物我를 모두 잊고 시비가 절로 사라짐으로써 본래

이다.

151 言我之是도 亦因彼之非라 由人不自知일새 故로 但執己是니 所以不能泯是非也니라 | 내가 옳다는 것 또한 저 사람의 잘못에서 인한 것이다. 세상 사람들이 스스로 알지 못하기에 다만 자기가 옳다고 고집한 것이다. 이 때문에 시비가 사라지지 않는다.

시비가 없음을 볼 수 있을 것이다.

아래 문장에서는 시비는 본래 없지만 다만 待對로 인하여 있게 됨을 밝히고 있다.

【원문】

彼[152]是는[153] 方生之說也니라[154] 雖然이나[155] 方生에 方死요 方死에 方生하며[156] 方可에 方不可요 方不可에 方可며[157] 因是因非요 因非因是라[158] 是以로 聖人不由하고 而照之於天하나니 亦因是也니라[159]

---

152 彼非라 | 저 사람의 잘못이다.

153 我是라 | 나의 옳음이다.

154 方은 謂比方이니 對待之意也라 言是非本無어늘 蓋因人我對待而有也라 | 方은 比方이니, 對待의 뜻이다. 시비는 본래 없는 것인데, 人我 對待로 인해서 있게 된 것이다.

155 下에 一轉하사 以明對待無有了期라 | 아래 문장에서 한번 轉變하여 對待란 끝이 없음을 밝히고 있다.

156 言對待是非를 比無有了期라 若將 死字하야 作滅字看하면 亦妙니라 | 對待의 시비를 끝이 없음에 비유하고 있다. 만일 死 자를 滅로 보면 또한 오묘하다.

157 是者는 爲可요 不是는 爲不可니 以此로 終無兩可之時라 | 是는 可가 되고 不是는 不可가 된다. 이 때문에 끝내 모두 다 옳을 때가 없다.

158 言此是 因彼非하고 彼是 因此非니 皆不自知自明之過也라 | 이것의 옳음은 저것의 잘못에서, 저것의 잘못은 이것의 옳음으로 인한 것이다. 모두 스스로 알지 못하고 스스로 밝지 못한 허물 때문이다.

159 言聖人은 不由世人之是非하고 而獨照明於天然之大道일새 故是爲眞是니 故曰 亦因是也라 此言聖人之因是는 乃照破之眞是요 不似世人이 以固執我見으로 爲是하고 而妄以人으로 爲是하고 而妄以人으로 爲非也라 此卽老子之人法天이니라 | 성인은 세상 사람들의 시비로 말미암지 않고, 홀로 天然의 大道에 비추어 밝다. 이 때문에 참으로 옳다고 하기에 "또한 이로 인한다"고 한다. 성인이 "이로 인한다"는 것은 바로 大道를 照破한 참

【직역】 彼此是非는 견주어 만들어진 말들이다. 비록 그러하나 바야흐로 生하면 바야흐로 죽고 바야흐로 죽으면 바야흐로 生하며 바야흐로 可하면 바야흐로 不可하고 바야흐로 不可하면 바야흐로 可하다. 是로 因하면 非로 因하게 되고 非로 因하면 是로 因하게 된다. 이 때문에 聖人은 말미암지 않고 天으로 비춰 보니 또한 眞是를 因하는 것이다.

【의역】 이처럼 피차의 시비는 서로 견주어 만들어진 말에 불과하다. 시비는 생기면 또 뒤따라 사라지게 되고 사라지면 또 뒤따라 생기게 된다. 그래서 내가 허용한 것은 남이 불허하고 내가 불허한 것은 남이 허용한다. 내가 옳다고 하면 남은 그르다고 하고 내가 그르다고 하면 남은 옳다고 한다.

이 때문에 성인은 시비의 길을 따르지 않고 자연의 밝음인 천(天)으로써 비춰 본다. 때문에 진실을 따른 까닭에 시비가 모두 사라지게 된다.

【감산 절해】

此一節은 言世人之是非 乃迷執之妄見일새 故彼此是非而不休라 唯聖人은 不隨衆人之見하고 乃眞知獨照於天然大道하사 了然明見其眞是하시니 故로 曰 亦因是也라 此是則與衆으로 天淵일새 故以亦字로 揀之라 前에 云 與其儒墨이 互相是非론 莫若以明하시니 明은 卽照破之義라 故로 此以聖人照之於天으로 以實以明之明하니 此爲齊物之工夫이니 謂照破 卽無對

된 옳음이다. 세상 사람이 자기의 견해를 고집하여 옳다고 해서, 부질없이 남들 옳다 하고, 부질없이 남들을 그르다고 한 것과는 다르다. 이는 곧 노자의 "사람은 하늘을 본받는다"(『도덕경』 제25장)는 것이다.

待라 故로 下文에 發揮絶待之意하사 而結歸於莫若以明이니라

이 문장에서 말한 바는 세상 사람의 시비는 바로 혼미하고 집착한 妄見인 까닭에 彼此의 是非가 끊이지 않는 것이다. 오직 성인만이 衆人의 견해를 따르지 않고, 이에 眞知로써 홀로 天然 大道에 照破하여 了然하게 그 참다운 옳음을 밝게 보기에 "또한 진시를 인한다"라고 하였다.

이러한 옳음은 衆人과는 天壤之差(天淵)이다. 이 때문에 亦 자로 이를 가린 것이다. 앞의 문장에서 "유가와 묵가가 서로 시비를 벌이는 것은 '밝음(明)'으로써 하는 것만 같지 못하다"고 하니, '밝음'이란 곧 照破의 뜻이다. 이 때문에 여기에서는 "성인은 하늘에 비추어 본다"는 것으로서 "'밝음(明)'으로써 한다"는 '밝음'을 實證하였다. 바로 이것이 〈제물론〉의 공부이다. 照破란 곧 對待가 없음을 말한다. 이 때문에 아래 문장에서 對待가 끊어진 경지의 뜻을 밝히어, "'밝음'으로써 하는 것만 같지 못하다"고 귀결짓는다.

[원문]

是亦彼也요 彼亦是也니[160] 彼亦一是非며 此亦一是非라[161] 果且有彼[162]

---

[160] 此는 承上聖人照破工夫는 則悟我之是는 卽彼之非요 彼之非는 亦卽我之是니 如此互觀이면 則何是非之有리오 | 이는 위 문장의 성인의 照破 공부를 이어 말하였다. 나의 옳음은 곧 저 사람의 잘못이요, 저 사람의 잘못 또한 나의 옳음임을 깨달아야 한다. 이와 같이 서로 관조하면 무슨 시비가 있겠는가.

[161] 如此互觀이면 則是非兩忘이라 | 이와 같이 서로 관조하면 시비를 모두 잊을 수 있다.

是¹⁶³乎哉아 果且無彼是乎哉아¹⁶⁴ 彼是莫得其偶는 謂之道樞니¹⁶⁵ 樞始
得其環中하야늘 以應無窮이라¹⁶⁶ 是亦一無窮이요 非亦一無窮也니¹⁶⁷ 故로
曰 莫若以明이니라¹⁶⁸

【직역】 是 또한 彼이며 彼 또한 是이니 彼 또한 하나의 是非이고 此
또한 하나의 是非이니 果然 또 彼是가 있는 것일까? 果然 또 彼是가 없
는 것일까? 彼是가 자기의 偶(相對)를 얻을 수 없는 것을 道樞라 말하니,
樞가 비로소 그 環中을 얻어 이로써 無窮히 應하였다. 是 또한 하나의 無

---

162 彼非라 | 저 사람의 잘못이다.

163 我是라 | 나의 옳음이다.

164 若是非兩合於大道면 果然有是非乎哉아 果然無是非乎哉아 | 시비를 모두
大道에 부합시키면, 과연 시비가 있는 것일까? 없는 것일까?

165 言是非兩忘이면 則坦然一際하야 絶諸對待라 如此則彼是를 莫得其偶라
偶는 對待也니 絶待는 卽道妙之樞紐也라 | 시비를 모두 잊으면 고루 하나
가 되어 모든 對待가 끊어진다. 이와 같으면 저 사람의 옳음에 그 짝을 얻지
못한다. 짝(偶)이란 對待이니, 對待가 끊어짐은 곧 道의 오묘한 樞紐이다.

166 環則不方이요 中虛則活而能應이니 以譬道之虛無라 若得此虛無道樞면
則應變無窮이니라 | 環은 모나지 않음이요, 中이 虛하면 활발하게 응할 수
있다. 이로써 道의 虛無를 비유하였다. 만일 이와 같은 虛無의 道樞를 얻으
면 應變이 無窮하다.

167 言是非泯하야 同於大道면 則是亦是道요 非亦是道라 如莊子非薄堯舜이
此一於大道也라 | 시비가 사라져 大道와 하나가 되면 옳음도 道요, 그릇됨
도 道이다. 예컨대 장자가 요순을 비난한 것이 大道와 하나이다.

168 前云 與其儒墨之是非론 莫若以明이라 하야 說到聖人照破면 則泯絶是非
하야 而與道遊라하니 則無往而非大道之所在라 故로 此結之하니 故曰 莫
若以明이니라 | 앞의 글에서 "유가와 묵가가 시비하기보다는 밝음으로써
하는 것만 같지 못하다" 하여, 성인이 照破하면 시비가 끊어져 道와 더불어
노니니 어디를 가든 大道가 있다고 말하였다. 이 말로써 이를 끝맺은 까닭
에 "밝음으로써 하는 것만 같지 못하다"고 하였다.

窮함이며 非 또한 하나의 無窮함이다. 이 때문에 "밝음으로써 하는 것만 못하다"고 말한 것이다.

【의역】 나의 옳음이 또한 남의 그름이며 남의 그름이 또한 나의 옳음이다. 이처럼 그 사람의 입장에서 바꿔 보면 모두 반대가 된다. 그러나 그들이 각기 하나의 의견을 일으키면 과연 피차의 시비는 있는 것일까? 없는 것일까?

이로 보면 피차의 시비가 있는 것일까? 아니면 없는 것일까? 피차 시비의 상대성을 초월한 것을 곧 도(道)의 지도리[樞]라 한다.

도의 지도리이기에 그 원의 중심에서 무한한 변화에 대처할 수 있다. 이처럼 도의 지도리를 얻은 자는 사물의 변화에 무한한 대처를 할 수 있으니, 어찌 시비의 자취를 남기겠는가. 옳음 또한 하나의 무한한 대처가 있고 그릇됨 또한 하나의 무한한 대처가 있다. 이 때문에 "조파(照破)하여 분명히 보는 것만 같지 못하다"라고 말한 것이다.

【감산 절해】

此一節은 言聖人照破면 則了無是非요 自然合乎大道하야 應變無窮이나 而其妙處는 皆由一以明耳라 此欲人悟明이라야 乃爲眞是也니 則物論을 不待齊而自齊矣라 此卽老子之天法道니라

下以指馬로 喩本無是非之意라

이 문장에서는 성인이 照破하면 모두 시비가 사라지고 저절로 大道에 부합되어 應變이 무궁할 것이다. 그러나 그 오묘한 곳은 모두 하나의 '밝

음으로써' 한 때문임을 말한 것이다.

이는 사람들이 깨달아야만 바로 眞是라 할 수 있으며, 物論은 가다듬을 것이 없이 절로 가다듬어질 것이다. 이는 곧 노자의 "하늘은 도를 본받는다"(『도덕경』제25장)는 것이다.

아래 문장에서는 손가락과 말을 가지고 본래 시비가 없다는 뜻을 비유하여 말하고 있다.

[원문]

以指로 喩指之非指169 不若以非指로 喩指之非指也요170 以馬로 喩馬之非馬171 不若以非馬로 喩馬之非馬也라172 天地는 一指也요 萬物은 一馬也라173

---

169 以我之觸指로 喩彼之中指爲非我之觸指라 | 나의 약지로써 저 사람의 중지가 내 약지 아님을 비유한 것이다.
170 不若以彼中指로 倒喩我之觸指 又非彼之中指矣라 | 저 사람의 중지로써 내 약지가 저 사람의 중지가 아니라고 비유하는 것만 같지 못하다.
171 馬는 雙陸之戲馬也라 馬有黑白之分하니 雖有黑白이나 皆馬也라 若以彼黑馬로 喩我之白馬 非彼之黑馬라 | 馬는 雙陸에서 쓰는 말이다. 말에는 백마와 흑마의 구분이 있다. 비록 흑백이 있으나 모두 말이다. 저 사람의 검은 말로써 나의 흰 말이 저 사람의 검은 말이 아니라고 비유한 것이다.
172 不若以彼黑馬로 倒喩我之白馬 又非彼之黑馬矣라 | 저 사람의 검은 말로써 나의 흰 말이 저 사람의 검은 말이 아니라고 비유하는 것만 같지 못하다.
173 若以此로 易地而觀하면 指馬無二요 則是非自無라 由聖人照破하야 大而觀之면 不但人我一己之是非自絶이라 則天地與我並生이요 萬物與我爲一이니 斯則天地一指요 萬物一馬耳라 又何有彼此是非之之辯哉아 此蓋從莫若以明一語하야 發出聖人不由而照於天하야 釋以明之意니 故此結歸照破工夫라 眞能泯是非하면 萬物齊一이니 欲人於此著眼也니라 | 만일 이로써 처지를 바꾸어 보면 손가락과 말은 둘이 아닌즉, 是非는 절로 사라질 것이다. 성인의 照破로써 크게 보면 人我의 나의 시비가 절로 끊어질 뿐

【직역】 指로써 指의 指 아님을 比喩할 바엔 指 아닌 것으로써 指의 指가 아님을 比喩한 것만 못하며, 馬로써 馬의 馬 아님을 比喩할 바엔 馬 아닌 것으로써 馬의 馬가 아님을 比喩한 것만 못하다. 天地는 하나의 指이며 萬物은 하나의 馬이다.

【의역】 약지로써 "중지는 손가락이 아니다"라고 말할 바에는 "약지가 아닌 것으로써 약지가 손가락이 아니다"라고 말한 것만 못하며, 흑마로써 "백마는 말이 아니다"라고 말할 바에는 "흑마가 아닌 것으로써 흑마는 말이 아니다"라고 말한 것만 못하다.

무릇 형체가 있는 것은 모두 가탁(假託)이니, 사물의 이치가 같다는 점에서 보면 모두 일례로 보아야 할 것이다. 따라서 천지도 하나의 손가락이며 만물도 하나의 말이다.

【감산 절해】

此一節은 發揮聖人照破면 則泯絶是非며 天地萬物이 化而爲一이라
下文에 釋爲一之所以라

이 문장에서는 성인의 照破를 발휘하면 시비가 끊어지고, 천지 만물이

___

아니라, 천지는 나와 함께 살고, 만물은 나와 하나가 될 것이다. 이로 보면 천지는 하나의 손가락이요, 만물은 하나의 말이다. 이에 또 어떻게 彼此와 是非의 논변이 있겠는가. 이는 "莫若以明" 구절로부터 "聖人不由而照之於天" 구절을 말하여 '以明'의 뜻을 해석한 것이다. 이 때문에 이는 照破 공부로 귀결시켰다. 참으로 시비가 사라지면 만물이 하나이다. 사람들이 여기에 착안했으면 한 것이다.

변화하여 하나가 됨을 밝힌 것이다.

아래 문장에서는 하나가 되는 이유를 해석하고 있다.

【원문】

可乎可며[174] 不可乎不可라[175] 道는 行之而成이요[176] 物은 謂之而然이라[177]

惡乎然고[178] 然於然이요[179] 惡乎不然고[180] 不然於不然이어니와[181] 物固有

所然하며[182] 物固有所可하야[183] 無物不然하며 無物不可하니[184] 故爲是擧

---

174 謂人以爲可면 則我亦因而可之라 | 사람들이 옳다고 하면 나 또한 따라서 옳다고 한다.

175 人不可면 則我亦因而不可之라 | 사람들이 옳지 않다고 하면 나 역시 옳지 않다고 한다.

176 謂任道而行에 無有不合於道者라 成은 現現成成이니 不必分別也라 | 도에 맡겨 행함에 도에 부합되지 않음이 없음을 말한다. 成은 그대로 現成함이니 굳이 분별할 게 없다.

177 然者는 自是也니 謂人謂之而然者라 | 然이란 스스로 옳다고 함이다. 사람이 그렇게 불러서 그렇게 된 것이다.

178 謂所以然者는 何耶아 | 그렇게 된 까닭은 도대체 무엇일까?

179 謂然於自己心中之爲然耳라 | 자기 마음속에 그렇다고 생각하여 스스로 그렇다고 한 것이다.

180 言人因何而不然耶아 | 사람은 무엇 때문에 그렇지 않다고 한 것일까?

181 謂人所以不然者는 但彼心中에 自以爲不然耳라 | 사람들이 그렇지 않다고 한 것은 그들의 마음에 스스로 그렇지 않다고 생각한 것이다.

182 言物物에 實有一定之然하니 譬如藥之參喙라 用參則喙不然이요 且用喙時에 用參則不然矣니 此則物物에 皆有一定之實然也니라 | 모든 사물에 실로 일정하게 그렇다는 것이 있다. 비유하면 약의 인삼과 烏喙(附子)와 같다. 인삼을 쓰면 附子가 맞지 않고, 또 부자를 쓰면 인삼이 맞지 않는다. 이는 모든 사물이 다 일정하게 실로 그러한 게 있다는 것이다.

183 物有在此 不可어니와 而在彼에 亦有可用者라 | 어떤 물건이 여기에서는 좋지 않지만 저기에 있는 경우에는 쓸 만한 것도 있다.

莚¹⁸⁵與楹과¹⁸⁶ 厲¹⁸⁷與西施와¹⁸⁸ 恢¹⁸⁹恑¹⁹⁰憰¹⁹¹怪¹⁹²道通爲一이라¹⁹³

其分也 成也며¹⁹⁴ 其成也 毀也라¹⁹⁵ 凡物이 無成與毀여 復通爲一이라¹⁹⁶

【직역】 可한 것을 可하다 하고 不可한 것을 不可하다 한다.

---

184 由此觀之컨대 則天下物이 無有不然하며 亦無有不可者라 | 이로 보면 천
하 만물이 그렇지 않은 것이 없고, 또 옳지 않은 게 없다.

185 屋梁也라 | 대들보이다.

186 屋柱也라 | 기둥이다.

187 音賴니 癩病惡人也라 | 독음은 '뢰'이니, 문둥병에 걸린 사람이다.

188 美婦人也라 | 아름다운 부인이다.

189 大也라 | 큼이다.

190 詐也라 | 속임이다.

191 詭也라 | 속임이다.

192 怪異也라 | 괴이함이다.

193 言廷楹之長短과 厲施之美惡과 恢恑憰怪之變狀을 以人情視之인댄 其實
은 不得其一樣하야 難其無是非어니와 若以道眼觀之면 了無長短美惡之
相하야 一際平等이라 此言非悟大道면 不能齊天下之物論也리라 | 들보와
기둥의 長短, 그리고 서시와 문둥이의 美醜, 그리고 속임과 괴이함의 變狀
들을 人情으로 보면 그 실상은 한 가지가 아니기에 시비가 없기 어렵거니와
만일 道眼으로 보면 전혀 長短과 美醜의 相이 없이 모두 평등하다. 이는 大
道를 깨닫지 못하면 천하의 物論을 가다듬을 수 없음을 말한다.

194 如截大木하야 以爲器에 在木則爲分이어니와 在器則爲成이니 故로 其分
이 卽成也라 | 큰 나무를 쪼개 그릇을 만듦에 나무에 있어서는 쪼갠 것이지
만, 그릇에 있어서는 완성이다. 따라서 쪼갠 것이 곧 완성이다.

195 然器雖成이나 於木則毀라 如此어늘 豈可執一定爲成毀哉아 | 그러나 그
릇은 비록 완성되었을지라도 나무는 훼손된 것이다. 이와 같으니 어떻게 완
성과 훼손을 일정하게 고집할 수 있겠는가.

196 若就一邊而觀인댄 似有成毀나 若通而觀之컨댄 則無成無毀니 故로 復通
爲一이라 以此而觀萬物인댄 又何是非之有아 | 만일 한쪽에서만 보면 완
성과 훼손이 있는 듯하지만 전체를 통하여 보면 완성도 훼손이 없다. 이 때
문에 다시 하나가 된다. 이로써 만물을 관하면 또 어찌 시비가 있겠는가.

道(道路)는 行함으로써 이뤄지고 物은 일컬음으로써 그렇게 된 것이니 어떻게 해서 그렇게 되는가? 그런 것을 그렇다고 한다. 어떻게 해서 그렇지 않다 하는가? 그렇지 않은 것을 그렇지 않다고 한다. 物에는 참으로 그런 것이 있으며 物에는 참으로 可한 바 있으니 物마다 그렇지 않음이 없으며 物마다 可하지 않음이 없다.

그러므로 이를 爲하여 열거한 莛과 楹, 厲와 西施, 恢·恑·憰·怪 들은 道에서 보면 通하여 하나가 된다.

그 分이 成이요 그 成이 毀이다. 모든 萬物에 成과 毀가 없으니 다시 通하여 하나가 된다.

【의역】 그러나 자신의 의견으로써 상대개념을 설정한 까닭에 자기가 옳다고 생각한 것을 옳다 하고 옳지 않다고 생각한 것을 옳지 않다고 여기게 된 것이다.

모든 도로는 사람이 다니는 발길에 따라 생기는 것이고 모든 물건은 사람이 붙이는 이름에 따라 그렇게 불리게 된 것이다. 그렇다면 어째서 그런 것을 그렇게 여기는 것일까? 그렇다고 여기는 것을 그렇다 말한 것이다. 어떻게 해서 그렇지 않은 것을 그렇지 않게 여기는 것일까? 그렇지 않다고 여기는 것을 그렇지 않다 말한 것이다.

모든 사물에는 본래 그런 것이 있고 모든 사물에는 본래 옳은 것이 있다. 그러므로 어떤 사물이든 모두 그렇지 않은 것이 없고 어떤 사물이든 모두 옳지 않은 것이 없다.

이 때문에 열거한 가로지른 상량과 곧은 기둥, 추악한 여인과 아름다운 서시(西施), 그리고 일체 희기(稀奇)하고 괴이(怪異)한 것들은 도의 입장에서 보면 모두가 하나로 통하게 된다.

이것이 나뉘어지는 것은 저것이 이루어지는 것이요, 저것이 완성되는 것은 이것이 훼손되는 것이다. 이 때문에 전체적인 입장에서 보면 성취는 성취가 아니요, 훼손은 훼손이 아니므로 모든 만물에는 성취도 훼손도 없다.

【감산 절해】

此는 釋上天地一指와 萬物一馬之意라 必以道眼으로 觀之하면 自然絶無是非之相이니 是非 絶에 則道通爲一矣니라

下文에 方指歸於道니라

이 문장은 위 단락의 "천지는 하나의 손가락이며, 만물은 하나의 말이다"라는 뜻을 해석하였다. 반드시 道眼으로 觀하면 시비가 저절로 끊어진다. 시비가 끊어지면 道로 통하여 하나가 된다.

아래 문장에서는 바야흐로 道로 귀결됨을 가리키고 있다.

【원문】

唯達者는[197] 知通爲一하야 爲是不用하고 而寓諸庸하나니[198] 庸也者는 用也요[199] 用也者는 通也요[200] 通也者는 得也니[201] 適得而幾矣라[202] 因是已니

---

197 達道之人이라 | 도를 통달한 사람이다.
198 唯達道之人은 知萬物本通爲一일새 故不執己是니 故曰不用이라 旣不用己是하고 但寓諸衆人之情이라 庸은 衆也니 謂隨衆人之見也라 | 오직 도를 통달한 자만이 만물이 본래 하나임을 알고서 자기가 옳다고 고집하지 않는 까닭에 '不用'이라 하였다. 이미 자기가 옳다 하지 않고 다만 衆人의 情을 따랐을 뿐이다. 庸이란 衆이니, 여러 사람의 견해를 따름을 말한다.

라[203] 已而不知其然을 謂之道라[204]

【직역】 오직 達者만이 通하여 하나 됨을 알기에 옳다 여김을 쓰지 않고서 庸에 부치니, 庸함이란 用함이요(無用의 用), 用함이란 通함이요, 通함이란 얻음이니 自得에 自適하면 가까워져서 眞是를 因할 뿐이다. 이미 그러한데 그러함을 알지 못하는 것을 道라 말한다.

【의역】 달관자가 이처럼 천리(天理)로 관조하면 모든 만물은 다시 하나로 통하게 된다. 이 때문에 달관자만이 사견(私見)을 버리고서 衆人의 好惡를 자기의 好惡로 삼는다. 용(庸)이란 衆人의 뜻과 소통하는 것이다. 만

---

199 解에 庸者用也는 謂用衆人之好惡하야 爲好惡也라 | 해석하여 "庸이란 用이다"라는 것은 여러 사람의 好惡로써 好惡를 삼는 것임을 말한다.

200 由其能用일새 故能通衆人之志也라 | 그가 능히 여러 사람의 好惡를 따르기에 여러 사람의 뜻을 통할 수 있다.

201 言能通達於道者는 無往而不自得이니 苟自得則無是非之執矣니라 | 도를 통달한 사람은 어느 곳에서든지 自得하지 않음이 없다. 스스로 自得하면 시비의 집착이 없어진다.

202 言達道之人이 能適於得則幾近於道矣니라 | 도를 통달한 사람이 自得에 自適하면 도에 가깝다.

203 言達者는 通達於一하야 雖萬變이나 而不失其道니 此則無往而不是라 如此因是는 乃眞是也니라 | 통달한 자는 하나를 통달하여 비록 千變萬化에도 그 도를 잃지 않는다. 이는 곧 어디를 갈지라도 옳지 않음이 없다. 이와 같이 옳음을 따르는 것이 바로 眞是이다.

204 謂至無往而不達하면 則了無是非요 順物忘懷하면 則不知其所以然이라 謂之道니 此老子의 道法自然이니라 | 어디를 갈지라도 통달하지 않음이 없는 데에 이르면 모든 시비가 없고, 사물을 따라 생각을 잊으면 그 所以然을 알지 못한다. 이를 일러 道라 한다. 이는 노자의 "도는 자연을 본받는다"『도덕경』 제25장)는 것이다.

물을 하나로 통하면 자득하게 된다. 그러므로 달관자는 자득에 스스로 적연하여 도에 가까워져서 진실을 따르게 된다.

그러나 이미 모든 사물을 하나로 통하였지만 그 소이연(所以然)은 알 수 없다. 그것은 그 소이연을 알려는 데 굳이 마음을 두지 않는다. 이를 일러 도라 한다.

【감산 절해】

此一節은 要忘是非인댄 須達道之聖人이라야 知萬物一體라 故無是無非요 無適而不可하야 順乎自然이니 此謂之道라 上面에 說了許多展演鋪舒라가 直到此하야 方指歸一道字라 因是已之已字는 乃極盡之處니 言聖人極盡은 只是合乎自然之道니 如此而已라 合乎道하면 則自然歸一이라

後文엔 言愚人은 强勉要一하니 故로 卒莫能一也니라

이 문장에서는 시비를 잊으려면 반드시 도를 통달한 성인이라야 만물이 一體임을 알 수 있으므로 시비가 사라지고 어떤 곳이든 옳지 않음이 없어 자연에 순응할 수 있으니 이를 도라 한다. 위 문장에서는 허다하게 연역하여 서술하였으나 이 단락에 이르러 비로소 하나의 道 자로 귀결시켰다.

'因是已'의 已 자는 바로 극진한 곳이다. 성인의 극진함은 다만 자연의 道에 부합하는 데 있으니, 이와 같을 뿐이다. 도에 부합하면 절로 하나에 귀결된다.

아래 문장에서는 어리석은 이가 억지로 하나를 얻으려 애쓰기에 마침내 하나가 되지 못함을 말하고 있다.

勞神明爲一하야 而不知其同也는[205] 謂之朝三이라 何謂朝三고[206]曰狙公이[207] 賦芧할새[208] 曰 朝三而暮四하리라 衆狙 皆怒어늘[209] 曰 然則朝四而暮三하리라 衆狙 皆悅하니[210] 名實未虧로되 而喜怒爲用하니 亦因是也라[211] 是以로 聖人은 和之以是非하야 而休乎天鈞하나니[212] 是之謂兩行이니라[213]

---

205 謂未達大道하고 强勉以己見으로 要爲一하야 而不知其本來大同也라 | 大道를 통하지 못하고 억지로 자기 소견으로 하나가 되려고 애쓰지만 본래 크게 같음을 알지 못함을 말한 것이다.

206 謂執己見爲必是하야 要一衆人之見이 卽如狙之喩也라 | 자기 견해를 고집하여 반드시 옳다고 하여 여러 사람의 소견을 하나로 하려고 하는 것이 곧 원숭이의 비유와 같다.

207 養猿之人이라 | 원숭이를 기르는 사람이다.

208 輪芧粒하야 以食猿也라 | 상수리를 주어 원숭이에게 먹이려는 것이다.

209 言衆狙執定朝應多而夕應少라 | 여러 원숭이들이 아침에 많아야 하고 저녁에 적어야 한다고 고집한 것이다.

210 狙公以本數로 顚倒之라 | 狙公이 본래 숫자를 뒤바꾼 것이다.

211 三四之名은 同而實數亦同이나 但狙之所執己見하야 以朝四로 爲必是일새 故不核其實而但喜其名耳라 此皆不能忘是非者니 如夷齊之類 是也니라 | 3개니 4개니 하는 명칭도 같고 실제 수효도 같다. 다만 원숭이들이 자기의 견해를 고집하여 아침에 4개가 반드시 옳다고 생각한 것 때문에 그 실상을 파헤치지 않고 다만 그 명분만 기뻐한 것이다. 이는 모두 시비를 잊지 못한 자이다. 백이숙제와 같은 이가 이런 사람이다.

212 天鈞은 謂天然均等이니 絶無是非之地也라 前云 照之以天이라하니 故此에 結云休止乎天均이라 | 天鈞이란 天然의 균등함이니, 시비가 끊어진 곳이다. 앞에서는 "照之於天"이라 말한 까닭에 여기에 이르러 "休乎天鈞"으로 끝맺었다.

213 兩行者는 謂是者는 可行이요 而非者도 亦可行하며 但以道로 均調하면 則是非 無不可者니라 | 兩行이란 옳다 해도 맞고 그르다 해도 맞음을 말한다. 다만 도로써 균등하면 시비에 不可할 것이 없다.

[직역] 神明을 수고롭게 하나로 하여 그 같은 줄 알지 못한 것을 朝三이라 말한다.

무엇을 朝三이라 말하는가. 狙公이 상수리를 주면서 "아침에는 셋, 저녁에는 넷을 주겠다"고 하자, 여러 원숭이들이 모두 성내었다. "그렇다면 아침에는 넷, 저녁에 셋을 주겠다" 하니, 여러 원숭이들이 모두 기뻐하였다.

名實이 虧(變)함이 없는데도 喜怒의 用을 삼으니 또한 스스로를 옳게 여김에 因한 것이다. 이로써 聖人은 是非로써 和하여 天均에 休하나니 이를 兩行이라 말한다.

[의역] 제가(諸家)는 괜스레 마음과 지혜를 다해 '일치(一致)'됨을 구하였으나 본래 같은 것을 억지로 일치시키게 한 것인 줄 모른다. 바로 그것을 조삼(朝三)이라 말한다.

무엇을 조삼이라 말하는가? 원숭이를 기르는 자가 여러 원숭이들에게 상수리를 나누어 주면서 "너희들에게 아침에는 셋, 저녁에는 넷을 주겠다"고 말하자, 원숭이들이 모두 화를 냈다.

원숭이를 기르는 자가 다시 말하였다.

"그렇다면 너희들에게 아침에 넷, 저녁에 셋을 주겠다."

원숭이들은 그 말을 듣고서 모두 기뻐하였다.

이처럼 아침저녁의 수효가 똑같아서 명칭과 실질이 하나도 변한 게 없지만 기뻐하고 화를 내어 마음을 달리하였다. 이는 제가(諸家)가 똑같은 일을 가지고서 저것을 버리고 이것을 취한 꼴이니, 원숭이들과 다른 것이 무엇이겠는가. 하지만 그 원숭이들 역시 그들이 옳다고 생각하는 소견에 따라 희로(喜怒)를 달리했을 뿐이다. 제가 또한 마찬가지이다.

이 때문에 성인은 비록 숱한 시비를 조화시키나 자연에 따라 마음을 쉬면 한 생각도 일어나지 않으니, 어찌 심신의 헛고생이 있을 수 있겠는가. 이를 곧 물(物)과 아(我)를 모두 따르는 것이라 한다.

【감산 절해】

此一節은 言工夫 未到自然之地하고 强勉要一其是非而不悟玄同之妙者라 似此之人은 但能因是하고 不能忘非니 正如夷齊介子之流 其行이 雖高나 不無憤世疾俗之心이라 又如儒墨이 各執一端爲是하면 乃但能可其可하고 不能可其不可요 雖然離是非나 卒不能一是非며 即其所操 未嘗不是元非道外로되 只以各執己見으로 爲是하야 乃成顚倒니 故如狙公之七數 名實一般이나 而喜怒爲用이 各別이니 此特勞神明爲一者 而不知其大同者也라 須是聖人이라야 和同是非하고 休乎天均하야 兩忘而俱行之니 故能和光同塵하야 混融而不辯이면 則無可不可矣니라

下文에 意謂故之人은 知到本來無物인 玄同之境일새 故로 本無是非러니 自後로 漸漸不齊矣라

이 문장에서는 공부가 자연의 경지에 이르지 못한 채 억지로 그 시비를 하나로 만들려고 하면서도 玄同의 오묘함을 깨닫지 못한 자를 말하였다. 이와 같은 사람은 자기가 옳다고 여기는 것만을 따를 뿐, 그릇됨을 잊지 못한다. 바로 백이숙제와 개자추 같은 부류들은 그 행동은 고상하지만 세속을 痛憤하는 마음이 없지 않은 것과 같다.

또한 유가와 묵가는 각각 한쪽 끝만으로 옳다고 하여 그 옳은 것을 옳

다고 여기기는 하지만 그 옳지 않은 것을 옳다고 생각하지는 못한다. 비록 시비를 떠날지라도 끝내 시비를 하나로 조화시키지 못하고, 그 자신이 지닌 操行이 원래 도를 벗어난 것은 아니지만, 각기 제 見解만을 고집하여 옳다고 생각함으로써 곧 顚倒를 이루지 않음이 없다.

이 때문에 狙公의 일곱 개 상수리는 名實이 똑같으나, 원숭이의 喜怒 작용이 각기 다르다. 이는 특히 정신을 애써 하나로 하려는 자가 그 大同을 알지 못한 까닭이다. 반드시 성인이어야 시비를 조화시키고 天鈞으로 쉬면서 시비를 모두 잊고서 모두 행할 수 있다. 그러므로 和光同塵으로 混融하여 논변하지 않으면 옳은 것도 옳지 않은 것도 없을 것이다.

아래 문장의 뜻은 옛사람의 앎이란 본래 한 물건도 없는 玄同의 경지에 이른 까닭에 본래 시비가 없었으나, 그 후로부터 점점 가다듬어지지 못함을 말하고 있다.

【원문】

古之人은 其知 有所至矣니[214] 惡乎至오[215] 有以爲未始有物者하니 至矣 盡矣라 不可以加矣며[216] 其次는 以爲有物矣로되 而未始有封也요[217] 其

---

[214] 上言不知道者는 勞神明强一이나 而竟莫能一일새 故此言古之眞人은 有 眞知之至處라 至者는 本來無物之地也니 故로 下에 徵釋하다 | 위 문장에서는 도를 알지 못한 자는 정신을 수고롭게 하여 애써 하나로 만들려 해도 결국 하나를 이루지 못함을 말하였기에, 여기에서는 옛 眞人은 眞知의 지극한 곳이 있음을 말하였다. 지극함이란 본래 한 물건도 없는 경지이기에 아래 문장에서 이를 징험하고 해석하였다.

[215] 問何以爲至니 | 무엇을 지극하다 했는지를 물었다.

[216] 本來無物已前이 乃道之極處니 無以加也라 | 본래 한 물건도 없는 자리, 그 이전은 바로 道의 極處이니, 이에 더할 수 없다.

次는 以爲有封焉이로되 而未始有是非也니[218] 是非之彰也는 道之所以虧

也요[219] 道之所以虧에 愛之所以成이라[220] 果且有成與虧乎哉아 果且無成

與虧乎哉아[221]

【직역】 옛사람은 그 知慧가 至極한 바 있다. 어디에 이르렀는가. 애당초

物이 있지 않다고 생각한 者 있으니 至極하고 極盡하기에 더할 수 없으

며, 그 다음은 物이 있으나 애당초 封함이 있지 않다고 생각하며, 그 다음

은 封함이 있으나 애당초 是非가 있지 않다고 생각하니, 是非의 나타남이

道가 虧損된 所以이며 道의 虧損된 所以는 愛가 이루어진 所以이다. 果

---

217 其次는 雖適有形이나 猶知識未鑿이 似渾沌初分에 人心純樸이라 然이나
　　尙未有人我之封이라 封은 猶彼此界限也라 | 그 다음은 비록 형체가 있으
　　나, 오히려 지식으로 해치지 않음이 마치 混沌이 처음 나누어짐에 人心이
　　純樸한 것과 같다. 그러나 아직은 人我의 구분이 있지 않다. 封이란 彼此의
　　界限이다.
218 其次는 雖有彼此界限이나 其風이 尙樸素하야 而未有是非之心하야 去道
　　不遠이라 | 그 다음은 비록 彼此의 界限이 있으나, 그 風化가 여전히 소박
　　하여 시비의 마음이 없으므로, 道와의 거리가 멀지 않다.
219 自是非一彰에 而大道喪矣라 | 시비가 한번 나타남으로써 大道를 잃게 되
　　었다.
220 愛는 私愛於一己也라 成은 前에 云 一受其成形이라 自迷眞性하며 成此
　　形骸하야 固執爲我일새 故로 大道虧損多矣라 | 愛란 자기 한 몸을 사사로
　　이 아끼는 것이다. 成은 앞의 문장에서 말한 "一受其成形"의 成과 같다. 스
　　스로 眞性을 알지 못하고 이 육신을 이루어서 나라고 고집한 까닭에 大道
　　를 훼손함이 많다.
221 苟以大道而觀이면 果且有成虧乎아 無成虧乎아 若眞見得本無成虧면 則
　　是非自泯矣리라 | 만일 大道로 觀하면 과연 진정으로 완성과 훼손이 있는
　　것일까? 없는 것일까? 만일 참으로 본래 완성과 훼손이 없음을 본다면 시비
　　는 절로 사라지게 될 것이다.

然 또한 成就와 虧損이 있는 것일까? 果然 또한 成就와 虧損이 없는 것일까?

【의역】 옛사람의 지혜에는 지극한 경지가 있다. 어떤 경지까지 이르렀을까? 태초의 우주란 무극(無極)으로서 애당초 어떤 물건도 존재하지 않았다고 생각한 자가 있었다. 그의 지혜는 최고의 경지에 이르러 이에 더할 수 없다.

그 다음 사람은 태극이란 존재하지만 애당초 피차의 경계가 없다고 생각하였으며, 그 다음은 음양으로 나뉘어 있으나 애당초 시비의 논쟁은 있지 않다고 생각하였다. 시비의 논쟁이 나타났다는 것은 도의 혼연(渾然)함을 손상한 것이며 도의 혼연함을 손상했다는 것은 사심(私心)의 애착에 의해 시비의 논쟁이 이뤄진 데에서 형성된 것이다.

그렇다면 진정 도의 성취와 훼손이 있는 것일까? 아니면 진정 도의 성취와 훼손은 없는 것일까? 하지만 애당초 무극으로서 어떤 물건도 존재하지 않았던 경계에서 살펴보면 아무것도 없는 명막(冥漠)한 가운데 도는 원래 그 스스로 온전한 것이다.

【감산 절해】

此一節은 言由迷大道하야 則成我形이요 我成而道虧矣라 前云 一受其成形 不亡以待盡이라하고 直說到此處하야 方透出一箇愛字하야 爲我執之本이라 以成其一已之我면 則所成者小而大道隱矣니 申明前云 道隱於小成之意也라

後文에 意由所成者 小일새 故擧世之人이 終身役役而不見其成功이니

故以三子로 發之니라

이 문장은 大道에 혼미함으로 말미암아서 나의 형체가 이뤄지고, 내가 이뤄짐으로써 大道가 훼손됨을 말하였다.

앞의 문장에서는 "한번 그 이뤄진 몸을 받아 잃지 않고서 다할 날을 기다린다"고 하였는데, 곧바로 여기에 이르러서 처음으로 하나의 '愛' 자를 뽑아내어 我執의 근본을 삼았다. 이로써 一己의 나를 이루면 이룬 바 적고 大道는 은미하게 된다. 이는 앞에서 말한 "道는 小成에서 은미해진다"는 뜻을 거듭 밝힌 것이다.

아래 문장의 뜻은 '이룬 바 적음'으로 말미암아서 세상 사람들이 죽도록 애써 일하면서도 그 성공을 볼 수 없기에 세 사람으로써 이를 밝힌 것이다.

[원문]

有成與虧여 故²²²昭氏之鼓琴也요²²³ 無成與虧여 故昭氏之不鼓琴也로다²²⁴ 昭文之鼓琴也와 師曠之枝策也와²²⁵ 惠子之據梧也여²²⁶ 三子之知

---

222 故字는 副墨에 作昔字라 | 故 자는 『副墨』에는 昔 자로 쓰여 있다.

223 由上에 云 愛成而道虧하야 又 要顯本無成虧일새 故引三子發之라 昭文善鼓琴은 是成一家之業이나 後其子 不能鼓琴하니 是虧損了家聲也라 | 위 문장에서 "애착이 이뤄짐으로써 도가 훼손되었음"을 말한 까닭에 또 다시 본래 완성과 훼손이 없음을 나타내고자 했다. 때문에 昭氏, 師曠, 惠施 세 사람을 인용하여 그 뜻을 밝힌 것이다. 昭文이 거문고를 잘 켬으로써 한 집안의 가업을 이뤘으나 그 후 자손이 거문고를 켜지 못하니, 이것이 집안의 명성을 무너뜨린 것이다.

224 意謂當初에 不勇成鼓琴之名이런들 則其子 亦未有虧損家聲之說이라 | 이

幾乎皆其盛者也라 故로 載之末年이로되[227] 唯其好之也 以異於彼하야[228] 其好之也로 欲以明之彼하니[229] 非所明으로 而明之라 故以堅白之昧로 終하고[230] 而其子 又以文之綸으로 終하야[231] 終身無成하니[232] 若是而可謂成乎

뜻은 애당초 거문고를 잘 켠다는 명성을 이루지 않았다면 그 자손도 집안의 명성을 훼손한 일이 없었을 것임을 말한다.

225 又引師曠作證이라 師曠이 最聰明之人이나 卻使眼盲不見하야 枝策而行이니 此便是有成虧處라 | 또 師曠을 인용하여 예증을 삼았다. 師曠은 가장 귀가 밝은 인물이었지만, 도리어 눈이 어두워 보이지 않아서 지팡이를 짚고서 걸어다녔다. 이것이 곧 성취와 훼손이 있는 곳이다.

226 惠子 與莊子로 同時爲友라 而惠子有口才하야 善辨論하니 莊子 意謂惠子辯論이 雖成而大道已虧일새 故以二子成虧比라 以善辯而不明道 卽如師曠이 聰明而眼盲이요 卽其子 亦不能世其辯論之業일새 故如昭文之鼓琴이라 | 혜자는 장자와 같은 시대에 친구 사이이다. 혜자는 말재주가 뛰어나 논변을 잘했다. 장자의 뜻은 혜시의 변론이 비록 성취되었다 할지라도 大道는 이미 훼손되었다고 생각하였기에 앞의 두 사람의 성취와 훼손으로 비유한 것이다. 혜자가 논쟁에 뛰어나지만 道에 밝지 못함은 마치 사광이 귀는 밝지만 눈은 어두운 것과 같고, 혜자의 자손 또한 그 변론의 家業을 잇지 못했으므로 소문의 鼓琴과 같다.

227 言從事以終其身也라 | 일을 하면서 한 생을 마친 것이다.

228 言三子之篤好將以異乎人也라 | 세 사람이 지독스럽게 좋아함은 여느 사람과 다르다.

229 言他人이 又有好三子之知者에 而三子自以爲至라하고 又欲以己之能으로 將明示之於彼니 謂敎他人也라 | 다른 사람 또한 세 사람의 지혜를 좋아하여, 세 사람은 스스로를 지극하다고 여기어, 또한 자신의 능함으로써 장차 저 사람들에게 보이려고 한다. 남을 가르치려는 것을 말한다.

230 此句는 意獨指惠子 本未明道하고 而强自以爲明 하고 而又明之於他人일새 故無大成이요 竟以堅白으로 昧之하야 以終其身이라 | 이 구절의 뜻은, 유독 혜자가 본래 도에 밝지 못하면서도 억지로 스스로 밝다 여기고, 또 이를 남에게 밝혀 주려고 했다. 이 때문에 크게 이룰 수 없었고, 끝내 堅白論에 혼미하여 그 일생을 마쳤음을 가리키고 있다.

231 上句는 惠子之成虧요 此言昭文之成虧라 | 위의 구절은 혜자의 성취와 훼

인댄 雖我亦成也요 若是而不可謂成乎인댄 物與我 皆無成也니[233] 是故로 滑疑之耀는 聖人之所圖也라[234] 爲是不用하고 而寓諸庸하나니 此之謂以明이니라[235]

【直譯】 成就와 虧損이 있음은 故(古) 昭氏가 거문고를 뜯었던 것이요, 成就와 虧損이 없음은 옛 昭氏가 거문고를 뜯지 않았던 것이다.

昭文이 거문고를 뜯었던 것과 師曠이 지팡이[策]를 짚었던 것과 惠子가 梧에 기댔던 것이여! 三子의 知(智慧)는 거의 다하여 모두 그 盛한 者들이다.

손을, 이 대목에서는 소문의 성취와 훼손을 말하였다.

232 言惠子以堅白之昧로 終하니 此終身無成也요 昭文之子 學父之琴하되 亦終身無成이라 若惠子之不辯하며 昭文之不鼓琴하면 又何成虧之有哉아 言其道之所以虧者는 正以成者小耳니라 | 혜자는 堅白論에 혼미하여 그 일생을 마쳤으니, 이는 일평생 성취가 없었고, 소문의 아들이 그 아버지에게 거문고를 배웠으나 또한 일평생 이루지 못했다. 만일 혜자가 논변하지 않고 소문이 거문고를 켜지 않았다면 어찌 성취와 훼손이 있었겠는가. 그 도가 훼손된 것은 바로 자그마한 성취 때문임을 말한 것이다.

233 若是而不可謂成인댄 則人與我도 皆未是成者也라 | 이와 같은 것을 성취라 말할 수 없다면 남들과 나도 모두 성취하지 못한 자들이다.

234 滑疑之耀者는 乃韜晦和光이니 卽老子는 昏昏悶悶之意라 謂和光同塵하야 不衒己見之意니 言和而不耀 乃聖人所圖也라 | 滑疑之耀는 곧 몸을 숨기고 빛을 감춤이다. 노자의 "昏昏悶悶"(『도덕경』 제20장)의 뜻이다. 和光同塵으로 자기의 뜻을 자랑하지 않음을 말한다. 빛을 안고 있으면서도 나타내지 않음은 성인이 도모한 것이다.

235 言聖人은 不以己見으로 誇示於人하며 亦不以己見으로 爲必是니 故不用其是하고 而但寓於庸衆之中이니 前所謂以明者 乃是大成者 此也니라 | 성인은 자기의 知見을 남에게 과시하지 않으며, 또한 자기 견해를 반드시 옳다고 주장하지 않는다. 이 때문에 자기가 옳다 하지도 않고, 다만 많은 사람의 中道에 맡겨 둔다. 앞에서 말한 '以明'이란 바로 大成者가 이러한 것이다.

그러므로 末年에까지 傳하였지만 오직 그 좋아함이 저들과 다르다 생각하여 그가 좋아하는 것으로써 밝히고자 하니 그의 밝은 바 아닌 것으로써 그를 밝히려는 것이다. 그러므로 堅白의 昏昧로써 끝맺고 그의 아들은 또 昭文의 綸으로써 끝맺어 終身토록 이뤄짐이 없다.

이와 같은 것을 成就라 말한다면 비록 나로서도 또한 成就하였고, 이와 같은 것을 成就라 말하지 않는다면 物과 我는 成就가 없는 것이다.

이런 까닭에 옳게 여김을 쓰지 않고 滑疑의 빛남은 聖人이 圖謀(崇尙)한 바이다. 이를 '밝음으로써 한 것이라' 말한다.

【의역】 옛날 소씨가 거문고를 잘 뜯어서 집안의 명성을 이루었으나 그의 아들이 잘 뜯지 못해서 집안의 명성을 무너뜨린 것이다. 성취와 훼손이 없다는 것은 옛날 소씨가 거문고를 잘 뜯어서 집안의 명성이 없었더라면 그 아들이 잘 뜯지 못해서 집안의 명성을 무너뜨림도 없다는 것이다.

소문(昭文)이 거문고를 뜯는 것과 봉사인 사광(師曠)이 지팡이를 짚고 길을 가는 것과 혜자(惠子)가 마른 오동나무 책상에 기대어 변설(辯舌)을 늘어놓음이여! 이 세 사람은 지혜가 총명하므로 제각기 그들 일에 지극하여 모두 다 성대한 이름을 가지고 있는 자들이다.

이 때문에 그들의 명성은 후세에까지 일컬어졌지만 그들의 좋아하는 것이 스스로 남다르다 생각한 나머지 그들이 좋아하는 것으로써 저 사람을 깨우쳐 주고자 하였다. 그것은 남들이 밝게 알지 못하는 것으로써 억지로 남을 밝혀 주고자 한 것이다.

이 때문에 견석론(堅石論)과 백마비마론(白馬非馬論)으로 많은 사람을 밝혀 주고자 했지만 결국은 혼미한 데 귀결되니, 혼미한 자와 무엇이 다르겠는가. 일례를 들면, 소문의 아들은 그 아버지의 거문고 줄을 이어받아 거문고를 뜯을 적마다 가락이 훼손이 되는 데 그쳤을 뿐, 그는 일생 동안 아무런 성취도 없었다.

이와 같은 훼손을 성취라고 생각한다면 누군들 성취가 없겠는가. 나 역시 성취한 게 없고, 이와 같은 것을 성취라 말하지 않는다면 본래 이루어진 것이 없으니 타인이든 나이든 모두 성취한 것이 없는 것이다.

이런 까닭에 밝지 않은 가운데 빛나는 밝음은 성인이 숭상하는 것이다. 이는 사견(私見)을 버리고서 중인(衆人)의 호오(好惡)와 함께하였기 때문이다. 이를 '밝음으로써 한 것이라' 말한다.

【감산 절해】

此一節은 結文來意 甚遠하니 從夫言非吹也로 起하야 而下及道惡乎隱而有眞僞오 以道隱於小成하고 言隱於榮華로 乃至欲是其所非而非其所是인댄 莫若以明이라하야 論起一層하고 以至樞始得其環中하야 則結之曰 莫若以明이 爲第二層이요 次從指馬喩論起하야 以明道通爲一하고 引出唯達者아 知通爲一하야 爲是不用而寓諸庸하야 乃點出一道字하야 以作活眼하며 次借狙公의 名實未虧하야 從一虧上하야 發揮道之所以虧 由愛之所以成이라 以此愛之所以成一句는 又遠結前立義中의 一受其成形과 及隨其成心而師之인 兩成字之意니 謂若受其成形하면 卽愛之所以成일새 故道有所虧니 此有成有虧也라 若隨其成心而師之하면 則本無成虧라 因有成形하야 故有辯論이니 是非之彰이 蓋由此耳라 是以成形成心인 二意로 作骨子也라 此道隱小成言隱榮華는 有自來矣니 皆未悟明大道之過也라 故로 先揭示之曰 莫若以明하고 次又論道樞에 則又云 故曰莫若以明하며 今論到

底結歸成虧에 指出惠子 是第一不明之人일새 故持堅白之辯하야 昧了一生이라 故로 末後에 指出滑疑之耀之聖人은 乃不自是之人이어니 故로 繳歸爲是不用하고 而寓諸庸之達者라 乃結之曰 此之謂莫若以明이니라 其文이 發自夫言非吹也로 起하야 至此約七百餘言하야 方一大結이라 其文與意는 若草裏蛇 但見其動蕩遊衍이요 莫覩其形跡이니 非具正眼者면 未易窺也라 至若三子之成虧하야 其昭文은 乃業之有成虧者요 師曠은 乃形之有成虧者요 惠子는 則道之有成虧者니 總結道隱於小成 言隱於榮華하고 而末에 結歸於聖人하시니 此聖人은 卽結前云 唯達者아 知通爲一하야 爲是不用而寓諸庸之義라 如此深觀이라야 乃見此老之文章의 波瀾血脈之不可捉摸處리라

此之謂以明은 已結了前夫言非吹也以來一章之意하고 到此하야 又從滑疑之聖人上하야 生起立意하야 發論聖人無是無非하고 至下文無適焉因是已인 二百三十餘言하야 爲一章이니라

이 문장은 문맥의 유래를 끝맺는 뜻이 매우 深遠하다. "夫言非吹也" 구절로부터 시작하여 아래로 "道惡乎隱 而有眞僞? 以道隱於小成 言隱於榮華" 구절에 미치고, 또 이어서 "欲是其所非 而非其所是 則莫若以明" 구절에 이르러 論旨의 첫 번째 층을 이뤘다.

그 다음으로 "樞始得其環中" 구절에 이르러서 이를 끝맺어 "莫若以明"라고 말한 것이 논지의 두 번째 층을 이뤘다.

그 다음으로 손가락과 말의 비유로 論斷을 일으켜 이로써 "道通爲一"을 밝혔고, "唯達者 知通爲一 爲是不用 而寓諸庸" 구절을 인용하여 하나의 道 자를 지적해서 活眼을 삼았고, 그 다음으로는 狙公의 "名實未

虧"를 빌려, 하나의 虧 자에서 도가 훼손되는 소이(道之所以虧)는 애욕의 성취(愛之所以成)에서 연유한 것임을 밝혔다.

이 "愛之所以成" 구절 또한 멀리 앞의 문장에서 말한 "一受其成形"과 "隨其成心而師之"의 두 成 자의 뜻을 끝맺은 것이다. 그 이뤄진 몸(成形)을 받으면 곧 애욕이 이뤄지기에 道가 훼손된다. 이렇게 해서 성취와 훼손이 있게 된다. 만일 본래 成心을 따라 스승으로 섬긴다면 본래 성취와 훼손이 없다. 成形이 있으므로 논변이 있으니, 是非의 나타남이 이에서 말미암았을 따름이다. 이 때문에 成形과 成心이라는 두 뜻으로 骨子를 삼은 것이다.

이 "道隱於小成 言隱於榮華" 구절은 由來가 있다. 모두 大道를 밝게 깨치지 못한 잘못 때문이기에, 먼저 "莫若以明" 구절을 들어 말하고, 그 다음으로 뒤이어 道樞를 말하면서 또다시 "故曰莫若以明" 구절을 말하였다.

여기에서 맨 끝으로 성과 휴를 결론 지음에, 혜자가 가장 밝지 못한 사람이기에 堅白論을 가지고서 일생 동안 혼미했음을 지적했다. 이 때문에 맨 끝에서 "滑疑之耀"의 성인은 바로 스스로 옳다고 여기지 않는 사람임을 지적하였다. 이 때문에 다시 "爲是不用而寓諸用"의 통달한 자로 되돌아가서 "此之謂莫若以明" 구절로 끝맺었다.

그 문장이 "夫言非吹也" 구절로부터 시작하여 여기에 이르기까지 약 7백여 자로 비로소 한번 크게 끝을 맺었다. 그 문장과 뜻은 마치 풀 속의 뱀처럼 스쳐 지나가는 흔들림만 보일 뿐, 그 모습을 볼 수 없는 것과 같다. 正眼을 갖춘 자가 아니면 쉽사리 엿볼 수 없을 것이다.

세 인물의 成虧에 대해서는 昭文은 바로 가업에 成虧가 있는 자이고,

사광은 곧 형체에 成虧가 있는 자이고, 혜자는 도에 成虧가 있는 자이다. 이는 "道隱於小成 言隱於榮華" 구절을 모두 끝맺으면서 끝에서 성인에 게로 귀결 지었다.

여기서 성인은 앞의 문장에서 말한 "唯達者 知通爲一 爲是不用 而寓 諸庸" 구절의 뜻을 끝맺은 것이다. 이와 같이 깊이 파헤쳐야만 비로소 장 자 문장의 걷잡을 수 없는 파란과 맥락을 볼 수 있을 것이다.

"此之謂以明" 구절은 이미 앞에서 말한 "夫言非吹也" 구절 이후의 한 장의 뜻을 끝맺고, 이 단락에 이르러 또 다시 "滑疑之耀"의 성인 입장에 서 새로운 뜻을 내세워, 성인이란 시비가 없음을 논하고, 그 아래 "無適焉 因是已" 구절까지 2백 30여 자에 이르러 하나의 장을 이루고 있다.

【원문】

今且有言[236]於此하니 不知其與是로 類乎아[237] 其與是로 不類乎아[238] 類 與不類를 相與爲類면 則與彼로 無以異矣니라[239]

---

236 謂世之立言으로 以辯論者라 | 世人의 立言으로 논변한 자를 말한다.
237 是는 指上滑疑之聖人乃無是無非者니 謂今且有人이 立言爲辯者는 不知 與此聖人으로 是相類乎아 | 是는 앞 문장에서 말한 "滑疑之耀"의 성인으 로 시비가 없는 자를 가리킨다. 여기에 立言으로 논변한 어떤 사람이 이와 같은 성인과 서로 같은 부류인지 모르겠다는 말이다.
238 謂與此聖人으로 爲不類乎아 | 그는 이와 같은 성인과 같지 않은 것일까?
239 謂今言辯之人은 不必說與聖人으로 類與不類하며 但以己見으로 參合聖 人之心하야 妙契玄同하면 則本無聖凡之別일새 故與彼聖人으로 無以異 하야 了無是非矣라 彼字는 卽上是字니 指聖人也라 | 여기에 논변하는 사 람은 굳이 성인과 같은지 같지 않은지를 말할 게 없다. 다만 자신의 견해가 성인의 마음에 부합되어 오묘하게 玄同에 계합되면 본래 성인과 범인의 구

【직역】 이제 여기에 말이 있으니, 알 수 없다. 그가 이로 더불어 같은 類일까? 그가 이로 더불어 같은 類가 아닐까? 같음과 같지 않음을 서로 더불어 類로 삼으면 곧 그로 더불어 다름이 없을 것이다.

【의역】 지금 여기에 논변자가 있는데 알지 못하겠구나. 이 논변자가 성인과 같은 부류인가? 성인과 같지 않은 부류인가? 같은 부류건 같지 않은 부류건 서로 함께 같게 한다면 저 성인과 더불어 다름이 없이 전혀 시비가 없을 것이다.

【감산 절해】

此一節은 結上聖人이 欲人自悟而忘其己是也라 下雖然一轉이나 乃莊子 特論本無是非之大同하야 乃發明大道之原也니 便是他眞知諦見處니라

이 문장은 위에서 말한 성인이 사람으로 하여금 스스로 깨달아 자기가 옳다는 집착을 잊게 하고자 함을 끝맺은 것이다.

아래 문장의 '雖然'에서 轉變했으나, 장자는 본래 시비가 끊어진 大同만을 논하여 大道의 본원을 밝힌 것이다. 이것이 바로 眞知를 자세히 본 곳이다.

별이 없으므로 저 성인과 다름이 없이 전혀 시비가 없을 것이다. 彼 자는 바로 위의 글에서 말한 是 자이니, 성인을 가리킨다.

[원문]

雖然이나 請嘗言之하리라²⁴⁰ 有始也者하며²⁴¹ 有未始有始也者라²⁴² 有未始有夫未始有始也者하며²⁴³ 有有也者하고²⁴⁴ 有無也者하며²⁴⁵ 有未始有無也者하며²⁴⁶ 有未始有夫未始有無也者하니²⁴⁷ 俄而有無矣라²⁴⁸ 而未

---

240 言本無是非라 雖然如此나 尙未透徹일새 故請嘗試一論之라 | 본래 시비가 없다. 비록 이와 같으나 아직은 투철하지 못한 까닭에 시험 삼아 한번 논하자고 함이다.

241 卽老子의 無는 名天地之始라 | 이는 노자의 "무는 천지의 시초를 이름한다"(『도덕경』 제1장)라는 뜻이다.

242 此言有始나 亦無니 謂無始也라 卽老子云 同謂之玄이라 | 이는 시초가 있으나 또한 無이니, 無始를 말한다. 이는 노자의 "동일하게 玄이라 한다"라는 뜻이다.

243 此未始有도 亦無니 卽老子云 玄之又玄에 衆妙之門이니 此乃單言無形大道之原也니라 | 未始有 또한 無이다. 이는 노자의 "玄하고 또 玄함은 衆妙의 門이다"라는 뜻이다. 이는 곧바로 無形 大道의 本原을 한마디로 말한 것이다.

244 有는 卽天地人物이니 老子의 有名萬物之母也라 | 有는 곧 천지 만물이다. 노자의 "有는 만물의 어머니를 이름한다"라는 뜻이다.

245 因天地之有하야 乃推無名天地之始니 此蓋就有形하야 以推道本이 無形也라 | 천지의 有로 因하여 바로 無名이 천지의 시초임을 推論한 것이다. 이는 有形에 나아가 道의 본원이 無形임을 推論한 것이다.

246 此言天地萬物일새 有形이 出於無形이라 而大道體中에 有無不立일새 故云未始有라 | 이는 천지 만물을 말함에 有形이 無形에서 나왔으나 大道의 本體에는 有無가 성립될 수 없기에 未始有라 말한 것이다.

247 上言有無 俱無어늘 此言俱無도 亦無하야 逈絶稱謂라야 方是大道玄同之域이라 故以此로 稱爲虛無妙道니라 | 위에서는 "有無가 모두 없다"고 말하였는데, 여기에서는 "有無가 모두 없다"는 것마저도 또한 없어 뭐라고 말할 수도 전혀 없어야만 비로소 大道 玄同의 경지이다. 이 때문에 이를 虛無妙道라 일컫는다.

248 言大道體中에 了無名相이요 一法不立일새 故로 强稱虛無大道나 忽然生起有無로되 而不知誰使之也라 前云 若有眞宰而不知其所爲使라가 直論

知有無之果孰有孰無也하며²⁴⁹ 今我則已有謂矣나²⁵⁰ 而未知케라 吾所謂
之 其果有謂乎아 其果無謂乎아²⁵¹

【직역】 비록 그렇지만 請컨대 시험 삼아 말해 보리라. 始라 한 것이 있
고, 애당초 '始라 한 것이 있다'는 것조차 없고, 애당초 "'애당초 始라 한
것이 있다'는 것조차 없다"는 것마저 없으며, 有라 한 것이 있고 無라 한
것이 있고 애당초 '有 · 無라 한 것이 있다'는 것조차 없고 애당초 "'애당초

到此에 方回頭照顧하야 暗點於此니라ㅣ大道의 本體 가운데에는 완전히
名相이 끊어져 어떤 하나의 법마저도 세울 수 없다. 따라서 억지로 虛無大
道라 말한 것인데, 홀연히 有無가 생겨나지만 누가 그렇게 한 것인지 알 수
없다. 앞의 문장에서 "眞宰가 있는 듯하나 그렇게 만든 것을 알 수 없다"고
말하다가 곧 이 단락에 이르러서 갑자기 말머리를 돌려 돌이켜보면서 은연
중 이를 지적하였다.

249 言大道體中에 有無不立이어늘 卽今之有無는 誰使之爲有無耶아 所謂若
有眞宰而求不得其朕이라 今果返觀至此에 有無尚無어니 安有是非之辯
哉아ㅣ大道의 본체 가운데에는 有無가 성립될 수 없는데, 여기에서의 有無
는 누가 有無를 있도록 만들었는가. 이른바 "眞宰가 있는 듯하나 그 조짐을
찾을 수 없다." 이제 참으로 返觀하여 이에 이름에 有無마저도 오히려 없는
데, 어찌 시비의 논변이 있겠는가.

250 言有無旣無하야 了絶名相이어니 何有言論之辯耶아 然我旣已於無言之
中에 而有言說矣나 但我言은 本無言이라ㅣ有無가 이미 없어 모두 名相마
저 끊어졌는데 무슨 言論의 논변이 있겠는가. 그러나 나는 이미 無言의 가
운데에서 말을 한 것이다. 그러나 나의 말은 본래 말이 없다.

251 言我今旣已有言이나 但言其無言耳니 如前所謂鷇音이 是也라 原出於天
機하야 了無是非之相이니라 世人이 但觀我無言之言에 其果有言說乎아
果無言說乎아 若悟此無言之言이면 則是非自泯矣니라ㅣ내가 이제 이미
말했으나 無言으로 말했을 뿐이다. 앞에서 말한 鷇音이 바로 그것이다. 원
래 天機에서 나와 전혀 是非의 相이 없는 것이다. 세상 사람들은 나의 無言
의 말을 보고서 진정 言說이 있다고 할까? 진정 없다고 할까? 만일 이 無言
의 말을 깨달으면 시비가 스스로 사라질 것이다.

有·無라 한 것이 있다'는 것마저 없다"는 것마저 없으니, 홀연히 有·無가 있으나 有·無라는 것은 과연 有는 어떤 것이고 無는 어떤 것인지 알 수 없다. 지금 나는 이미 말함이 있으나 아직 모르겠구나. 내가 이미 말한 바 그것은 과연 말함이 있는 것일까? 말함이 없는 것일까?

[의역] 달리 말할 것도 시험 삼아 한번 자세히 말하리라.

이 우주에는 하나의 시초라는 기(氣)의 실마리가 있고, 또 그 이전에는 애당초 '하나의 시초라는 기(氣)의 실마리가 있다'는 것조차 없다는 무(無)의 세계가 있고, 또 그 이전에는 애당초 "애당초 '하나의 시초라는 기(氣)의 실마리가 있다'는 것조차 없다는 무(無)의 세계"마저도 없는 초월의 세계가 있다.

또 우주의 최초의 형태에는 유(有)라는 것이 있고 무(無)라는 것이 있고, 또 그 이전에는 애당초 '유무가 있다'는 것조차 없는 무(無)의 세계가 있고, 또 그 이전에는 "'애당초 유무가 있다'는 것조차 없다는 무의 세계"라는 것마저 없는 초월의 세계가 있다.

우주의 기(氣)와 형태를 살펴보아도 잠깐 사이에 '유'와 '무'의 세계가 형성된다. 그러나 도(道)의 관점에서 살펴보면, '유'란 진정 '유'라 할 수 있을까? '무'란 진정 '무'라 할 수 있을까?

지금 나는 여기서 중론(衆論)을 하나로 바로잡고자 이미 나의 의견을 말했지만 도의 관점에서 살펴보면, 나의 말 역시 진정 말한 것이 될까? 아니면 말하지 않은 셈이 될까?

【감산 절해】

已前에 釋言非吹也는 蓋有機心之言也어늘 今莊子 旣說到忘言玄同之
處하니 意謂我今雖已有言이나 乃從眞宰而發이니 是無言之言이라 若會我
無言之言이면 則忘言而歸一致矣니라

下文에 重釋忘言歸一이면 大小玄同하야 了無是非니 如此라야 乃眞是也
니라

앞에서 "言非吹也"는 機心에서 나온 말임을 해석했는데, 여기에서 장
자는 이미 忘言의 玄同 경지를 말하였다. 그 뜻은 '지금 내가 비록 이미
말을 했지만 그것은 곧 眞宰에서 나온 것이니, 이는 말이 없는 말이다. 만
일 나의 말이 없는 말을 깨닫는다면 말을 잊고서 하나로 돌아갈 것임'을
말한 것이다.

아래 문장에서 "말을 잊고서 하나로 돌아가면 大小가 玄同하여 모두
시비가 없을 것이니, 이와 같아야 바로 眞是이다"라는 점을 거듭 해석하
고 있다.

【원문】

天下 莫大於秋毫之末하야 而泰山이 爲小요 莫壽乎殤子²⁵²하야 而彭祖
爲夭라²⁵³

---

252 襁褓中子라 | 강보 속에 있는 갓난아이다.
253 此二句는 極難理會니 以上文에 已論歸大道之原일새 今將以大道로 而一
    是非라 意謂若以有形으로 而觀有形하면 則大小壽夭一定而不可易者어
    니와 今若以大道로 而觀有形하면 則秋毫雖小나 而體合太虛요 而泰山이
    有形이나 只太虛中拳石耳라 故로 秋毫莫大而泰山爲小也라 殤子 雖夭나

天地도 與我並生이요 而萬物도 與我爲一이니[254] 旣已爲一矣인댄 且得有言乎아[255] 旣已謂之一矣인댄 且得無言乎아[256] 一與言이 爲二요[257] 二與一이 爲三이니[258] 自此以往은 巧歷도 不能得이온 而況其凡乎아[259] 故로 自無

而與無始로 同原이요 而彭祖는 乃無始中一物耳라 故莫壽於殤子而彭祖 爲夭也라 若如此以道而觀이면 則小者不小而大者 不大요 夭者不夭而壽 者非壽矣라 如此則天地同根이요 萬物一體니 何是非之有哉리오 | 이 두 구절은 지극히 이해하기 어렵다. 위의 문장에서 이미 大道의 본원을 논했기 에 이 단락에서는 大道로써 하나의 시비를 삼은 것이다. 그 뜻은 만일 有形 으로써 有形을 보면 大小와 夭壽가 일정하여 바뀔 수 없겠거니와 이제 만 일 大道로써 有形을 보면 秋毫는 비록 작으나 그 본체는 太虛와 일치하고, 태산이 큰 형체를 지녔으나 太虛 가운데 하나의 돌멩이일 뿐이다. 그러므로 秋毫보다도 더 큰 것은 없고 태산은 작다. 갓난아이가 비록 요절했으나 無 始와 본원이 같고, 팽조는 無始 가운데 한 존재이다. 그러므로 갓난아기의 요절보다도 더 장수한 것은 없고 팽조는 요절한 것이다. 이와 같이 大道의 입장에서 보면 작은 것은 작지 않고 큰 것은 크지 않으며, 요절한 것은 요절 한 게 아니고 장수한 것은 장수를 누린 게 아니다. 이와 같이 보면 천지는 뿌리가 같고 만물은 한 몸이니, 무슨 시비가 있겠는가.

254 以道觀之에 萬物一體則天地與我並生이요 萬物도 與我爲一이라 | 道로써 보면 만물이 한 몸이니, 천지는 나와 함께 생긴 것이요, 만물도 나와 하나이 다.

255 旣以爲一인댄 物我兩忘이어니 更復何言가 | 이미 物我를 모두 잊은 것인 데, 다시 무슨 말을 하겠는가.

256 旣已稱謂爲一인댄 則言惡乎存而不可哉아 | 이미 하나가 된다고 말을 했 다면 말이 어디에 있다고 한들 옳지 않겠는가?

257 謂無形之一과 今稱謂之爲一은 則是兩一이 成二矣라 | 無形이라는 하나와 여기에서 하나가 되었다고 말한 것은 이 두 개의 하나가 둘을 이루었음을 말 한 것이다.

258 今又以言說과 彼兩一은 則相待而爲三矣라 | 여기에서 또 말한 것과 저 둘 의 하나는 서로 대하여 셋이 된다.

259 自以言相待而爲三이면 則相待無窮이니 縱有巧於歷數者라도 不得終窮 矣온 況其凡乎아 | 말한 것과 서로 더불어 셋이 되었다는 것으로부터 미뤄

適有도 以至於三이어니와 而况自有適有乎아²⁶⁰ 無適焉이 因是已니라²⁶¹

【직역】 天下에 秋毫의 末보다 더 큰 것이 없어 泰山이 작은 것이 되며, 殤子보다 더 長壽를 누린 게 없어 彭祖가 夭折함이 된다. 天地는 나로 더불어 生하고 萬物은 나로 더불어 하나가 되니 이미 하나가 되었다면 또한 말함이 있다고 할까? 이미 하나라고 말했다면 또한 말함이 없다고 할까? 一과 말이 둘이 되고 둘과 一이 셋이 되니 이로부터 미뤄 나가는 것은 巧歷으로도 할 수 없는데 하물며 그 凡人이야.

그러므로 無로부터 有에 가기까지에도 三에 이르는데 하물며 有로부터 有에 가는 것이야! 어디라도 감이 없는 것이 眞是로 인한 것이다.

【의역】 이 세상에 작은 것으로 말하자면, 가을털끝보다 더 큰 것이 없

가면 서로 끝없이 이어질 것이다. 아무리 歷數에 뛰어난 사람일지라도 그 끝을 마칠 수 없는데, 하물며 그 보통 사람들이야 어떻겠는가.

260 言自無로 才適有에 則已成三이온 而况自有適有則無極矣니라 | 無에서 有까지 벌써 셋이 되었다. 하물며 有에서 有로 나아가면 끝이 없을 것이다.

261 無適者는 謂安心於未始有已前이니 則湛然常一而不遷矣라 前云 衆人은 因是而有是非어니와 聖人은 不由而照之於天하나니 亦因是也라 하니 故로 一往論到未始有物已前에 天地萬物이 混而爲一일새 故不離於道니 如此爲眞是라 所言聖人이 因是者는 乃無適이 爲是니 此正照之於天也라 此文之照應處니라 | 無適이란 未始有 이전의 경지에 마음을 두면 湛然常一하여 옮겨가지 않을 것이다. 앞의 문장에서 "세상 사람은 이로 인해 시비가 있거니와 성인은 이를 말미암지 않고 天道에 비춰 본다. 또 이로 인한 것이다"라고 하였다. 이 때문에 한번 論旨가 未始有物 이전에 이르자, 천지만물이 混然히 하나이므로 도에서 떠나지 않는다. 이와 같아야 바로 眞是이다. "성인이 진시에 인한 것이다"라는 것은 바로 無適이 眞是가 됨이니 이것이 바로 "天道에 비춰 본 것이다." 이는 문맥이 서로 照應하는 곳이다.

고, 큰 것으로 말하자면 태산도 작은 것이 되며, 조화(造化)의 유행으로 보면 요절한 어린아이보다 더 장수를 누린 자가 없고 진상(眞相)의 영원불멸의 입장에서 보면 팽조는 도리어 요절한 셈이다.

천지는 나와 더불어 모두 도에서 발생하였고, 만물은 나와 더불어 조화의 본원은 둘이 아니다. 이와 같이 천하는 모두 하나로 통하는 것이다. 이처럼 이미 하나가 되었다면 많은 사람들의 이런저런 말이란 모두 쓸모없는 것인데 더 이상 또한 달리 말이 있을 수 있겠는가. 이미 하나라고 말했다면 더 이상 '말할 게 없다'고 말할 것조차 있겠는가.

'진리라는 하나'와 '진리는 하나이다라고 말한 것'이 이미 둘이 되었고 이 둘에다가 '이 둘이 하나라는 말'을 합해서 셋이 된다. 이처럼 계산해 나가면 아무리 셈하기에 뛰어난 역가(曆家)로서도 그 수효를 다할 수 없을 것인데, 하물며 범인이야 오죽하겠는가.

그러므로 무(無)에서 유(有)에 이르기까지도 이미 셋이 되는데 하물며 유에서 유로 나아가는 것은 말할 수 없을 것이다.

이 때문에 도의 본원에 머물러 그 어디에도 가는 바 없는 것만 같지 못하다. 오직 진시를 따르는 것보다 더 좋은 것은 없다.

【감산 절해】

此一節은 明妙契玄同이 天地同根이요 萬物이 一體라 安心於大道하야 不起分別하면 則了無是非니 此乃眞是라 故로 結之曰 無適焉이 因是已니라

下文에 又重提起一是字 乃是非之根原이라

이 문장에서는 오묘하게 玄同에 契合됨이 천지와 뿌리가 같고 만물이
하나임을 밝혔다. 大道에 마음을 두어 분별심을 일으키지 않으면 전혀 시
비가 없으니, 이것이 바로 眞是이다. 그러므로 이를 끝맺어 말하기를, "어
디라도 감이 없는 것이 진시로 인한 것이다"라고 하였다.

아래 문장에서는 다시 하나의 是 자가 바로 시비의 근원임을 提起한다.

【원문】

夫道는 未始有封이며[262] 言은 未始有常이어늘[263] 爲是而有畛也니[264] 請
言其畛하리라 有左有右하며 有倫有義하야 有分有辯하며 有競有爭하나니 此
之謂八德이니라[265]

---

262 本無形相人我界限이라 | 본래 形相과 人我의 구분이 없다.
263 常者는 執定 不化之意니 乃是非之言也라 任道而言이면 則無可不可하야
了無一定是非之相이라 | 常이란 고정되어 변화하지 않는다는 뜻이니, 바로
시비의 말이다. 도에 맡겨 말하면 可·不可가 없으므로 전혀 일정한 시비의
相이 없다.
264 只因執了一箇是字일새 故有是非分別之辯이라 | 오로지 하나의 是 자를
고집한 까닭에 시비분별의 논변이 있는 것이다.
265 意謂從無適有에 則有無二字 已成對待矣라 旣有之後에 則有左右之序하
고 有左右則有倫義하고 有倫義則有分辯하고 則有爭競하니 此相因而有
라 乃執定而不可化者니 蓋從一是字爲病根이라 只如以左爲是에 而右則
決不可易라 世俗之情이 以此分辯爲能일새 故謂之八德이니 此德은 乃能
義니라 | 이 뜻은 無에서 有로 나아가면 有無 두 글자가 이미 對待를 이룬
것이다. 이미 有가 성립된 후에는 左右의 차례가 있고, 좌우가 있으면 倫義
가 있고, 윤의가 있으면 分辯이 있고, 爭競이 있게 된다. 이는 서로 인연하
여 생긴 것이다. 바로 집착으로 변화하지 않는 것이니, 하나의 是 자가 病根
이다. 예컨대 왼쪽이 옳다 하면 결코 오른쪽으로 변할 수 없다. 세속의 人情
이 이러한 分辨을 能事로 삼기에 이를 八德이라 한다. 여기서 말한 德은 바
로 能義라는 뜻이다.

【직역】 道는 애당초 封함이 있지 않으며 말은 애당초 常이 있지 않은데 옳다고 해서 畛이 있으니, 請컨대 그 畛을 말하리라. 左가 있고 右가 있으며 倫이 있고 義가 있으며 分이 있고 辯이 있으며 競이 있고 爭이 있으니, 이를 八德이라 말한다.

【의역】 도는 어디에나 있기에 애당초 피차의 한계가 있지 않으며 말은 모두 소박하기에 애당초 일정한 의미가 있지 않은데, 자기가 옳다고 주장해서 분별이 있다.

그 분별에 대해 말해 보리라. 좌와 우의 존비(尊卑)와 상하(上下)가 있으며, 윤(倫)의 친소(親疎)와 의(義)의 귀천(貴賤)이 있으며, 객관 만물에 대한 분석과 주관 내면세계의 옳다고 여기는 것에 대한 미세한 논변이 있으며, 마음의 주로 하는 끊임없는 다툼과 힘을 주로 하는 승리의 다툼이 있다. 이를 그릇된 여덟 가지의 덕이라 말한다.

【감산 절해】
前一往에 從迷至悟하야 說到大道根底는 因是已一句하야 已結絶了하고 至此하야 又提起大道는 本無是非라 不知這些分辯著이 從何而有오 只要提出一箇是字 爲病根하야 要使人識得破니라

앞의 문장에서 한번 혼미에서 깨달음에 이르러 大道의 근원은 "因是已"한 구절을 말하여 이를 종결지어 끝내고, 여기에서 또다시 大道는 본래 시비가 없음을 제기했다. 알 수 없는 일이다. 이러한 분석과 분별과 집착은 어디에서 발생한 것일까? 단지 하나의 是 자를 제출하여 病根을 삼

아, 사람으로 하여금 이를 알아 타파하도록 한 것이다.

【원문】

六合之外는 聖人이 存而不論하시고²⁶⁶ 六合之內는 聖人이 論而不議하시

고²⁶⁷ 春秋經世의 先王之志라 聖人이 議而不辯하시니라²⁶⁸ 故로 分也者는 有

不分也요²⁶⁹ 辯也者는 有不辯也라²⁷⁰ 曰 何也오²⁷¹ 聖人은 懷之하고²⁷² 衆人

---

266 道包天地하야 與太虛同體요 本無封畛이어늘 只爲衆人이 迷大道而執己
見爲是일새 故是非之辯이 由之而起라 聖人은 心與道合하시니 卽六合之
外를 未嘗不知나 但存之而不論이라 以非耳目之所及으로 恐生是非일새
故不論耳라 | 도는 천지를 포괄하여 太虛와 하나이므로 본래 한계가 없다.
다만 衆人이 大道에 혼미하여 자기 견해를 옳다고 집착한 것 때문에 시비
의 논변이 이로써 일어난 것이다. 성인은 마음이 도와 부합되어 六合의 바
깥까지도 모르는 것은 아니지만 단지 이를 보존한 채 논변하지 않는다. 耳
目으로 미칠 수 있는 게 아니기에 시비가 일어날까 걱정한 까닭에 논하지
않은 것이다.

267 六合之內를 聖人은 未嘗不周知萬物이로대 但只論其大綱이니 如天經地義
하야 以立君臣父子之序하고 而不議其所以之詳이라 | 六合 안을 성인은 알
지 못함이 없으나 단지 그 대강만을 말할 뿐이다. 예컨대 천지와 군신, 그리
고 부자의 관계만 말하고 상세한 내력은 말하지 않았다.

268 春秋는 乃爲經世라 君臣父子之大經大法을 聖人이 但議其名分品節之詳
하야 而不辯其是非之曲折이라 |『춘추』는 곧 經世이다. 군신과 부자의 大經
大法을 성인이 그 명분과 품절의 자세함을 논할 뿐, 그 시비의 곡절은 논변
하지 않았다.

269 夫道는 一而已요 本來不分이요 但在天地有形之內나 而人倫之序는 不得
不分이라 人物이 雖分이나 而道未嘗分이니 所謂性一而已矣니라 | 도는
하나일 뿐이니, 본래 나뉨이 없다. 단지 천지 유형의 안에 있으나 인륜의 次
序는 나누지 않을 수 없다. 사람과 만물은 비록 구분이 있으나 도는 일찍이
나뉘지 않는다. 이른바 본성은 하나일 뿐이라는 것이다.

270 雖天地間에 有衆口之辯이나 其實은 有不可辯者하니 乃忘言之大道 存焉
이니라 | 비록 천지의 사이에 수많은 사람의 논변이 있으나 실제로는 논변

은 辯之하야 以相示也하시니[273] 故로曰 辯也者는 有不見也라하노라[274]

【직역】 六合의 밖은 聖人이 存하되 論하지 않고 六合의 內는 聖人이 論하되 議하지 않고 春秋의 經世는 先王의 뜻이라 聖人이 議하되 辯하지 않는다. 그러므로 分들엔 分하지 않음이 있고 辯들엔 辯하지 않음이 있다.

무엇 때문인가? 聖人은 이를 품고 衆人은 이를 論辯하여 서로 내보인다. 그러므로 "辯들엔 보지 못함이 있다"고 말한다.

【의역】 상하 사방, 즉 우주의 밖은 성인이 그 존재를 인정하되 그에 대해 말하지 않고, 우주의 안은 성인이 대강 말할 뿐 자세히 의논하지 않고,

---

할 수 없는 것이 있다. 바로 忘言의 大道가 있는 것이다.

271 謂何以有不辯不分之義耶아ㅣ 어찌하여 논변할 수 없는, 구분할 수 없는 뜻이 있는 것일까?

272 聖人은 與道로 爲一하사 明知萬化之多나 而未嘗分이요 明知衆口之辯而道非言之可及이라 故로 葆光斂耀하사 懷之於心하시고 而不示於人이라ㅣ 성인은 도와 하나가 되어 숱한 千變萬化를 분명히 알지만 일찍이 구분하지 않고, 수많은 사람의 논변을 분명히 알지만 도는 말로써 논급할 수 없기에 빛을 감싼 채, 마음속 깊이 품고서 사람에게 내보이지 않는 것이다.

273 衆人은 其實未達大道之原하고 而强不知로 以爲知하며 且執以己見하야 爲必是하며 而以曉曉之辯으로 夸示於人하니 故로 大道 隱矣니라ㅣ 衆人은 大道의 근원을 통달하지 못하고서 모르는 것을 안다고 생각하며, 자기의 견해를 고집하여 반드시 옳다고 생각함으로써 시끌벅적한 논변으로 남들에게 과시한 까닭에 大道가 隱微해지는 것이다.

274 故로 曰者는 引古語也라 老子云 善者는 不辯이요 辯者는 不善이라 하시니라ㅣ 故曰은 옛말을 인용한 것이다. 노자는 "선한 자는 논변하지 않고 논변하는 자는 선하지 않다"(『도덕경』 제81장)고 말하였다.

춘추는 세상을 다스리는 일을 기록한 선왕의 뜻이라 성인이 자세히 의논하되 논변까지는 하지 않는다. 그러므로 분별된 것들은 본래 분별되지 않은 것이고 논변된 것들은 본래 논변되지 않은 것이다.

무엇 때문인가? 성인은 말없이 모든 이치를 체득하여 가슴속 깊이 품고서 스스로 내보이지 않으며, 중인은 재잘대는 논변으로써 서로 과시하여 내보인다. 이 때문에 "모든 논변이란 도를 보지 못한 바 있다"라고 말한다.

【감산 절해】

此一節은 釋滑疑之聖人이 與道爲一하사 以至無適焉因是已하시니 意謂聖人은 心同太虛하사 卽六合內外之事를 未嘗不知언마는 但懷之而不辯하시니 以顯好辯者 其實은 未明大道也니라

下文에 重釋不言不辯之義라

이 문장은 滑疑의 성인이 도와 하나가 되어 "無適焉 因是已"에 이르게 됨을 해석하였다. 이 뜻은 성인의 마음이 태허와 같아 六合 안팎 일을 모르는 바 없으나, 단지 이를 품고서 논변하지 않는다. 나서서 논변을 좋아하는 자는 실제 大道에 밝지 못함을 말한 것이다.

아래 문장에서는 不言과 不辯의 뜻을 거듭 해석한 것이다.

【원문】

夫大道는 不稱이요[275] 大辯은 不言이요[276] 大仁은 不仁이요[277] 大廉은 不

---

275 道本無名이니 故로 不可以稱이라 | 도는 본래 이름이 없으므로 일컬을 수 없다.

嗛이요[278] 大勇은 不忮라[279] 道昭而不道요[280] 言辯而不及[281] 仁常而不成이요[282] 廉淸而不信이요[283] 勇忮而不成이니[284] 五者 圓而幾向方矣니라[285] 故로 知止其所不知하면 至矣라[286] 孰知不言之辯과 不道之道리오 若有能知면 此之謂天府니[287] 注焉而不滿하며[288] 酌焉而不竭하야[289] 而不知其所由來

---

276 不言之辯에 是非了然이라 | 말 없는 논변은 시비가 了然하다.

277 不是有心要仁이라 | 有心으로 仁을 하려고 하는 것은 옳지 않다.

278 嗛은 滿也니 不以廉自滿이라 | 嗛은 가득함이니, 청렴으로 자만하지 않음이다.

279 忮는 害也니 大勇은 乃自全 道力일새 非害於人也라 | 忮는 해침이니, 大勇은 스스로 道의 힘을 온전히 하므로 남을 해치지 않는다.

280 謂大道는 昭昭니 言則非道라 | 大道는 밝고 또렷하지만 말하면 도가 아니다.

281 道本絶言하니 縱有言辯이라도 亦不能及이라 | 도는 본래 언어가 끊어진 자리이다. 설령 언변이 있어도 또한 미치지 못한다.

282 仁若常持有心이면 則有私愛니 故로 不能大成萬物이라 | 仁함에 만일 有心을 지니면 私愛가 생기므로 만물을 크게 성취시켜 줄 수 없다.

283 信은 實也니 謂矯矯以自淸으로 立名에 則無實德矣라 | 信은 신실이니, 억지로 스스로 맑음으로 명예를 얻으려 하면 實德이 쌓이지 않는다.

284 勇若有害人之意하면 則爲血氣니 而不成道義之勇矣라 | 용기가 있되 남을 해치려는 뜻이 있으면 혈기이니, 道義의 용기를 이룰 수 없다.

285 五者 名雖可行於世나 以皆出有心하야 卒莫能行이니 故로 幾向方矣니라 | 다섯 가지의 이름이 비록 세상에 행할 만하지만 有心에서 나왔기에 끝내 행할 수 없다. 이 때문에 거의 모나게 되었다는 것이다.

286 以上五者 幾方而不能行者는 以恃小知自私之過니 其實은 未知大道之原也라 由是而知聖人 止其所不知之地 乃以爲至也라 此結前古之人其知所至以來一章之義라 | 이상의 다섯 가지가 거의 모나서 행할 수 없는 것은 小知를 自恃하고서 스스로 사사로이 한 잘못이다. 그 실상은 大道의 본원을 모르는 것이다. 이로 말미암아 성인이 그 알지 못하는 곳에 머무름이 바로 지극한 것임을 알 수 있다. 이는 앞 문장의 "古之人 其知 有所至" 이후 一章의 뜻을 끝맺은 것이다.

287 言所不知之地 乃大道之原也라 此中에 本無辯論言說이니 若有人이 知此不言之辯과 不道之道하면 正若樞之環中에 以應無窮이라 故로 能知此者를 謂之天府라 | 알지 못하는 곳이 바로 大道의 본원임을 말한다. 여기에는

니[290] 此之謂葆光이니라[291]

【직역】 大道는 稱함이 없고 大辯은 말함이 없고 大仁은 仁함이 없고 大廉은 嗛함이 없고 大勇은 忮함이 없다.

道는 밝지만 말할 수 없고, 言은 辯으로도 미치지 못하고, 仁은 常으로도 이루지 못하고, 廉은 淸廉으로도 진실하지 못하고, 勇은 忮로도 이루지 못하니, 다섯 가지는 圓滿한 것인데 자칫하면 方으로 向하기 쉽다.

그러므로 知란 그 알지 못한 곳에 머물면 지극하다. 누가 말이 없는 論辯과 말이 없는 말을 알겠는가. 만일 이를 能히 알면 이를 天府라 말한다. 부어도 가득 차지 않으며 퍼내되 枯渴되지 않지만 그 由來한 바를 알 수 없으니 이를 葆光이라 말한다.

본래 辯論과 言說이 끊어진 곳이다. 만일 어느 사람이 말이 없는 論辯과 말이 없는 말을 안다면 이는 마치 지도리가 도는 가운데 끝없이 응하는 것과 같다. 이 때문에 이를 아는 사람을 天府라 한다.

288 大道體虛에 大海不足以比其量이니 故로 大地之水注之而不滿이라 | 대도의 본체는 텅 비어 大海로도 그 양을 비할 수 없기에 땅 위의 모든 물을 부어도 넘치지 않는다.

289 卽大地酌取而亦不竭이라 | 곧 대지가 아무리 퍼내도 또한 마르지 않는다.

290 所謂虛而不屈하며 動而愈出이나 而不知其所從來라 | 이른바 "비었으나 다함이 없고 동할수록 더욱 나오지만 그 어디에서 온 것인 줄 알 수 없다"는 것이다.

291 葆는 猶包藏而不露也라 前云 滑疑之耀 聖人之所圖以來로 只說到此하야 乃結指其義曰 此之謂葆光이라 하니라 | 葆는 감추어 드러내지 않음이다. 앞의 문장 "滑疑之耀 聖人之所圖" 구절 이후로 다만 여기에 이르러 그 뜻을 결론지어 "此之謂葆光"이라 하였다.

【의역】 도는 이름할 수 없고 위대한 논변은 시비가 없고 위대한 인(仁)은 사사로이 사랑하는 것이 아니요, 위대한 청렴은 자만하지 않고 위대한 용기는 객기로 남을 해코지하지 않는다.

도는 뚜렷하지만 말할 수 없고, 말은 논변으로써 다투면 미치지 못하고, 인(仁)은 한 곳에 집착된 사랑이 있으면 두루 베풀 수 없고, 청렴은 바깥으로 알려지기를 바라면 실익이 없고, 용맹은 힘을 믿고서 남을 해코지하려는 마음이 있으면 반드시 패하게 된다.

위의 다섯 가지는 본래 혼연(渾然)하여 원만하게 통하는데, 보이는 대상에 힘쓰면 세속의 발자취에 정체(停滯)되어 자칫 모두 모가 나서 도를 행할 수 없을 것이다.

그러므로 앎이란 알 수 없는 진리의 근본자리를 억지로 알려고 하거나 또는 알았다고 말하는 것은 참된 지식이 아니다. 그 알 수 없는 진리란 알 수 없는 것이라고 깨닫는 데에 그치면 최고의 지식이다. 그러므로 말이 없는 논변과 말이 없는 말을 누가 알겠는가.

도란 혼연(渾然)한 가운데 간직하지 않은 바가 없는 것이어서, 만일 이를 아는 자가 있다면 이를 "하늘의 창고, 내지 자연의 창고(天府)"라 한다. 그것은 아무리 부어도 가득 차지 않으며 아무리 퍼내도 고갈되지 않는다. 그게 어째서 그런 것인지 그 원인을 알 수 없다. 이를 "빛을 모두 감추어 드러내지 않은 경지(葆光)"라 한다.

【감산 절해】

前云 滑疑之耀 聖人所圖라할새 故擧六合內外之事를 聖人無所不知언마는 但知而不言이라함은 以其大道 本來無知無辯故也라 聖人이 安住廣大

虛無之中하사 以遊人世일새 故和光同塵하사 光而不耀하니 是之謂葆光이라
聖人工夫 必做到此라야 方爲究竟이니 故로 云 聖人所圖라하니라

앞의 문장에서 "빛을 감춤은 성인이 도모한 바이다"라고 말한 까닭에
"六合 안팎의 일을 성인이 모르는 바 없지만 알면서도 말하지 않을 뿐이
다"라고 들어 말한 것은 大道는 본래 알 수 없고 논변할 수 없기 때문이
다.

성인은 廣大 虛無의 가운데 安住하여 인간의 세상에 노닌 까닭에 和
光同塵으로 빛나되 빛을 감추니, 이를 葆光이라 한다. 성인의 공부는 반
드시 이에 이르러야 비로소 究竟이라 할 수 있다. 이 때문에 성인이 도모
한 바라고 말한 것이다.

【원문】

故로 昔者에 堯問於舜曰 我欲伐宗²⁹²膾²⁹³胥敖²⁹⁴하야 南面而不釋然하
나니 其故는 何也오²⁹⁵ 舜曰 夫三子者는 猶存乎蓬艾之間이어늘 若不釋然은
何哉아²⁹⁶

---

292 國名이라 | 나라 이름이다.
293 國名이라 | 나라 이름이다.
294 國名이라 | 나라 이름이다.
295 不釋然者는 謂心中에 必欲伐之하야 欲罷而不能釋然하니 不知何故也라
　　| 不釋然이란 마음속에 반드시 정벌하려는 생각으로 그만두려고 해도 그만
　　둘 수 없으니, 이 무슨 까닭인 줄 모르겠다는 것이다.
296 言堯之心이 不廣하야 不能容物也라 且三子의 所處 甚微細하야 如蓬艾
　　之間하니 誠不足以芥蔕於胸中者어늘 若不釋然하니 何不自廣也오 | 堯
　　의 마음이 드넓지 못하여 만물을 수용할 수 없기 때문이다. 세 나라가 거처

昔者에 十日이 並出에 萬物을 皆照하니 而况德之進乎日者乎아**[297]**

【직역】 그러므로 옛적에 堯가 舜에게 묻기를 "내, 宗(一國)과 膾(一國)와 胥敖(一國)를 征伐하고자 하여 南面하고서도 釋然치 못하니 그 까닭은 무엇 때문인가."

舜이 말하기를, "세 사람은 오히려 蓬艾의 사이에 있는데 네가 釋然치 못함은 무엇 때문인가. 옛적에 열 개의 太陽이 함께 나와 萬物을 다 비춰 주었는데 하물며 德이 太陽보다 越等한 者야."

【의역】 그러므로 옛날 요임금이 순임금에게 물었다.

"나는 종(宗), 회(膾), 서오(胥敖) 세 나라를 정벌하고 싶은 생각 때문에 임금의 자리에 있으면서도 마음이 석연치 않은 것은 무엇 때문일까?"

순임금이 말하였다.

"세 나라의 임금은 아직도 쑥대가 우거진 황무지 작은 땅에서 더부살이를 하고 있습니다. 임금께서 그들을 정벌하려는 생각에 마음이 석연치 않은 것은 무엇 때문이겠습니까? 옛날 열 개의 태양이 한꺼번에 하늘에

한 바 매우 미세하여 쑥대 사이에 있는 것과 같으니, 참으로 가슴속에 거리낄 게 없음에도 釋然치 못하니, 어찌하여 스스로 드넓게 지니지 못하는가.

297 言堯之德이 未至也라 昔者에 十日並出則光明廣大하야 萬物을 畢照온 況德之勝이 過於日者乎닛가 苟自德已至면 則廣大光明하야 無物不容이온 況三子之微細乎닛가 | 堯의 덕이 지극하지 못함을 말한다. 옛날 열 개의 태양이 한꺼번에 솟아 광명정대하여 만물을 모두 비춰 주었다. 하물며 덕의 殊勝함이 태양보다 더한 사람이야 어떻겠는가? 참으로 자신의 덕이 이미 지극하면 마음이 광명정대하여 모든 만물을 포용할 수 있는데, 하물며 하찮은 세 나라쯤이야!

솟아 그림자 하나 없이 만물을 모두 비춰 주었습니다. 더구나 태양보다 더 훌륭한 임금으로서 어찌 세 나라의 임금을 용납하지 못하실 턱이 있겠습니까?"

【감산 절해】

此因上葆光之聖人이 其心廣大 如天府니 所謂聖人所圖者라 蓋由工夫做到至處하야사 乃如此耳라하야 此言工夫未到면 則其心不廣하야 不能容物이니 故雖堯之大聖이라도 亦有所缺이라 故로 十日並出로 爲進德之喩하야 以總結前意하야 以終夫言非吹已來之意也니라

下文에 重申明至人止其所不知하사 以現聖人之成功하야 以結死生無變於己 而況利害之端乎아니라

이 문장은 위에서 말한 "빛을 감춘 성인의 마음이 광대하여 天府와 같으니, 이른바 성인이 도모해야 할 바이다. 공부가 지극한 곳에 이르러야만 비로소 이와 같다"는 것으로 인하여, 여기에서는 "공부가 지극한 곳에 이르지 못하면 그 마음이 광대하지 못해 만물을 포용할 수 없기에 堯처럼 大聖으로서도 부족한 바 있다.

이 때문에 열 개의 태양이 함께 솟은 것으로 進德의 비유"를 삼아서 앞 문장의 뜻을 전체적으로 결론지으면서, "夫言非吹" 구절 이후의 뜻을 끝맺었다.

아래 문장에서는 "至人이 그 알지 못하는 데 그침"을 거듭 밝혀서 성인의 성공을 나타내어 "死生無變於己 而況利害之端乎" 구절로 끝맺고 있다.

[원문]

齧缺이 問乎王倪曰 子知物之所同이 是乎닛가 曰 吾惡乎知之리오[298] 子
知子之所不知邪닛가 曰 吾惡乎知之리오[299] 然則物無知邪닛가 曰 吾惡乎知
之리오 雖然이나 嘗試言之하리라 庸詎知吾所謂知[300]之非不知邪아[301] 庸詎
知吾所謂不知之[302] 非知邪아[303] 且吾嘗試問乎汝라[304] 民濕寢則腰疾偏
死하나니 鰌然乎哉아[305] 木處則惴慄恂懼하나니 猿猴然乎哉아[306] 三者 孰
知正處며[307] 民食芻豢하고[308] 麋鹿은 食薦하고[309] 蝍蛆는[310] 甘帶하고[311] 鴟

---

298 要明不知之眞知하야 故托王倪以發揮라 | 不知의 眞知를 밝히고자 고의로
王倪에 가탁하여 이를 밝힌 것이다.

299 若有知면 則有所不知니 則非眞不知之地矣라 | 만일 앎이 있으면 알지 못
한 바 있으니, 참으로 不知의 경지가 아니다.

300 此知는 乃世人之知라 | 이 知는 世人의 앎이다.

301 謂世人之知는 不是我之不知耶아 | 世人의 앎은 나의 不知가 아님을 말한
것이다.

302 我之不知라 | 나의 不知를 말한다.

303 言我之不知는 不是世人之知耶아 謂聖凡之知는 本來無二어늘 但世人은
習於妄知일새 故偏執爲是하니 總非眞知耳라 | 나의 不知는 世人의 知가
아니다. 성인과 범부의 앎은 본래 둘이 아니지만 세인은 妄知의 宿習 때문
에 偏執으로 옳다고 여기니, 모두 眞知가 아니다.

304 發明不是 正知之意라 | 이는 正知가 아니라는 뜻을 밝히려는 것이다.

305 言人이 但知安寢乾燥屋宇라 若近濕則腰疾偏廢어니와 而鰌臥泥中이어니
豈若人哉아 | 사람은 단지 건조한 집에서 편히 잠잘 줄만을 안다. 그러하여
습한 곳 가까이에서 잠을 자면 허리가 아프지만, 미꾸라지는 진흙 구덩이에
서 산다. 어찌 사람과 같겠는가.

306 人處木枝則恐懼而猿猴는 以爲安便하니 豈若人哉아 | 사람은 나무 위에서
살면 두려워하지만, 원숭이는 편안히 여긴다. 어찌 사람과 같겠는가.

307 三者는 謂人鰌猿猴라 各知安其所習以爲常하야 於己未嘗不是나 但各隨
一己 俗習之知耳니 何者爲正知哉아 | 셋이란 사람과 미꾸라지와 원숭이를
말한다. 각기 그가 익숙한 곳을 常住로 생각하여 자신에게 있어 옳다고 여
기지 않음이 없으나, 각기 한 몸의 습속에 따른 지각일 뿐 어느 것을 正知라

鴉는 嗜鼠하나니[312] 四者 孰知正味리오[313] 猨은 猵狙로 以爲雌하니[314] 麋는 與鹿交하고[315] 鰌與魚遊하며[316] 毛嬙麗姬는[317] 人之所美也나 魚見之深入하고 鳥見之高飛하고 麋와 鹿은 見之決驟하나니 四者 孰知天下之正色哉아[318]

할까?

308 乃民之所習知라 | 곧 사람의 습관에 의해 얻어진 지각이다.

309 薦은 草也니 乃麋鹿所習知라 | 薦은 풀이니, 이는 곧 麋鹿의 습관에 의해 얻어진 지각이다.

310 蝍蛆也라 | 지네이다.

311 帶는 蛇也라 | 帶는 뱀이다.

312 此四者各以爲知常味라 | 이 네 가지는 각기 그가 즐기는 음식이 常味라 생각한다.

313 以各知之味 如此어니 豈知正味哉아 | 각기 그가 즐기는 음식이 이와 같으니, 어느 것이 正味인 줄 알겠는가.

314 猵狙는 亦猨이니 同形而類別이라 | 猵狙 또한 원숭이이니, 모습은 같으나 類가 다르다.

315 麋小而鹿大라 | 麋는 작고 鹿은 크다.

316 鰌는 無合이요 與魚로 遊而孕子라 | 미꾸라지는 교합하지 않고 물고기와 함께 놀면서 새끼를 잉태한다.

317 二人은 皆美女라 | 두 사람은 모두 미인이다.

318 美女는 人人所愛나 彼四物見之에 而驚走遠去하니 是果色之可 美耶아 試問以下에 歷擧安居食色은 皆世人之所知也라 人則以爲必是하야 而不可易者나 然彼諸物이 各又不然이니 是則誰爲正知哉아 若執各人之知하야 爲然하면 而彼又有不然者라 斯則世人之小知小見이니 豈可執爲眞是耶아 | 미인은 사람들이 사랑하지만 저 네 가지 동물들은 보자마자 놀라서 멀리 달아난다. 과연 女色을 아름답다 할 수 있을까? "시험 삼아 묻는다" 구절 아래에서는 거처, 음식, 여색 등을 하나하나 열거한 것은 모두 世人들이 알고 있는 것이다. 사람들은 자기가 반드시 옳으므로 바꿀 수 없다고 생각하지만 저 여러 가지의 동물은 각기 또 그렇지 않다. 그렇다면 어느 것을 正知라 할 수 있을까? 만일 제각기 자기가 알고 있는 것을 옳은 것이라고 고집한다면 저 사람 또한 그렇지 않다고 할 것이다. 이는 곧 世人의 小知와 小見이다. 어찌 참으로 옳은 것이라 할 수 있겠는가.

自我觀之컨댄 仁義之端과 是非之塗 樊然殽亂하니 吾惡能知其辯이리오³¹⁹ 齧缺이 曰 予不知利害則至人은 固不知利害乎닛가³²⁰ 王倪曰 至人은 神矣라³²¹ 大澤焚而不能熱하고³²² 河漢沍³²³而不能寒하며 疾雷破山하고 暴風振海라도 而不能驚하나니³²⁴ 若然者는³²⁵ 乘雲氣하고 騎日月하야³²⁶ 而游乎四海之外라 死生이 無變於己어니 而況利害之端乎아³²⁷

---

319 將上人物이 各非眞知하면 則觀今之以仁義로 謂必是者 豈眞是哉아 且如仁義로 聖人이 以治天下어니와 而盜跖은 卽以之爲大盜하니 若以聖人爲是하면 而盜跖이 亦是오 若以盜跖爲非면 則聖亦非也라 如此是非不定이어니 吾何能盡知其辯哉아 | 위에서 서술한 사람이나 동물이 각기 眞知가 아니라면 이제 仁義로써 옳다고 말한 자를 보건대 어떻게 참으로 옳다고 할 수 있겠는가. 또 예컨대 仁義란 성인이 이로써 천하를 다스리거니와 도척은 이로써 大盜가 되었다. 만일 성인이 옳다면 도척도 옳고, 도척이 잘못했다면 성인 또한 잘못한 것이다. 이처럼 시비는 일정하지 않는데, 내 어찌 그 논변을 다 알 수 있겠는가.

320 設此一問하야 要顯至人之德이 不同이라 | 이 물음을 假設하여, 至人의 덕이 다름을 밝히고자 했다.

321 不可以利害로 名目이라 | 至人을 利害로 규정할 수 없다는 것이다.

322 言至人은 豈但不知利害아 卽大澤이 焚而不能熱이라 | 至人은 어찌 利害만 모르겠는가. 큰 연못이 불타도 그는 뜨거운 줄 모름을 말한 것이다.

323 冰凍也라 | 얼음이 얼다.

324 言至人은 神超物表하야 不與物對일새 故物不能傷이라 | 至人의 정신은 物外에 초월하여 어떤 事物과도 대하지 않기에 어떤 물건도 그를 해칠 수 없다.

325 若如此者라 | 만일 이와 같은 자라면…의 뜻이다.

326 卽磅礴日月이라 | 곧 드넓고 드넓은 해와 달이다.

327 此結聖人之德이라 謂至人은 與道混融하야 神超物外하고 卓出於死生이온 而況世之小利害乎아 | 이는 성인의 덕을 끝맺음이다. 至人은 道와 混融하여 정신은 物外를 초월하여 생사를 벗어났는데, 하물며 세상의 하찮은 利害 따위야!

[직역] 齧缺(堯임금 때 賢人)이 王倪(高士)에게 묻기를, "그대는 物이 모두 옳은 바를 아십니까?"

"내 어찌 알겠는가."

"그대는 그대가 모르고 있는 바를 알고 계십니까?"

"내 어찌 알겠는가."

"그렇다면 物이란 알 수 없는 것입니까?"

"내 어찌 알겠는가. 그러나 일찍이 試驗 삼아 말하리라. 어떻게 내가 안다고 말한 것이 모르는 것이 아님을 알 수 있을 것이며, 어떻게 내가 모른다고 말한 것이 알고 있는 것이 아님을 알 수 있겠는가.

또 나는 일찍이 試驗삼아 너에게 물으리라. 사람이 濕한 곳에서 잠자면 腰疾과 偏死(半身不遂)가 있는데 미꾸라지[鰌]도 그러한가. 나무 위에 살면 惴慄과 恂懼가 있는데 猨猴도 그러한가. 세 가지에 어떤 것이 正處라고 알 수 있을까? 사람은 芻豢을 먹고 麋鹿은 풀[薦: 草]을 먹고 지네[蝍蛆: 蜈蚣]는 뱀[帶: 蛇]을 달게 먹고 鴟鴉는 쥐를 달게 먹으니 네 가지는 어떤 것이 正味라고 알 수 있을까? 猨은 猵狙로 암컷을 삼고 麋는 사슴으로 더불어 交配하고 미꾸라지는 물고기로 더불어 놀며 毛嬙·麗姬는 사람들이 아름답게 여기는 바이지만 물고기는 그를 보면 물 속 깊이 들어가고 새는 그를 보면 하늘 높이 날아가고 麋鹿은 그를 보면 빨리 달려 도망가니 네 가지에 어떤 것이 天下의 正色이라고 알 수 있을까?

나로부터 보건대 仁義의 실마리와 是非의 길이 樊然히 뒤섞여 어지러우니, 내 어떻게 그것을 分辨할 줄 알겠는가."

齧缺이 말하기를, "그대가 利害를 모른다면 至人은 참으로 利害를 모르는 것입니까?"

王倪가 말하기를 "至人은 神妙함이라, 大澤이 불타도 그를 뜨겁게 할 수 없으며 河漢이 얼어도 그를 차갑게 할 수 없으며 疾雷가 山을 打破하고 暴風이 海浪을 振動하되 그를 놀라게 할 수 없다. 그와 같은 者는 雲氣를 타고 日月을 타고서 四海의 밖에 노니니 死生으로도 몸에 變함이 없는데 하물며 利害의 실마리야."

【의역】 요임금 때 현자인 설결이 왕예(王倪)에게 물었다.

"그대는 모든 존재의 절대가치의 표준이 되는 바를 아십니까?"

"내 어찌 그걸 알 수 있겠는가!"

"그대는 그대가 모르고 있는 사실을 알고 계십니까?"

"내 어찌 그걸 알 수 있겠는가!"

"그렇다면 모든 존재에 대해 아무것도 알 수 없다는 것입니까?"

"내 어찌 그걸 알 수 있겠는가! 하지만 그 문제에 대해 한번 말해 보자. 내가 안다고 했지만 진정 알지 못하는 것이 아닌 줄 어떻게 알 수 있을 것이며, 내가 모른다고 했지만 진정 알고 있는 것이 아닌 줄 어떻게 알 수 있겠는가.

또 그 문제에 대해 너에게 한번 물어 보겠다. 사람이 습(濕)한 곳에서 잠을 자면 요통(腰痛)과 반신불수(半身不遂)로 고생을 하지만 물속에 사는 미꾸라지도 그렇던가. 또한 사람은 나무 위에서 살면 두려움과 무서움이 있는데 원숭이 또한 그렇던가. 그렇다면 이 셋 가운데 어느 것을 올바른 거처라 할 수 있을까?

사람은 소, 염소 따위의 살코기를 먹고 사슴은 풀을 먹고 지네는 뱀을 좋아하고 올빼미는 쥐를 좋아한다. 이 넷 가운데 어느 것을 올바른 맛이라 할 수 있을까?

원숭이는 개의 머리에 붉은 눈썹, 쥐의 눈을 가진 편달(猵狙)과 짝을 짓고, 큰사슴은 작은 사슴과 교배하고 미꾸라지는 물고기와 짝을 짓는다. 모장(毛嬙)과 여희(麗姬)를 사람들은 모두 미인이라 하지만 물고기는 그를 보면 물 속 깊이 숨고 새는 그를 보면 하늘 높이 날아가고 큰사슴은 그를 보면 재빨리 달아나 버린다. 이 넷 가운데 어느 것을 이 세상의 올바른 아름다움이라 할 수 있을까?

나의 입장에서 보면 인의(仁義)의 실마리와 시비의 길이 어수선하고 어지럽다. 내 어찌 그 구별을 알 수 있겠는가.”

설결이 말하였다.

“그대가 이해(利害)를 모른다 하니, 그렇다면 지인(至人)이란 참으로 이해를 모르는 것입니까?”

왕예가 답하였다.

“지인은 정신이 온전하다. 가뭄으로 큰 못이 불타도 그를 뜨겁게 할 수 없고 추위에 황하와 한수(漢水)가 얼어도 그를 떨게 하지 못하며 사나운 천둥이 산을 부수고 모진 바람이 바다 물결을 뒤흔들어도 그를 놀라게 할 수 없다. 그런 분은 구름을 타고 해와 달에 올라앉아 세상 밖에 노닒으로써 죽음과 삶으로도 그의 몸에 변화가 없는데, 하물며 이해의 하찮은 일쯤이야.”

【감산 절해】

此一節은 申明前文至人의 止其所不知하사 以言世人이 各非正知어늘 而執爲必是라 其所知者 如此而已어늘 以此로 是非하니 吾惡能知其辯哉아

以結至人은 不知之至라 乃超出生死之人이어니 豈常情可測耶아

下文은 說齊死生하야 以夢覺으로 觀世人하면 則擧世無覺者일새 以顯是非之辯者 皆夢中說夢耳니 文極奇而義極正이라

이 문장은 앞에서 말한 "至人의 알지 못한 데 그침"을 거듭 밝혀, 이로써 "세상 사람들이 제각기 正知가 아님에도 반드시 옳다고 고집한다. 그들이 아는 것은 이와 같을 뿐인데, 이로써 시비를 하니 내 어찌 그들의 논변을 알겠는가!"라는 점을 말하고, 이로써 "至人은 알지 못함이 지극한 터라 바로 생사를 초탈한 사람이다. 어떻게 世人의 常情으로 헤아릴 수 있겠는가!"를 끝맺은 것이다.

아래 문장에서는 死生이 한 가지임을 말하여, 꿈속(夢)과 깨어남(覺: 讀音은 교)으로써 世人을 보면 온 세상에는 잠에서 깨어난 자 없다. 이로써 시비를 논변한 자 모두가 꿈속에서 꿈 이야기를 하는 격임을 나타낸다. 문장은 지극히 기묘하면서도 그 뜻은 지극히 올바르다.

【원문】

瞿鵲子 問乎長梧者曰 吾聞諸夫子하니 聖人은 不從事於務하며[328] 不就利하며[329] 不違害하며[330] 不喜求하며[331] 不緣道하며[332] 無謂有謂하고[333] 有

---

328 言不以世故로 爲事務라 | 세상사로써 일삼지 않음을 말한다.
329 不知所利也라 | 이롭다는 것을 모른다.
330 不知有害可避也라 | 해롭다고 피할 줄도 모른다.
331 言無求於世也라 | 세상에 추구하는 게 없음을 말한다.
332 言無心合道하야 而無緣道之跡也라 | 무심으로 道와 부합되어 도를 따르는 자취마저도 없음을 말한다.

謂無謂하야³³⁴ 而遊乎塵垢之外를³³⁵ 夫子³³⁶以爲孟浪之言이어니와³³⁷而我
는 以爲妙道之行也라하니 吾子以爲奚若고³³⁸ 長梧子曰 是는 黃帝之所聽
熒也어니³³⁹ 而丘也 何足以知之리오³⁴⁰ 且汝亦太早計라³⁴¹ 見卵而求時夜라
하야³⁴² 見彈而求鴞炙이라³⁴³ 予嘗爲汝妄言之니³⁴⁴ 汝以妄聽之奚오³⁴⁵ 旁
日月하고³⁴⁶ 挾宇宙하야³⁴⁷ 爲其脗合하고³⁴⁸ 置其滑涽하야 以隷相尊이니³⁴⁹

---

333 以不言之敎라ㅣ말없는 가르침이다.

334 言發於天機니 無心之言이 如轂音也라ㅣ天機에서 나옴이니, 무심의 말이
轂音과 같음을 말한다.

335 超然遊於物外也라ㅣ초연하여 物外에 노니는 것이다.

336 孔子也라ㅣ孔子이다.

337 孟浪은 謂不著實이니 猶無稽之言也라ㅣ孟浪은 착실하지 못함이니, 荒唐
無稽한 말과 같다.

338 何如也라ㅣ'어떤가?'를 말한다.

339 謂汝此言은 卽黃帝聽之에 亦熒惑而不悟라ㅣ그대의 이 말은 黃帝가 듣고
서도 현혹되어 깨닫지 못함을 말한다.

340 意謂孔夫子는 亦世俗之人耳라 何足以知此哉아ㅣ공자 또한 세속의 한 사
람일 뿐이다. 어떻게 이를 알겠는가라는 말이다.

341 言瞿鵲子 才聞此言하고 卽以爲妙道之行도 亦計之太早也라ㅣ구작자가
이 말을 듣고서 妙道의 행동이라 말한 것도 지나치게 성급한 계산이다.

342 才見卵코 而便求報曉之雞라ㅣ달걀을 보자마자 새벽에 우는 닭을 구하는 것
이다.

343 才見彈코 而便求鴞炙하니 此太早計之譬也라ㅣ화살을 보자마자 올빼미
구이를 바라는 격이니, 지나치게 성급함을 비유한 것이다.

344 予以至人之德으로 爲汝妄言之라ㅣ내가 至人의 덕으로써 그대를 위해 망
령된 말을 하겠다.

345 奚는 何如也라ㅣ奚는 '어떤가?'의 뜻이다.

346 言至人之德이 如此라ㅣ至人의 덕이 이와 같음을 말한다.

347 宇宙 在乎手라ㅣ우주가 손 안에 있다.

348 至人은 與萬化로 然하야 混合而爲一體라ㅣ至人은 온갖 변화와 한 덩어리
가 되어 한 몸이다.

349 隷는 猶言隷役也라 言自天子로 諸侯와 卿大夫와 士 皆是以隷役으로 相

衆人은 役役하되350 聖人은 愚芚하야351 參萬歲而一成純에352 萬物이 盡然

이어늘 而以是로 相蘊하니353 予惡乎知悅生之非惑耶아354 予惡乎知惡死

之非弱喪而不知歸者耶아355 麗之姬356 艾357 封人358之子也라 晉國之始

役而相尊者는 此皆世之滑湣之人의 所爲者요 至人은 不與物伍일새 故로
一切를 置之而無心也라 | 隷란 노예라는 말과 같다. 천자로부터 諸侯, 卿,
大夫, 士 모두가 奴役으로 서로 부리고 서로 높이는 것은 온 세상 滑湣한
사람들이 하는 일이다. 至人은 어떤 물건과도 짝하지 않기에 일체를 놓아버
린 채 무심하다.

350 役役於物欲而不自覺하니 此皆以隷로 相役役者라 | 물욕에 부림을 당하면
서도 自覺하지 못하니, 이는 모두 노예로서 서로 부림 받음이다.

351 芚은 草之未萌也니 言 聖人은 無心於世하야 不識不知하야 泊兮於未兆已
前이라 | 芚은 풀이 아직 싹트지 않은 상태이다. 성인은 세상에 무심하여 아
무것도 아는 게 없어, 조짐마저 없는 데에 淡泊함을 말한다.

352 聖人은 入於不死不生하시니 故로 參萬歲 而成純이라 言不有於世故로 聖
人은 了無是非之心也라 | 성인은 不死不生의 경지에 들어가 있으므로 만
세에 동참하여 純一하다. 성인은 세상일에 마음을 두지 않으므로 전혀 시비
의 마음이 없음을 말한다.

353 言萬物이 本來道通爲一하야 本無是非 如聖人渾化일새 故로 曰盡然이라
但衆人은 只以一是字로 蘊成我見일새 故有生死是非之辯耳니라 | 만물은
본래 도와 통하여 하나이다. 본래 시비가 없음이 성인의 渾化와 같으므로
'盡然'이라 말한다. 그러나 衆人은 하나의 是자로써 我見을 이루기에 생사
와 시비의 논변이 있음을 말한다.

354 言本無生可欣이어늘 而衆人은 悅而貪之하니 豈非惑耶아 | 본래 기뻐할
것이 없는데 衆人은 삶을 즐겨 탐닉하니, 어찌 현혹이 아니겠는가.

355 言聖人은 視生如遠逝하고 視死如歸家어늘 而衆人惡死는 豈非弱喪而不
知歸者耶아 弱喪은 乃自幼喪失家鄉者라 | 성인은 삶을 멀리 집 떠난 것처
럼 보고, 죽음을 고향 돌아온 것처럼 여긴다. 그러나 衆人은 죽음을 싫어하
니, 어찌 어린나이에 집을 잃고서 고향으로 돌아갈 줄 모르는 자가 아니겠
는가. 弱喪이란 어려서부터 집을 잃은 자이다.

356 麗姬는 美女也라 | 麗姬는 아름다운 여인이다.

357 地名이라 | 지명이다.

358 掌艾之官이라 | 예 땅을 다스리는 관리이다.

得之也에³⁵⁹ 涕泣沾襟이러니³⁶⁰ 及其至於王所하야 與王으로 同筐牀하고³⁶¹

食芻豢은³⁶² 而後에 悔其泣也하니³⁶³ 予惡乎知夫死者 不悔其始之蘄生乎

아³⁶⁴ 夢에 飮酒者 旦而哭泣하고 夢에 哭泣者 旦而田獵하니³⁶⁵ 方其夢也에

不知其夢也하야 夢之中에 又占其夢焉이라가³⁶⁶ 覺而後에 知其夢也하며 且

---

359 麗姬를 納於晉君이라 | 여희를 진나라 임금에게 바쳤다.

360 言麗姬 始至晉時에 以爲不樂일새 故로 涕泣沾襟이라 | 여희가 처음 진나라로 갈 때는 즐겁지 않은 일이라 생각한 까닭에 눈물을 흘렸다.

361 與王同臥起라 | 왕과 함께 눕고 일어나 생활함이다.

362 食美味하야 遂以爲樂이라 | 맛있는 음식을 먹으면서 마침내 즐겁다고 생각한 것이다.

363 旣知其樂에 乃悔昔之不知爲苦也하니 此喩死者는 人之所歸며 乃最樂者어늘 人不知耳라 | 이제 그 기쁨을 알게 되자, 이전에 이를 모르고서 괴로움으로 여긴 것을 후회한 것이다. 이는 죽음이란 사람이 돌아가야 할 곳이며 가장 즐거운 것임에도 사람들이 알지 못함을 비유한 것이다.

364 若知死之樂하면 安知不悔昔之不當求生耶아 此의 以爲樂은 蓋言得免形骸와 生人之苦累니 故以死로 爲樂이언정 亦非佛之寂滅之樂이라 以佛證之컨댄 正是人中에 修離欲行하야 得離欲界生死之苦하고 而生初禪天之樂이요 亦非世間人이 以死로 爲樂也니 觀者는 須善知其義니라 | 만일 죽음의 기쁨을 안다면 "예전에 삶을 구하지 않았을 걸"이라고 후회하지 않겠는가. 여기에서 말한 즐거움이란 육신과 삶의 고통에서 벗어났음을 말한다. 이 때문에 죽음을 즐거움으로 삼는다 해도 또한 佛家의 寂滅의 즐거움은 아니다. 불법으로 증명하면 바로 사람 가운데 離欲行을 닦아 욕계의 생사 고통에서 벗어나 初禪天의 樂을 얻는다. 이는 세간 사람이 죽음으로 낙을 삼는 것은 아니다. 읽는 이는 반드시 그 뜻을 잘 알아야 한다.

365 此言觀人世를 如夢하고 觀死生如夜旦하야 以此而遊世間이 乃至人之行也라 夢覺相返者는 以未覺乎大夢일새 故以死生爲憂喜어니와 苟知夢覺一如면 則死生一條矣니라 | 이는 人世를 꿈같이 여기고 死生을 주야처럼 보면서 이로써 세간에 노니는 것이 곧 至人의 行임을 말한 것이다. 夢覺가 상반된 자는 大夢에서 깨어나지 못했기에 死生으로 憂喜를 삼거니와 만일 夢覺가 하나임을 알면 死生이 하나이다.

366 言世都在迷中하야 而自不知其迷 如夢中에 不知其夢也어늘 而世人은 且

有大覺而後에 知此其大夢也어늘[367] 而愚者 自以爲覺하야 竊竊然知하야
[368] 君乎牧乎여하니 固哉라 丘也여[369] 與汝[370] 皆夢也며 予謂汝夢도 亦夢
也라[371] 是其言也 [372]其名爲弔詭니[373] 萬世之後라도 而一遇大聖하야 知其

自以爲有知爲是하야 而辯於人하니 此如夢中占夢이라 其實은 不自知其
在迷也니라 | 世人이 모두 昏迷 속에 있으면서도 그 昏迷를 알지 못함이
마치 꿈속에 있으면서 꿈인 줄 모르는 것과 같다. 世人은 또한 스스로 알고
스스로 옳다고 생각하여 남들과 논변하니, 이는 마치 꿈속에서 꿈을 해몽하
는 격이다. 그 실상은 그가 昏迷에 있음을 스스로 알지 못한 것이다.

367 必有大覺之聖人이라야 乃能正衆人之夢語也라 | 반드시 大覺의 성인만이
衆人의 잠꼬대를 바로잡아 줄 수 있다.

368 而世之愚人이 好執是非之辯者而不自知在迷中하고 而自以爲覺하니 故
로 竊竊然私自以爲知者라 故로 夸示於人하니 此는 擧世古今昏迷之通病
也니라 | 세상의 어리석은 사람은 시비의 논변에 집착하길 좋아하여 스스로
昏迷 속에 있음을 알지 못하고서 스스로 깨달았다고 생각한 까닭에 남몰래
사사로이 아는 자라고 여긴다. 이 때문에 남들에게 과시하니, 이는 온 세상
고금에 昏迷한 자의 공통된 병폐이다.

369 君乎者는 暗指堯舜已下之爲君者요 牧乎는 暗指伊呂已下之卿相者요 固
哉丘也는 明指孔子라 此通說堯舜·禹湯·文武·周公·孔子·凡以仁義
로 治天下하야 而必要歸於己是 而爲道者는 皆夢中說夢之人也라 | 君은
은연중 요순 이하 왕을 가리키고, 牧은 은연중 伊尹과 呂尙 이하 卿相을 가
리킨다. 固哉丘也는 분명하게 공자를 가리킨다. 이는 요·순·우·탕·문
무·주공·공자가 모두 仁義로 천하를 다스려 반드시 자기가 하는 것이 옳
다고 귀결 지어 道라고 생각하는 것은 마치 꿈속에서 꿈 이야기를 하는 사
람이다.

370 指瞿鵲子也라 | 구작자를 가리킨다.

371 卽我說女夢하니 我亦夢中에 說女之夢耳라 | 내가 너에게 꿈 이야기하는
것도 내가 꿈속에서 너의 꿈을 말하는 격이다.

372 如此夢言이라 | 이와 같은 꿈 이야기이다.

373 弔는 至也요 詭는 怪也라 謂此夢說이 乃至怪之談이라 而汝夢中之人이
亦信不及이라 | 弔는 지극함이요, 詭는 괴이함이다. 이런 꿈 이야기는 지극
히 괴이하여 그대처럼 꿈속에 있는 사람도 믿지 못한다.

解者면 旦暮遇之也니라[374]

【직역】 瞿鵲子가 長梧子에게 묻기를, "내 夫子에게 들으니, '聖人은 世務(世故)에 從事하지 않아서 利에 나가지 않고 害를 피하지 않으며 求함을 기뻐하지 않고 道를 因緣하지 않으며 말이 없되 말이 있으며 말이 있으되 말이 없어 塵垢의 밖에 노닌다'고 한다. 이를 夫子는 孟浪한 말이라 하지만 나는 妙道의 行이라 생각하니, 吾子는 어떻다고 생각합니까?"

長梧子가 말하기를, "이는 黃帝로서도 듣고서 眩惑된 것인데, 丘(공자이름)가 어떻게 이를 알 수 있겠는가. 네가 또한 너무 일찍 헤아린 것이다. 鷄卵을 보고서 時夜를 求함이며, 彈丸을 보고서 鴞炙을 구함이다.

내 일찍이 너를 위해 허튼 소리를 할 것이니, 너 또한 헛되이 들어봄이 어떨지? 日月을 함께하고 宇宙를 끼고서 그 脗合을 위하고 그 滑涽대로 내버려두어 종으로써 서로 높이는 것을 내버려두니, 衆人은 役役(勞苦)하되 聖人은 愚芚(混沌)하사 萬歲에 同參하여 하나같이 純粹함을 이루어 萬物이 모두 그와 같아서 이로써 서로 涵蘊하고 있다.

내, 生을 좋아함이 惑이 아닌 줄 어찌 알 것이며, 내, 죽음을 싫어함이 弱喪(어릴 적 잃음)으로서 돌아갈 줄을 모르는 者가 아님을 어찌 알겠는가.

---

374 言必待萬世之後에 遇一大覺之聖人이 知我此說하시면 卽我與之爲旦暮之遇也라 意此老胸中에 早知有佛일새 後來에 必定印證其言이라 不然이면 而言大覺者는 其誰也耶아ㅣ 반드시 萬世 이후에 하나의 大覺 성인을 만나 나의 꿈 이야기를 알게 된다면, 곧 나는 그와 조석의 만남이 될 것이다. 이 뜻은 장자의 가슴속에 일찍이 부처님이 있는 줄 미리 알고 있었기에 훗날 반드시 그 말을 인증할 수 있었다. 그렇지 않다면 그가 말한 大覺者는 과연 누구인가.

麗姬는 艾封人의 딸이다. 晉國에서 그를 처음 얻었을 적에 눈물이 옷 깃을 적셨는데 그 王(獻公)의 處所에 이르러 王과 더불어 편안한 寢牀을 함께 하여 芻豢을 먹은 後에야 그 울었던 것을 後悔하였다. 내, 어찌 죽은 者가 그 처음 생을 求했던 것을 後悔하지 않았음을 이찌 알 수 있겠는가.

꿈속에 술을 마신 者는 아침나절에 哭泣하고 꿈속에 哭泣한 者는 아침나절에 田獵을 하니, 바야흐로 꿈속의 꿈인 줄 모르고서 꿈속에서 또 그 꿈을 占치다가 잠깬 뒤에야 꿈인 줄 안다. 또 大覺이 있는 뒤에야 그들에게 이것(生存)이 大夢인 줄 알려주거늘 어리석은 자는 스스로 잠깨었다고 생각해서 竊竊然하게 안다고 하여 '君(貴)이여 牧(賤)이여' 하니 固陋하다. 丘와 너는 모두 꿈에 있으며 내가 너에게 꿈을 말해 주는 것 또한 꿈이다. 이런 말을 弔詭라 이름한다. 萬世 後라도 한번 그 解釋할 줄 아는 大聖人을 만나면 이는 旦暮에 만난 것이다.

【의역】 구작자가 장오자에게 물었다.

"제가 공자에게 들은 이야기입니다. '성인은 세상일에 힘쓰지 않아서 이익을 따르지 않고 해를 피하지도 않으며 구하는 것을 좋아하지 않고 도를 따르지 않으며 말이 없으나 말이 있고 말이 있으나 말이 없으며 세속의 밖에 노닌다'고 합니다. 이를 공자는 허무맹랑한 말이라 하였지만 저는 오묘한 도를 행한 것으로 생각됩니다. 선생께서는 이를 어떻게 생각하십니까?"

장오자가 답하였다.

"그것은 황제와 같은 분으로서도 이 말을 듣고서 의혹을 가졌던 부분들인데, 공사가 어떻게 이를 알 수 있겠는가. 뿐만 아니라, 너 역시도 그 말을 듣자마자 오묘한 도를 행할 것처럼 생각한 것 또한 너무 일찍 내린 속단이다.

병아리는 달걀에서 깰 수 있으나 달걀을 보자마자 새벽을 알리는 수탉 울음소리를 찾는 격이며, 탄환으로 올빼미를 쏘아 잡을 수 있으나 탄환을 보자마자 올빼미 구이를 찾는 격이다.

내가 너를 위해 허튼 소리 한번 할 것이니, 너 역시 허튼 소리로 들어보는 것이 어떨지.

밝은 지혜는 해와 달을 함께하고 도(道)는 상하 사방을 일관하여 우주 만물과 하나가 되고 시비의 혼란을 불문(不問)에 부치고서 세속의 존비(尊卑) 귀천을 잊었다.

세속 사람은 힘들여 고생하지만 성인은 어수룩한 체 편안히 살면서 고금의 무수한 변화에 함께하면서도 순일하여 뒤섞임이 없다. 모든 사물이 그와 같지 않은 것이 없어 이처럼 똑같이 서로 감싸고 있으니, 어떻게 시비의 논변이 있을 수 있겠는가.

삶을 좋아하는 것이 미혹이 아닌 줄 내 어찌 알 것이며, 죽음을 싫어한다는 것이 어려서 집을 잃어 고향으로 돌아갈 줄을 모르는 자가 아닌 줄 내 어찌 알겠는가.

절세미인 여희는 애(艾) 땅 성문지기의 딸이다. 진(晉)나라에서 처음 그녀를 데리고 갈 적에 그녀는 너무 슬퍼서 눈물로 옷깃을 흠뻑 적셨는데, 왕의 궁전에 이르러 왕과 함께 편안한 침상에서 잠자리를 함께하면서 맛있는 살코기를 먹어본 뒤에야 그 옛날 울었던 자신을 처음으로 후회하게 되었다. 그처럼 죽은 사람도 이승에서 처음 삶을 구했던 것을 죽은 뒤 저

승에서 후회하지 않을지 내 어찌 알 수 있겠는가.

꿈속에서 즐겁게 술을 마시던 사람은 아침나절에 슬피 울고 꿈속에 슬피 울던 사람은 아침나절에 즐겁게 사냥을 떠난다. 꿈속에서는 그것이 꿈인 줄 모르고서 꿈속에서 또 그 꿈을 점치다가 잠을 깨어나서야 그것이 꿈인 줄 알게 된다.

인생 또한 마찬가지로 크게 깨친 성인을 만난 후에야 그 삶의 시간들이 긴긴 잠 속의 한바탕 꿈인 줄 깨닫게 된다. 그러나 어리석은 사람은 삶을 스스로 잠깨었다고 생각하고 스스로 지혜가 많다고 일컬어 '고귀한 임금이여, 비천한 목자여' 하여 어쩌면 그렇게도 귀천을 분별하는 데 집착하는지, 고루하기 짝이 없다.

공자도 너도 모두 꿈속에 있으며 내가 너에게 꿈이라고 이야기해 주는 것 또한 한바탕의 꿈에 지나지 않는다. 이런 말을 괴이한 이야기라 이름한다. 이런 이야기를 아는 위대한 성인을 먼먼 만세 이후라도 만날 수만 있다면 그것은 하루아침 하룻저녁(一朝一夕)에 만난 것처럼 아주 빠른 것이라 할 수 있다.

【감산 절해】

此一節은 明至人이 所以超乎生死而遊人世者는 以觀世間如大夢하고 死生如夜旦하고 憂樂如夢事하며 迷中說是非를 如夢占夢하고 迷中正是非를 如白日說夢事라 總而言之컨댄 皆在大夢之中耳라 似此를 若不是至人이 看破면 誰知此是大夢耶아 愚者 竊自以爲覺하니 豈不陋哉아 卽自古堯舜 已下之君相과 以及孔子히 皆夢中說夢之人耳라 莊子 自謂我此說도 亦在 夢中이라 無人證者니 必待後世에 有大覺之大聖이라야 方知我今日之夢說

이 不妄也리라 此論은 極正大痛切하니 而入聖工夫를 亦卽於此에 可見矣라 此結前執是非之論也니라

　後文에 翻覆發明此意하야 以結前文하사 總歸於大道之原이니라

　이 문장은 생사를 초월하여 세상에 노니는 至人이란 세간을 꿈처럼, 생사를 아침저녁처럼, 슬픔과 즐거움을 꿈속의 일처럼, 혼미 속에서 시비를 말함은 꿈속에서 해몽하는 것처럼, 혼미 속에서 시비를 바로잡으려는 것은 대낮에 꿈 이야기를 하는 것과 같음을 밝혀 주었다.

　이를 총괄하여 말하면 모두가 깊은 꿈속에 있는 일이다. 이와 같은 꿈을 至人이 간파하지 않으면 누가 이것이 깊은 꿈인 줄 알겠는가. 어리석은 자는 슬며시 스스로 잠 깨었다고 생각하니, 어찌 누추한 짓이 아니겠는가. 예로부터 요순 이래 모든 왕과 경상, 그리고 공자도 모두 꿈속에서 꿈 이야기를 한 사람이었을 뿐이다.

　장자는 스스로, '나의 이 말마저도 또한 꿈속에 있는 것이라, 증명할 사람이 없다. 반드시 후세에 大覺의 성인이 있어야 비로소 나의 꿈 이야기가 부질없지 않음을 알 것이다'라고 생각하였다. 이 논은 지극히 正大하고 痛切한 것으로 성인으로 들어갈 수 있는 공부를 바로 여기에서 볼 수 있다. 이는 앞에서 말한 시비에 집착한다는 논을 끝맺은 것이다.

　아래 문장에서는 반복하여 이 뜻을 밝히면서 앞의 문장을 끝맺고, 大道의 본원으로 모두 귀결 짓는다.

[원문]

旣使我與若으로 辯矣라 若勝我하고 我不若勝이면 若果是也아 我果非

也邪아³⁷⁵ 我勝若하고 若不吾勝이면 我果是也아 而果非也邪아 其或是也며 其或非也邪아 其俱是³⁷⁶也며 其俱非也耶아 我與若이 不能相知也니³⁷⁷ 則 人固受其黮闇이라³⁷⁸ 吾誰使正之리오³⁷⁹ 使同乎若者로 正之는 旣與若으 로 同矣라 惡能正之리오³⁸⁰ 使同乎我者로 正之면 旣同乎我矣라 惡能正之 며³⁸¹ 使異乎我與若者로 正之면 旣異乎我與若矣라 惡能正之며³⁸² 使同乎 我與若者로 正之면 旣同乎我與若矣라 惡能正之리오³⁸³ 然則我與若與人 俱不能相知也니³⁸⁴ 而待彼也耶아³⁸⁵ 化聲之相待이니라³⁸⁶ 若其不相待면

---

375 此釋上의 皆在夢中之辯을 無能正者라 | 이는 위에서 말한, 모두 꿈속에서 의 이야기를 바로잡을 자 없음을 해석한 것이다.

376 兩家俱是라 | 양쪽 다 옳다는 뜻이다.

377 以俱在夢中하야 說夢하니 爾我誰能知其是非耶아 | 모두 꿈속에서 꿈 이 야기하니 너와 나 그 누가 시비를 알겠는가.

378 暗昧하야 不明白也라 | 혼미하여 명백하지 않음이다.

379 言彼聞爾我之辯者 都被瞞了在暗昧之中하니 將使誰人으로 正之耶아 | 너와 나의 논변을 듣는 그 역시 모두 혼미의 속에서 속임을 당하고 있으니 어느 누가 이를 바로잡겠는가.

380 使與汝一樣人으로 正之하면 旣與汝로 一般見識이라 又何能正我之心耶 아 | 그대와 똑같은 이에게 바로잡게 하면 이미 그대와 똑같은 견해이다. 또 어떻게 나의 마음을 바로잡아 줄 수 있겠는가.

381 使與我一樣人으로 正之하면 旣與我 一般見識이니 又何能正汝之心耶아 | 나와 똑같은 이에게 바로잡게 하면 이미 나와 똑같은 견해이다. 또 어떻 게 그대의 마음을 바로잡아 줄 수 있겠는가.

382 使不同爾我兩家之人으로 正之하면 旣絶與爾我로 不同하야 識見이 各別 이니 又何能正爾我之是非哉아 | 그대와 나, 두 사람과 같지 않은 이에게 바로잡게 하면 이미 그대와 나의 견해와 전혀 같지 않아 식견이 각기 다르 다. 또 어떻게 그대와 나의 시비를 바로잡아 줄 수 있겠는가.

383 旣與爾我兩家一樣이면 決不能正之矣라 | 이미 그대와 나, 두 사람과 같은 생각을 가졌으면 결코 시비를 바로잡을 수 없다.

384 言大家都在夢中하야 辯夢占夢하며 說夢事之是非하니 畢竟에 何能相知

哉아 | 모두가 다 꿈속에 있으면서 꿈을 논변하고 해몽을 하며 꿈속의 시비를 말하니 필경 어떻게 서로 알겠는가.

385 彼字는 近指前文所待大覺之聖人이요 遠則指前非彼無我之彼字니 意指眞宰라 謂旣擧世之人이 都在迷中하야 橫生是非之辯이라 如夢中에 諍論이라 誰能解而正之리오 除非是大覺之聖人이 出世하야사 方能了然明白이리라 若不待聖人이오 直須 各人이 悟了本有眞宰면 則不由是非하고 而照之於天然大道니 則是非亦泯絶矣니라 故로 下句에 卽云和之以天倪라 하니 天倪는 卽前之休乎天均이라 皆釋前照之於天이니 謂眞宰는 乃天然大道之體요 非世人迷執之我見也라 莊子 文章脈絡의 首尾相貫이 如地中之泉이라 今此文橫說竪說을 三千餘言이라가 到此하야 只以一彼字로 結之하시니 看是何等力量이라 但看發論之端에 暗點出眞宰하야 但云非彼無我하야 以一彼字로 爲主하고 到底하야 猛然突出一句而待彼也耶아 하니 若看破此機軸하면 則文章變化神矣니라 | 彼는 가깝게는 앞에서 말한 "고대하는 大覺의 성인"이요, 멀리는 "非彼無我"의 彼 자를 가리킨다. 그 뜻은 眞宰를 말한다. 온 세상 사람이 모두 혼미 속에서 시비의 논변이 종횡무진이다. 마치 꿈속에서의 논쟁이니, 그 누가 이를 풀어 바로잡아 주겠는가. 오직 大覺의 성인이 세상에 나와야만 비로소 了然하여 명백할 것이다. 만일 성인을 기다릴 게 없이, 누구라도 本有의 眞宰를 깨달으면 시비 분별에 말미암지 않고, 天然 大道에 비추어 볼 것이다. 그러면 시비 또한 절로 사라지게 된다. 이 때문에 아래 구절에서 "和之以天倪"라 했다. 天倪는 앞 문장에서 말한 "休乎天均"이다. 이는 모두 "照之於天"을 풀이한 것이다. 眞宰는 바로 천연 大道의 本體로 世人의 혼미와 집착의 我見이 아니다. 장자의 문장 맥락이 시종일관하여 마치 땅속의 물줄기와도 같다. 이 문장은 횡설수설 3천여 자를 써오다가 이 문장에 이르러 다만 하나의 彼자로 끝맺었다. 이 얼마나 큰 역량인가를 간파해야 한다. 다만 이야기를 시작하면서 은연중 眞宰를 드러내어 다만 "非彼無我"라 하여 하나의 彼자를 주로 삼고, 끝부분에 이르러 갑자기 "而待彼也耶" 한 구절을 말했다. 만일 이와 같은 機軸을 간파하면 문장 변화의 신묘일 것이다.

386 無而忽有曰化니 言空谷之響이 乃化聲也라 謂觀音聲이 如空谷傳響하야 了無情識이면 又何是非之有哉아 此一句는 又總結前地籟의 長風竅響과 音聲唱和 皆化聲也라 若觀言語音聲이 如風吹竅響이면 何有是非之執이리오 所以有是非者는 蓋是有機心之言이니 故로 競執爲彼此之是非耳라 故로 發論之初에 乃曰 夫言非吹也라 하야 爲是非發端하고 今齊物論已了에 必指歸於地籟일새 故로 曰 化聲相待라 하니 乃究竟齊物之工夫라 若

和之以天倪하고**387** 因之以蔓衍이니**388** 所以窮年也라 何謂和之以天倪오**389**

言語音聲이 如地籟면 則言出天眞하야 了無機心이니 乃眞天籟也라 觀前
發端之地籟컨댄 則振蕩乾坤인 一段說話러니 歸結到了하얀 但輕輕以化
聲相待四字로 結之하니 看是何等之胸襟致思오 筆力變化로 文章到此하
니 不可思議矣로다 | 없다가 갑자기 있는 것을 化라 한다. 빈 골짜기 메아
리를 化聲이라 한다. 사람의 음성이 빈 골짜기에 울려오는 메아리처럼 전혀
情識이 없이 觀하면 어찌 시비가 있겠는가. 이 한 구절 또한 앞에서 말한 地
籟의 長風에 울려나는 소리와 音聲의 唱和가 모두 化聲임을 總結한 것이
다. 만일 언어와 음성을 바람이 불자 구멍에서 울려나오는 소리처럼 觀한다
면 무슨 시비의 집착이 있겠는가. 시비가 있다는 것은 機心이 있기 때문에
서로 다투어 피차의 시비를 고집한 것이다. 따라서 처음 발론할 적에 "夫言
은 非吹也"라 하여 시비의 發端을 삼고, 여기에 이르러 〈齊物論〉이 끝맺음
에 반드시 地籟로 귀결 지은 까닭에 "化聲相待"라 하여, 이것이 곧 究竟의
〈제물론〉 공부이다. 만일 언어와 음성이 地籟와 같으면 언어는 天眞에서
나와 전혀 機心이 없으리니 이것이 바로 참다운 天籟이다. 앞에서 발단으로
삼은 地籟 단락을 보면 천지를 진동한 하나의 문장이었는데, 總結에 이르러
서 다만 가볍게 "化聲相待" 네 글자로 끝맺었다. 그 무슨 흉금을 가졌기에 이
런 생각을 할 수 있는 것인지! 筆力의 변화로 문장이 경지에 이르렀으니 불
가사의라 하겠다.

387 此一句는 結齊物論之工夫也라 謂若果觀擧世言論之音聲이 如風吹竅鳴
하면 則是化聲相待라 則詘天機하야 了無是非로 執矢라 若其不能如化聲
相待면 則當和之以天倪하고 而休乎天均이라 則不由是非之情코 而當照
之於天이라 如此則物論不齊而自齊也어니와 不然이면 則終無可齊之日
矣리라 | 이는 〈제물론〉의 공부를 끝맺은 것이다. 만일 진정으로 온 세상의
언어와 음성이 수많은 구멍에 바람이 불어 소리 나는 것과 같다면 이는 化
聲으로 相待함이다. 즉 말이 천기에 나와서 전혀 시비의 집착이 없게 될 것
이다. 만일 그것이 화성으로 상대하지 못할 것 같으면 마땅히 天倪로 和하
여 天均으로 그치게 하면 시비의 정을 따르지 않고 天道로 비춰볼 것이니,
이와 같이 한다면 物論은 가다듬지 않아도 절로 가다듬어지려니와 그렇지
않으면 끝내 가다듬어질 날이 없을 것이다.

388 蔓衍者는 謂散漫流衍이니 卽橫說堅說이 如樞得環中하야 以應無窮이라
是一亦無窮이요 非一亦無窮은 所謂惡乎存不可也라 以言出天眞하야 無
往而非道일새 故能和之以天倪니 則可失口而談이라 故로 曰 因之以蔓衍

曰是不是然不然이니³⁹⁰ 是若果是也則是之異乎不是也라 亦無辯이요³⁹¹

然若果然也則然之異乎不然也라 亦無辯이니³⁹² 忘年忘義하야³⁹³

也니라 | 蔓衍이란 散漫과 流衍이니, 횡설수설이 문의 지도리가 環中을 얻
어 무궁하게 응함과 같다. 是 또한 하나의 무궁함이요, 非 또한 하나의 무궁
함이니, 이른바 어찌 不可함이 있겠는가? 말이 天眞에서 나옴에 어디를 가
도 道 아닌 것이 없다. 이 때문에 天倪로 和할 수 있는데, 실언으로 말한 까
닭에 "因之以蔓衍也"라 한 것이다.

389 倪는 端倪也니 謂天然大道之實際也라 何謂二字는 乃重釋之辭也라 前文
에 並無和天倪之說하고 但云聖人은 和之以是非하야 而休乎天均이라 始
云 聖人은 不由而照之於天하니 蓋此天倪 卽前之天均이니 而結歸照之
於天이라 以初從是非方生方死之間하야 就要照之於天이라 하고 及說到
勞神明而不能一하야늘 則曰 聖人은 和之以是非하야 而休乎天均이라 하
며 到此에 議論已完了일새 故總前意하야 乃曰何謂和之以天倪하시니 蓋
卽結歸和是非之天均也라 但以均字로 變爲倪字일새 故로 不識其意耳니
라 | 倪는 端倪니, 天然 大道의 實際를 말한다. 何謂 두 글자는 거듭 해
석한 말이다. 앞 문장에서는 "和之以天倪"라는 말이 없고, 다만 "聖人和之
以是非而休乎天均"이라고만 말했다. 처음에는 "聖人不由而照之於天"이
라 하니, 이 天倪란 바로 앞에서 말한 天均이니, "照之於天"으로 귀결된다.
처음에는 是非, 方生方死의 사이에서 天道에 비추고자 하고, "勞神明而不
能一"에 이르러서는 "聖人 和之以是非而休乎天均"이라 하고, 이에 이르러
의논이 이미 끝나기에 앞에서 말한 문장을 모두 총괄하여 "何謂和之以天
倪"라 하였다. 이는 곧 시비를 조화시키는 天均으로 귀결 지은 것이다. 다만
天均의 均을 天倪의 倪로 바꾸었기에 쉽사리 그 뜻을 알 수 없는 것이다.

390 是然은 乃兩家 各執之偏見也라 | 是와 然은 두 사람의 각기 고집한 편견이다.

391 言是旣異於彼不是矣라 又何庸辯가 | 옳다는 것은 이미 저 사람이 옳지 않
다는 것과 다르다. 어찌 군이 논변할 게 있겠는가.

392 謂然旣異於不然矣라 又何庸辯哉아 | 그렇다는 것은 이미 그렇지 않다는
것과 다르다. 어찌 군이 논변할 게 있겠는가.

393 前云於道有虧면 則辯者 終身無成이나 以自以爲成일새 故로 非成耳어니
와 今載道之言이 出乎天眞之自然하야 隨其成心而師之이면 則無往而非
道라 如此則優游卒歲하야 了無成名之心이요 身住世間하되 心超生死이
라 則足以忘年이요 了無人我彼此之分이니 故能忘義하야 而無一定之辯

振於無竟이니 故로 寓諸無竟이니라³⁹⁴

【直譯】 만일 내가 너와 더불어 論辯할 적에 네가 나를 이기고 내가 너를 이기지 못했다면 네가 果然 옳고 내가 果然 그릇된 것일까? 내가 너를 이기고 네가 나를 이기지 못했다면 내가 果然 옳고 네가 果然 그릇된 것일까? 어떤 것은 옳으며 어떤 것은 그릇된 것일까? 그 모두 옳으며 그 모두 그릇된 것일까?

나와 네가 서로 알지 못한다면 사람들은 참으로 그 黮(闇)함을 받게 될

이라 眞人應世에 與物無競이 如此而已니라 | 앞에서 말하기를, 道에 이지러짐이 있으면 辯者는 종신토록 이룰 수 없으나 스스로 이루었다고 생각한다. 이 때문에 이룰 수 없다고 하였다. 그러나 여기에서 道가 실린 말이 天眞의 自然에서 나와 그 成心을 따라 스승을 삼는다면 어디를 갈지라도 도 아닌 것이 없다. 이와 같으면 넉넉하게 생을 마치되 전혀 成名의 마음이 없고, 몸은 세간에 있더라도 마음은 생사를 초월하기에, 세월을 잊고 人我와 彼此의 구분이 전혀 없을 것이다. 이 때문에 義를 잊어 一定한 논변이 사라질 것이다. 眞人이 속세에 응하여 外物과 다투지 않음이 이와 같을 뿐이다.

394 無竟者는 乃絶 疆界之境이라 卽大道之實際니 所言廣莫之鄕과 曠垠之野와 皆無竟之義也라 言眞人處世에 凡所振作擧動이 皆與道冥一하야 施爲動作於大道之鄕일새 故로 曰 振於無竟이라 故棲神於寂寞沖虛일새 故曰 寓諸無竟이니 此齊物論之究竟指歸實際處也라 如此一篇大文章에 開端如虛하야 驚天動地하니 若不指歸實際면 則爲荒唐之說矣니라 | 無竟이란 한계가 없는 경지이니, 곧 大道의 실제이다. 이른바 "廣莫之鄕"과 "曠垠之野"가 모두 無竟의 뜻이다. 眞人이 세상에 거처하면서 모든 振作과 擧動이 모두 은연중 道와 하나가 되므로 大道의 고을에서 베풀고 동작하기에 "振於無竟"이라 한 것이다. 따라서 정신이 寂寞沖虛에 노니므로 "寓諸無竟"이라 한 것이다. 이것이 〈제물론〉의 究竟에 指歸할 實際處이다. 이와 같이 이 편의 대문장은 처음부터 허공처럼 하늘과 땅을 놀라게 하는 듯하니, 만일 實際를 가리키지 않는다면 황당한 말이 될 것이다.

것이니, 우리가 누구로 하여금 이를 바로잡을까?

　너와 같은 者로 하여금 바로잡으면 이미 너와 더불어 같으니 어떻게 能히 바로잡을 수 있겠는가. 나와 같은 者로 하여금 바로잡으면 이미 나와 같으니 어떻게 能히 바로잡을 수 있겠는가. 나와 너와 다른 者로 하여금 바로잡으면 이미 나와 너와 다르니 어떻게 能히 바로잡을 수 있겠는가. 나와 너와 같은 者로 하여금 바로잡으면 이미 나와 너와 같으니 어떻게 能히 바로잡을 수 있겠는가. 그렇다면 나와 너와 사람이 모두 서로 알지 못함이니 다른 사람을 기다릴까?

　化聲을 서로 기다림이 그 서로 기다림이 아니면, 天倪로써 和하고 曼衍으로써 因함이 天年을 다한 바이다.

　무엇을 '天倪로써 和함이라' 말하는가. 옳고 옳지 않음과 그렇고 그렇지 않음이니 옳음이 만일 정말로 옳은 것이라면 옳음이란 옳지 않은 것과 다름을 또한 論辯할 것이 없으며, 그러함이 만일 정말로 그렇다고 한다면 그러함이란 그렇지 않은 것과 다름을 또한 論辯할 것이 없으니, 年을 잊고 義를 잊어 無竟에 떨친 까닭에 無竟에 부칠 수 있다."

　【의역】 가령 나와 네가 논변을 한다고 보자. 네가 나를 이기고 내가 너에게 졌을 경우, 진정 너의 논변이 옳았고 나의 말은 잘못되었을까? 내가 너를 이기고 네가 나에게 졌을 경우, 진정 나의 논변이 옳고 너의 말은 잘못되었을까? 아니면 그 중 하나는 옳고 그 중 하나는 잘못된 것일까? 그렇지 않으면 양쪽 모두 옳고 양쪽 모두 잘못된 것일까?

　나와 네가 모두 알 수 없다면 제3자도 혼미를 거듭할 뿐이다. 그렇다면 우리가 누구를 시켜 바로잡을 수 있을까?

너와 입장이 같은 사람에게 바로잡으라 하면 이미 너희 쪽 사람으로 의견이 같으니, 어떻게 바로잡을 수 있겠는가. 나와 입장이 같은 사람에게 바로잡으라 하면 이미 우리 쪽 사람으로 의견이 같으니, 어떻게 바로잡을 수 있겠는가. 나와 너와 입장이 다른 제3자에게 바로잡으라 하면 이미 나와 너와 달리 또 다른 하나의 말을 세운 사람이니, 어떻게 바로잡을 수 있겠는가. 나와 너와 입장이 같은 제3자에게 바로잡으라 하면 이미 나와 너, 양쪽으로 기운 사람이니, 어떻게 바로잡을 수 있겠는가. 그렇다면 나도 너도 제3자도 모두가 알 수 없으니, 또 다른 그 누구를 기다려야 하는 것일까?

이처럼 분분한 시비의 소리를 그 누가 바로잡아 주기를 기다렸지만 모두 바로잡아 주지 못한 것으로 보면 애당초 기대하지 않은 것과 마찬가지이다. 무심으로 실마리 하나 없는 천예(天倪)로써 모든 것을 조화시키고 끝이 없는 만연(曼衍)을 따르는 것이 천수(天壽)를 다할 수 있는 것이다.

'실마리 하나 없는 천예로써 모든 것을 조화시킨다'란 무엇을 말한 것일까? 옳다는 의견과 옳지 않다는 의견, 그렇다는 의견과 그렇지 않다는 의견으로 일정하지 않다. 그 옳다는 의견이 진정 옳은 것이라면 옳다는 의견이란 옳지 않다는 의견과 다를 것은 두말할 필요가 없으며, 그렇다는 의견이 진정 그렇다고 한다면 그렇다는 의견은 그렇지 않다는 의견과 다를 것은 더 말할 필요가 없다.

이처럼 일정한 대립구조가 있으면 그것은 모두 그릇된 것이다. 이 때문에 시비의 실마리가 없는 천예로써 모든 것을 조화시켜야 한다고 말한 것이다. 그러므로 생사(生死)의 나이를 잊고 시비(是非)의 의리를 잊고서 끝이 없는 경지에 고무(鼓舞)하여야 한다. 이 때문에 스스로 끝이 없는 경지에 머물 수 있다."

【감산 절해】

此一節은 總結齊物論之究竟處也라 首以喪我로 爲發啓하니 則意在物論之不齊 皆執我見之過也라 今要齊物인댄 必先忘我니 此主意也라 次將顯世人之言語音聲이 乃天機之所發이나 但在有機忘機之別일새 故分凡聖之不同이라 故以三籟發端하니 意在要將地籟하야 以比天籟라 但人有小知大知之不同일새 故로 各執己見하야 爲必是니 故說了地籟에 卽說大知小知之機心情狀之不一일새 故不能合乎天機 如地籟之風吹竅響耳라 如此者는 何也오 蓋由人迷卻天眞之主宰하고 但認血肉之軀하야 以爲我니 故執我見하야 而生是非之强辯者는 蓋迷之之過也라 故次點出眞宰하사 要人先悟本眞이라 要悟本眞인댄 須先抛卻形骸니 故有百骸九竅之說이라 要人看破形骸하야 而識取眞宰니 若悟眞宰하면 則自然言言合道하야 皆發於天眞이니 是所謂天籟也라 今之辯論之不齊者는 蓋是機心之言이니 故執有是非라 故立論是非之端에 首云 夫言非吹也 一句提起하야 以生後而許多是非之情狀이 皆從非吹二字發揮라 但凡人은 迷之而不悟어니와 在聖人하얀 已悟일새 則不由衆人之是非라 故凡所言者 皆照於天也라 從此照之於天一語하야 以立悟之公案이니라 故向下說到하되 是非는 不必强一이요 但只休乎天均이니 則不勞而自齊一矣리라 如是重重議論이라가 到末後是非하얀 卒無人正之者라 如擧世古今이 皆是夢中說夢이니 必待大覺之聖人하야사 方能正之요 卽不能大覺之聖人이라도 亦只須了悟各人之眞宰면 則物論是非自明矣나라 到此了悟之後에 是非自明하면 則凡所言者 皆出於天眞이 如地籟無異矣라 故로 末後에 以化聲相待一語로 以結之니라 若未大悟면 則

凡所語言을 皆當照之於天하야 而休乎天均으로 爲工夫니 故以和之以天倪로 爲結語라 此通篇之血脈이며 立言之本意也라 但文章이 波瀾浩瀚하야 難窺涯際어니와 若能看破主意하면 則始終一貫이요 森然嚴整하야 無一字之剩語니 此所謂文章變化之神鬼者也니라

下文에 總以形影夢幻으로 爲結하사 以見眞實之工夫也어니라

이 문장은 〈제물론〉의 究竟處를 總結한 것이다. 먼저 喪我를 첫 실마리로 삼았으니 곧 物論이 가다듬어지지 않음은 모두 我執에 집착한 잘못에 있음을 뜻한다. 이제 物論을 가다듬으려면 반드시 먼저 自我를 잊어야 한다는 것이 이의 주된 뜻이다.

그 다음으로 世人의 언어 음성이 본래 天機에서 나오는 것이나, 다만 機心이 있느냐 機心을 잊었느냐의 차별이 있기에 범인과 성인의 구분이 달라진다. 이 때문에 三籟로써 발단을 삼으니, 그 뜻은 地籟를 가지고서 天籟에 비유함에 있다. 다만 사람에 따라 小知와 大知의 다른 점이 있기에 각기 자신의 견해를 고집하여 반드시 옳다고 한다. 이 때문에 地籟를 말하면서 大知와 小知의 機心과 情狀이 한 가지가 아님을 말하였다. 따라서 天機에 부합되지 못함이 地籟의 수많은 구멍에 바람 불어 울려 나오는 소리와 같지 않은 것이다.

이렇게 된 것은 무엇 때문인가? 이는 사람들이 天眞의 主宰를 알지 못하고 오로지 혈육의 육신만을 인식하여 自我로 삼기 때문이다. 따라서 我見에 집착하여 시비 强辯을 낳는 것은 혼미한 잘못 때문이다. 그러므로 眞宰를 지적하여 사람들에게 먼저 本眞을 깨닫게 한 것이다.

本眞을 깨닫고자 한다면 먼저 形骸를 버려야 한다. 이 때문에 百骸九

竅를 말한 것이다. 이는 사람들로 하여금 形骸를 간파하여 眞宰를 깨닫게 하고자 함이다. 만일 眞宰를 깨달으면 자연히 모든 말이 도에 부합되어 모두 天眞에서 나오게 된다. 이는 이른바 天籟이다.

이제 논변이 똑같지 않은 것은 機心에서 나온 말이라, 이 때문에 시비를 고집한 것이다. 따라서 시비의 단서를 말하면서 먼저 "夫言非吹也"한 구절로 제기한 후에, 수많은 시비의 情狀이 모두 非吹 두 글자를 밝힌 것임을 드러냈다. 다만 범인은 혼미하여 깨닫지 못하거니와 성인은 이미 깨달았으므로 衆人의 시비로 말미암지 않는다. 따라서 성인의 모든 말은 다 天道에 비추어진 것이다.

이 "照之於天"한 구절을 따라서 깨달음을 위한 公案을 세운 것이다. 이 때문에 아래에서 시비는 구태여 억지로 조화시키지 않고, 다만 "天均으로 그치게 할 뿐이다." 이와 같이 되면 수고롭게 하지 않아도 저절로 가지런해진다.

이와 같이 거듭거듭 의논하다가 맨 끝에 이르러서는 시비는 끝내 바로잡아줄 사람이 없다고 했다. 예컨대 온 세상 고금의 사람들이 모두 꿈속에서 꿈 이야기를 하니, 반드시 大覺의 성인을 기다려야만 비로소 이를 바로잡을 수 있다. 그리고 大覺의 성인이 아니라 하더라도 또한 자기의 眞宰를 깨달으면 物論의 시비는 저절로 밝혀질 것이다. 이처럼 깨달음을 얻어 시비가 절로 밝혀지면 모든 말들이 모두 天眞에서 나옴이 地籟와 다름없게 된다. 이 때문에 맨 끝에서 "化聲相待"한 구절로 끝맺은 것이다.

만일 크게 깨달음을 얻지 못하면 모든 말들을 마땅히 "天道에 비추어 天均으로 그치게" 하는 것을 공부로 삼아야 한다. 이 때문에 "和之以天

倪"로 結語를 삼은 것이다. 이는 전편의 혈맥이며 立言의 본의이다. 다만 문장의 파란과 浩瀚으로 그 가장자리를 엿보기 어렵다. 만일 주된 뜻을 간파하면 시종일관되고 森然이 嚴整하여 한 글자도 허튼 소리가 없다. 이것이 이른바 문장 변화의 신묘함이 귀신 같음이다.

아래 문장에서는 형상과 그림자, 그리고 꿈과 환상에 관한 이야기로 총괄하여 끝맺으면서 진실한 공부를 보여주고 있다.

【원문】

罔兩이[395] 問景曰 曩子行이라가 今子止하고 曩子坐라가 今子起하니 何其無特操與아[396] 景曰 吾有待而然者邪아[397] 吾所待 又有待而然者邪아 吾待蛇蚹蜩翼邪아[398] 惡識所以然이며 惡識所以不然이리오[399] 昔者에 莊周

---

395 影外之影也라 | 그림자 밖의 그림자이다.

396 言行止起坐不常하니 何以無一定之特操也오 | 행하고 멈추고 일어나고 앉음이 일정하지 않으니, 어찌하여 일정한 特操가 없는가를 말한 것이다.

397 影은 謂蓋不由我요 以有待者形也라 | 그림자는 자기로 말미암지 않고, 기다림이 있는 게 몸이다.

398 言我所待者形이 若蛇蚹蜩翼之做物耳라 彼何知哉아 | 내가 의지하는 몸은 마치 뱀의 비늘, 매미의 날개가 물건 되는 것과 같을 뿐이니, 그것이 무엇을 알겠는가?

399 言彼假形塊는 若無知之物이 若蛇之蚹蜩之翼하야 與眞宰로 無相干者요 但任其天機之動作耳라 又何以知其然與不然耶아 意謂世人學道에 做忘我工夫호되 必先觀此身이 如影如蛇蚹蜩翼이면 則我執自破矣니라 | 저 假形의 몸뚱이는 무지한 물건으로 마치 뱀의 비늘, 매미의 날개와 같아서 眞宰와는 상관이 없고, 天機의 동작에 따를 뿐이다. 또 어떻게 그런지 그렇지 않은지를 알겠는가? 이 뜻은 道를 배움에 있어서 먼저 忘我의 공부를 하되 반드시 먼저 자기 몸을 그림자 또는 뱀의 비늘, 매미의 날개처럼 觀하면 我執이 절로 사라질 것이다.

夢爲蝴蝶에 栩栩然蝴蝶也라⁴⁰⁰ 自喩適志與하야 不知周也러시니⁴⁰¹ 俄然
覺엔 則蘧蘧然⁴⁰² 周也인댄⁴⁰³ 不知周之夢爲蝴蝶歟아 蝴蝶之夢爲周歟아
周與蝴蝶則必有分矣니⁴⁰⁴ 此之謂物化니라⁴⁰⁵

【직역】 罔兩(微細한 陰影)이 그림자에게 묻기를, "조금 전에 그대가 行하
다가 이제 그대가 그치며, 조금 전에 그대가 앉았다가 이제 그대가 일어
나니, 어떻게 그처럼 特操가 없는가?"

그림자가 말하기를, "나는 기다림이 있어 그런 것일까? 내가 기다린 바

---

400 栩栩然은 喜意라 | 栩栩然은 기뻐하는 뜻이다.

401 言夢中에 爲蝴蝶하야 自喜自適하야 竟不知其爲周也라 | 꿈속에 나비가
   되어 스스로 기뻐하고 만족스러워 끝내 莊子인지 몰랐음을 말한다.

402 蘧蘧然은 僵臥之貌라 | 蘧蘧然은 누워 있는 모습이다.

403 覺來依然一周耳라 | 깨어 보니 여전히 하나의 장자였다.

404 言夢覺之不同이나 但一周耳라 不知蝴蝶爲周아 周爲蝴蝶가 此處에 定有
   分曉니 要人看破면 則視死生如夢覺하고 萬物一觀하야 自無是非之辯矣
   리라 | 꿈속과 잠에서 깨어남이 다르지만 하나의 장자일 뿐이다. 알 수 없는
   일이다. 나비가 장자가 된 것인지? 아니면 장자가 나비로 된 것인지? 이 구
   절을 반드시 깨달은 바가 있어야 한다. 요컨대 이를 간파하면 생사를 夢覺
   (몽교)와 같이 보고 만물을 하나로 보아 절로 시비의 논변이 사라질 것이다.

405 物化者는 萬物이 化而爲一也니 所謂大而化之謂聖이라 言齊物之極은 必
   是大而化之之聖人이 萬物混化而爲一하면 則了無人我是非之辯이니 則
   物論不齊而自齊也라 齊物을 以一夢結하니 則破盡舉世古今之大夢也라
   由是觀之면 莊子之學은 不易致也오 非特文而已矣니라 | 物化는 만물과
   化하여 하나 됨을 말한다. 이른바 大人으로서 無爲而化한 성인을 말한다.
   〈제물론〉의 極處는 반드시 "大人으로서 無爲而化한 성인"이 만물을 모두
   변화시켜 하나로 하면 모두 人我·是非의 논변이 사라질 것이다. 그러면
   物論을 가다듬지 않아도 절로 가다듬어질 것이다. 〈제물론〉을 하나의 꿈으
   로 總結하니, 이는 온 세상 고금의 大夢을 모조리 타파한 것이다. 이로 보면
   장자의 학문을 쉽사리 이를 수 없다. 이는 문자에 그치는 것이 아니다.

또한 기다림이 있어 그런 것일까? 나는 뱀의 발과 매미의 날개(蜩翼)를 기다리는 것일까? 어찌 그런 바를 알며, 어찌 그렇지 않은 바를 알 수 있으랴?"

옛적에 莊周가 꿈에 胡蝶이 되어 栩栩然히 胡蝶이었다. 스스로 기쁘고 뜻에 自適한 듯하여 莊周인지도 몰랐는데, 잠깐 뒤 잠깸에 蘧蘧然한 莊周였다. 알 수 없다. 莊周의 꿈에 胡蝶이 된 것일까? 胡蝶의 꿈에 莊周가 된 것일까? 莊周인지 胡蝶인지 이것에 대해 반드시 分曉가 있어야 하니, 이를 物化라 말한다.

【의역】 그림자 밖의 미세한 음영이 그림자에게 물었다.

"당신은 조금 전에는 걷더니만 지금은 멈춰 섰고, 얼마 전에는 앉아 있더니만 지금은 서 있으니, 어떻게 그처럼 내 맘대로 하는 지조가 없는가?"

그림자가 음영에게 말하였다.

"나는 사람의 형체를 기다림이 있어 그런 것일까? 내가 기다리는 사람의 형체 또한 반드시 진재(眞宰)를 기다림이 있어 그런 것일까? 나는 뱀의 비늘과 매미의 날개 따위를 기다리는 것일까? 어째서 그런지를 알 수 있으며, 어째서 그렇지 않은지를 알 수 있겠는가."

지난날 그 언젠가 장주는 꿈속에 한 마리 호랑나비가 되어 훨훨 날아다녔다. 너무도 기쁘고 유쾌하여 자기가 장주라는 사실조차 깨닫지 못하였다. 그러다 꿈에서 깨어 보니 사람의 형체가 틀림없는 장주였다.

알 수 없는 일이다. 장주의 꿈에 호랑나미가 된 것일까? 호랑나비의 꿈에 장주가 된 것일까? 장주인지 호랑나비인지 이것에 대해 분명한 깨달음이 있어야 하나니, 이 깨달음을 얻은 사람을 만물과 化하여 하나된 성인이라 한다.

【감산 절해】

此結齊物之究竟化處니 故托夢覺不分하야 以物化爲極則이라 大槩此論立意는 若要齊物인댄 必先破我執으로 爲第一이니 故首以吾喪我로 發端이라 然이나 吾는 指眞宰요 我는 則形骸라 初且說忘我하되 未說工夫라가 次則忘我工夫엔 須要觀形骸是假니 將百骸, 九竅, 六藏하야 一一看破散了하되 於中에 畢竟誰爲我者요 方才披剝出一箇眞君面目하니 意謂若悟眞君하면 則形骸可外요 形骸外하면 則我自忘이요 我忘하면 則是非 泯矣니 此 其中大主意也라 重重立論하야 返覆發揚者 此耳니라 謂若未悟眞君하얀 則擧世古今皆迷 如在大夢之中이니 縱有是非之辯이면 誰當正之耶아 縱有正之者라도 亦若夢中에 占夢耳라 若明正是非인댄 必待大覺之聖人이니라 卽不能待大聖인댄 亦直須各人이 了悟當人本來面目하야사 方自信自決矣리라 要悟本來眞宰인댄 須是忘我라 然이나 忘我工夫는 先觀人世如夢하고 是非之辯을 如夢中事하고 正是非者를 如夢中占夢之人이니 若以夢觀人世면 則人我之見이 亦自解矣리라 雖解人我나 而未能忘言이니 若觀音聲如響하면 則言語相空일새 如此則言自忘矣니라 言雖忘이나 而未能忘我니 則觀自己를 如影外之影하며 觀血肉之軀를 如蛇蚹蜩翼하면 此則頓忘我相이니 不必似前分析也라 蓋前百骸九竅를 一一而觀은 乃初心觀法이니 如內敎小乘之析色明空觀이요 今卽觀身을 如影之不實하며 如蛇蚹之假借는 乃卽色明空이니 更不假費工夫也라 雖觀假我나 而未能忘物이라 故如蝶夢之喩하면 則物我兩忘이요 物我忘하면 則是非泯이니 此 聖人大而化之成功也라 故

以物化로 結之하시니라 如此識其主意하야 攝歸觀心하면 則不被他文字眩
惑이요 乃知究竟歸趣리니 此齊物之總持也라 觀者는 應知니라

이는 〈제물론〉의 究竟 物化處의 끝맺음이다. 이 때문에 夢覺의 구분
이 없음에 가탁하여 物化로써 極則을 삼았다.

대체로 〈제물론〉의 立意는 만일 齊物을 요한다면 반드시 먼저 我執
을 타파하는 것으로 제일 공부를 삼아야 한다. 때문에 맨 먼저 "吾喪我"
로 문장을 시작한 것이다. 그러나 吾는 眞宰를 가리키고, 我는 形骸이다.
처음에 忘我를 말하였지만 공부를 말하지 않다가 다음 忘我 공부를 말함
에 모름지기 形骸가 假幻임을 觀하도록 하여, 百骸 九竅 六藏을 하나하
나 간파하여 버리되 그 가운데 畢竟 어느 것이 자아인가? 바야흐로 하나
의 眞君 본래면목을 벗겨내 주었다. 그 뜻은 만일 眞君을 깨닫는다면 形
骸를 벗어나게 된다. 形骸를 벗어나면 자아를 잊게 된다. 자아를 잊으면
시비가 사라진다는 것이다. 바로 이것이 주된 큰 뜻이다. 거듭거듭 논지
를 세워 반복해서 밝힌 것도 바로 이것이다.

만일 眞君을 깨닫지 못하면 온 세상 고금의 사람들이 모두 昏迷하여
마치 깊은 꿈속에 있는 것과 같다. 설령 시비를 논변한다 할지라도 어느
누가 이를 바로잡겠는가? 비록 이를 바로잡는 자 있을지라도 그 또한 꿈
속에서 해몽하는 격이다. 만일 시비를 바로잡고 밝히려면 반드시 大覺의
성인을 기다려야 한다. 大覺의 성인을 기다리지 않는다면 또한 반드시 각
자가 자기의 본래면목을 깨달아야만 비로소 스스로 믿고 스스로 결정할
수 있을 것이다. 요컨대 본래의 眞宰를 깨닫고자 한다면 반드시 자아를
잊어야 한다. 그러나 자아를 잊는 공부는 먼저 세상을 꿈으로, 시비의 논

변을 꿈속의 일로, 시비를 바로잡는 자를 꿈속에서 해몽하는 자로 보아야 한다.

만일 꿈처럼 세상을 觀하면 人我의 견해 또한 절로 사라질 것이다. 비록 人我相이 사라졌을지라도 忘言까지는 할 수 없다. 만일 언어 음성을 메아리처럼 觀하면 言語相이 空하게 된다. 이렇게 되어야 언어를 절로 잊을 수 있다. 言語相을 잊었을지라도 忘我는 하지 못한다. 그러한즉 자신을 그림자의 微影으로, 血肉의 軀殼을 뱀의 껍질이나 매미의 날개로 여기면, 이는 단번에 我相을 잊을 수 있으니, 굳이 앞에서 말한 문장처럼 분석할 것이 없다.

百骸와 九竅를 하나하나 觀하는 것은 바로 初心觀法이다. 소승 불교의 "析色明空觀"이다. 여기에서 육신을 그림자의 不實과 뱀 비늘의 假借처럼 觀한 것은 바로 "卽色明空觀"이다. 더 이상 힘들여 공부할 것이 없다. 비록 假我로 보더라도 忘物은 못한 것이기에 胡蝶之夢의 비유와 같이 하면 物我를 모두 잊고, 物我를 모두 잊으면 시비가 사라진다. 이는 성인이 大人으로서 無爲而化의 成功이다. 이 때문에 物化로 끝맺은 것이다.

이와 같이 주된 뜻을 알아 歸宿處를 가지고 마음을 觀하면 그 문자에 현혹되지 않고, 바로 究竟의 歸趣를 알 것이다. 이것이 〈제물론〉의 總持이다. 이를 읽는 이는 마땅히 이를 알아야 한다.

제3 양생주(養生主 第三)

【감산 편해】

此篇은 教人養性全生이니 以性乃生之主也라 意謂世人이 爲一身口體
之謀하야 逐逐於功名利祿하야 以爲養生之策고 殘生傷性하야 終身役役
하야 而不知止하니 即所謂迷失眞宰하야 與物相刃相靡하야 其形盡이 如馳
하되 而不知歸者라 可不謂之大哀耶아 故教人安時處順하야 不必貪求以養
形고 但以淸淨離欲以養性이니 此示入道之功夫也니라

이 편은 사람들에게 본성을 함양하여 삶을 온전히 함을 가르쳤는데, 본
성이 곧 삶의 주인이다. 이 뜻은 이렇다. 세상 사람이 일신의 입과 몸뚱이
만을 도모하기 위해 공명과 이익을 좇으면서 養生의 계책이라 여기고, 생
명을 해치고 본성을 상하게 하여 종신토록 바삐 일하면서도 그칠 줄 모른
다. 이는 곧 이른바 眞宰를 잃고 사물과 서로 부딪치고 서로 휩쓸리어 그
몸이 다하도록 달릴 줄만 알고 되돌아올 줄은 모르는 것이다. 이를 매우
슬픈 일이라 말하지 않을 수 있겠는가.

이 때문에 사람으로 하여금 時를 편히 여기고 順에 처하여 탐욕으로
형체를 기르지 말고 다만 청정으로 욕심을 떠나 본성을 함양토록 한 것이
니, 이는 道에로 들어가는 공부를 보여준 것이다.

【원문】

吾生也 有涯하고[1] 而知也無涯어늘[2] 以有涯로 隨無涯하니 殆已라[3] 已而 爲知者는 殆而已矣라[4] 爲善에 無近名하며[5] 爲惡에 無近刑하며[6] 緣督以爲 經하면[7] 可以保身이며 可以全生이며 可以養親이며 可以盡年이니라[8]

【직역】 나의 生은 끝이 있으나 知란 끝이 없는데 끝이 있는 것으로 끝

---

1 人生이 如隙駒耳니 有限光陰이라 | 인생은 틈새를 달리는 말과 같아, 光陰의 한계가 있다.

2 知者는 妄想思慮니 日夜相代而無涯라 | 知는 妄想과 思慮이다. 해와 달이 서로 교대하듯 끝이 없다.

3 以有限之身命으로 隨無窮之妄想하야 勞心悴形하니 危之甚也라 | 한계가 있 는 목숨으로써 끝이 없는 망상을 따라 마음이 괴롭고 몸이 초췌하니, 매우 위 태롭다.

4 旣已危殆어늘 且迷而不覺하야 猶自以爲知者는 終於殆而已矣라 不可救也 니라 | 이미 위태로움에 여전히 혼미하여 깨닫지 못한 채, 오히려 스스로 지혜 롭다고 생각한 자는 끝내 위태로울 뿐이다. 구제할 수 없다.

5 爲善에 無近名之心이라 | 착한 일을 하되 명예를 가까이하는 마음이 없다.

6 爲惡에 無近形之事니 蓋善惡兼忘하고 虛懷遊世하야 不以物爲事라 | 나쁜 일을 하되 형벌을 가까이하는 일이 없다. 선악을 모두 잊고서 虛心으로 세상 에 노닐기에 外物로써 일삼지 않는다.

7 緣은 順也요 督은 理也요 經은 常也니 言但安心順天理之自然하야 以爲常 하고 而無過求馳逐之心也니라 | 緣은 順이요, 督은 理요, 經은 常이다. 단지 마음을 편히 하여 천리의 자연에 순응함을 常道로 삼고 지나치게 추구하고 치 달리는 마음이 없다.

8 苟順天理이면 則不貪欲以殘生일새 故可以保身全生이요 不辱身以傷命일새 故可以養親盡年이니 此所謂能養生之主也니라 | 천리에 순응하면 탐욕으로 생명을 해치는 일이 없기에 몸을 온전히 할 수 있고, 일신을 욕되게 하여 생 명을 해치지 않기에 어버이를 봉양하고 천수를 누릴 수 있다. 이것이 이른바 養生의 주인공이다.

이 없는 것을 따르니 위태롭다. 이미 이러한데 知를 爲한 者는 危殆로울 뿐이다.

善을 함에 名譽에 가까움이 없고 惡을 함에 刑罰에 가까움이 없고 督을 因緣하여 이로써 經道를 삼으면 可히 이로써 몸을 保存할 수 있으며 可히 이로써 生을 온전히 할 수 있으며 可히 이로써 어버이를 奉養할 수 있으며 可히 이로써 享年을 다할 수 있을 것이다.

【의역】 나의 삶은 육신에 관계되므로 한계가 있으나 마음과 생각의 앎이란 온갖 사물에 따라 끝이 없다. 한계가 있는 삶으로서 끝이 없는 마음과 생각의 앎을 따라 날이 갈수록 피폐하니, 어찌 위태롭지 않겠는가. 그럼에도 그 앎을 훌륭히 여긴다면 그 위태로움을 구할 수 없다.

착한 일을 하되 남들이 일컬을 만한 명예가 없고 악한 일을 할지라도 또한 징계를 당할 만한 자취가 없게 하여 천리를 따라 이로써 떳떳한 도를 삼아야 한다. 그렇게 하면 한 몸을 보존할 수 있으며 삶을 온전히 할 수 있으며 어버이를 받들 수 있으며 수를 다할 수 있다.

【감산 절해】

逍遙之聖人은 則忘己, 忘功, 忘名일새 故得超然於物外요 齊物之愚夫는 競名好辯하야 迷眞宰而不悟하니 此聖凡之辯也라 故今示之以入聖之功夫에 以養生主로 爲首務也라 然養生之主는 只在緣督爲經一語而已니 苟安命適時하야 順乎天理之自然하면 則遇物忘懷하야 絶無意於人世니 則若己, 若功, 若名을 不待忘而自忘矣리니 此所以爲養生主之妙術也라 故로 下以庖丁解牛로 喩之하니라

〈逍遙遊〉에서 말한 성인은 몸을 잊고 功을 잊고 名을 잊기에 物外에 초월할 수 있다. 하지만 〈齊物論〉에서 말한 愚夫는 명예를 다투고 논변을 즐겨 眞宰를 잃고서도 깨닫지 못한다. 이것이 성인과 범부의 차이이다.

때문에 여기에서 성인이 되는 공부는 〈養生主〉로 급선무를 삼아야 함을 보여주었다. 그러나 양생의 주인공은 "緣督以爲經" 한마디에 있을 뿐이다. 참으로 운명에 편안히 하여 天理의 自然에 순응하면 어느 사물에도 생각을 잊고서 전혀 세간에 뜻이 없을 것이다. 그런즉 몸과 공과 명예를 구하려는 마음은 잊으려 하지 않아도 절로 잊어질 것이다. 이것이 〈양생주〉의 오묘한 법이다. 이 때문에 아래 문장에서 庖丁이 소 잡는 이야기로 비유한 것이다.

[원문]

庖丁이 爲文惠君하야[9] 解牛할새[10] 手之所觸과[11] 肩之所倚와[12] 足之所履와[13] 膝之所踦[14]砉[15]然響然하고[16] 奏刀騞[17]然하야[18] 莫不中音하야[19] 合於

---

9 梁惠王也라 | 양혜왕이다.
10 不言解牛之妙術이라 | 소 잡는 묘술이라 말하지 않았다.
11 隨手所至也라 | 손이 닿는 데를 따른 것이다.
12 案牛之度也라 | 소의 부위를 떠받치는 것이다.
13 踏牛於地也라 | 소를 땅바닥에서 밟아 누른 것이다.
14 跪而下刀之狀也라 | 무릎을 구부리고 칼을 쓰는 모습이다.
15 音吸이라 | 음은 흡이다.
16 用刀之聲也라 | 칼 나가는 소리이다.
17 音畫이라 | 음은 획이다.
18 進刀之聲也라 | 칼이 나아가는 소리이다.
19 言有節數也라 | 節數가 있음을 말한다.

桑林²⁰之舞하며 乃中經首²¹之會어늘²² 文惠君이 譆라²³ 善哉라 技蓋至此

乎아²⁴ 庖丁이 釋刀對曰 臣之所好者는 道也어늘 進²⁵乎技矣인저²⁶ 始臣之

解牛之時에 所見이 無非牛者러니²⁷ 三年之後에 未嘗見全牛也로다²⁸ 方今

之時하야 臣이 以神遇而不以目視하니²⁹ 官知止而神欲行이라³⁰ 依乎天理하

---

20 舞名이라 | 춤의 이름이다.

21 樂名이라 | 음악 이름(탕왕의 음악)이다.

22 衆樂이 齊奏는 言技之妙而閑之妙而閑之度 如此하야 初無用力倉皇之意也라 | 여러 음악이 함께 연주되는 것은 技의 오묘함, 익숙함의 오묘함, 익숙함의 법도가 이와 같아 애당초 힘쓰거나 서듦이 없다는 뜻을 말한다.

23 歎其妙也라 | 그 오묘함을 찬탄한 것이다.

24 言解牛之技妙極於此也라 | 소 잡는 기술의 오묘함이 이에 다한 것을 말한다.

25 用也라 | 이용하다.

26 言臣始非專於技요 蓋先學乎道하야 以悟物有自然天理之妙일새 故施用之於技耳라 | 신은 애당초 소 잡는 기술을 전문으로 하지 않았다. 먼저 도를 배워 모든 사물에 自然 天理의 오묘함이 있음을 깨달았기에 이를 소 잡는 기술에 이용한 것임을 말한다.

27 言未得入道에 則目前에 物物이 有礙하니 故始解牛之時에 則滿目只見有一牛라 | 도에 들어가기 이전에는 눈앞의 모든 사물이 장애가 되기에 처음 소를 잡을 때는 눈에 가득히 소 한 마리가 있었을 뿐이다.

28 言初未見理에 卽見渾淪一牛이러니 旣而細細觀之에 則牛外之頭角蹄膊과 內之五臟, 百骸, 筋骨이 一一分之하야 各各不一이요 件件有理하야 自然而不可亂者호니 由是而知無全牛也라 久之에 則果然見其無全牛也이러이다 | 처음 이치가 보이지 않을 적에는 온통 소 한 마리가 보였는데, 이윽고 자세히 관찰하자 소의 외부로는 머리, 뿔, 발굽, 포와 내부로는 오장, 뼈, 힘줄 등이 하나하나 나뉘어져 보이어 각기 다르고, 각 부분마다 자연스러운 결이 있어 흐트러짐이 없었다. 이 때문에 온전한 소가 없음을 알게 되었다. 그렇게 오랜 세월이 흐르자 과연 온전한 소가 없음을 보게 되었다.

29 由臣이 細觀其牛하야 件件分析에 有一定天然之腠理了然於心目之間일새 故方今解牛에 不須目視하고 任手所之하야 無不中理者라 | 臣이 소를 자세히 봄에 낱낱이 나뉘어져 일정한 天理의 腠理가 마음과 눈에 了然하기에

야[31] 批[32]大郤[33]導大窾에 因其固然하야[34] 技經肯綮[35]之未嘗이온 而況大軱
[36]乎아[37] 良庖 歲更刀는 割也요[38] 族[39]庖 月更刀는 折[40]也라[41] 今臣之刀는
十에 九年矣며[42] 所解 數千牛矣로되 而刀刃이 若新發於硎이로다[43] 彼節者

이제 소를 잡을 때 눈으로 볼 게 없고 손 가는 대로 맡겨도 膝理에 어긋남이
없다.

30 官은 謂耳目等五官也니 但以心目으로 知其所止에 而神卽隨其所行일새
故로 信手所之하야 迎刃而解라 | 官이란 귀·눈 등 다섯 감각기관이다. 단
지 마음과 눈만으로도 칼을 멈출 곳을 알기에 정신은 움직이는 대로 따르면
된다. 때문에 손 가는 대로 맡겨도 칼날에 따라 해부되는 것이다.

31 但依骨肉之間天理之自然이라 | 단지 뼈와 살의 사이, 천리의 자연을 따를 뿐
이다.

32 音撤라 | 음은 내이다.

33 音隙이라 | 음은 극이다.

34 言任刀所批者則有大郤이요 隨手所引者則有大空處니 但只因固然一定之
理하야 而游刃其間이라 | 칼 가는 대로 맡겨도 큰 틈새가 있고, 손가는 대로
맡겨도 큰 틈새가 있다. 다만 고유의 일정한 이치에 따라 그 틈 사이에서 칼을
놀릴 뿐이다.

35 骨肉連結處也라 | 뼈와 살이 연결된 곳이다.

36 骨也라 | 뼈이다.

37 言任理用刀에 從骨肉小小連結處하야 亦不見齟齬온 而況有大骨爲礙乎닛
가 | 살결에 따라 칼을 놀림에 골육의 미세한 연결 부위에서도 어긋남이 없는
데 하물며 큰 뼈에 장애가 있겠는가.

38 言良能之庖는 則一歲에 一換其刀者는 但割切而已라 | 솜씨 좋은 백정이 1
년에 한 번씩 칼을 바꾸는 것은 살을 잘랐기 때문이다.

39 衆也라 | 뭇 사람이다.

40 猶斫也라 | 쪼갬과 같음이다.

41 言庸衆之庖 月換一刀는 則砍斫之故로 易傷缺也라 | 용렬한 백정이 매달
칼을 바꾸는 것은 뼈를 쳤기에 쉽게 칼을 버린 것이다.

42 臣之刀는 十年爲率하야 今已用九年矣라 | 臣의 칼은 10년을 한도로 하는데
지금 벌써 9년간 사용했다.

43 硎은 磨刀石也니 言臣之刀 已解數千牛矣로되 而其鋒銛利如初磨一般하야

는 有間하고⁴⁴ 而刀刃者는 無厚니 以無厚로 入有間에 恢恢⁴⁵乎其於遊刃에 必有餘地矣라 是以로 十에 九年이로되 而刀刃이 若新發於硎이니다⁴⁶ 雖然이나 每至於族이면⁴⁷ 吾見其難爲하고⁴⁸ 怵⁴⁹然爲戒하야⁵⁰ 視爲止하며⁵¹ 行爲遲하야⁵² 動刀甚微러니 謋⁵³然已解에 如土委地라⁵⁴ 提刀而立하야 爲之四

全未傷缺也라 | 硎은 칼 가는 숫돌. 臣의 칼은 이미 수천 마리의 소를 해부했지만 그 예리한 칼날은 지금 막 숫돌에 간 것처럼 전혀 흠이 없다.

44 言彼骨節에 自有間隙이라 | 그 골절 사이에 본래 틈이 있다.

45 寬大也라 | 널찍하고 큰 것이다.

46 言刀之所以不傷缺者는 以彼牛之骨節之間에 自有天然之空處라 且刀刃은 薄而不厚하니 以至薄之刀刃으로 入有空之骨節에 則恢恢寬大任其游刃하야 尙有餘地온 又何傷鋒犯手之有아 所以十에 九年이로되 而刀若發硎也라 | 칼에 전혀 흠집이 없는 것은 그 소의 골절 사이에 그 나름대로 천연의 틈이 있기 때문이다. 칼날은 매우 얇고 두께가 없다. 지극히 얇은 칼날로 골절의 틈 사이에 넣으면 널찍하게 여유가 있어 칼을 놀리기에 충분하다. 또 어찌 칼날을 상하거나 손을 다침이 있겠는가. 이 때문에 10년 한도에 9년을 사용했어도 칼날이 지금 새로 간 칼과 같다.

47 筋骨盤結處也라 | 근육과 골반이 연결된 곳이다.

48 言雖然遊刃이 如此하야 任理而行이나 其間에 亦有筋骨盤結沒理處하야 吾亦見其難하니 此則不可任意而行也라 | 비록 칼날의 놀림이 이처럼 腠理에 따라 움직이지만, 그 사이에도 근육과 골반이 미묘하게 연결되어 腠理를 찾을 수 없는 곳이 있다. 나 또한 그 어려운 점을 당하기도 한다. 이는 마음대로 칼을 움직일 수 없다.

49 警惕也라 | 놀라 두려워하는 것이다.

50 言不敢妄動也라 | 감히 부질없이 움직이지 않음을 말한다.

51 視其所止也라 | 멈출 곳을 살핀다.

52 行刀少緩也라 | 칼을 서서히 움직인다.

53 劃也라 | 칼로 그은 것이다.

54 言至難處하야 則爲惕然小心하야 不可亂動하고 端詳其所止하야 緩緩下手하니 如此則用力이 不多일새 故動刀甚微하야 而難解處에 則劃然已解 如土之崩委於地也니다 | 어려운 부위에 이르면 두려운 마음으로 소심하게 마음대로 칼을 움직이지 않고 칼을 멈출 곳을 자세히 살펴 서서히 손을 댄다.

顧하며⁵⁵ 爲之躊躇하야⁵⁶ 滿志하고⁵⁷ 善刀而藏之한대⁵⁸ 文惠君이 曰 善哉라
吾聞庖丁之言하고 得養生焉이로다

【직역】 庖丁이 文惠君을 爲하여 소를 解體할 적에 손의 抵觸한 바와
어깨의 倚支한 바와 발의 밟은 바와 무릎의 짓누른 바에 砉(音은 翕)然 嚮
然하고 칼의 나아감이 騞然하여 音節에 맞지 않은 것이 없어 桑林의 춤
에 符合되며 이내 經首의 會에 맞자, 文惠君이 말하기를, "아, 善하다.
技藝가 여기에까지 이르렀구나."

庖丁이 칼을 놓고서 對答하기를, "臣이 좋아한 바는 道였는데 技藝에
까지 나아간 것입니다. 처음 臣이 소를 解體할 적에 보이는 바 소 아닌 것
이 없더니 三年 後에는 일찍이 온전한 소를 찾아볼 수 없었으며 바야흐
로 지금에는 臣이 神으로써 만나고 눈으로 보지 않고 官의 知覺이 멈추
고 神이 行하고자 합니다. 天理에 따라서 大郤을 쪼개고 大窾을 誘導하
되 그 固然함으로 因하여 技藝는 肯綮를 스친 적이 일찍이 없는데 하물
며 大軱(큰 뼈)야…!

이와 같이 하면 힘을 많이 들지 않으므로 칼날은 조금씩 나아가게 된다. 손대
기 어려운 부위도 두 동강이로 잘라지는 게 흙이 땅바닥에 부서지는 것과 같
음을 말한다.

55 言己解其難解일새 故提刀四顧하야 以暢其懷也라 | 이미 해체하기 어려운
것을 해체했기에 칼을 들고 사방을 돌아보며 조였던 가슴을 푸는 것이다.

56 四顧也니 言仍四顧 其難解之狀也라 | 사방으로 둘러본다는 것이니, 그 해체
하기 어려웠던 부위를 사방으로 되돌아본다는 행상이다.

57 快於心也라 | 마음에 흡족함이다.

58 善拂拭其刀而藏之也라 | 칼을 잘 닦아서 넣어두는 것이다.

良庖가 해마다 칼을 바꾸는 것은 割함이며 族庖가 날마다 칼을 바꾸는 것은 끊어짐이거니와 지금 臣의 칼은 10년 한도에 9년이라, 해체한 바 數千 마리의 소이지만 칼날이 硎(숫돌)에서 새로 갈아낸 듯합니다.

저 節이란 틈이 있고 칼날이란 두께가 없으니, 두께가 없는 것으로써 틈이 있는 데 들어가면 恢恢하여 그 칼날을 놀리기에 반드시 餘地가 있습니다. 이 때문에 10년에 9년을 썼지만 칼날이 숫돌에서 새로 發(갈다)한 것과 같습니다.

비록 그러나 항상 族(筋骨이 모인 곳)에 이르러서는 내, 그 하기 어려움을 보고 怵然히 警戒하여 視覺은 멈추며 行함을 더디 하여 칼 놀림이 매우 微微하다가 謋然히 이미 解體되어서는 흙이 땅에 맡기듯하여 칼을 잡고서 서서 그를 위해 四方을 돌아보고 그를 위해 躊躇하여 뜻에 滿足하고 칼을 善히 하여 넣습니다.”

文惠君이 말하기를, “善하다. 나는 庖丁의 말을 듣고 養生을 얻었노라.”

【의역】 포정이 문혜군을 위해 소를 잡을 적에 손으로 소를 누르는 것과 어깨로 소를 밀치는 것과 발로써 소를 밟는 것과 무릎으로 소를 짓누른 적마다 소의 뼈와 살이 해체되면서 쉬익쉬익, 좌악좌악 소리가 나고 칼이 움직일 적마다 싹둑싹둑 잘려나갔다.

그 칼질의 소리와 살덩이가 잘라지는 소리는 살벌한 것이 아니라 모두 음률에 맞고, 소를 잡는 몸놀림은 어찌나 아름답던지 탕임금의 상림(桑林)이라는 춤사위와도 같았고 요임금의 악장인 경수(經首)의 운율에도 맞았다.

소 잡는 걸 보고 있던 문혜군이 감탄해 말하였다.

"아, 훌륭하다. 어떻게 그 기량이 이런 경지에까지 이를 수 있는가."

포정이 칼을 놓고서 대답하였다.

"제가 좋아한 것은 도입니다. 오래 하다 보니 소 잡는 기량까지도 도의 경지에 이른 것입니다.

제가 처음 소를 잡을 적에는 어찌나 어려웠던지 보이는 것마다 모두 소뿐이었습니다. 그러나 3년이 지난 뒤에 소를 보니 모두 해체할 곳이 다 보여서 나의 눈에는 온전한 소를 찾아볼 수 없었습니다. 지금은 더욱 익숙해져서 저는 정신으로써 소를 잡는 것이지, 눈으로 보지 않기에 손·발·귀·눈 따위의 감각기관을 따르지 않고 마음과 정신으로 스스로 운전할 뿐입니다.

이 때문에 저는 소의 몸에 있는 자연스런 살결과 힘줄을 따라 살과 뼈 사이의 커다란 틈새에 칼을 대고 골절(骨節)의 빈자리에 칼을 그음으로써 소의 고유한 결구(結構)에 따를 뿐 마음대로 칼을 대지 않았습니다. 이 때문에 저의 기량이 정밀하고 오묘하여 제 칼은 뼈와 살이 연이어 붙어 있는 곳을 한 번도 스친 적이 없었는데, 하물며 큰 뼈를 건드리는 일이 있을 수 있겠습니까?

솜씨 좋은 백정이 해마다 칼을 바꾸는 것은 살을 자르기 때문이며 보통 백정들이 달마다 칼을 바꾸는 것은 함부로 뼈에 부딪쳐 칼날이 부러졌기 때문입니다. 그렇지만 제 칼은 10년을 한도로 9년이나 되어 해체한 소가 수천 마리이지만 칼날은 숫돌에서 방금 갈아낸 듯합니다.

저 뼈마디에는 틈이 있고 칼날은 두께가 없으니, 두께가 없는 칼날을 틈에다 넣으니, 널찍하여 그 칼날을 놀리기에 여유가 있습니다. 이 때문에 10년 한도에 9년이나 되었으나 제 칼날은 숫돌에서 방금 갈아낸 것과 같습니다.

하지만 힘줄과 뼈가 뒤엉킨 곳을 닿을 적마다 저는 그 일을 하기 어렵다는 점을 알고 두려운 마음으로 조심하면서 눈길을 멈춘 채, 서서히 칼질을 해 나가되 칼 놀림을 아주 미미하게 하다가 살과 뼈가 쫙 벌어지면서 마치 흙덩이가 땅바닥에 쏟아지는 듯하면 칼을 든 채, 일어서서 넌지시 사방 주위를 돌아보고 떠날 수 없어 잠시 머뭇거리다가 흐뭇한 마음으로 칼을 잘 챙겨 넣습니다."

문혜군이 말하였다.

"훌륭하다. 나는 포정의 말을 듣고서 양생(養生) 또한 백정의 칼처럼 잘 챙겨야 한다는 점을 알았노라."

【감산 절해】

此養生主一篇立義는 只一庖丁解牛之事니 則盡養生主之妙니 以此乃一大譬喩耳라 若一一合之하면 乃見其妙니 庖丁은 喩聖人이요 牛는 喩世間之事니 大而天下國家와 小而日用常行이 皆目前之事也라 解牛之技는 乃治天下國家用世之術智也요 刀는 喩本性이니 卽生之主니 率性而行은 如以刀解牛也라 言聖人學道에 妙悟性眞하고 推其緒餘하야 以治天下國家하니 如庖丁이 先學道而後에 用於解牛之技也라 初未悟時에 則見與世로 齟齬難行이 如庖丁이 初則滿眼只見一牛耳러니 旣而오 入道已深에 性智日明하야 則看破世間之事가 件件自有一定天然之理니 如此則不見一事當前이요 如此則目無全牛矣라 旣看破世事면 則一味順乎天理而行일새 則不見有一毫難處之事니 所謂技經肯綮之未嘗也라 以順理而行이면 則無奔競馳逐以傷性眞일새 故如刀刃之十에 九年이로되 若新發於硎하야 全無一

毫傷缺也라 以聖人明利之智로 以應有理之事務면 則事小而智鋸하니 故로 如游刃其間에 恢恢有餘地矣라 若遇難處沒理之事면 如筋骨之盤錯者라도 不妨小心戒惕하야 緩緩斟酌於其間이면 則亦易可解요 亦不見其難者라 至人이 如此應世이니 又何役役疲勞하야 以取殘生傷性之患哉아 故로 結之曰 聞庖丁之言하고 得養生焉이라하니 而意在至人은 率性順理하야 而無過中 諸行일새 則性自全而形不傷耳라 善體會其意하면 妙超言外니라 此等譬喩 는 唯佛經에 有之요 世典엔 絶無라 而僅有者엔 最宜詳玩이니 有深旨哉인저

下文엔 言其不善養生之人이라

이 〈養生主〉 한 편의 주요 논지는 단지 포정의 소 잡는 일에 있을 뿐이다. 여기에 〈養生主〉의 오묘함을 다하였다. 이는 바로 하나의 큰 비유이다. 만일 하나하나 부합시켜 보면 곧 그 妙用을 찾아볼 수 있다.

포정은 성인을 비유하고, 소는 세간의 일을 비유한 것으로 크게는 천하 국가, 작게는 일상사이니 모두 目前의 일이다. 소를 해체하는 기술은 곧 천하 국가를 다스리는, 세상에 쓰는 재주와 지혜이다. 칼은 本性을 비유하니, 곧 삶의 주인공이다. 본성에 따라 행함이 마치 칼로 소를 잡는 것과 같다. 성인이 도를 닦아 오묘하게 眞性을 밝히고, 그 실마리를 미루어서 천하 국가를 다스리니, 이는 포정이 먼저 도를 배운 뒤에 소를 해체하는 기술에 응용한 것과 같다.

처음 도를 깨닫지 못했을 때는 견해가 세상과 어긋나 행하기 어려움이 마치 포정이 처음에 눈에 소 한 마리로 가득 찬 것과 같다. 이윽고 도에 깊이 들어가 본성과 지혜가 해처럼 밝아지자 세간의 일 하나하나에 절로 일정한 천연의 이치가 있음을 명료하게 간파하게 된다. 이와 같으면 눈앞

의 사태가 전과 같이 보이지 않게 된다. 이와 같아지므로 포정의 눈에 소가 온전한 모습으로 보이지 않는 것이다.

이미 世事를 간파하면 한결같이 천리에 순응하기 때문에 一毫도 처리하기 어려운 일이 없을 것이니, 이른바 포정의 칼날이 뼈와 살이 붙은 곳을 한 번도 스치지 않은 것이다. 순리대로 행하면 앞다투어 치달려 眞性을 해치는 일이 없기에 칼날을 10년의 한도에 9년이나 사용했어도 이제 막 숫돌에 간 것처럼 일호도 흠집이 없다. 성인의 밝고 날카로운 지혜로써 조리가 있는 사물에 응하면 일은 작고 지혜는 크기에 마치 뼈마디 사이에 칼날을 놀림에 널찍하여 여유가 있음과 같다.

만일 조리가 없어 처리하기 어려운 일을 만나면 마치 근골이 얽힌 곳 같을지라도 소심하게 조심하고 경계하여 서서히 그 사이를 살펴나가면 또한 쉽사리 풀리고 또 그 어려움을 볼 수 없을 것이다.

至人은 이와 같이 세상일에 응하니, 어찌 피곤하게 부림을 당하여 생명과 본성을 해치는 우환을 취하겠는가! 이 때문에 "포정의 말을 듣고 양생을 얻었다"고 결론지은 것이다. 이 뜻은 至人이 본성을 따르고 天理에 순응하여 中道에서 벗어난 행위가 없기에 성품이 절로 온전하고 몸을 상하지 않음에 있다.

이를 잘 체득하면 언어의 밖에 초월할 수 있다. 이런 비유는 오직 불경에만 있고 세간의 서적에서는 전혀 찾아볼 수 없는데, 겨우 찾을 수 있는 이 책을 가장 정밀하게 음미하여야 하니, 깊은 뜻이 담겨져 있다.

아래 문장에서는 양생을 잘못한 사람을 말하고 있다.

公文軒이⁵⁹ 見右師⁶⁰ 而驚曰 是何人也오 惡乎介也오⁶¹ 天與아 其人與아⁶² 曰 天也요 非人也니⁶³ 天之生是 使獨也요⁶⁴ 人之貌有與也니 以是로 知其天也요 非人也로다⁶⁵ 澤雉는 十步에 一啄하고 五步에 一飮하되 不蘄畜乎樊中하나니 神雖王이나 不善也라⁶⁶

[직역] 公文軒이 右師를 보고서 놀라 말하기를, "이 어떤 사람인가. 어

---

59 人姓名이라 | 사람 이름이다.

60 官名이니 介者也라 | 관직의 명칭이니, 발 하나가 잘린 사람이다.

61 言此是何等人인댄 因何而刖足也오 | 그는 어떤 사람이기에 무엇 때문에 발이 잘렸을까?

62 言去一足은 是天使之歟아 抑人爲之歟아 | 발 하나가 잘린 것은 하늘이 그렇게 만든 걸까? 아니면 사람의 짓일까?

63 復自應之曰 此天使之也요 非人也라 | 다시 스스로 응답하기를, "이는 하늘이 한 것이지, 사람이 한 게 아니다"라고 하였다.

64 言右師生而貪欲하야 自喪天眞일새 故罪以取刖하니 卽是天刑其人使之獨也라 | 우사는 태어나면서부터 탐욕스러워 스스로 天眞을 잃어 죄를 지음으로써 다리 하나가 잘린 것이다. 이는 하늘이 그에게 형벌을 내려 외다리를 만든 것이다.

65 言人生이 皆天與之形也니 今右師之介其足은 卽是天使之不全也라 | 사람이 태어날 때 하늘에서 모두 두 다리를 주었는데, 이제 우사의 발이 하나인 것은 곧 하늘이 그를 불완전하게 만든 것이다.

66 言澤雉飮啄이 雖如此之艱難이나 亦甘心適性하야 不肯求人畜於樊籠之中이라 謂樊中之養이 其神雖王이나 且知困苦不自安일새 故以爲不善而不求之也라 右師는 貪而忘形하니 不如澤雉 多矣라 故其刖也 實天刑之어늘 而不自知耳라 | 늪에 사는 꿩은 물마시고 먹이를 찾는 것이 이처럼 힘들지만 또한 마음은 달게 여기고 본성에도 맞기에 새장 속에 갇힌 채 사람에 의해 길러지기를 원하지 않는다. 새장 속에서 길러져 그 정신이 비록 왕성하지만 또한 괴로워 편안하지 못함을 알고 있다. 이 때문에 좋지 못하다고 여겨 새장에

쩌다가 介(외발)가 되었는가. 하늘인가? 그 사람인가?"

말하기를, "하늘이요, 사람이 아니다. 하늘이 나를 내심에 외다리로 만 듦이여! 남들의 容貌는 반드시 與(짝)가 있다. 이로써 그 하늘이요 사람이 아닌 줄 안다."

澤雉는 十步에 한 번 쪼아 먹으며 五步에 한 번 마시지만 새장 속에 길러지는 것을 蘄(求)하지 않으니 神이 비록 王(왕성)하나 좋아하지 않 는다.

【의역】 공문헌이 다리 하나가 잘려 우사 벼슬을 하고 있는 사람을 보고 서 깜짝 놀라 말하였다.

"도대체 무슨 사람이 이런가. 어쩌다가 외발이 되었는가. 하늘이 이렇 게 하나의 다리로 낳아 주었는가? 아니면 사람들이 그렇게 만든 것인가?"

우사가 대답하였다.

"하늘이 이렇게 낳아 준 것이지, 사람들이 이렇게 한 것은 아니다. 하 늘이 나의 다리를 외발로 내려 준 것이고, 남들의 다리는 두 발을 내려 준 것이다. 그러기에 하늘이 내려 준 것이며 사람들이 한 짓이 아님을 알고 있다."

늪가의 꿩은 열 걸음 걸어 겨우 먹이 하나 쪼아 먹고 다섯 걸음 걸어 겨 우 물 한 모금 마시며 살아가자니 하루 종일 움직여야 배를 채울 수 있지 만 새장 속에서 배불리 먹이를 쪼아 먹으며 길러지기를 바라지 않는다.

서 길러지는 것을 바라지 않는다. 우사가 탐욕스러워 발이 잘린 것은 늪에 사 는 꿩만도 훨씬 못한 것이다. 이 때문에 그의 다리가 하나뿐인 것은 실로 하 늘이 내린 형벌이지만 스스로 이를 모르는 것이다.

새장 속에는 아무런 놀라움과 두려움이 없으나 마음이 편치 못하다.

【감산 절해】

　此一節은 言不善養生者는 見得忘眞하고 見利忘形하야 自取殘生傷性
之患하니 不若澤雉之自適也라

　下에 言雖聖人이라도 苟不能忘情我하면 亦是喪失天眞者라 故로 借老子
하야 發之하시니라

　이 문장은 양생을 잘못하는 자는 얻을 것만을 보고서 天眞을 잊고 이
익만을 보고서 형체를 잊어 스스로 삶을 학대하고 본성을 잃는 우환을 취
하니, 늪에 사는 꿩이 自適함만 같지 못함을 말하였다.

　아래 문장에서는 비록 성인이라도 情과 我를 잊지 못하면 이 또한 天
眞을 상실한 자이기에, 노자를 빌려 이를 밝히려는 것이다.

【원문】

　老耼이 死에 秦失弔之할새[67] 三號而出이어늘[68] 弟子[69]曰 非夫子之友耶
닛가 曰 然하다[70] 然則弔焉若此 可乎닛가[71] 曰 然하다[72] 始也에 吾以爲其人

---

67 秦失은 老耼之友也라 | 秦失〔진일〕은 노담의 벗이다.
68 言無哀切之情也라 | 애절한 정이 없음을 말한다.
69 秦失之弟子라 | 秦失의 제자이다.
70 言是吾之友也라 | 그는 나의 벗임을 말한다.
71 弟子 謂旣爲夫子之友어늘 而不盡其哀하니 其可乎닛가 | 제자가 말하기를,
　"이처럼 선생의 벗임에도 그 슬픔을 다하지 않는 게 옳습니까?"를 말한 것이다.
72 謂實無哀痛也라 | 실제로 애통한 마음이 없음을 말한다.

也러니⁷³ 而今에 非也라⁷⁴ 向吾入而弔焉에 有老者는 哭之如哭其子하고 少
者는 哭之如哭其母하니 彼其所以會之 必有不蘄言而言이며 不蘄哭而哭
者라⁷⁵ 是는 遁天倍⁷⁶情하야 忘其所受니 古者에 謂之遁天之刑이니라⁷⁷ 適
來는 夫子時也요⁷⁸ 適去는 夫子順也라⁷⁹ 安時而處順인댄 哀樂이 不能入也
니⁸⁰ 古者에 謂是帝之縣解라하니라⁸¹ 指窮於爲薪이어니와 火傳也에 不知其

---

73 言我始與友時에 將謂是有道者也라 | 내가 그를 벗으로 대할 때에는 그를
道 있는 자라고 생각했음을 말한다.

74 今日死後에 乃知其非有道者也라 何以知之오 | 오늘 그가 죽은 후에야 그
는 도가 있지 않은 사람임을 알았다. 무엇으로 이를 알았는가?

75 言老少哭之如此其哀는 必生時에 與彼兩情相合而中心에 有不能自已者라
故로 不蘄哭而哭之哀如此也라 | 늙은이나 젊은이가 이처럼 슬퍼하는 걸 보
니, 반드시 생전에 그들과 사사로운 정을 서로 나눠 마음속에 그만둘 수 없
었기 때문이다. 때문에 곡하기를 바라지 않아도 이처럼 슬피 곡한 것이다.

76 與悖로 同이라 | 悖와 같다.

77 刑은 猶理也니 言聃之爲人이 不能忘情而處世일새 故有心親愛於人이라
故人不能忘하니 此實自遁天眞하야 忘其本有라 古人이 謂此乃遁天眞하야
而傷其性者니 非聖人也니라 | 刑은 理와 같다. 노담의 사람됨이 實情을 잊
고서 처세하지 못했기에 有心으로 사람을 친애한 것이다. 이 때문에 사람들
이 잊지 못한 것이다. 이는 실로 天眞을 어기고 본래 고유한 바를 잊은 것이
다. 옛사람은 그를 天眞을 어기고 그 본성을 잃은 자라 하니, 성인이 아니다.

78 適來而有生으로 亦順時而生也라 | 어쩌다가 태어난 것 또한 때에 순응해
태어난 것이다.

79 言適死而去 乃造化之所遷이요 而天眞 泰然이니 未嘗有去來死生者也라
| 어쩌다가 죽게 된 것은 바로 조화가 변했기 때문이다. 그러나 天眞은 태
연하여 일찍이 去來와 생사가 없는 것임을 말한다.

80 言生則安其時하고 死則順其化니 又何死有哀而生可樂耶아 達其本無生
死故也니라 | 태어나면 그 때에 편안하고, 죽으면 그 변화에 순응하니, 어찌
죽는다 슬퍼하고 태어난다고 기뻐하겠는가. 본래 생사가 없음을 달관했기
때문임을 말한다.

81 帝者는 生之主也니 性繫於形이 如人之倒懸이라 今超然順化면 則解性之

盡也니라⁸²

【직역】 老聃이 죽었을 적에 秦失이 조문하면서 세 차례 號哭하고 나오
자, 弟子가 묻기를, "夫子의 벗이 아닙니까?" 말하기를, "그렇다!" "그렇
다면 조문을 이와 같이 해도 됩니까?" 말하기를, "그렇다!(괜찮다) 처음에
나는 그만한 사람으로 여겼었는데 지금은 아니다. 조금 전, 내가 들어가
조문할 적에 늙은이는 哭하기를 제 자식 곡하듯 하고 젊은이는 哭하기를
제 어머니 곡하듯 하였다."

그가 그들을 感會함이 반드시 言을 구하지 않았지만 言하게 한 것이며
반드시 哭을 구하지 않았지만 哭하게 한 것이다. 이는 天然을 遁하고 實
情을 倍하여 그 받은 바를 잊은 것이다. 옛적에 이를 天然을 遁한 刑이라
고 말한다.

때마침 生來도 夫子의 時이며 때마침 死去도 夫子의 順함이니 時를
편안히 여기고 順에 처하면 哀樂이 들어올 수 없으니 옛적에 이를 帝의
懸解라 말한다.

가리킬 수 있는 것은 섶에서 다할 수 있거니와 불의 傳함은 그 다함을

<hr />

懸矣라ㅣ帝는 삶의 주인이다. 본성이 몸에 얽매여 있음은 마치 사람이 거꾸
로 매달려 있는 것과 같다. 이제 초연하여 변화에 순응하면, 本性의 매달림에
서 풀려난 것이다.

82 言形雖化나 而性常存이 如薪盡而火存이요 有形相禪이 如薪火相傳하니
是則生生而不已오 化化而無窮이라 故如薪火之傳에 不知其盡也니라ㅣ형
체는 비록 변하나 본성은 항상 존재함이 마치 나무는 모두 불타도 불씨가 남
아 있는 것과 같다. 형체가 서로 이어감은 불이 계속 번지는 것과 마찬가지이
다. 따라서 生生으로 그침이 없고 化化로 끝이 없기에 불이 번짐에 그 다함
을 알 수 없는 것이다.

알 수 없는 것이다.

[의역]　노담이 죽었을 때, 진일이 그의 빈소를 찾아가 문상할 적에 겨우 세 번 곡하고서 나오자, 제자가 물었다.

"선생님의 벗이 아닙니까?"

"그렇다! 그는 나의 벗이다."

"그렇다면 이처럼 형식적으로 조문을 해도 됩니까?"

"괜찮다. 조문을 오기 전까지만 해도 나는 그를 하나의 완성된 인물로 여겼었더니만 지금은 생각이 달라졌다. 조금 전, 내가 빈소에 들어가 조문할 적에 늙은이는 제 자식을 잃은 듯이 곡을 하고 젊은이는 제 어머니를 잃은 듯이 곡하였다.

노담이 그들의 인정을 이끌어 모은 것이 이와 같은 것으로 보아 반드시 나를 칭찬하라고 말하지는 않았지만 칭찬을 하도록 만든 것이며, 반드시 곡을 하라고 말하지 않았지만 곡을 하도록 만든 것이다. 이는 생사의 天理를 잃고 實情을 거슬러 처음 태어난 근본을 잊은 것이다. 옛적에 이를 천리를 어기고 속정에 이끌린 데서 받는 형벌이라 한다.

그가 어쩌다 태어난 것도 태어나야 할 때를 맞춰 태어난 것이고, 어쩌다 죽는 것도 그가 죽어야 할 때를 당하여 죽은 것이다. 평상시 죽고 사는 것을 편히 여겨 순응한다면 슬픔과 즐거움이 어디에 있겠는가? 노담은 그 부끄러움을 산 것이다. 사람이 생사의 괴로움을 당하는 것은 마치 거꾸로 매달아놓은 것과 같은 일이지만 생사를 잊으면 거꾸로 매달려 있는 데서 풀려난 것이므로 옛적에 이를 "하늘의 매달림에서 풀려남이라" 하였다.

섶에 붙은 불길은 육안으로 볼 수 있는 것이어서 손으로 가리킬 수 있

지만, 보이지 않는 불씨는 스스로 전해지고 또 전해져 그 불씨가 다할 때
를 찾아볼 수 없다.

【감산 절해】

此言性得所養하야 而天眞이 自全하면 則去來生死 了無拘礙니 故로 至
人遊世에 形雖同人이나 而性超物外하야 不爲生死變遷者는 實由得其所養
耳라 能養性復眞이 所以爲眞人이니라 故後人間世엔 卽言眞人의 無心而遊
世하사 以實庖丁解牛之譬하야 以見養生主之效也라 篇雖各別이나 而意實
貫之니라

이는 본성을 함양하여 天眞이 절로 온전하면 去來와 生死에 전혀 거
리낌이 없음을 말하였다. 그러므로 至人이 세상을 노닒에 형체는 사람들
과 다름없으나, 본성은 物外를 초월하여 생사에 변하지 않는 것은 실로
함양을 잘하였기 때문이다. 본성을 함양하여 天眞을 회복함이 이런 까닭
에 眞人이 될 수 있는 것이다. 이 때문에 아래의 人間世에서 眞人이 무심
으로 세상을 노닌다고 하여 庖丁의 解牛에 관한 비유를 실증하여, 이로
써 〈양생주〉의 공효를 보여주었다. 편은 각기 다르지만 뜻은 실로 일관되
어 있다.

장자 내편주 권3

【莊子 內篇註 卷之三】

제4 인간세(人間世 第四)

【감산 편해】

此篇은 蓋言聖人處世之道也라 然養生主는 乃不以世務로 傷生者나 而
其所以養生之功夫는 又從經涉世일새 故로 以體驗之니 謂果能自有所養하
면 卽處世에 自無伐才求名하야 無事强行之過하며 其於輔君奉命에 自無誇
功溢美之嫌이라 而其功夫 又從心齋坐忘하야 虛己涉世라야 可無患矣리라
極言世故人情之難處니 苟非虛而待物하야 少有才情求名之心이면 則不免
於患矣리라 故로 篇終에 以不才로 爲究竟이니라 苟涉世無患이면 方見善能
養生之主니 實與前篇으로 互相發明也라 以孔子는 乃用世之聖人이요 顔子
는 乃聖門之高弟니 故借以爲重하사 使其信然也니라

이 편은 聖人 處世의 도를 말하고 있다. 그러나 〈養生主〉는 곧 세속의
일로 삶을 해치지 않는 데 있지만 養生의 공부 또한 세상을 두루 섭렵하
는 데 있다. 그러므로 몸소 체험해야 하는 것이다. 과연 생각한 대로 스스
로 함양한 바 있다면 處世에 있어 스스로 재주를 자랑하거나 명예를 구하
여 일없이 억지로 행하는 허물도 없게 되며, 그 왕을 보좌하고 왕명을 奉
行함에 있어서도 스스로 자신의 공로를 자랑하거나 아름다움을 내세우는
혐의가 없을 것이다.

그러나 그 공부는 '心齊'와 '坐忘'에 따라 虛心으로 세상을 살아야 아무런 患難이 없을 것이다. 이는 世故(世事)와 人情에 있어 처세하기 어려움을 지극히 말함이다. 만일 허심으로 사물을 대하지 않고 조금이라도 재주와 私情으로 명예를 구하려 한다면 患難을 면하지 못할 것이다.

때문에 이 편 끝부분에서 不才를 究竟으로 삼은 것이다. 만일 세상을 살면서도 환난이 없다면 바야흐로 養生을 잘한 주인공을 볼 수 있다. 이 편은 앞의 〈양생주〉의 뜻을 서로 밝혀주고 있다. 공자는 用世의 성인이요, 顔子는 聖門의 高弟이기에 두 인물을 빌려 그 사실을 믿도록 하고자 함이다.

【원문】

顔回 見仲尼하고 請行한대 曰 奚之오[1] 曰 將之衛니다 曰 奚爲焉고[2] 曰 回聞하니 衛君이[3] 其年이 壯하고[4] 其行이 獨하야[5] 輕用其國하되 而不自見其過하고[6] 輕用民死하야[7] 死者 以國으로 量乎澤에 若蕉라하니[8] 民其無如[9]矣

---

1 仲尼問何往이라 | 공자가 안회에게 어디로 가는가를 물음이다.
2 意謂雖顔子之仁人이라도 亦不勉無事强行之過라 | 공자의 마음에는 비록 안자와 같은 어진 인물이라도 또한 일없이 억지로 행하는 허물을 면치 못한다.
3 蒯聵也라 | 그의 이름은 蒯聵이다.
4 壯年盛氣之時라 | 젊은 나이의 원기 왕성한 때이다.
5 言很戾自用하야 拒諫妄爲也라 | 사납고 멋대로 행동하며 간언을 마다하고 허튼 행동을 하는 것이다.
6 言不恤民하고 輕視其國하야 不自知其過라 | 백성을 救恤하지 않고 나랏일을 쉽게 처리하면서도 그 잘못을 알지 못함을 말한다.
7 言不恤民일새 故民死亡者 衆이라 | 백성을 救恤하지 않기에 죽은 백성이 많음을 말한다.
8 言以國으로 比乎澤에 而民之死者 相枕藉若澤中之蕉也라 | 나라를 연못에

로다[10] 回嘗聞之夫子하니 日 治國은 去之하고[11] 亂國에 就之라하니[12] 醫門에 多疾이라[13] 願以所聞으로 思其則하니[14] 庶幾其國이 有瘳乎인저[15] 仲尼曰 譆라[16] 若이 殆往而刑耳리라[17] 夫道不欲雜이니[18] 雜則多하고 多則擾하고 擾則憂니 憂而不救라[19] 古之至人은 先存諸己而後에 存諸人하나니[20] 所存於

비유하면 죽은 백성이 서로서로 포개어 깔려 있음이 연못에 무성한 풀과 같음을 말한다.

9 往也라 | 가다.

10 言民受困이나 無所往告矣라 | 백성이 괴로움을 당하면서도 찾아가 하소연할 곳조차 없음을 말한다.

11 言國已治不以無功而干祿이라 | 이미 다스려진 나라에 아무런 공로도 없이 녹을 받을 수 없음을 말한다.

12 言勘亂扶危以安民也라 | 혼란을 다스리고 위태로운 일을 붙잡아 백성을 편안하게 함을 말한다.

13 謂善救時者는 如良醫之門에 多疾人也라 | 한 시대를 잘 다스리는 사람은 훌륭한 의사의 집에 수많은 환자가 찾아드는 것과 같음을 말한다.

14 蓋回素聞夫子之言이 如此일새 故願以所聞으로 思其法則하야 將以匡正衛君也라 | 저는 평소 스승으로부터 이와 같은 가르침을 받아 왔기에 일찍이 들었던 바대로 그 법칙을 생각하여 위나라 임금을 바로잡고자 함이다.

15 言庶幾使民으로 免其疾苦也라 | 아마 그 백성을 疾苦에서 벗어나게 할 수 있다는 점을 말한다.

16 驚歎也라 | 깜짝 놀라 탄식하는 말이다.

17 言汝甚欲往에 必遭其刑耳라 | 자네가 몹시 가고 싶어 하지만 반드시 형벌을 당하게 되리라는 점을 말한다.

18 謂學道에 當專心壹志하야 不可雜亂其心이라 | 도를 배우려면 마땅히 마음을 모으고 생각을 한결같이 함으로써 어지러운 마음이 있어서는 안 됨을 말한다.

19 言心雜則以多事로 自擾요 擾則憂患而不可救라 | 마음이 어지러우면 많은 일로 스스로 흔들리게 되고 흔들리면 걱정 때문에 백성을 구제할 수 없음을 말한다.

20 言古之至人涉世엔 先以道德存乎己然後에 以己所存으로 施諸人이라 卽此二語는 乃涉世之大經이니 非夫子면 不能到此라 | 옛날 至人은 세상을 편력

己者 未定이어니 何暇에 至於暴人之所行이리오²¹ 且若이²² 亦知夫德之所

蕩而知之所爲出乎哉아²³ 德蕩乎名이요 知出乎爭이니²⁴²⁵ 名也者는 相軋

也요²⁶ 知也者는 爭之器也라²⁷ 二者는 凶器니 非所以盡行也라²⁸ 且德厚信

矼이나²⁹ 未達人氣하며³⁰ 名聞不爭이나 未達人心하고³¹ 而彊以仁義繩墨之

하기 전에 먼저 자기의 몸에 道德을 갖추었다. 그러고서 자기가 보존한 것으

로 남에게 베풀었다. 이는 두 마디의 말은 處世의 대원칙이다. 공자가 아니면

이런 경지에 이를 수 없음을 말한다.

21 謂顔回 道德이 未充하야 自修不暇어니 又何暇至暴人之所乎아 | 안회는 아

직 도덕이 충만하지 못하여 자기의 수양을 하기에도 여가가 없는데, 어느 겨

를에 포악한 임금이 있는 곳을 찾아갈 수 있겠는가.

22 汝也라 | 너를 말함이다.

23 蕩은 散也요 出은 露也라 | 蕩은 散失이고, 出은 露出이다.

24 德之不能保全者는 爲名之蕩也요 名蕩而實少矣라 | 덕을 보존하지 못함은

명예에 마음을 잃었기 때문이다. 명예에 마음을 잃으면 실상이 적어지기 마

련이다.

25 知之發露於外者는 以啓爭之之端也라 | 지혜가 밖으로 노출되는 것은 바로

싸움을 일으키는 실마리이다.

26 軋은 軋機聲也라 言名者는 乃彼此相擠軋하야 不得獨擅也라 | 軋이란 수

레바퀴가 삐걱거리는 소리이다. 명예란 피차가 서로 밀치고 버티는 것이어서

혼자 독차지할 수 없음을 말한다.

27 才知一露에 人人이 忌之니 則由此而致爭하야 不相安也라 | 재주와 지혜가

한번 드러나면 사람마다 그를 시기하므로 이 때문에 싸움이 일어나 서로 편

안하지 못함을 말한다.

28 言才德知術인 二者는 乃招患之端이요 爲凶器也니 豈可以盡行乎아 | 才德

과 知術, 두 가지는 患難을 초래하는 실마리니, 사람을 해치는 흉기이다. 어

찌 이를 모두 행할 수 있겠는가.

29 矼은 確實貌라 | 矼은 확실한 모양이다.

30 謂我以厚德으로 確信加人인댄 必先要達彼之氣味 與我로 投與不投라 | 내

가 厚德으로써 남에게 확신을 더하려면 반드시 먼저 상대의 氣味가 나와 投

合되는지 않는지를 알아야 함을 말한다.

31 言我雖不爭名聞於彼나 且未達彼之人之心의 信否何如라 | 안회는 비록 그

言으로 術³²暴人之前者는 是以로 人은 惡有其美也니 命之曰 菑人이라 菑人

者는 人必返菑之니 若이 殆爲人菑夫인저³³ 且苟爲悅賢而惡不肖인댄 惡用

而³⁴求有以異리오³⁵ 若³⁶唯無詔니라³⁷ 王公이 必將乘人而鬪其捷하리니³⁸

들과 名聞을 다투지는 않지만, 그들의 마음이 나를 믿어주는지 않는지를 알
지 못함을 말한다.

32 當是術字라 | 마땅히 術자로 써야 한다.

33 言己雖確信하야 虛己致彼나 且未審彼之氣味하야 不達心志卽以仁義繩墨
之言으로 規諫於彼라가 恐一旦에 致疑而不信하면 則將以汝로 爲因揚彼
之惡하고 而顯己之美니 所謂未信則爲謗己也라 此謂之菑害於人이니 凡菑
人者는 人必反菑之라 汝不審彼己而彊行하면 殆爲彼人菑之也라 | 안회 자
신은 비록 확신을 갖고 虛心으로 그 임금을 찾아가지만 그의 氣味를 살피지
못하고 속내를 알지 못한 채, 무턱대고 仁義, 繩墨 따위의 말을 그에게 諫言
하다가 만일 어느 날 갑자기 의심을 사게 되어 믿어 주지 않는다면, 그는 너
〔안회〕에 대해서 '그〔임금〕의 잘못을 비난하고 자기〔안회〕의 미덕을 자랑한다'고
생각하게 될 것이다. 이른바 믿음을 주지 못하면 그는 자기를 헐뜯는다고 생
각할 것이다. 이를 남을 해치는 짓이라 한다. 남을 해치는 자는 그가 반드시
도리어 나를 해치기 마련이다. 네〔안회〕가 상대와 자신을 살피지 않고 강행하
면 반드시 상대에 의해 피해를 당하게 될 것임을 말한다.

34 汝也라 | 너〔안회〕를 말함이다.

35 且彼衛君이 誠有悅賢而惡不肖之心인댄 則彼國에 自有賢者리니 何用汝特
往하야 而求以顯異耶아 | 그 위나라 임금이 진실로 어진 이를 좋아하고 불초
한 자를 싫어하는 마음이 있다면 그 나라에도 그 나름대로 賢者가 있을 것이
다. 어찌하여 네가 특별히 그를 찾아가 남달리 돋보이려고 하는가.

36 汝也라 | 너〔안회〕를 말함이다.

37 言女必不待詔而往이라 | 너는 반드시 왕명을 받지 않고서 스스로 찾아갈 것
이 없음을 말한다.

38 言女非詔命而往하면 則彼王公이 必將乘人君之勢하야 與汝로 鬪其捷勝하
고 而不納其言이라 | 네가 왕명을 받지 않고서 스스로 찾아가면, 그 조정의
王公이 반드시 임금의 세력에 편승하여 너와 서로 이기기를 다투면서 너의
말을 받아들이지 못하게 함을 말한다.

39 汝也라 | 너〔안회〕를 말함이다.

而³⁹目將熒之하며⁴⁰ 而色將平之하며⁴¹ 口將營之하며⁴² 容將形之하고⁴³ 心且成之하면⁴⁴ 是는 以火救火며 以水救水라 名之曰 益多니⁴⁵ 順始無窮이라 ⁴⁶ 若이⁴⁷ 殆以不信厚言인댄 必死於暴人之前矣리라⁴⁸

---

40 言汝見人君之勢로 以加陵之하면 則必自失其守하야 眼目이 眩惑之矣라 | 네가 임금의 기세로 능욕을 당하면 반드시 지킨 바를 잃고서 눈이 휘둥글어질 것임을 말한다.

41 眼目이 一眩에 必將自救하야 而容色平和로 以求解矣라 | 눈이 한번 휘둥글어지면 반드시 장차 자구책으로 얼굴빛을 평화롭게 꾸며 화해를 구하려 들 것이다.

42 容貌 既已失措에 而口必營營하야 以自救也라 | 용모가 이미 어찌할 바를 모름으로써 입으로 이런저런 말을 늘어 놓으며 스스로 위기를 모면하려고 한다.

43 容貌言辭一失에 則全身이 不覺放倒遷就也라 | 용모와 말을 한번 잃게 되면 온몸이 나도 모르는 사이에 전도되고 동요한다.

44 外貌一失이면 則內心無主하야 必將捨己而就彼하야 返成其惡也라 | 외모가 한번 무너지면 마음도 주장하는 바 없어 반드시 자기 의견을 버리고 그의 뜻을 따라 도리어 임금의 잘못을 이뤄 주게 된다.

45 言女初心이 欲彼改惡라가 而竟返成其惡하면 是는 以水火로 而救水火하야 但增益其多耳라 | 너의 마음이야 애당초에는 그의 잘못을 고쳐 주려고 했으나 마침내 도리어 그의 잘못을 이뤄 주게 되면, 이는 물과 불로써 물과 불을 구제하려는 격으로 다만 그의 많은 잘못을 더 보태줄 뿐이다.

46 言始則將順이나 而彼之惡은 竟無窮이라 | 처음에는 그의 뜻을 순종하지만 그의 잘못이 결국 끝이 없게 된다.

47 汝也라 | 너〔안회〕를 말함이다.

48 若彼不見信이어늘 而遽加之以忠厚之言이면 是謂交淺言深이라 彼將致疑하야 而返以爲謗이리니 如此則必死無疑矣리라 | 만일 신임을 얻지도 못했는데 갑자기 忠厚한 直言을 간하면 이는 "사귄 지 얼마 안 되었는데 깊은 속내를 말한 것이다." 그는 장차 의심을 하여 자신을 비방한다고 생각하게 될 것이다. 이와 같으면 반드시 죽임을 당할 것은 의심할 여지가 없다.

【직역】 顔淵이 仲尼를 뵙고 行하기를 청한대,

"어디로 가려느냐?"

"장차 衛나라로 가렵니다."

"무엇을 하려느냐?"

"回가 듣자니, 衛君이 그 나이 壯盛(少年)하고 그 행함을 獨斷(自用)하여 가벼이 그 나라를 쓰되 그 잘못을 보지 않으며 가벼이 백성의 死刑을 써서 죽은 자들을 온 나라로써 셈하면 山澤과 比量하면 蕉草와 같은지라, 백성들이 그 갈 곳이 없습니다. 回가 일찍이 夫子에게 들으니, '다스려진 나라는 떠나가고 어지러운 나라를 찾아가야 한다. 醫員의 門에 병든 자 많다' 하시니, 원컨대 들었던 바로써 그 법을 생각해 보면 거의 그 나라를 낫게 할 수 있을 것입니다."

仲尼가 말씀하시기를, "슬프다. 네가 아마 가면 刑을 당하리라. 道에는 雜亂해서는 안 되니 잡란하면 많아지고 많아지면 흔들리게 되고 흔들리면 憂患이 있고 憂患이 있으면 救濟할 수 없다. 옛적의 至人은 먼저 自己를 保存하고서 뒤에 남을 保存케 하니 自己를 保存한 바가 定해지지 않았는데 어느 겨를에 暴人의 行한 바에 이르겠는가.

그대는 또한 德을 蕩失하게 되는 바와 知가 나오게 되는 바를 아는가. 德은 名譽로 蕩失되고 知는 다투는 데서 나온 것이다. 名譽란 서로 軋轢하고 知란 다투는 器具이니 두 가지의 것은(명예와 다툼) 凶器이다. 모두 行할 바 아니다.

또 德性이 純厚하여 미덥고 진실(따)하나 人氣에 達하지 못하며 名聞을 다투지 않으나 人心에 達하지 못하고서 仁義와 繩墨의 말로써 억지로 暴人(暴君)의 앞에서 術한 者는 이로써 남들은 그가 아름다운 것을 미워

할 것이다. 그를 命名하여 '남을 해치는 사람'이라 할 것이니 '남을 해치는 사람'은 남들이 반드시 도리어 그를 해치게 되어 그대는 아마 사람들에게 해를 당할 것이다.

참으로 어진 이를 좋아하고 不肖한 이를 미워한다면 무얼 하려고 네가 남다름으로써 求할 게 있겠는가. 그대는 詔(말함)하지 말지어다. 王公이 반드시 임금의 세력에 편승해서 그 첩승을 다투어 네 눈이 장차 熒惑될 것이며 네 顔色을 장차 平和롭게 할 것이며 입으로 장차 經營할 것이며 容貌는 장차 形式으로 하며 마음도 장차 그를 이루어 주니 이는 불로써 불을 救濟함이며 물로써 물을 救濟함이다. 이를 이름하여 '더 많아진 것'이라 말한다. 開始를 따라 無窮할 것이니 네가 아마 믿어주지 않는 데도 厚히 諫言하면 반드시 暴人의 앞에서 죽게 될 것이다.

【의역】 안연이 공자를 뵙고서 문하를 떠나기를 청하자, 공자가 안회에게 물었다.

"어디로 가려고 하느냐?"

"위나라로 가렵니다."

"무엇을 하려고?"

"제가 듣기로는, 위나라 임금이 나이가 어리고 정사를 행하는 데 제멋대로 독단하여 나랏일을 장난처럼 생각하면서도 제 잘못을 알지 못하며, 함부로 백성을 죽이기를 좋아한 나머지 온 나라의 산과 연못에 있는 수많은 풀더미처럼 주검이 널려 있어 이 때문에 백성들이 갈 곳이 없다고 합니다.

제가 지난날 선생님에게 들은 바, '잘 다스려진 나라는 할 일이 없기에 떠나가고 어지러운 나라를 찾아가 구제해야 한다. 의사의 집에는 환자가 많이 모이게 마련이다'라고 하셨습니다. 제가 선생님에게 들었던 말씀에 따라 포악한 그를 구제하여 바로잡을 방법을 생각한 것입니다. 아마 위나라의 병폐를 고칠 수 있을 것입니다."

공자가 말씀하셨다.

"아! 슬프다. 네가 그곳에 가면 아마 죽음을 면치 못할 것이다. 네 마음의 도는 번잡스러워서는 안 된다. 마음이 번잡스러우면 일이 많아지게 되고 일이 많아지면 마음이 흔들리게 되고 마음이 흔들리게 되면 스스로 우환을 자초하게 되니 스스로 우환을 겪으면서 어떻게 남을 구제할 수 있겠는가. 옛 지인(至人)은 먼저 자기의 몸을 충실하게 보존하여 그 뒤에 남을 도왔다. 자기의 몸조차 제대로 보존하지 못하고서 어느 겨를에 포악한 자의 일에 관여할 수 있겠는가.

너는 또한 덕의 진실한 바를 잃게 되고 지가 밖으로 드러나게 되는 그 원인을 알고 있는가. 덕의 진실은 명예를 자랑한 데에서 잃게 되고 지는 서로 이기려고 다투는 데서 나온 것이다. 명예는 서로 뒤엎고 억누르게 하는 원인이 되며, 지는 서로 싸우는 데에 필요한 도구이다. 이로 보면 명예와 다툼이라는 이 두 가지는 한낱 흉기에 지나지 않는 것이다. 그러므로 이는 모두 세상에 행해서는 안 될 것들이다.

또 어떤 한 사람의 덕성이 순후하고 미덥고 진실하여 얄팍한 지를 쓰지 않았을지라도 남들이 나를 어떻게 이해하고 있는가를 알지 못하면 자신은 비록 그와 명예를 다투지 않았다 하더라도 그들의 마음을 모르는 것이다.

만일 네가 인의와 법이 되는 말들을 포악한 임금 앞에서 애써 자랑하려고 들면 사람들은 자기의 잘한 점을 자랑하려는 것으로 생각하여 너를 미워하게 될 것이다.

그는 그런 너를 보면서 '남에게 해를 끼치는 사람'이라 이름 지을 것이다. 그는 생각지도 않은 네가 찾아와 '나에게 해가 되는 사람'이라고 생각되면 반드시 거꾸로 그런 너에게 해를 가하게 될 것이다. 그렇다면 너는 아마 그들에게 해를 당하게 될 것은 뻔한 일이다.

만일 위나라 임금이 참으로 어진 신하를 좋아하고 불초한 무리를 미워한다면 그가 스스로 어진 신하를 구할 것인데, 구태여 네가 남다름을 내세워 그에게 자랑할 것이 있겠는가. 결코 너는 그에게 말해서는 안 될 것이다. 그렇지 않으면 신하들이 반드시 임금의 권세에 편승해서 너와 다투려 들 것이다.

만일 네가 임금에게 능욕을 당하면 당황한 나머지 네 눈은 휘둥그레질 것이며 네 얼굴빛은 스스로 화기를 띠면서 입으로는 스스로 위기에서 벗어나려고 들 것이다. 그때 네 용모는 어떻게든 굽실대면서 다소곳한 얼굴을 가지게 될 것이며, 마음 또한 자기의 줏대를 버려두고 그의 의견을 따르게 될 것이다. 이는 불로써 불을 끄는 격이요, 물로써 물을 막으려는 것이다. 이를 이름하여 '임금의 학정(虐政)을 도와 더욱 더 포악하게 만드는 것'이라 말한다. 처음엔 그의 학정을 저지하려다가 장차는 도리어 학정을 이뤄준 셈이다. 이를 시작으로 하여 포악한 임금의 학정을 끝없이 순종하지 않을 수 없을 것이다. 만일 너를 믿어 주지 않는 데에도 간절하게 충언을 올리면 반드시 포악한 임금의 앞에서 죽음을 얻게 될 것이다.

此一節은 言涉世之大者 以諫君으로 爲第一이나 若人主 素不見信하고 而驟以忠言으로 强諫하면 不唯不聽이라 且致殺身之禍니라 此非夫子之大 聖이 深達世故하야 明哲保身者면 其他는 孰能知此哉아 顔子는 有所未至 也라 此爲人間世之第一件事일새 故首言之니라

이 단락에서는 세상살이에 있어서 가장 큰 것은 임금에게 간언하는 것으로 으뜸을 삼지만, 만일 임금에게 평소 신임을 얻지도 못했는데 갑자기 충언으로써 강하게 간하면, 들으려 하지 않을 뿐만 아니라 목숨마저 잃게 되는 화를 불러들이게 됨을 말하였다.

이는 공자 같은, 세상일을 깊이 통달하여 밝고 어짊으로써 몸을 온전히 보존한 성인이 아니라면 그 누가 알겠는가? 안자는 이르지 못한 바 있다. 이것이 〈인간세〉에서 제일 중요한 일이 되는 까닭에 맨 앞에 이를 말한 것이다.

且昔者에 桀殺關龍逢하고 紂殺王子比干하니 是皆修其身하야 以下로 傴 拊人之民하며 以下로 拂其上者也라[49] 故로 人君이 因其修以擠之하니 是는

---

[49] 言龍逢과 比干이 以忠立名하되 而竟見殺者는 蓋爲居臣下之位하야 而傴 拊人君之民者라 傴拊는 言曲身拊恤於民하야 以示 憐愛之狀也라 謂人君 은 不愛民이라 而臣下 返爲之愛恤하면 示自要名하야 以拂逆人主之心이 니 此所以見怒而取殺也라 豈非好名取死之道耶아 | 관용방과 비간이 충성 으로써 이름을 이뤘으나 마침내 죽음을 당한 것은 신하의 지위에 있으면서

好名者也니라[50] 昔者에 堯攻叢枝와 胥敖하고[51] 禹攻有扈하야[52] 國爲虛厲
나[53] 身爲刑戮하되[54] 其用兵이 不止하고 其求實이 無已하니[55] 是皆求名實
者也라[56] 而[57]獨不聞之乎아 名實者는 聖人之所不能勝[58]也온[59] 而况若[60]
乎아

몸을 굽혀 임금의 백성을 불쌍히 여긴 때문이다. 偏拊는 몸을 낮추어 백성을
궁휼히 여김으로써 백성을 사랑하는 모습을 보여주는 것이다. 임금이 백성을
사랑하지 않는데도 신하로서 도리어 사랑하고 궁휼히 여기는 것은 명예를 얻
기 위해 임금의 마음을 거슬림이다. 이것이 곧 임금의 노여움을 사 죽음을 자
초함이니 어찌 명예를 좋아하다가 죽음을 초래한 것이 아니겠는가.

50 言二子 好名而修身하야 以拂人君일새 故로 人君이 因其修而擠害之하니
是는 好名之過也라 | 두 사람은 명예를 좋아하면서 몸을 닦음으로써 임금의
마음을 거슬렀다. 이 때문에 왕은 그의 수신으로 인해서 그를 배제, 살해했
다. 이는 명예를 좋아한 잘못 때문이다.

51 二國名이라 | 총지, 서오는 모두 나라 이름이다.

52 國名이라 | 유호는 나라 이름이다.

53 使其國으로 爲空虛하고 死其君하야 爲厲鬼라 | 그 나라를 황폐하게 만들고
그 임금을 죽여 冤鬼로 만들었다.

54 親身操其殺戮이라 | 친히 몸소 그 살육을 집행했다.

55 謂二聖이 自以爲仁하야 將除暴救民은 是皆求爲仁之實이 無已니 故로 用
兵不止요 以此好名하야 以滋殺戮이라 | 두 성인(堯, 禹)이 스스로 仁政을 베
푼다고 여겨 장차 포학한 임금을 없애어 백성을 구제하려 함은 모두 仁을 하
고자 하는 實을 구함이 끝이 없는 까닭에 用兵이 그치지 않아 이로써 명성을
좋아해서 살육을 계속하게 된다.

56 求仁之名으로 而行殺伐하니 名成而實喪矣라 | 仁의 명예를 구하고자 殺伐
을 감행하니, 仁의 虛名은 얻었으나 그 성과는 잃은 것이다.

57 汝也라 | 너(안회)를 말함이다.

58 平聲이라 | 평성이다.

59 言名實은 雖二聖人이라도 且不能勝이온 而全有之아 | 名과 實은 두 성인
(堯, 禹)으로서도 이를 감당하여 온전히 둘 수 없었음을 말한다.

60 汝也라 | 너(안회)를 말함이다.

【직역】 옛적에 桀은 關龍逢을 죽였으며 紂는 王子 比干을 죽였다. 이들은 모두 그 몸을 닦아 아랫사람으로서 임금의 백성을 偏拊하여 아랫사람으로서 그 윗사람을 거슬렀다. 그러므로 그 人君이 그들의 닦음으로 因하여 그들을 排擠함이니 이는 名譽를 좋아한 者이다.

옛적에 堯는 叢枝, 胥敖를 攻略하고 禹는 有扈를 攻略하여 나라는 虛厲가 되었으나 몸소 刑戮을 하되 그 用兵을 그치지 않았고 그 성과를 구함에 끝이 없었다. 이는 모두 名實을 求한 者들이었다. 네, 홀로 이를 듣지 못했는가. 名實이란 聖人으로서도 이길 수 없는데 하물며 너야.

【의역】 옛적에 하나라의 폭군 걸(桀)은 충신 관용방(關龍逢)을 죽였고 상나라의 폭군 주(紂)는 충간을 했던 왕자(王子) 비간(比干)을 죽였다. 그들은 모두 몸을 닦고 덕을 쌓아 신하로서 임금의 백성을 너무 잘 다스렸다. 그러나 신하로서 시기와 질투가 심한 임금의 성품을 거슬렀다. 이 때문에 그 임금은 그들의 몸 닦기를 좋아하는 마음으로 인해서 그들을 배제한 것이다. 이는 명예를 좋아한 결과였다.

옛적에 성군으로 일컬어지는 요임금으로서도 자그마한 총지국(叢枝國)과 서오국(胥敖國)을 공략하였고, 우임금 역시 유호(有扈)의 나라를 공략하여 세 나라의 성은 온통 폐허가 되고 백성들은 모두 원귀가 되었으나 몸소 살육을 자행하여 요임금과 우임금은 그 전쟁을 멈추지 않았고 그들의 인정(仁政)의 성과에 대한 욕심은 끝이 없었다. 이는 모두 인정이라는 명예와 그 성과를 추구한 자들의 소행이었다. 그럼에도 너는 이런 말을 듣지 못했다는 것인가. 명예와 그 성과에 대한 욕구는 요임금, 우임금으로서도 이길 수 없었던 것인데 더욱이 너와 같은 사람이랴.

【감산 절해】

此謂顏子 無事强行과 求名之實이 必不能全이니 以明往而刑之之必然也라 且名實은 聖人猶不能全이온 而況凡乎아

上文엔 夫子 以敎其必不可往하고 下에 又問其往之之道라

여기서는 안자가 아무런 명분 없이 강행하려는 것과 명예를 구하려는 성과를 반드시 온전히 될 수 없음을 말한다. 온전히 할 수 없는데도 떠나가면 반드시 형벌에 처해질 것임을 밝혔다. 또 名과 實은 성인조차도 온전히 할 수 없는데, 하물며 범인들이야 오죽하겠는가.

위 문장에서는 공자가 반드시 위나라에 가서는 안 됨을 가르쳐 주었고, 아래 문장에서는 그[안회]가 가려는 데 있어서의 방법을 묻는다.

【원문】

雖然이나 若⁶¹必有以也니 嘗以語我來라⁶² 顏回曰 端而虛하며 勉而一하면 則可乎닛가⁶³ 曰 惡라 惡可리오⁶⁴ 夫以陽으로 爲充孔揚하며 采色이 不定일

---

61 汝也라 | 너[안회]를 말함이다.

62 來는 語辭라 夫子 謂雖然我如此說하야 其勢 必不可往이나 不知汝將何術로 以往耶아 當以語我하야 試看何如리라 | 來는 어조사이다. 공자가 말하였다. "그러나 내가 이렇게 말한 것은 그 상황이 반드시 가서는 안 됨을 말한 것이다. 하지만 네가 무슨 방법을 가지고 찾아가려는 것인지 나에게 말해 보도록 하라. 어떤 것인지 시험 삼아 보겠다."

63 回謂我無他術이요 但端謹其身하고 以虛其心하야 不以功名得失로 爲懷하며 更勉一其志하야 不計其利害니 如此則可乎닛가 | 안회가 말하였다. "저에게 다른 방법은 없습니다. 다만 그 몸을 단정하게 그리고 삼가면서 그 마음을 비워 공명과 득실을 생각지 않으려고 합니다. 여기에 한 걸음 더 나아가

새⁶⁵ 常人之所不違라⁶⁶ 因案人之所感하야 以求容與⁶⁷ 其心하니 名之曰 日

漸之德不成이온 而況大德乎아⁶⁸ 將執而不化리니 外合而內不訾⁶⁹라도 其

庸詎可乎아⁷⁰

더욱 그 뜻을 한결같게 힘쓰고 이해를 계산하지 않으려 합니다. 이와 같이 한
다면 괜찮겠습니까?"

64 言其甚不可也라 | 그 매우 옳지 않음을 말한다.

65 陽者는 盛氣니 言衛君이 壯年에 負驕勝之氣어늘 女以小心으로 端謹事之
하면 則益充滿彼之盛氣하야 而志更大飛揚하야 將發現於顔面矣라 采色不
定은 喜怒不常也라 | 陽이란 드센 기운이다. 위나라 임금은 젊은 나이여서
교만함과 남을 이기려는 기운을 자부하고 있다. 네가 조심조심 단정과 근심
으로써 그를 섬긴다면 더욱 그의 드센 기운을 충만케 하여 뜻을 더욱 드날리
게 되어 장차 얼굴에 나타나게 된다. 采色不定이란 기쁨과 노여운 얼굴빛이
변화무쌍함을 말한다.

66 言彼喜怒不常之氣性은 卽尋常執侍之人 亦不敢違온 況汝未同與言之人乎
아 | 그〔衛君〕의 기쁨과 노여움이 일정치 않은 성깔을 평소에 곁에서 받드는
사람 역시도 감히 어찌할 수 없는데 하물며 너처럼 함께 말해 본 적도 없는
사람이야 오죽하겠는가.

67 自快之意也라 | 스스로 쾌감을 느낀다는 뜻이다.

68 言彼拒諫之人을 卽汝以言感發之하면 彼卽定將所感之言하야 返案於女하
야 以求容與以快其心이니 不但不聽而已라 如此飾非之人卽日漸小德도 亦
不成이온 況大德乎아 | 저 간언을 막아낼 사람임을 말한다. 네가 간언으로써
그를 자극하면 그는 반드시 네가 자극한 말을 가지고서 도리어 네게 죄를 둘
러씌움으로써 스스로 쾌감을 찾아 그 마음에 흡족해 할 것이다. 그는 간언을
듣지 않는 데 그치지 않을 것이다. 이와 같이 그릇됨을 꾸미는 자는 날마다
차츰차츰 행하는 소덕으로도 이룰 수 없는데 하물며 大德으로야 어떻겠는가.

69 訾는 비방함이다.

70 言彼將固執己志하야 而不化리니 縱汝能端虛而外謹하고 勉一而內 不毀인
들 竟有何用乎아 言其必無功效오 徒費精神耳라 | 그는 장차 자기의 뜻에
고집하여 바꾸려 하지 않을 것이다. 아무리 네가 단정하고 겸허하며 외모를
삼가되 한결같이 하고 안으로는 잘못을 없려고 힘쓸지라도 결국 어디에 쓸
수 있겠는가. 반드시 아무런 공효가 없고 한낱 정신만 낭비할 뿐임을 말한 것
이다.

【직역】 그러하나 너에게 필히 방도가 있을 것이니 한번 나에게 말해 보아라."

顔回가 말하기를, "端正하고 謙虛하며 篤實하고 專一하면 可하겠습니까?"

말씀하시기를, "아! 어찌 可하다 하겠는가. 그(衛君)는 陽으로써 充滿하고 甚히 드날리어 采色이 안정되지 않으니 常人도 어기지 못하는 바라, 사람들의 感(犯諫)한 바로 因해 案服하여 이로써 그 마음에 容與됨을 求하니 그를 이름하여 날로 漸(나아감)하는 德도 이룰 수 없다 하는데 하물며 大德이랴. 장차 固執하여 變化하지 않을 것이니, 밖으로는 合하고 안으로는 毁訾하지 않는다 할지라도 그 어찌 可하다 하겠는가."

【의역】 공자가 다시 말을 이었다.

"그러하나 네가 이렇게 하려는 데에는 필히 그렇게 할 만한 이유가 있을 것이다. 나에게 한번 말해 보아라."

안회가 대답하였다.

"외모는 단정하고 엄숙하며 안으로는 겸허하고 일을 행하는 데 독실하게 힘쓰고 그 덕을 전일(專一)하게 한다면 괜찮겠습니까?"

공자가 다시 말하였다.

"아! 어떻게 옳다고 할 수 있겠는가. 위나라의 임금은 안으로는 교만하고 뽐내는 성질이 마음에 가득 차 있고, 밖으로는 들뜨고 성급한 감정으로 변덕이 죽 끓듯 함으로써 평소 사람들이 모두 그의 비위를 건드리지 않기 위해 아부하고 순종하였다. 그는 남들이 자기에게 권유하거나 간언(諫言)하는 것을 계기로 하여 도리어 그들을 억누름으로써 그 스스로의 마음에 쾌감을 얻는다.

　그런 사람을 이름하여 '날마다 작은 덕으로써 서서히 그를 감화시킨다할지라도 하나도 이룰 수 없다'고 말하는데, 하물며 큰 덕으로써 그를 바로잡고 가르칠 수 있겠는가. 그는 반드시 스스로 옳다고 고집하여 제 생각을 바꾸려 들지 않을 것이다. 설령 네가 겉으로는 서로 하나가 되고 마음으로 그를 비방하거나 욕하지 않는다 할지라도 그 스스로의 잘못을 자성(自省)하는 마음이 없을 것이다. 어떻게 그런 그를 옳다고 할 수 있겠는가."

【감산 절요】

　此一節은 言彊梁拒諫之人을 縱以忠謹事之라도 祇增益其盛氣요 亦無補於德하야 終無益也니라

　이 단락에서는 완고하고 고집스런 인물을 아무리 충성과 근신으로 섬기더라도 단지 그의 사나운 기운만 북돋을 뿐, 또한 그의 덕에 보탬이 없어 끝내 도움이 될 수 없음을 말하고 있다.

【원문】

　然則我內直而外曲하며 成而上比리라[71] 內直者는 與天爲徒니[72] 與天爲

---

[71] 此는 顔回 聞夫子之言이 以端虛勉一로 必不能行하고 又思其則하되 以內直과 外曲과 上比古人으로 挾此 三術하야 以往하면 其事 必濟矣리라 | 이는 안회가 공자의 말을 듣고서야 端虛勉一로써는 반드시 행할 수 없다 생각하고서 또 다시 그에 따른 법칙을 생각해 냈다. 그것은 마음을 곧게(內直)하

徒者는 知天子之與己 皆天之所子니 而獨以己言으로 蘄乎而를 人善之하며
蘄乎而를 人不善之耶닛가 若然者인댄 人謂之童子라 是之謂與天爲徒오[73]
外曲者는 與人爲徒也니 擎跽曲拳은 人臣之禮也라 人皆爲之어니 吾敢不
爲耶닛가 爲人之所爲者는 人亦無疵焉이니 是之謂與人爲徒요[74] 成而上比
者는 與古爲徒니 其言은 雖敎讁[75]之나 實也엔 古之有也요 非吾有也라 若
然者인댄 雖直이나 不爲病이니 是之謂與古爲徒라 [76] 若是則可乎닛가[77] 仲

고 행동을 부드럽게[外曲] 하며 위로 옛 사람의 말을 인용하여 그 말을 좇겠
다는 것이다. 이 세 가지 방법을 가지고 찾아간다면 그 일을 반드시 이룰 수
있을 것으로 생각하였다.

72 此는 顏回 自解三術之意라 言內直與天爲徒者는 言人之生也 直이요 此性
이 本天成이니 則彼我同此性也라 故로曰 與天爲徒라 謂彼亦人耳라 旣同
此性이요 苟言之相符면 寧無動於中乎아 | 이는 안회가 스스로 세 가지의
방법을 해석한 것이다. 內直與天爲徒란 사람은 태어날 때 곧음을 말하니, 이
본성은 본래 하늘이 부여한 것인 바, 그와 나는 이 본성이 같다. 이 때문에 與
天爲徒라 한다. 그도 사람이기에 이미 나와 본성과 똑같으니, 만일 그에게 말
하여 서로 부합되면 어찌 그의 마음을 움직이지 못하겠는가.

73 言旣天性이 本同하니 則人君與我皆天之子也라 我但直性而言之하고 亦不
必求其彼之以我言으로 爲善爲不善하며 我唯盡此眞順無僞之心이라 如此
則彼以我로 如赤子之心矣라 此又有何患焉이리오 | 이미 천성이 본래 같다
면 위나라 임금과 나는 모두가 하늘의 자손이다. 그러므로 나는 다만 본성대
로 곧게 말할 뿐, 또한 그가 나의 말을 옳게 여기든 그르다 여기든 개의할 게
없다. 나는 오직 내 자신의 거짓 없는 순수, 천진한 마음을 다하려는 것이다.
이와 같이 하면 그는 나를 어린애 마음과 같다고 생각할 것이니, 또 무슨 우
환이 있겠는가.

74 外曲者는 謂曲盡人臣之禮也라 不失其儀어니 又何疵焉고 | 外曲이란 신하
로서의 예의범절을 곡진히 다하는 것을 말한다. 그 예의 법도를 잃지 않았거
니, 무슨 허물이 있겠는가.

75 讁은 謂指讁是非也라 | 讁은 시시비비를 지적하는 것을 말한다.

76 成者는 引其成言也요 上比者는 上比古人也라 故其言이 雖讁之나 而明言
是非하야 而所言은 皆實乃古人之言이요 非我之虛談也라 如此則言雖直

尼曰 惡라 惡可리오⁷⁸ 太多政法而不諜이니⁷⁹ 雖固亦無罪나 雖然이나 止是
耳矣라 夫胡可以及化리오 猶師心者也니라⁸⁰

【직역】 말하기를, "그러면 제가 안으로는 곧고 밖으로는 굽히며 成語
로서 위에 比하겠습니다.

안으로 곧게 한다는 것은 하늘로 더불어 무리가 되는 것입니다. 하늘로
더불어 무리가 된 者는 天子와 自己가 모두 하늘의 자식이 되는 줄 아나
니, 어찌 홀로 자기의 말로써 다른 사람에게 善하다 함을 구할 것이며 그
사람에게 不善하다 함을 구하겠습니까? 그처럼 한 者를 사람들은 童子
라 말하니 이를 하늘로 더불어 무리가 되었다 말합니다.

이나 以非我出일새 以爲病矣라ㅣ成이란 그 故事成語를 인용함이요, 上比
란 위로 옛 사람에 비유함이다. 그러므로 그 말이 비록 그를 꾸짖으며 명백히
시비를 말하여도 그 말한 바 모두 진실하니 이는 옛 사람의 말이지 자기의 虛
言이 아니다. 이와 같으면 비록 곧은 말일지라도 나에게서 나온 말이 아니므
로 허물될 게 없다.

77 以此三術로 則庶幾可乎인저ㅣ이 세 가지 방법으로 대응하면 거의 되겠습니까.
78 歎其必不可也라ㅣ그것은 반드시 옳지 않음을 한탄한 말이다.
79 政法은 猶法則也라 諜은 猶安妥니 謂穩當也라 言挾上三術에 而法則이 太
多하니 猶不穩當也라ㅣ政法은 법칙과 같다. 諜은 安穩이니, 穩當을 말함.
위의 세 가지 방법을 가지면 법칙이 너무 많으니, 오히려 온당하지 못함을 말
한다.
80 言以此三術에 固亦不得罪나 然止是如此而已耳라 亦不能使彼心化也라 何
也오 以三術이 皆出有心하야 未能忘我하고 且已未成이어니 焉能化彼哉아
ㅣ이 세 가지 방법으로 임하면 또한 화를 자초하지는 않겠지만, 다만 여기에
그칠 뿐, 또한 왕의 마음을 감화시키지는 못한다. 무엇 때문인가. 이 세 가지
방법은 모두 有心에서 나온 것으로 나를 망각(忘我)하지 못했기 때문이다. 나
자신도 이루지 못했거늘 어떻게 그를 감화시킬 수 있겠는가.

밖으로 굽힌다는 것은 사람으로 더불어 무리가 되는 것입니다. 擎(笏을 잡음)하고 跽(꿇어앉음)하고 曲拳(몸을 굽힘)하는 것은 人臣의 禮니 사람들 모두가 그처럼 하는데 제가 감히 하지 않을 수 있겠습니까? 남들이 하는 것을 행하는 者를 사람들 또한 瑕疵로 여기지 않나니, 이를 사람으로 더불어 무리가 되었다고 말합니다.

成語로서 위에 비한다는 것은 옛 사람으로 더불어 무리가 되는 것입니다. 그 말이 비록 그를 敎諭한 것이나 實은 옛 사람이 만든 것이지 제가 만든 것이 아닙니다. 그와 같은 者는 비록 곧으나 病이 되지 않으니 이를 옛 사람으로 더불어 무리가 되었다 말합니다 이렇게 한다면 可하겠습니까?"

仲尼가 말씀하시기를, "아! 어찌 可하다 하겠는가. 너무 政法이 많아서 오히려 諜하지 않으니 비록 또한 罪는 없겠으나 이에 그칠 뿐, 어떻게 感化함에 미치겠는가. 오히려 마음을 스승 삼은 者이다."

[의역] 안연이 다시 말하였다.

"그렇다면 저는 안으로는 곧고 진실한 마음을 지니고, 밖으로는 몸을 굽혀 조심하는 용모를 나타내며, 고사성어를 인용하여 위로 옛 사람에게 비유하겠습니다.

이른바 '안으로는 곧고 진실한 마음을 지닌다'는 것은 자연의 하늘과 하나의 무리가 되는 것입니다. 자연의 하늘과 하나가 된다는 것은 임금과 나는 본성에 있어선 모두 다 같이 하늘이 내려준 바에 속한 것입니다. 그러므로 임금과 나는 다함께 하늘이 내려준 본성임을 알고서 나만이 유독 남다르게 잘한다는 점을 추구할 뜻이 없는데, 어찌 자기가 한 말을 가지고서 남들에게 칭찬해 주기를 바랄 수 있겠으며, 또 남들이 잘못했다는 질책에 대해 관여할 게 있겠습니까? 그렇게만 할 수 있다면 사람들은 나를 '순진하고 욕심 없는 어린아이'라 말할 것입니다. 이런 것을 '자연의 하늘과 하나가 되었다'고 말할 것입니다.

이른바 '밖으로는 몸을 굽혀 조심하는 용모를 나타낸다'는 것은 남들과 하나가 되는 것입니다. 다소곳이 홀(笏)을 받들고 얌전히 꿇어앉고 허리를 굽히는 것은 신하로서 갖춰야 할 예의입니다. 모든 사람들이 다 그처럼 하는데 제가 감히 이처럼 하지 않을 수 있겠습니까? 남들이 하는 대로 행하면 남들 또한 저를 욕하지 않을 것입니다. 이를 '남들과 하나가 되었다'고 말할 것입니다.

'고사성어를 인용하여 위로 옛 사람에게 비유한다'는 것은 옛적에 있었던 것과 하나가 되는 것입니다. 제가 인용한 고사가 비록 임금에게 간절한 풍자라 할지라도 그 간언(諫言)은 모두 근거가 있는 것으로, 옛적에 있었던 것을 인용한 것이지 제가 만들어낸 것은 아닙니다. 이처럼 말한다면 아무리 직선적으로 간하여도 제가 비방한 것이라 생각지 않을 터입니다. 이를 '옛적에 있었던 것과 하나가 되었다'고 말할 것입니다."

공자께서 다시 말씀하셨다.

"아! 어찌 옳다고 말할 수 있겠는가. 남을 바로잡으려는 법이 지나치게 많으나 아울러 그의 생각을 파악하지 못한 것이다. 이러한 행위는 고루한 것으로 네 일신의 화쯤이야 면할 수 있겠지만 여기에 그칠 뿐, 더 이상 어떻게 그를 감화할 수 있겠는가. 이는 오히려 그처럼 영합하려는 네 마음만 허비할 뿐이다."

【감산 절해】

此一節은 言三術이 從孔子의 君子有三畏中變化來니 與天爲徒는 畏天也요 與人爲徒는 畏大人也요 與古爲徒는 畏聖人之言也라 但議論이 渾然無跡이라 言此三事도 亦非聖人大化之境界요 止於世俗之常耳니 意在言外니라

이 단락에서 말한 세 가지 처세 방식은 공자의 "군자에게는 세 가지 두려움이 있다"는 말을 바꿔서 말한 것이다. 하늘로 더불어 무리가 된다는 것은 곧 "하늘을 두려워함[畏天]"이요, 사람으로 더불어 무리가 된다는 것은 "대인을 두려워함[畏大人]"이요, 옛 사람으로 더불어 무리가 된다는 것은 "성인 말씀을 두려워함[畏聖人之言]"이다. 그러나 의론이란 渾然하여 자취가 없어야 하는데, 이 세 가지의 일을 말한 것 역시 성인이 大化하는 境界가 아닌, 세속의 상투에 그쳤을 뿐이다. 이의 깊은 뜻은 언어 문자 밖에 있다.

【원문】

顔回曰 吾無以進矣니[81] 敢問其方하노이다[82] 仲尼曰 齋라 吾將語若하리라[83] 若이[84] 有而爲之 其易耶아[85] 易之者는 皥天에 不宜니라[86] 顔回曰 回之

---

[81] 言回之學問이 止此而已니 更無以進矣라 | 안회의 학문은 여기에 그칠 뿐, 더 이상 나아갈 바 없음을 말한다.
[82] 請問夫子之敎以何法也라 | 공자에게 어떤 방법으로 가르쳐줄지 청하여 물은 것이다.
[83] 言須齋心하야 待聽我之敎也라 | 반드시 마음을 재계하고 나[공자]의 가르침을 받아야 함을 말한다.
[84] 汝也라 | 너[안회]를 말함이다.

家貧하아 唯不飮酒 不茹葷者 數月矣니 若此則可以爲齋乎잇가[87] 曰 是는
祭祀之齋요 非心齋也니라 回曰 敢問心齋하노이다 仲尼曰 一若志하야[88] 無
聽之以耳하고 而聽之以心하며[89] 無聽之以心하고 而聽之以氣하라[90] 聽止於
耳하고 心止於符어니와[91] 氣也者는 虛而待物者也라[92] 唯道集虛하나니[93] 虛
者가 心齋也니라[94]

【직역】 顔回가 말하기를, "저는 나아갈 수 없으니 敢히 그 方法을 여쭙
겠습니다."

仲尼가 말씀하시기를, "齋하라! 내, 또한 네게 말해 주리라. 네가 이를
두고서 한다는 것이 쉽겠는가. 이를 쉽게 여기는 者는 皡天이 좋게 생각
하지 않는다."

---

85 言汝有心而爲之事는 自己도 未化어늘 便欲化人하니 豈容易耶아 | 네가 유
　심으로써 하는 일이란 자기 자신도 아직 변화하지 못한 것인데 곧 남까지 교
　화하려 하니, 어찌 쉽게 성취될 수 있겠는가.
86 以有心之事로 爲容易者는 其心이 不眞일새 故로 上天도 所不宜니라 | 유
　심의 일을 쉽게 여기는 것은 그 마음이 진실하지 못한 것이므로 하늘도 옳게
　여기지 않는다.
87 此는 顔子未知心齋也라 | 이는 안연이 마음의 재계가 무엇인지 모르고 있다.
88 專一汝之心志라 | 그대의 마음과 뜻을 오롯하게 지녀라.
89 言返聞於心性이라 | 돌이켜 心性으로 들음을 말한다.
90 心尙未忘形이어니와 氣則虛而形與化之矣라 | 마음은 아직 忘形하지 못했
　을지라도 氣는 虛해서 육신과 더불어 化한 것이다.
91 謂心冥於理也라 | 마음이 이치에 冥合함을 말한다.
92 言心虛至極하야 以虛而待物이라 | 마음의 虛함이 지극해서 虛心으로 事物
　을 대처함을 말한다.
93 虛乃道之體也라 | 虛는 곧 道의 本體이다.
94 敎顔子之心齋에 以主於虛也어니라 | 안자에게 心齋란 虛를 위주로 함을 가
　르쳐 주었다.

顏回가 말하기를, "저희 집안이 가난하여 술을 마시지 않으며 파를 먹지 않은 지 몇 달이니, 이와 같으면 齋라 할 수 있겠습니까?"

말씀하시기를, "이는 祭祀의 齋이지, 心齋가 아니다."

回가 말하기를, "敢히 心齋를 여쭙겠습니다."

仲尼가 말씀하시기를, "네가 心志를 專一하게 하여 귀로써 들음이 없고 마음으로써 들으며, 마음으로써 들음이 없고 氣로써 들어야 한다.

들음은 귀에 그치고 마음은 符合한 데 그치려니와 氣란 虛로써 物을 待한 것이다. 오직 道란 虛에 모이니 虛라는 것이 心齋이다."

【의역】 안회가 말하였다.

"저는 더 이상 나아갈 수 있는 좋은 방법이 없습니다. 무슨 방법이 있는지 말씀해 주십시오."

"재계(齋戒)하라! 내, 다시 네게 말해 주리라. 네가 그처럼 영합하려는 마음을 두고서 재계를 행하는 것이 어떻게 쉽겠는가. 만일 이를 쉽게 생각한다면 이는 드넓은 자연의 도에 부합되지 않으므로 하늘이 그대를 좋게 생각하지 않을 것이다."

"저희 집안이 가난하여 술을 마시지 않으며 파를 먹지 않은 지 몇 달 되었습니다. 이와 같은 것을 재계라 말할 수 있겠습니까?"

"이러한 것은 제사의 재계일 뿐, 마음의 재계(心齋)가 아니다."

안회가 다시 물었다.

"감히 여쭙건대, 마음의 재계가 무엇인지 말씀해 주십시오."

"그대의 마음을 오롯하게 하여 소리를 귀로 듣지 말고 마음으로 들으며, 더 나아가 마음으로 듣지 말고 기(氣)로써 이해해야 한다.

귀의 작용은 외물의 소리를 듣는 데 그치고, 마음의 작용은 현상을 느끼는 데 그치지만, 기(氣)는 허(虛)한 것으로 모든 사물을 받아들일 수 있다. 네가 마음을 비워야 도(道)가 여기에 모여들게 된다. 마음을 비우는 것이 바로 마음의 재계이다."

【감산 절해】

顔子 多方으로 皆未離有心하니 凡有心之言은 未忘機也라 機不忘則己不化일새 故敎之以心齋하사 以虛爲極하니 虛則物我兩忘이니 己化而物自化耳니라

안자는 여러 모로 모두 유심에서 벗어나지 못했다. 유심에서 나오는 말은 機心을 잊지 못함이다. 機心을 잊지 못하면 자신도 변화할 수 없다. 따라서 공자는 그에게 마음의 재계를 가르치되 虛를 極處로 삼았다. 마음이 허하면 物我를 모두 잊게 되니, 이에 자신도 변화하고 만물 또한 스스로 변화하게 된다.

【원문】

顔回曰 回之未始得使에 實自回也러니[95] 得使之也엔 未始有回也로소니 可謂虛乎잇가[96] 夫子曰 盡矣로다[97] 吾語若하리라[98] 若이[99] 能入遊其樊

---

[95] 言未受敎時엔 自以爲有己라 | 가르침을 받지 않았을 땐 스스로 자기의 몸이 있다고 생각했음을 말한다.

[96] 一聞心齋之敎에 頓忘其己하니 此忘己는 可謂虛乎아 回於一言에 頓悟如此로다 | 한번 마음의 재계에 대한 가르침을 듣자마자 갑자기 자신을 잊어버렸다. 이러한 忘己를 虛라 할 수 있을지? 안회는 공자의 말 한마디에 단박에

하되¹⁰⁰ 而無感其名하야¹⁰¹ 入則鳴하고 不入則止하며¹⁰² 無門無毒하야¹⁰³ 一宅而寓於不得已則幾矣니라¹⁰⁴ 絶跡은 易어니와 無行地는 難이요¹⁰⁵ 爲人使에 易以僞어니와 爲天使에 難以僞니라¹⁰⁶ 聞以有翼으로 飛者矣요 未聞

깨달음이 이와 같았다.

97 謂心齋之理 盡於此矣라 | 心齋의 이치란 이에 극진함을 말한 것이다.

98 言汝有受教之地矣일새 故로 將語之호리라 | 네(안회)가 나의 말을 받아들일 터전이 생겼다. 그러므로 장차 그대에게 말해 준다는 것을 말한다.

99 汝也라 | 너(안회)를 말함이다.

100 樊은 謂藩籬니 謂世網中也라 | 樊은 울타리이니, 세속의 그물 속을 말한다.

101 言能遊人世하되 虛己忘懷하고 無以智巧로 以感動人하야 而要其名이니라 | 세간에 살면서도 몸을 비우고 생각을 잊었기에, 얄팍한 지혜로 남을 감동시켜 명성을 얻으려 함이 없음을 말한다.

102 言不可執一定成心而往이니 但觀其人의 精神氣味하야 相入則言하고 不入則止요 不可强行이라 | 일정한 생각을 반드시 성취시키겠다고 고집한 채 찾아가서는 안 된다. 다만 그 사람을 관찰하여 정신과 氣味가 서로 받아들일 수 있거든 자기의 의견을 말하고, 그렇지 않으면 그만두어야지 강행해서는 안 됨을 말한다.

103 門者는 言立定一箇門庭이요 毒은 卽暝眩之藥, 謂必瘳之藥, 此二者는 有患이니 皆不可用也니라 | 門이란 하나의 門庭을 세운 것이며, 毒은 暝眩의 약으로 반드시 치유할 수 있는 약이다. 이 두 가지는 우환을 불러들이므로 써서는 안 됨을 말한다.

104 一宅者는 謂安心於一하야 了無二念이니 卽其所言이 當寓意於不得已하야 而應之요 切不可有心强爲니 如此則庶幾乎可耳라 | 一宅이란 專一한 데 마음을 안정하여 전혀 두 생각이 없음을 말한다. 그 말해야 할 데에는 부득이한 데에 마음을 두어 응해야 하는 것이지, 절대로 어떤 마음을 두고서 억지로 행해서는 안 된다. 이와 같이 하면 도에 가까워질 수 있다.

105 言逃人絶世는 尙易어니와 獨有涉世無心하야 不著形跡이 爲難이니 卽老子의 善行은 無轍跡이니라 | 사람을 멀리하고 세상과의 인연을 끊기는 오히려 쉽다. 그러나 세상에 살면서도 무심하여 육신과 事迹에 집착하지 않기란 어렵다. 이는 곧 노자의 "善行이란 궤적을 남기지 않는다"(제27장)는 뜻이다.

106 聖人應世 乃天之使也라 若是爲人之使에 容可以僞어니와 聖人은 乘眞心

以無翼으로 飛者也며[107] 聞以有知로 知者矣요 未聞以無知로 知者也로다[108]
瞻彼関者인댄 虛室生白이라[109] 吉祥止止로다[110] 夫且不止면 是之謂坐馳
니라[111] 夫徇耳目內通하고 而外於心知하면 鬼神이 將來舍은 而况人乎아[112]

而御物이어니 又安可以僞乎아 | 성인이 세상사를 대할 때는 하늘이 하는
일처럼 한다. 만일 사람이 하는 일처럼 행한다면 간혹 거짓일 수 있다. 성인
이 眞心에 의해 사물을 다스림에 어찌 거짓으로 할 수 있겠는가.

107 此는 有心無心之喩也니 言世人이 有心爲事而成者는 有之어니와 若無心
應物하야 而使人感化 若無翼而飛者니 此未之聞也라 | 이는 有心과 無心
의 비유이다. 세상 사람들은 유심으로 일을 하여 성취한 자가 있거니와 만
일 무심으로 사물에 응하여 사람을 감동시킨다면 이는 날개가 없이 나는 것
과 같기에 이런 사람에 대해 듣지 못했다.

108 言世人이 皆以有知로 而知之者요 聖人은 以無知로 而知者라 蓋言忘形
絶智하야 以無心으로 而應物者는 此其難者니 未之聞也라 | 세상 사람들
은 모두 有知를 知라고 하지만, 성인은 無知를 知라고 한다. 대개 형상을
잊고 지혜를 버리고서 무심으로 사물에 응한 것은 어려운 것이기에 이런 사
람에 대해 듣지 못했다.

109 此는 心虛之喩也라 謂室中이 空虛하야 但有缺處하니 則容光必照일새 而
虛室中에 卽生白矣니 以喩心虛에 則天光이 自發也라 | 이는 心虛의 비유
이다. 방 안이 텅텅 비어 공허한 곳이 있으면 반드시 밝은 빛이 비춤으로써
공허한 방 안에 밝음이 생겨나는 것이다. 이로써 마음이 虛하면 天光이 절
로 일어남을 비유한 것이다.

110 言有心而動에 則禍福이 隨之니 所謂吉凶悔恪이 生乎動也라 今若心虛
無物하면 則一念不生하야 虛明自照니 悔恪이 全消하고 惟吉祥이 止止니
而言此虛心은 乃吉祥所止之處也라 | 有心으로 움직이면 禍福이 뒤따른
다. 주역에서 말한 "吉凶悔恪은 움직이는 데에서 생긴다"는 것이다. 그러나
만일 마음을 비워 사물이 없으면 한 생각도 일어나지 않음으로써 虛明이 스
스로 비추어 悔恪이 모두 소멸되며 오직 吉祥만이 모여든다. 이 허심이 바
로 길상이 모여드는 곳임을 말한다.

111 言人心이 皆本虛明이어늘 第人不安心止此하야 私慾萌發하면 則身坐於
此나 而心馳於彼니 是之謂坐馳라 | 인심은 본래 虛明한 것이다. 다만 사람
이 불안한 마음에 이에 그치지 못한 채 사욕이 싹트게 된다. 그러면 몸은 여
기 앉아 있으나 마음은 저곳으로 치달려간다. 이를 坐馳라 일컫는다.

是는 萬物之化也니[113] 禹舜之所紐[114]也며 伏羲几蘧[115]之所行終이온 而況
散焉者乎아[116]

【직역】 顏回가 말하기를, "回가 처음 못했을 적에는 實로 스스로 回이
더니 그렇게 했을 적에 비로소 回가 있지 않았으니 虛라 말할 수 있겠습
니까?"

夫子가 말씀하시기를, "극진하다. 내, 그대에게 말하리라. 그대는 그

---

112 徇은 作殉이니 猶喪失也라 言喪耳目之見聞하고 返見返聞이니 故云 內通
이라 若內通融於心體하고 眞光이 發露면 則不用其妄心妄知니 如此則虛
明寂照하야 與鬼神으로 合其德이라 故로 鬼神이 將來舍矣온 而況於人而
不感化乎아 此無翼而飛者也니 此는 敎回之極處也라 | 徇은 殉으로 쓰기
도 한다. 상실과 같다. 귀와 눈이 보고 듣는 기능을 상실하고 見聞을 返照한
까닭에 內通이라 한다. 만일 안으로 心體에 통하여 융합되어 眞光이 드러
나면 망령된 마음과 망령된 知覺을 쓰지 않는다. 이와 같으면 虛明寂照가
귀신으로 더불어 그 덕이 하나가 되므로 귀신이 장차 찾아와 머물게 된다.
하물며 사람으로서 누가 감화 받지 않을 수 있겠는가. 이것이 날개 없이 하
늘을 나는 자이다. 이는 안회에게 가르침을 내린 극치처이다.
113 謂喪耳目하면 則形自忘이요 外心知하면 則智自泯이라 則物我兩忘이면 我
忘物化에 則萬物이 盡化爲道矣니라 | 눈과 귀의 감각을 잃으면 절로 형상을
잊게 되고 心知를 멀리하면 절로 分別知가 사라짐으로써 物我를 모두 잊게
된다. 자아를 잊어 만물이 변화하면 만물은 모두 도로 변하게 될 것이다.
114 樞紐라 | 문 지도리이다.
115 古聖君也라 | 옛 聖王이다.
116 言物我兼忘이며 萬物盡化 此混歸大道之原이니 卽禹之神聖도 亦執爲樞
紐로 而伏羲几蘧之大聖이 御世終身所行이온 而況散民乎아 顏回 能以此
로 用世어니 又何强行之有哉아 | 物我를 모두 잊는 것과 만물이 모두 변화
한 것은 混然하여 大道의 근원으로 歸宿한 것이다. 이는 곧 禹의 神聖으로
서도 이를 고집하여 樞紐로 삼았고 복희와 几蘧의 大聖으로서도 종신토록
이를 실행하였다. 하물며 어리석은 사람들이야 오죽하겠는가. 안회가 이로
써 處世를 한다면 또한 어찌 강행함이 있겠는가.

樊宇에 들어가 노닐면서도 그 名譽에 느낀 바 없어 들어가면 말하고 들어가지 않으면 그쳐서 門도 없고 毒도 없어 一宅으로서 不得己한 데 부쳐두면 거의 가까울 것이다.

발자취를 끊기는 쉽지만 땅에 行함이 없기는 어렵고 사람의 일(人使)은 거짓으로 하기 쉽지만 하늘의 일(天使)은 거짓으로 하기 어려우니 날개가 있음으로써 날았다는 것은 들었지만 날개가 없이 날았다는 것은 듣지 못했으며(神運) 知覺이 있음으로써 안다는 것은 들었지만 知覺이 없이 안다는 것은 듣지 못하였다. 저 빈 곳을 보건대 虛室에 흰빛이 나오나니 吉祥이 止止하도다.

그치지 못하기에 이를 坐馳라 말한다. 耳目을 버리고 內로 通하고 心知를 外로 하면 鬼神도 將次 찾아와 머무르거늘 하물며 사람이랴. 이는 萬物의 變化이니. 舜·禹의 樞紐이며, 伏義·几蘧가 行하기를 終身토록 한 것인데 하물며 散(衆人)한 者랴."

【의역】 안회가 말하였다.

"제가 처음 마음의 재계에 대해 듣지 못했을 적에는 실로 자아를 잊지 못했었습니다. 그러나 이를 듣고 그렇게 했을 적에야 비로소 저를 잊을 수 있었습니다. 이를 마음을 비운 것이라고 말할 수 있겠습니까?"

"아주 훌륭하다. 내 그대에게 말해 주리라. 네가 그 울타리 속에 들어가 노닐면서도 명예와 이익에 동요되지 않으며 그와 도의가 부합되면 말하고 그와 부합되지 않으면 말하지 않아야 한다. 하나의 빈틈도 두지 않고 하나의 약도 쓰지 않은 채 혼연(混然)히 하나 되는 마음으로서 마지못해 응한다면 거의 도를 다할 수 있을 것이다.

길에 나서지 않기는 쉽지만 길을 가면서도 발자취를 남기지 않기는 어렵듯이 사람이 한 세상을 살면서 움직이지 않기는 쉽지만 움직이면서도 발자취를 남기지 않기는 어렵다. 사람이 하는 일은 정식(情識)과 욕구에 부림을 당하여 거짓으로 하기 쉽지만, 하늘이 하는 일은 자연을 따라 작위(作爲)가 없으므로 거짓으로 하기 어렵다. 날개가 있음으로써 하늘을 날았다는 말은 들었지만 날개가 없이 하늘을 날았다는 말은 듣지 못했듯이 지각(知覺)이 있음으로써 사물의 이치를 안다는 말은 들었지만 지각이 없이도 사물의 이치를 안다는 말은 듣지 못하였다.

마음을 비운 그 경지를 살펴보면, 공허한 마음속에서 빛나는 광명이 쏟아져 나온다. 복되고 상서로운 일들이 고요하고 허한 마음으로 모여든다. 그러나 만일 마음을 비우지 못한 채 마냥 앉아 있으면 겉모습이야 마음의 재계처럼 보일지 모르지만 이는 실로 마음이 밖으로 치달리는 것이다. 그러므로 이를 좌치(坐馳)라 말한다. 귀와 눈 따위의 감각기관을 내면으로 향하게 하고 마음의 기지(機智)를 밖으로 버리면 비워진 그 마음속에 귀신도 찾아와 머무르게 될 것인데, 하물며 사람이 감화되지 않을 수 있겠는가. 이렇게 하면 만물이 모두 변화하게 될 것이다. 이는 순임금·우임금의 처세에 대한 관건이자, 복희씨와 궤거(几蘧)의 일생 행위의 준칙이었다. 하물며 여느 사람들이랴."

【감산 절해】

此言涉世에 先於事君이니 此言輔君之難也라 苟非物我兩忘하야 虛心御物하야 不得已而應之면 決不能感君而離患이라 若固執我見하고 持必然之志하야 而强諫之하면 不但無補於君이라 且致殺身之禍니 此는 龍逢比干

之死 皆是之過也니라

下는 言使命之難이라

이 문장은 세상일에 있어서 임금을 섬기는 것이 급선무이니, 이는 임금을 보필하기 어려움을 말했다. 만일 物我를 모두 잊고서 虛心으로 사물을 다스려 마지못해 응하지 않는다면, 결코 임금을 감화시킬 수도 없고 환난을 면할 수도 없다. 만일 자기의 소견에 집착하고 꼭 반드시 그렇게 하려는 뜻을 견지하고서 강력히 간한다면 임금에게 도움이 되지 않을 뿐만 아니라, 자기의 몸마저 죽임을 당하는 화를 불러들일 것이다. 이는 관용방과 비간의 죽음이 모두 이런 잘못이 있었기 때문이다.

아래 문장에서는 사신으로서의 어려움을 말한다.

【원문】

葉公子高[117] 將使於齊할새 問於仲尼曰 王使諸梁也 甚重이어늘[118] 齊之待使者 蓋將甚敬이나 而不急하니[119] 匹夫도 猶未可動也은 而況諸侯乎닛가[120] 吾

---

117 葉公은 名은 梁이요 字는 子高니 楚大夫也라 | 섭공의 이름은 梁이요, 字는 子高이니, 초나라 대부이다.

118 意將有兵革之事라 | 장차 전쟁을 일으킬 생각이 있다.

119 言齊君이 待使者에 貌雖恭이나 而心甚慢하야 不能應使者之急事라 | 제나라 왕은 사신을 대할 때 겉모습은 비록 공손하기는 하겠지만 그의 마음은 매우 느긋하여 사신의 급한 일에 응하려 하지 않으리라는 점을 말한 것이다.

120 言楚之事 甚急이어늘 而齊若慢之하면 則不敢輕意催促이라 且匹夫도 尙不可輕動이온 況諸侯乎아 | 초나라의 일이 매우 화급한데 제나라 왕이 느긋하게 대한다면 감히 가볍게 재촉할 수도 없다. 또 필부도 쉬사리 움직일 수 없는데 더욱이 제후에 있어서야 두말할 게 없음을 말한다.

甚慄之하노이다¹²¹ 子嘗語諸梁也에 曰 凡事 若小若大라도 寡不道以歡成
이니¹²² 事若不成이면 則必有人道之患이요¹²³ 事若成하면 則必有陰陽之患
이어니와¹²⁴ 若成若不成而後에 無患者는 唯有德者라야 能之라하시니¹²⁵ 吾
食也 執麤而不臧하고¹²⁶ 爨無欲淸之人이라¹²⁷ 今吾朝受命而夕飮冰이라도
我其內熱歟인저¹²⁸ 吾未至乎事之情에¹²⁹ 而旣有陰陽之患矣요¹³⁰ 事若不

---

121 恐誤國事하야 而取罪일새 故甚恐懼也라 | 나라의 일을 잘못 그르쳐 죄를
지을까 두려운 까닭에 매우 두려워한 것이다.

122 嘗憶夫子 教我하사대 謂事無大小히 必以歡成이니 儻齊之不歡하면 則事
難濟矣라하시니 此所以恐也라 | 일찍이 부자께서 저에게 가르쳐 준 말을
생각해 보니, "일의 대소를 막론하고 반드시 기쁘게 성사시켜야 한다"고 하
였다. 만일 제나라 왕이 기뻐하지 않는다면 사신의 일을 이루기 어렵다. 이
것이 두려운 것이다.

123 言事若不成이면 君能無罪我乎아 是必有人道之患也라 | 만일 일을 이루
지 못하면 어찌 임금이 나에게 벌을 내리지 않겠는가. 이는 반드시 人道의
우환이 있음을 말한다.

124 言齊儻不急이니 必多方勞慮하고 委曲求成하면 則焦勞之病이 乃陰陽之
內患也라 | 제나라 왕이 혹시 화급하게 서둘지 않아서 내가 반드시 여러 방
면으로 고생고생 생각하고 빈틈없이 성사시키고자 하여, 노심초사로 병을
얻을 것이니 이것이 곧 음양의 內患이다.

125 有德者는 謂全德之聖人也니 意謂事之成與不成에 俱無患者는 唯聖人이
虛心應世하야 不以物爲事者라야 能之也라 | 有德者란 본래의 덕을 온전
히 갖춘 성인을 말한다. 이 뜻은 그 일이 이뤄지든 이뤄지지 않든 모두 우환
이 없는 이란 오직 성인으로서 마음을 비우고 세상사에 응하여 사물로써 일
삼지 않은 자만이 능할 수 있음을 말한다.

126 善也니 謂不求甘美之厚味也라 | 좋다는 것이니 감미로운 음식을 추구하지
않음을 말한다.

127 言我之飮食이 淡薄하야 無多烹庖하니 故로 執爨之人이 無有怕熱而求淸
凉者라 | 나의 음식은 담백하여 고기를 삶는 음식이 많지 않다. 따라서 부엌
데기가 불의 열기를 겁내 시원하기를 바라지 않음을 말한다.

128 言素無厚味일새 故無內熱之症이어니와 今朝에 受命 而夕飮冰하니 則火

成이면 必有人道之患이리니[131] 是兩也는 爲人臣者 不足以任之니[132] 子其有以語我來하소서[133]

【직역】 葉公 子高가 장차 齊나라에 使臣으로 갈 적에 仲尼에게 여쭙기를, "王이 諸梁(子高)을 사신으로 보냄이 甚히 重하고 齊나라에서 使臣을 待한 것은 장차 甚히 尊敬하되 서두르지 않을 것이니 匹夫도 오히려 動하게 할 수 없는데 하물며 諸侯랴! 나는 심히 두렵습니다. 선생이 일찍이 諸梁에게 말할 적에 '모든 일은 작든 크든 道 아닌 것으로써 잘 이뤄진 것이 적다. 일이 만일 이뤄지지 않으면 반드시 人道의 우환이 있을 것이고, 일이 만일 이뤄지면 반드시 陰陽의 우환이 있을 것이니 이뤄지든 이뤄지지 않든 그런 후에도 우환이 없는 者는 오직 德 있는 자만이 능할 수 있다' 하니 내 음식은 거친 것을 가질 뿐 좋은 것으로 하지 않았습니다. 부

症이 內發하야 乃憂愁焦思하야 以動其火耳라 其內熱之病歟인저 | 평소 기름진 음식을 먹지 않은 까닭에 內熱 증세가 없는데, 아침에 왕의 명을 받고서 저녁에 얼음까지 먹었으나 火症이 속에서 일어나서 조심하고 노심초사하여 그 화를 움직인 것이다. 그것이 內熱의 病이다.

129 實也라 | 실정이다.

130 言未就事에 早有陰 陽失錯內熱之病矣라 | 일을 시작하기도 전에 벌써 음양의 조화를 잃어 內熱의 病이 있는 것이다.

131 事若不成이면 國君이 能無罪我乎아 此人道之患을 所不免者라 | 만일 일을 성사시키지 못하면 임금이 나에게 죄를 내리지 않겠는가. 이는 人道의 우환을 면하지 못한 자이다.

132 言此兩患이 在身은 事不由己니 故로 爲人臣者 所不能任之也라 | 이 두 가지 우환이 몸에 있는 것은 그 일이 자기로 말미암은 것이 아니기에 신하로서 감당할 수 있는 바 아님을 말한 것이다.

133 願夫子 有以教我也 | 선생께서는 저에게 어떻게 처신해야 할지 가르쳐 주기를 원합니다.

억에서 淸하고자 하는 사람이 없지만 이제 나는 아침에 王命을 받고서 저녁에 얼음을 마시니 나는 그 內가 熱이 난 것입니다. 내, 일의 實情에 이르지 않았는데도 이미 음양의 우환이 있고, 일이 만일 이뤄지지 않으면 반드시 人道의 우환이 있을 것이니 이 두 가지는〔陰陽과 人道〕 人臣된 자로는 감당할 수 없으니 선생께서는 그 점을 나에게 말해 주십시오."

【의역】 초(楚)나라의 섭공 자고가 장차 제나라로 사신을 떠나갈 적에 공자에게 물었다.

"초나라 왕께서 저에게 내린 사신의 책임이 아주 막중한데, 제나라에서는 으레 외국에서 찾아온 사신에 대해 모두 다 겉으로는 공경하는 척하면서도 실제로는 게으르기 짝이 없습니다. 이 때문에 한낱 필부마저 감동시킬 수 없는데 하물며 제후를 어떻게 움직일 수 있겠습니까? 저는 매우 두렵습니다.

선생께서 일찍이 저에게 말씀하시기를, '모든 일이란 크든 작든 도리에 맞지 않고서 좋은 결과를 얻을 수 있는 것은 극히 드문 일이다. 만일 그 일을 이루지 못하면 반드시 왕은 죄를 물어 처벌을 받게 될 것이고, 일을 이루면 반드시 기쁨과 두려움으로 마음에 상처를 받아 병이 생기게 될 것이다. 그러므로 그 일이 이뤄지든 이뤄지지 않든 모두 맡겨 두되 왕의 처벌과 자신의 병이 생기는 우환이 없게 하는 것은 오직 성대한 덕을 지닌 이만이 가능하다' 하셨습니다.

저는 평상시 거친 음식을 달게 여기며 진미를 구하지 않았습니다. 이 때문에 부엌데기는 적(炙) 따위를 굽는 일이 적어 열이 나지 않기에 구태여 시원한 바람을 쐴 것이 없었습니다. 하지만 지금 제가 아침에 왕으로부터 사신의 명을 받고서 저녁나절에 얼음물을 들이키는 것은 제 가슴에 열이 나서 속이 터지려 하기 때문입니다. 저는 정작 그 일의 실상에 이르지도 못한 상태에서 벌써 마음에 상처를 받아 병이 생겼습니다. 만일 그 일이 이뤄지지 못하면 반드시 왕은 저의 죄를 물을 것입니다. 이 두 가지의 우환을 신하된 자로서 어떻게 감당할 수 있겠습니까? 선생께서는 저에게 가르쳐 주십시오."

【감산 절해】

此言人臣이 以使命으로 爲難也라 以爲人臣者는 但以一己功名으로 爲心일새 故로 事必求可하고 功必求成하야 以此로 橫慮交錯於胸中하야 勞神焦思之若此라 乃擧世人臣使命之難은 絶不知有所處之道일새 故不免其患耳라 故로 夫子 敎以處之之方하시니 意有一定之命과 一定之理하니 安順處之면 自無患耳어니와 若持必可之心이면 固所不免也니라

下에 夫子 敎其莫若致命이니 此其難者라하니 將此起語爲結이라

이 단락에서는 신하가 사신의 명을 받은 어려움을 말한다. 신하된 자는 오직 자신의 입신양명만을 위해 애쓴다. 따라서 일은 반드시 잘되기를 추구하고 공은 반드시 성취되기를 추구하는 까닭에 온갖 생각들이 가슴속에 얽히어 노심초사함이 이와 같다. 바로 온 세상 신하들이 사신을 어려워함은 전혀 이에 대처할 도리를 모르기 때문이다. 이 때문에 그 우환을 면하지 못하는 것이다. 따라서 공자는 이에 대처하는 방법을 가르친 것이다. 그 뜻은 일정한 命과 일정한 도리가 있으므로 이에 편안히 수순하면 저절로 우환이 사라지려니와 만일 반드시 잘하려는 마음을 견지하면 참

으로 우환을 면할 수 없다.

아래 문장에 공자께서 "목숨을 바치는 것만 못하니, 이것이 그 어려운 것이다"라고 가르쳤으니, 이의 起語를 가지고서 結語를 삼는다.

【원문】

仲尼曰 天下에 有大戒 二니**134** 其一은 命也요 其一은 義也라 子之愛親은 命也니 不可解於心이요 臣之事君은 義也니 無適而非君也라**135** 無所逃於天地之間이니 是之謂大戒니라**136** 是以로 夫事其親者는 不擇地而安之하나니 孝之至也요**137** 夫事其君者는 不擇事而安之하나니 忠之盛也니라**138** 自

---

134 大戒者는 謂世之大經大法也니 乃君親之命을 不可易者라 | 大戒란 세상에서의 大經大法을 말하니, 곧 임금과 어버이의 명을 어길 수 없다.

135 莊子 誹仁義나 獨於人之事君에 以義로 爲主하시며 又以死忠으로 爲不善이로되 今言人臣之事君에 無往而非君은 乃忠之盛也라 此老何曾越世故耶아 | 장자는 仁義를 비판했으나, 유독 사람이 임금을 섬김에 있어서는 義를 주로 삼았고, 또한 충성을 위해 목숨을 바치는 것은 좋지 않다고 인식하였다. 그러나 여기에서 신하가 임금을 섬김에 있어서는 어느 곳에서나 임금에게 충성할 데가 아닌 곳이 없음이 바로 충성의 성대함이라 하니, 이 늙은이(장자)가 어찌 세속을 한결같이 초월만 했다고 말할 수 있겠는가.

136 言世之君親之命을 無所逃는 此乃世之大經大法之不易者라 | 세상에서 임금과 어버이의 명을 벗어날 수 없음은 바로 세상에서의 大經大法으로서 바뀔 수 없기 때문이다.

137 言子之事親에 無往而非親命일새 則不敢擇地而安之하니 此乃孝之至也라 | 자식이 부모를 모실 때 어느 곳에서나 어버이의 명이 아닌 곳이 없는즉 감히 장소를 가리지 않고 편안해 함이 곧 효성의 지극함을 말한 것이다.

138 言事君者는 唯命是聽하야 不敢以難易로 二其心이니 乃忠之盛也라 故로 古人이 恥貳心으로 以事主者니라 | 임금을 섬기는 신하는 오직 왕명만을 따를 뿐, 어렵고 쉬운 일로써 두 마음을 가지지 않음이 바로 충성의 성대함을 말한다. 이 때문에 옛 사람은 두 마음으로써 임금 섬기는 것을 부끄럽게 여겼다.

事其心者는 哀樂이 不易施乎前이니¹³⁹ 知其不可奈何而安之若命은 德之

至也라¹⁴⁰ 爲人臣子者 固有所不得已에 行事之情코 而忘其身이어니¹⁴¹ 何

暇에 至於悅生而惡死리오¹⁴² 夫子其行이 可矣니라¹⁴³

【직역】 仲尼가 말씀하시기를, "天下에 大戒(大經)가 두 가지 있으니, 그

하나는 命이요, 그 하나는 義이다. 자식이 어버이를 사랑하는 것은 命이

니 마음에 놓을 수 없고, 신하가 임금을 섬기는 것은 義이니 가는 곳마다

임금 없는 데가 없다. 天地의 사이에 도망할 바 없으니 이를 大戒라 말한

다. 이 때문에 그 어버이를 섬기는 者가 장소를 가리지 않고 편히 여김은

孝의 至極함이요, 그 임금을 섬기는 者가 일을 가리지 않고 편히 여김은

忠의 盛大함이다.

---

139 言孝則當竭其力하고 忠則盡乎命이니 以盡心盡命으로 爲主하고 不以難易
推移之志라 此事心之大者는 不以哀樂으로 入於心也니라 | 효는 마땅히 자
기 힘을 다하고 忠은 목숨을 다함이니, 마음을 다하고 목숨을 다하는 것으로
주장할 뿐, 쉽거나 어려운 일로써 두 마음을 지녀서는 안 된다. 이렇듯 마음
을 섬김이 큰 자는 즐거움이나 슬픔이 마음에 들어오지 않는다.

140 言人臣之分은 知其事之難과 無可奈何하야 亦不敢貳心相視하고 但安之
若命이니 安命則忘其難易니 此乃德之至也니라 | 신하의 본분은 그 일의
어려움과 어찌할 수 없음을 알고서 또한 감히 다른 마음으로 서로 보지 않
고 다만 운명처럼 편히 여겨야 한다. 운명을 편히 여기면 그 어려움과 쉬움
을 잊을 것이니, 이것이 바로 덕의 지극함이다.

141 言人之臣子 固有不得已之事에 但當盡命하야 以忘其身코 以從事라 | 남
의 신하와 자식된 자는 진실로 부득이한 일이 있을 때 오로지 목숨을 다해
서 자신의 몸을 잊고 그 일을 따라야 한다(從事)는 말이다.

142 言臣子盡命而已니 豈敢以生死로 爲去就哉아 | 신하와 자식된 자는 목숨
을 다할 뿐이니, 어찌 삶과 죽음으로써 거취를 삼겠는가.

143 敎葉公이 但當如此而行이 可矣니라 | 섭공이 마땅히 이처럼 행하는 것이
可함을 가르쳐 준 것이다.

스스로 그 마음을 섬기는 者는 哀樂을 面前에 쉽게 드러내지 않나니, 그 어찌 할 수 없음을 알고서 天命처럼 편히 여김은 德의 至極함이다.

사람(마음을 비유함)의 신하요, 자식 된 者는 참으로 마지못한 바 있어 事의 情을 行함에 그 자신을 잊었는데 어느 겨를에 生을 좋아하고 죽음을 싫어하는 데 이르겠는가. 夫子는 그렇게 行함이 옳다.

【의역】 공자가 말씀하셨다.

"이 세상에 크게 경계해야 할 법이 두 가지가 있다. 그 하나는 하늘에서 받아온 천명(天命)이요, 또 다른 하나는 사람이 마땅히 다해야 할 대의(大義)이다. 자식이 어버이를 사랑하는 것은 하늘에서 받아온 천명이니 마음에 버릴 수 없고, 신하가 임금을 섬기는 것은 마땅히 다해야 할 대의이니 어느 나라를 막론하고 임금이 없을 수 없기에 이 세상에는 피할 방법이 없다. 이를 크게 경계해야 할 법이라 말한다. 이 때문에 자식이 어버이를 섬길 적에는 역경(逆境)이든 순경(順境)이든 그 어떤 곳도 가리지 않고 편안한 마음으로 받드는 것이 효도의 지극함이요, 신하가 임금을 섬길 적에는 어려운 일이든 쉬운 일이든 그 어떤 일도 가리지 않고 편안한 마음으로 섬기는 것이 충성의 성대함이다.

스스로 마음을 닦는 데 힘쓰는 이는 슬픔이든 즐거움이든 그 어떤 감정에도 흔들리지 않고 비록 그 어찌 할 수 없는 어려운 일임을 알고서 편안한 마음으로 천명처럼 받아들이는 것이 덕성(德性)의 지극함이다.

사람(마음을 비유함)의 신하요, 자식 된 이(몸을 말함)는 의당 마지못할 일을 겪게 될 것이다. 다만 어떤 일이든 그 일의 실상을 행하되 자기의 슬픔과 즐거움을 잊어야 할 것인데, 이런 처지에서 어떻게 삶을 탐하고 죽음을 싫어하는 생각을 가질 수 있겠는가. 그대는 이처럼 행해야 할 것이다."

【감산 절해】

莊子全書 皆以忠孝로 爲要名譽는 喪失天眞之不可尙者로되 獨人間世
一篇엔 則極盡其忠孝之實하야 一字도 不可易者어니 誰言其人이 不達世故
而恣肆其志耶아 且借重孔子之言者니 曷嘗侮聖人哉아 蓋學有方內方外
之分하니 在方外엔 必以放曠爲高하야 特要歸大道也요 若方內엔 則於君臣
父子之分에 一毫不敢假借者는 以世之大經大法을 不可犯也라 此所謂世
出世間之道를 無不包羅며 無不盡理니 豈可以一槩目之哉아

『장자』의 전편에서 모두 충효로써 명예를 구하고자 함은 天眞을 상실
하는 것으로 숭상해서는 안 될 것임을 말하고 있으나, 유독 〈인간세〉 편
에서만은 충효의 실상을 지극히 다하여 한 글자도 바꿀 수 없다고 한다.
어느 누가 장자라는 사람이 세간사를 달관하지 못하여 그 뜻을 마음대로
했다고 말할 수 있겠는가! 또 공자의 말을 빌려 무게를 싣고 있으니, 어찌
성인을 모욕했다 하겠는가!

학문에는 方內와 方外의 구분이 있다. 方外에 있어서는 반드시 放曠
을 고상함으로 삼아 오직 大道로 귀의함을 요체로 삼으며, 方內에 있어
서는 왕과 신하, 어버이와 자식의 구분을 한 터럭만큼이라도 감히 허용할
수 없는 것은 세간의 大經大法은 범해서는 안 되기 때문이다. 이는 이른
바 "세간과 출세간의 道를 모두 포괄하지 않음이 없으며 모두 이치 아닌
게 없다. 따라서 어찌 하나의 기준으로 指目할 수 있겠는가."

【원문】

丘 請復以所聞하리라[144] 凡交近則必相靡以信이어니와[145] 遠則必忠之
以言하야[146] 言必或傳之하나니[147] 夫傳兩喜兩怒之言은 天下之難者也라
[148] 大兩喜는 必多溢美之言이요 兩怒는 必多溢惡之言이니[149] 凡溢之類也
는 妄이라[150] 妄則其信之也 莫이요[151] 莫則傳言者 殃이라[152] 故로 法言에 曰
傳其常情하고 無傳其溢言이면[153] 則幾乎全이라 하니라[154]

【직역】 丘는 請컨대 다시 들었던 바를 말하리라. 모든 交(交隣)는 親近
하면 반드시 서로 믿음으로써 親順(靡)하고 疏遠하면 반드시 言語로써 忠

---

144 前에 槪言君臣父子之分義하고 此下엔 方復言使命之理라 | 앞 문장에서
   는 왕과 신하, 어버이와 자식의 본분과 의리를 개괄하여 말했으나, 이 아래
   에서는 다시 사신 가는 일을 말한다.
145 靡는 順也요 信은 符也라 凡交近國에 必須符驗하야 則不假辭令이라 | 靡
   는 順이고 信은 符이다. 가까운 나라와 외교할 경우에는 믿음이 있으면 더
   이상 말을 빌릴 게 없다.
146 若交遠國에 則必忠之辭令하야 以合二國之歡이라 | 먼 나라와 외교할 때
   는 반드시 辭令을 충성으로 하여 양국의 기쁨이 일치되어야 한다.
147 謂言必要使者口傳이라 | 말이란 반드시 사신의 口傳을 필요로 한다.
148 言之所係에 安危以之하고 而禍福이 隨至라 | 말에 따라 安危가 달려 있고
   禍福이 뒤따른다.
149 病在於溢이라 | 병통은 지나친 데 있다.
150 溢美溢惡은 出於過用智巧니 故失其本眞故로 曰妄이라 | 溢美와 溢惡는
   智巧를 過用한 데서 발생한다. 本眞을 잃었기에 妄이라 한다.
151 以言不至誠일새 故聽之者 亦莫然不信이라 | 말에 지극한 진실이 없으므
   로 듣는 사람도 또한 막연해서 믿지 않는다.
152 旣不相信에 則罪在傳者 殃矣라 | 이미 서로 믿지 못하면 그 죄는 말을
   전한 사신에게 있어 그는 재앙을 받게 된다.
153 常情은 乃眞實無妄之言이라 | 常情이란 진실하여 망령되지 않은 말이다.
154 庶幾免禍라 | 거의 화를 면할 수 있다.

實케 하여 言語는 반드시 어떤 경우에도 그에게 傳해져야 하니 兩喜와 兩怒의 말을 傳하는 것은 天下의 어려움이다. 兩喜는 반드시 溢美의 말이 많고 兩怒는 반드시 溢惡의 말이 많으니, 모든 溢의 類는 虛妄한 것이요, 虛妄하면 미덥지 못하게 되고, 미덥지 못하면 말을 傳한 者는 災殃을 받는다. 그러므로 法言에 이르기를, "그 常情을 전하고 그 溢言을 傳하지 않으면 거의 온전할 것이다."

【의역】 내, 들었던 바를 다시 그대에게 말하리라. 대체로 나라와 나라가 서로 외교를 할 적에는 이웃의 가까운 나라는 반드시 서로 믿음으로써 오가고 멀리 떨어져 있는 나라는 반드시 믿음직한 말로써 유지하려고 하는데, 그 말은 반드시 사신에 의해 전달되는 것이다.

두 나라 임금의 기쁨과 노여움의 말을 전달한다는 것은 이 세상에 가장 어려운 일이다. 두 나라 임금의 기쁨에 의한 말은 반드시 지나치게 좋은 말을 많이 하게 되고, 두 나라 임금의 노여움에 의한 말은 반드시 지나치게 나쁜 말을 많이 하게 마련이다. 좋은 말이든 나쁜 말이든 도(度)에 지나치는 말들은 모두 진실을 잃게 된다. 진실을 잃은 말은 두 나라의 임금이 모두 믿지 않게 되고, 서로 믿지 못하면 양쪽에서 모두 그 말을 전달한 사신에게 허물을 돌려 사신은 재앙을 겪을 수밖에 없다. 이 때문에 『법언(法言)』이라는 옛 책에 이르기를, "그 진실한 말만을 전할 뿐, 지나친 말을 전해서는 안 된다. 그렇게 하면 한 몸을 보전할 수 있다"고 하였다.

【감산 절해】
此一節은 言使命之難은 以兩家之利害 皆在一己擔當이니 若溢而過實

하면 則令聽者로 生疑不信이니 是爲生禍之本이요 而傳者 必受其殃이니 所
以貴乎眞實無妄이라야 庶幾可保全耳니라

下文에 申明雖苟全目前之事나 而終必爲害라 甚矣라 言之不易여 不可
不謹愼其始也니라

이 문장에서 말한 사신의 어려움은 두 나라의 이해가 모두 한 사람의
담당에 달려 있기 때문이다. 만일 지나쳐 사실에 어긋나면 듣는 자로 하
여금 의심을 낳아 믿음이 없게 되니 이것이 화를 낳는 근본이다. 이를 전
한 자는 반드시 재앙을 당하게 된다. 진실하고 거짓이 없음을 귀중히 여
겨야 비로소 보전할 수 있는 것이다.

아래 문장에서는 비록 눈앞[目前]의 일을 잘했을지라도 끝내 반드시 해
를 당하게 됨을 거듭 밝힌다. 심하다, 말을 하기 쉽지 않음이여! 그 처음
을 삼가지 않으면 안 된다.

【원문】

且以巧로 鬪力者는 始乎陽이라가 常卒乎陰하야 太至則多奇巧요[155] 以禮

---

155 此言愼始愼終之道也라 且始以巧鬪力者는 乃以戲劇으로 相格鬪也라 始
則兩情이 相嬉라가 及其過甚하야 則有求勝之心하야 必各用其奇巧니 奇
巧 一出이면 則必有一傷이라 傷卽認眞하야 至不可解요 則終之以怒矣라
陽은 猶喜요 陰은 猶怒也라 | 이는 처음과 끝을 삼가는 道를 말한다. 또 애
초에 기교로써 힘을 겨룬 자는 이에 장난으로 서로 겨룬다. 처음에는 두 사
람의 마음이 서로 즐기다가 지나치게 되면 이기려는 마음으로 반드시 각각
奇巧를 쓰게 된다. 기교를 한번 쓰면 반드시 하나의 상처가 있게 된다. 상처
를 당하면 이를 진심으로 인식하여 마음에 풀지 못하게 되고, 끝내 화를 내
게 된다. 陽은 기쁨, 陰은 노여움과 같다.

로 飮酒者는 始乎治라가 常卒乎亂하야 太至則多奇樂이요 凡事도 亦然하야[156] 始乎諒이라가 常卒乎鄙하야[157] 其作始也 簡하고 其將畢也 必巨니라[158] 言者는 風波也요 行者는 實喪也라 [159]

夫風波는 易以動이요 實喪은 易以危니[160] 故로 忿設이 無由라 巧言偏辭니[161] 獸死不擇音하고 氣息이 茀然하야 於是에 並生心厲하야[162]

156 且如飮酒者 初則賓主秩然有禮라가 及至酒酣樂劇하고 樂劇則亂必隨之라 不獨巧鬪飮酒라 凡事皆然이니라 | 또 술 마시는 사람들의 경우 처음에는 주인과 손님이 질서정연하게 예의가 있다가 얼큰하게 술에 취하고 즐거움이 극도에 이르게 된다. 즐거움이 극도에 이르면 혼란이 반드시 뒤따르게 된다. 재주를 겨루고 술을 마시는 경우만 그런 것이 아니다. 모든 일도 다 그러하다.

157 諒者는 不擇是非而必於信이요 鄙는 詐也라 且如人之交情이 始則肝膽相照하야 必信不疑라가 久則鄙詐之心이 生焉이라 | 諒이란 시비를 가리지 않고 반드시 신용을 지키려는 것이요, 鄙는 속임이다. 또 사람이 서로 사귀는 마음도 처음에는 간과 쓸개가 서로 비추듯 반드시 신뢰하여 의심이 없다가 오래되면 속이려는 마음이 생긴다.

158 不獨人情이라 卽作事에 始作이 必以簡省으로 爲主라 將畢也에 必巨하야 自有不可收拾者는 蓋勢之必至也라 | 人情만 그런 게 아니라, 일을 할 적에도 처음에는 반드시 간단하게 시작되었다가 장차 끝날 즈음에는 반드시 일이 커져서 스스로 수습할 수 없다. 이는 반드시 그렇게 되는 事勢이다.

159 凡事不能保其始終이나 而言行尤甚이라 蓋言者는 風波也니 乃是非所由生이요 行者는 實之所自發이나 成而實喪矣라 故曰 言行은 君子之樞機며 榮辱之主也라 故로 當所必謹者니 豈可妄乎아 하니라 | 일이란 처음과 끝을 보증할 수 없으나 言行은 더욱 심하다. 말은 풍파라, 바로 시비가 생겨나는 곳이다. 행동은 진실이 발생한 곳이나 행동이 이뤄지면 진실을 잃게 마련이다. 따라서 주역에서 말하길 '언행은 군자의 樞機이며, 榮辱의 주재이기에 마땅히 삼가야 할 것이니, 어찌 망령되게 할 수 있겠는가.'라고 하였다.

160 風波는 則易以傾覆이요 實喪은 則易取殆辱이라 知此則知所愼矣니라 | 풍파가 일면 쉽게 傾覆되고, 진실을 잃으면 쉽게 殆辱을 얻게 된다. 이를 알면 삼가야 할 바를 알 것이다.

剋核이 太至하면 則必有不肖之心應之하되 而不知其然也니라¹⁶³ 苟爲不
知其然也인댄 孰知其所終이리오¹⁶⁴ 故로 法言曰 無遷令하며 無勸成이니¹⁶⁵
過度면 益也요 遷令과 勸成은 殆事니라¹⁶⁶ 美成은 在久요 惡成은 不及改니

161 故凡人忿怒之設이 實由巧言偏辭하야 以激發之라 | 이 때문에 사람이 분
　　노를 만드는 것은 실로 교묘하고 편벽된 말로 激發하였기 때문이다.
162 茀은 勃然也요 厲는 鬼病也니 謂巧言偏辭로 以激怒其人하야 以致怒氣勃
　　然而 發則不擇可否而橫出之 如獸死之不擇音이니 則使聽者로 以爲實然
　　이라 則並皆心生鬼病하야 而不可治矣라 | 茀은 勃然이고 厲는 鬼病이다.
　　교묘하고 편벽된 말로 그 사람을 격노시켜 노기가 발끈 일어나게 만들면 可
　　否를 가림이 없이 마음대로 내는 것이 마치 짐승이 죽을 적에 발악하는 것
　　과 같다. 듣는 사람으로 하여금 정말 그렇게 생각하게 한다. 그렇게 되면 모
　　두 마음에 鬼病이 생겨 치료할 수 없게 된다.
163 謂聽言激怒之人이 乘其怒氣하면 則於所怒之人에 必以橫口非理加之하
　　며 毫髮推求에도 不少寬假하고 而剋核之라 若剋核太至면 則彼被怒之人
　　이 亦必以不肖之心으로 應之니 是則兩家之禍 成矣라 禍雖成이나 而竟
　　不知其所以然이니 所以然者는 蓋由巧言偏辭也니라 | 말을 듣고서 격노한
　　사람이 怒氣에 편승하면 성내야 할 상대에게 반드시 橫言과 非理로 加하며
　　조그마한 것을 추구할지라도 조금도 너그러움이 없이 剋核(逼迫)하게 된다.
　　剋核이 너무 지나치면 화풀이를 당했던 상대 또한 不肖한 마음으로 응해
　　온다. 이렇게 되면 두 사람 모두 禍가 이뤄지는 것이다. 禍가 비록 이뤄진다
　　할지라도 끝내 그 所以然을 모른다. 所以然은 교묘하고 편벽된 말에서 연
　　유한 것이다.
164 若苟知其巧言之過하면 則尙可解어니와 若不知其所由言然하면 則兩家
　　之禍 將不知其所終矣라 | 만일 교묘한 말에 의한 잘못임을 안다면 오히려
　　풀릴 수 있지만 그 유래하게 된 말을 알지 못하면 두 사람의 禍는 장차 그
　　끝날 바를 모르게 될 것이다.
165 由其巧言偏辭는 爲禍之端이요 害事之甚이라 故로 奉使者 必不可溢言이
　　며 無遷改其令이며 無勸成其成이면 免後禍也라 | 교묘하고 편벽된 말에서
　　연유함은 禍의 실마리이며 일에 해로움이 심하다. 이 때문에 사신의 일을
　　맡은 신하는 반드시 지나친 말을 하지 않아야 하고, 왕의 명령을 바꿈이 없
　　어야 하며, 그 성공을 무리하게 힘쓰지 않으면 後禍를 면할 수 있다.

可不愼歟아하니라¹⁶⁷ 且夫乘物以遊心하며 托不得已以養中하면 至矣니¹⁶⁸
何作으로 可報耶아 莫若爲致命이니 此其難者니라¹⁶⁹

---

166 凡增益者는 乃過其度也라 遷令勸成이면 終必壞事니 必不可也라 | 모두
    增益한 자는 그 법도에 지나침이다. 왕의 명령을 바꾸고 무리하게 힘쓰면
    끝내 반드시 일을 그르치게 되니, 반드시 그렇게 해서는 안 된다.

167 凡事不宜速成이니 故美成在久라 若强勉惡成하면 則不及改矣니 不可不
    愼也니라 | 모든 일은 급히 이루려고 해서는 안 된다. 아름다운 일의 성취는
    悠久에 있다. 만일 억지로 하여 잘못된다면 고칠 수 없으므로 삼가지 않으
    면 안 된다.

168 此方敎以使命之正道也라 惟有至人이라야 物我兼忘하고 順物之自然하야
    以遊心於其間이라 有心事不可以强成이요 當托於不得已而應之요 以養
    中正之道而不失其守니 如此應世라야 可謂至矣니라 | 여기에서 처음으로
    사신의 바른 길을 가르쳐 준 것이다. 오직 至人이라야 物我를 모두 잊고 사
    물의 자연에 순응하여 그 사이에서 마음을 노닐 수 있다. 世事는 有心으로
    억지로 도모할 수 없다. 마땅히 부득이한 도리에 따라 순응하고, 中正의 道
    로 함양하여 그 지켜야 할 바를 잃지 않아야 한다. 이와 같이 세상에 응해야
    지극하다 말할 수 있다.

169 此結은 乃起語也라 言使命者 何所作爲라야 乃可報也오 莫若致命이니 謂
    在事之成否에 自有一定之天命이라 卽今奉使又有一定之君命에 知天命
    之不可違면 則當安命하야 順其自然하고 不可用心以溢言하야 僥倖以成
    功이요 知君命之不可違면 則不可遷令以勸成하야 以免後禍니 此所謂
    致命之意라 此必至人이라야 方能이요 尋常人則不易니 故로 曰 此其難者
    니라 | 이 結語는 곧 起語이기도 하다. 사신이 어떻게 해야 보답하는 것일
    까? 天命을 다하는 것만 못하다. 일의 성패에 그 나름대로의 일정한 천명이
    있음을 말한다. 지금 사신의 명을 받듦에도 또한 일정한 君命에 천명을 어
    겨서는 안 된다는 것을 안다면 장차 천명에 편안하고 그 자연에 순응할 것
    이고, 有心으로 지나친 말을 꾸며 요행으로 일을 이루려고 해서는 안 된다.
    君命을 어길 수 없음을 안다면 왕의 명령을 바꾸어 무리하게 성취에 힘쓰
    지 않아서 後禍를 면할 수 있다. 이것이 이른바 致命의 뜻이다. 이는 반드시
    至人이라야 능할 수 있으니, 보통 사람은 쉽지 않다. 이 때문에 "이는 어렵
    다"고 말한 것이다.

【직역】 또 技巧로써 힘을 다투는 者는 陽으로 시작하다가 恒常 陰으로 끝을 맺어 너무 지나치면 奇巧가 많아지고, 禮로써 술을 마시는 者는 처음엔 잘하다가 恒常 亂으로 끝을 맺어 너무 지나치면 奇樂이 많아진다. 凡事 또한 그리하여 처음엔 진실하다가 恒常 鄙陋하게 끝나며 처음에는 簡單하다가 將次 끝날 적에는 반드시 커지게 된다.

言語는 風波이며 行動은 實相을 喪失한 것이다. 風波는 쉽게 動하고 實相을 喪失함은 쉽게 危殆로우니 그러므로 忿怒의 設端은 緣由가 없는지라 巧言과 偏辭이다. 짐승이 죽을 적에 소리를 가리지 않고 氣息이 茀然하다. 이에 아울러 心厲를 내게 되는데 剋核(逼迫)이 너무 지나치면 반드시 不肖한 마음이 있어 應하는 데에도 그는 그런 줄조차 모르는 것이다. 참으로 만일 그가 그런 줄조차 알지 못한다면 누가 그 끝이 되는 바를 알겠는가.

그러므로 『法言』에 이르기를, "命令을 옮김이 없어야 하고 成功을 勸함이 없어야 한다. 度에 지나친 것은 더한 것이다. 命令을 옮기는 것과 成功을 勸하는 것은 危殆로운 일이다. 아름다운 成就는 長久한 데 있고 좋지 못한 成就는 미처 고칠 수 없으니 삼가지 않을 수 있겠는가" 하였다.

物을 타고서 마음을 놀리어 不得已한 데 寄託하여 中(心)을 涵養하면 至極한데 어떻게 해야 報答하는 것일까? 命을 다하는 것만 같지 못하니 이는 어려운 일이다.

【의역】 어떤 권투의 기교로써 승부를 겨루는 사람들은 처음 시작할 적에는 공명정대한 규칙을 따르지만 으레 끝에 가면 보이지 않는 음모 술수를 부리게 되고, 지나치게 심하면 온갖 눈속임이 난무하게 된다. 예의로

써 술을 마시는 사람들은 처음 잔치자리에서야 질서가 정연하지만 항상 끝에 가서는 고함을 지르고 큰 소리를 치게 되고 지나치게 심하면 흔히 광란의 도가니가 된다.

어떤 일이고 매 한 가지이다. 처음엔 진실하고 미덥지만 항상 끝에는 비루하고 속이며, 처음에는 대수롭지 않게 간단히 시작했다가 끝날 때쯤 이면 반드시 커지고 어렵기 마련이다.

말이란 풍파와 같은 것이어서 말은 낳을수록 더욱 많아지고, 따라서 이를 행하면 실상을 잃게 된다. 풍파와 같은 말은 쉽게 사단(事端)을 만들어내고 실상을 잃으면 쉽사리 무너지게 된다. 이 때문에 노여움의 발단(發端)은 다른 이유가 없다. 바로 지나치게 꾸며댄 말과 치우친 말에 의한 것이다.

동물이 죽음에 몰려 화를 내면 아무런 소리나 내지르면서 거친 숨을 내쉬고 이에 아울러 사람을 물어뜯으려는 흉악한 생각을 가지게 된다. 모든 일이 마찬가지이다. 너무 지나치게 핍박하면 상대방은 반드시 좋지 못한 마음으로써 나에게 보복하려고 드는 데도 정작 그 자신은 그런 이유조차 깨닫지 못하고 있다. 만일 그가 참으로 그런 줄조차 깨닫지 못한다면 그에게 결국 어떤 결과가 일어나겠는가. 그는 반드시 재화를 당하게 될 것이다.

이 때문에 『법언』에 이르기를, "왕으로부터 받은 명을 바꾸려 해서는 안 되고 반드시 그 일을 성취시키려고 해서도 안 된다. 도(度)에 지나친 것은 스스로가 일을 더 크게 만든 것이다"라고 하였다. 왕으로부터 받은 명을 바꾸려는 것과 반드시 그 일을 성취시키려고 하는 것은 위태로운 일이다. 좋은 일을 이루는 것은 장구한 시간을 필요로 하며, 좋지 못한 일이 한 번 이루어지면 후회한들 어쩔 수 없으니, 이를 삼가지 않을 수 있겠는가.

사물의 자연스러운 이치를 따라 유유자적하면서 마지못한 데 몸을 맡긴 채, 마음을 함양하는 것이 도(道)의 극칙(極則)으로서 가장 좋은 방법이다. 어떻게 해야 임금의 명에 보답하는 것일까? 이는 임금의 명을 다할 뿐 자신은 관여한 바 없어야 한다. 이것이 그 어려운 일이다.”

【감산 절해】

此一節은 言應世之難者 無愈使命이니 如葉公之所憂者 固然이라 而夫子之言은 皆使命之至情이요 禍福之樞機라 切中人情之極致니 所謂士見危致命者는 非夫子大聖이 深於世故者면 又何以致此哉아

이 문장은 세간의 일을 응함에 있어서 어려운 것은 使命보다 더한 것이 없음을 말한 것이다. 예컨대 섭공이 걱정하는 것은 참으로 그럴 수밖에 없다. 공자의 말은 모두 사신의 지극한 심정이요, 禍福의 樞機이다. 人情에 적중함이 지극한지라, 이른바 '선비가 위태로움을 당하여 목숨을 다한다'는 것은 대성인 공자가 세간의 일에 깊은 앎이 없다면 또한 어떻게 이를 이룰 수 있겠는가!

【원문】

顔闔이 將傅衛靈公太子할새[170] 而問於蘧伯玉[171]曰 有人於此하니 其德

---

170 蒯聵也라 | 위령공의 태자 괴외(蒯聵)이다.

171 名은 瑗이니 衛之賢人이요 孔子之友也라 | 이름은 瑗으로 위나라 현인이며, 공자의 벗이다.

이 天殺라¹⁷² 與之爲無方이면¹⁷³ 則危吾國이요 與之爲有方이면 則危吾身이라¹⁷⁴ 其知¹⁷⁵ 適足以知人之過하되 而不知其所以過하니¹⁷⁶ 若然者는 吾奈之何오¹⁷⁷ 蘧伯玉이 曰 善哉라 問乎여¹⁷⁸ 戒之愼之하야¹⁷⁹ 正汝身哉어다¹⁸⁰ 形莫若就며¹⁸¹ 心莫若和니라¹⁸² 雖然이나 之二者는 有患이니¹⁸³ 就不欲入이요¹⁸⁴ 和不欲出이라¹⁸⁵ 形就而入이면 且爲顚爲滅하며 爲崩爲蹶이요¹⁸⁶ 心和

---

172 去聲이니 降也라 謂天生低品之人也라 | 거성으로 독음은 '쇄'니, 천성이 저열한 사람을 말한다.

173 謂不以法度로 規之也라 | 법도로 규제하지 않음을 말한다.

174 若以法度繩墨之言으로 諫之하면 則必不信而見尤하야 則危吾身이라 | 만일 법도와 규범의 말로써 간언하면 반드시 不信으로 허물을 당하여 나의 몸을 위태롭게 할 것이다.

175 去聲이라 | 거성으로 智의 뜻이다.

176 謂其人이 聰明하야 足以撫拾 人之過하고 而不知己之過라 | 그 사람이 총명하여 남의 허물만을 주워 모으고, 자기의 잘못은 알지 못한다.

177 謂其人如此하니 吾將奈何오 | 그 사람이 이와 같으니, 내 장차 어떻게 해야 하겠는가.

178 善其問於我也라 | 내게 이를 물은 것을 잘했다고 말한 것이다.

179 言此人이 不可輕意犯之者라 | 이런 사람은 가볍게 범해서는 안 됨을 말하였다.

180 當先正己而後에 事之라 | 마땅히 먼저 몸을 바르게 한 뒤에 그를 섬겨야 한다.

181 言其人이 很戾不可逆之니 宜將順其美하고 而後에 救其惡라 | 그 사람이 사나워서 거스를 수 없다. 마땅히 그의 잘한 점을 순응한 후에 그의 잘못을 구제해야 함을 말한다.

182 言中心을 不可以不善으로 而逆之일새 故莫若和라 | 마음속으로 그를 不善하다 하여 거슬러서는 안 된다. 이 때문에 和한 것만 못하다.

183 雖然形就心和나 亦未免患이라 形就면 則將與己同이요 心和면 則將爲悅己라 以此縱之면 則不敢以規諫일새 故有患이라 | 비록 外形으로 나아가고 中心으로 和하지만 또한 우환을 피할 수 없다. 外形으로 나아가면 장차 나의 몸과 같고, 中心으로 和하면 장차 나를 좋아할 것이다. 이렇게 나아가면 감히 간할 수 없기에 우환이 있다.

而出이면 且爲聲爲名하며 爲妖爲孼이라¹⁸⁷ 彼且爲嬰兒어니와 亦與之爲嬰兒요¹⁸⁸ 彼且爲無町畦어니와 亦與之爲無町畦요¹⁸⁹ 彼且爲無崖어니와 亦與之爲無崖하야¹⁹⁰ 達之하야 入於無疵니라¹⁹¹ 汝不知夫螳蜋乎아 怒其臂하야 以當車轍하니 不知其不勝任也라¹⁹² 是其才之美者也니라¹⁹³ 戒之愼之라

---

184 言形雖就나 不可全身放倒也라 | 비록 外形으로 나아가되 온몸을 놓아버릴 수 없다.

185 出者는 謂顯己之長하며 形彼之短이니 故不欲出이라 | 出이란 자기의 장점을 나타내고 그의 단점을 드러내는 것이기에, 드러내고자 해서는 안 된다.

186 若放身阿諛하야 承順其惡하면 則返成其惡하야 將取顚滅崩蹶之禍라 | 만일 몸을 버려두고 그에게 아첨하여 그 허물을 따르면 도리어 그의 잘못을 조장하여 나라가 무너지는 화를 취할 것이다.

187 若少露圭角하면 則彼將以己之惡而收爲聲名하야 其心에 必忌知而爲妖孼矣라 故此二者는 皆有患也라 | 조금이라도 圭角이 보이면 그는 장차 자기의 잘못을 가지고서 명성을 얻으려는 것이라 생각하여, 그의 마음에 반드시 꺼리게 되어 妖孼을 만들어 낼 것이다. 이 때문에 이 두 가지는 모두 우환이 있다.

188 嬰兒는 言彼無知識也라 | 嬰兒란 그의 무지함을 말한다.

189 町畦는 言無牆塹이니 謂全無檢束也라 | 町畦는 한계가 없음을 말하니, 전혀 檢束한 바 없음을 말한다.

190 崖는 謂無崖岸이니 言放蕩無拘也라 | 岸은 언덕이 없음이니, 방탕하여 거리낌이 없음을 말한다.

191 言先且於一切擧動에 不可一毫有逆其意요 待彼久久相信而不疑면 則漸漸因事引達하야 以入無過之地니 此正所謂將順其美하야 匡救其惡이니 可無患也라 | 먼저 모든 행동에 일호라도 그 뜻을 거스르지 말고, 오래도록 서로 믿어 의심이 없으면, 차츰차츰 일로 인해서 이끌어 나아가 허물이 없는 경지에 들어가야 한다. 이것이 바로 이른바 "그의 아름다움을 순응하여 그의 잘못을 바로잡는다"는 것이니, 그렇게 해야만 우환이 없을 것이다.

192 此喩不量力而逆之也니 螳蜋이 怒臂하야 以當車轍은 其志則似矣나 而不知其力이 不勝任也라 | 이는 제 힘을 생각지 않고 거스름을 비유한 것이다. 사마귀가 팔을 들어 수레바퀴에 맞서려 함은 그 뜻이야 그럴싸하지만 그 힘이 감당할 수 없음을 모르는 것이다.

積伐而美者하야 以犯之면 幾矣니라**194** 汝不知夫養虎者乎아 不敢以生物로 與之는 爲其殺之之怒也요**195** 不敢以全物로 與之는 爲其決之之怒也라**196** 時其飢飽하고 達其怒心이니 虎之與人이 異類로되 而媚養己者는 順也라 故로 其殺者는 逆也니라**197** 夫愛馬者는 以筐盛矢하고**198** 以蜄盛溺로되**199** 適有蚊虻이 僕緣에 而拊之不時하면 則缺銜**200** 毀首碎胸하야**201** 意有所至하고 而愛有所亡하니**202** 可不愼耶아**203**

---

193 言螳螂이 恃其才之美者는 但不量己力耳라 謂闔才 雖美나 至若盡力以事暴君이면 恐不免其患也ㅣ 사마귀가 그 재주의 아름다움을 믿는 것은 제 힘을 생각지 않기 때문이다. 안합의 재주가 비록 아름다우나 자기의 힘을 다 쏟아 폭군을 섬긴다면 그 우환을 면하지 못할까 두렵다.

194 言汝積伐己之美才하야 而挺身以犯暴君之難이 若螳螂之怒臂면 其不免於死者 幾矣니 可不戒愼之哉아ㅣ 네가 자신의 아름다운 재주를 폭군 앞에 거듭 과시해서 몸을 내세워 폭군을 범하는 환란은 마치 사마귀가 수레바퀴 앞에 팔을 휘둘러 죽음을 거의 면치 못하는 것과 같다. 이를 경계하고 삼가지 않을 수 있겠는가.

195 若以生物하면 則長其殺心이라ㅣ 산 짐승을 먹이로 주면 호랑이의 殺氣를 助長하게 된다.

196 全物與之는 則令虎로 決裂而生其怒也니 虎怒에 則發威猛일새 而不可制矣라ㅣ 통째로 주면 호랑이가 먹이를 찢으면서 노기를 낳게 만든다. 호랑이가 노하면 사나워지게 되어 제어할 수 없다.

197 養虎而不知順其性하면 則被其殺이 無疑矣라ㅣ 호랑이를 기르면서 그 본성을 순응하지 않으면 호랑이에게 물려 죽는 것은 의심의 여지가 없다.

198 矢卽糞也라ㅣ 矢는 똥을 말한다.

199 尿也라ㅣ 오줌이다.

200 則怒而斷其啣勒也라ㅣ 화가 나서 재갈과 굴레를 물어 끊는다.

201 言馬之怒에 則毀碎胸首之絡轡也라ㅣ 말이 성내면 가슴과 머리에 얹힌 재갈과 고삐를 부숴버린다.

202 言雖愛馬之至나 若拊之不時하야 一觸其怒하면 則將斷勒毀轡矣니 又何顧其愛哉아ㅣ 말을 지극히 사랑했지만 불시에 어루만져 한번 격노하게 만들면 재갈을 끊고 고삐를 물어뜯을 것이다. 또한 어찌 그 사랑했던 일을 뒤

【직역】 顔闔(노나라의 현자)이 장차 衛 靈公의 太子의 스승이 되려 할 적에 蘧伯玉에게 묻기를, "여기에 어떤 사람이 있는데 그의 德은 天殺(천쇄)라, 그와 더불어 無方(無道)으로 하면 우리나라가 危殆롭고 그와 더불어 有方(有道)으로 하면 나의 몸이 危殆롭습니다. 그의 智慧는 다만 남들의 허물을 알 뿐, 그(自己)의 허물이 되는 바를 알지 못하니 그런 者를 내 어찌해야 할는지요?"

蘧伯玉이 말하기를, "善하다, 물음이여. 경계하고 삼가 너의 몸을 바르게 할지니라. 形體는 就함만 같지 못하고 마음은 和함만 같지 못하다. 비록 그러하나 이 두 가지 것도 근심이 있으니 就하되 陷入되고자 해서는 안 되고 和하되 顯出하고자 해서는 안 된다. 形體가 就하다가 陷入되면 顚倒되고 滅亡하며 崩壞되고 蹶失되며, 마음이 和하다가 顯出하면 聲과 名이 되고 妖와 孼이 되니, 그가 또 嬰兒이거든 또한 그와 더불어 嬰兒가 되고, 그가 또 町畦가 없거든 또한 그와 더불어 町畦가 없게 하며, 그가 또 畔崖가 없거든 또한 그와 더불어 畔崖가 없이 하여 이를 통달하면 瑕疵가 없는 데에 들어가리라.

그대는 螳蜋을 알지 못하는가. 그 팔뚝을 怒하여 車轍에 맞서는 것은 감당 못할 줄을 알지 못함이다. 이는 그 才가 훌륭하다고 여기는 者이다. 警戒하고 삼갈지어다. 그대의 훌륭함을 거듭 과시하여 犯하면 幾하리라.

그대는 범 기르는 것을 알지 못하는가. 敢히 生物로써 주지 않는 것은

돌아보겠는가.

203 愛馬之喩는 尤切事情이니 三喩는 乃事暴君之大戒也라 | 사랑하는 말에 대한 비유는 더욱 사실에 간절하다. 말, 호랑이, 사마귀의 세 가지 비유는 폭군 섬김에 있어 아주 조심해야 할 것이다.

이를 殺하고자 하는 그의 노여움 때문이요, 敢히 全物로써 주지 않는 것은 이를 決裂하고자 하는 그의 노여움 때문이다. 그 饑飽를 때맞추며 그 怒心을 達하여야 한다. 범과 사람은 類가 다르지만 自己를 길러준 者에게 媚한 것은 順한 때문이다. 그러므로 그에게 죽은 者는 거슬렸기 때문이다.

말을 사랑하는 者는 筐으로써 똥을 담아내고 蜄(잿빛진흙그릇)으로써 오줌을 담아내지만 때마침 蚊虻이 僕緣(달라붙음)한데 때 아니게 어루만지면 銜(재갈)을 끊고 머리치장을 망가뜨리고 가슴걸이를 부수어 뜻을 이루려고 사랑을 잊은 바 있으니 삼가지 않을 수 있겠는가.

【의역】 위나라 영공이 노나라의 어진 신하, 안합(顔闔)을 맞이하여 그 태자의 스승으로 삼으려 하자, 안합이 거백옥(蘧伯玉)을 찾아가 물었다.

"여기에 어떤 한 사람이 있는데 그의 천성은 저열하기 짝이 없습니다. 만일 그를 방종하게 놓아두면 우리나라가 위태롭고, 그를 법도로 바로잡으려 하면 제 몸이 위태롭습니다. 그의 총명한 머리는 남들의 잘못을 알 뿐, 자기의 잘못을 모르고 있습니다. 이런 사람에게 내 어떻게 해야 좋을는지요?"

거백옥이 대답하였다.

"너의 물음이 매우 좋다. 조심하고 조심하여 먼저 너의 몸을 바르게 해야 한다. 밖으로 너의 모습은 그와 친근한 태도를 가지고 안으로 너의 마음은 조화를 이루려는 생각을 가지는 것만 같지 못하다.

그러나 이처럼 행하여도 그 두 가지 것만으로는 우환을 면할 수 없다. 그에게 친근한 태도를 가지되 그의 악에 빠져들어서는 안 되고, 조화를 이루려는 생각을 가지되 너의 선을 나타내서는 안 된다. 친근한 태도로써 그의 악에 빠져들면 자신까지도 모두 거꾸러지고, 조화를 이루려는 생각으로 너의 선을 나타내면 그는 그대가 명성을 위한다고 생각하여 재화(災禍)를 불러들이게 될 것이다.

그가 만일 어린아이처럼 지각이 없으면 그대 또한 그를 따라 어린아이가 되고 그가 만일 준칙이 없으면 그대 또한 그를 따라 준칙이 없이 하며 그가 만일 한계가 없으면 그대 또한 그를 따라 한계가 없이 해야 한다. 이처럼 그를 이끌어 나의 뜻을 이루면 잘못이 없는 바른 길로 접어들게 될 것이다.

그대는 사마귀를 보지 못했는가. 사마귀가 팔뚝을 불끈 세운 채 수레바퀴를 가로막는다. 그것은 그가 수레바퀴를 이길 수 없다는 사실을 몰랐기 때문이다. 이는 자기의 장점만을 믿고서 결국 큰 수레에 대항한 것이다. 조심하고 삼가야 한다. 자기의 장점을 자주 사람들에게 자랑하여 사람들의 마음을 범한 것이기에 위태로움을 자초한 것이다.

그대는 사육사가 범을 어떻게 길들이는지 모르는가. 범에게 먹이를 산 채로 던져주지 않는 것은 범이 그 살아있는 먹잇감을 물어 죽일 적에 일어나는 잔인한 야성을 두려워한 때문이다. 그리고 통째로 먹이를 주지 않는 것은 범이 물어뜯으며 먹을 적에 일어나는 잔인한 야성을 두려워한 때문이다.

범이 얼마쯤이면 배가 부르고 얼마쯤이면 허기지게 되는가를 알아서 그의 좋아하고 성내는 마음을 따라야 한다. 그렇게 하면 범과 사람이 비록 같은 부류가 아니지만 범이 자기를 보살펴주는 사육사에게 고분고분한 것은 범의 본성을 따랐기 때문이다. 그러므로 범이 사육사를 물어 죽이기에 이른 것은 그가 먼저 범의 본성을 거슬렸기 때문이다.

아주 말을 사랑하는 사람이 있었다. 광주리에 말의 똥을 담아내고 잿빛 진흙으로 빚은 그릇에 말의 오줌을 담아내기까지 하였다. 그러나 때마침 모기와 등에가 말의 몸에 달라붙어 있는 것을 모른 채, 말을 사랑하는 자가 때 아니게 말을 다독거리면 말이 평소와는 달리 놀래어 성을 낸 나머지 입의 재갈을 물어뜯고 머리 위의 치장을 망가뜨리고 가슴걸이를 부수어 성나는 대로 날뛰면서 자기를 사랑해 준 주인까지 잊으니, 삼가지 않으면 안 될 것이다.

【감산 절해】

此言輔君之難也라 已上三者는 皆人間世之難者니 意謂夫遊人間世者는 必虛心安命하야 適時自愼하야 無可不可라야 乃可免患이라 若不能虛心하고 恃知妄作하야 無事而强行者는 顔回 是也요 若不能安命하고 多憂自苦하야 當行而不行者는 葉公이 是也라 二者는 皆非聖人所以涉世之道니 而當以孔子之言으로 爲準也라 若其必不得已而應世하야 以事人主인댄 必將順其美하고 匡救其惡하야 以竭其忠하되 尤當以戒愼恐懼하고 達變知機하야 不可輕忽이며 不可恃才輕觸하야 以取殺身之禍니 此又當以蘧伯玉之言으로 爲得也라 涉世人情之曲折이 極盡於此矣니 是必取重仲尼伯玉이라야 乃可免患耳니라

上言材能之累하고 下엔 以不才로 以全生이라

여기에서는 왕을 보필하기 어려움을 말하였다. 위에서 말한 세 가지 비유는 모두 인간 세상에 어려운 것들이다. 그 뜻은, 인간 세상에 노니는 자

는 반드시 虛心으로 天命에 순응하여 때에 따라서 적합하게 삼가며 옳은 것도 옳지 않은 것도 없어야만 우환을 면할 수 있음을 말한다.

만일 마음을 비우지는 못한 채, 재주만 믿고 허튼 일을 벌여 쓸데없이 강행하는 자는 안회가 바로 그런 사람이다. 天命을 편히 여기지 않고 많은 걱정으로 스스로 고생하면서 정작 행해야 할 일을 행하지 않는 자는 섭공이 바로 그런 사람이다. 두 사람은 모두 성인이 처세하는 도가 아니다. 응당 공자의 말로써 준칙을 삼아야 한다.

만일 어쩔 수 없어 세상에 순응하면서 임금을 섬긴다면, 반드시 그의 장점을 받들고 그의 잘못을 바로잡아 그 충성을 다하되 더욱 삼가고 두려워하는 마음으로써 事變을 달관하고 機微를 알고서 가볍게 행동하지 말 것이며, 재주만 믿고 가볍게 저촉하여 殺身의 재앙을 취하지 말아야 한다. 이는 또한 거백옥의 말로써 옳음을 삼아야 한다. 세상을 살아가는 人情의 곡절이 이에 극진하다. 이는 반드시 중니와 거백옥을 따라야 우환을 면할 수 있다.

위의 문장에서는 재능의 累를 말했고, 아래 문장에서는 不才로써 삶을 온전히 함을 말한다.

【원문】

匠石이 之齊라가 至乎曲轅하야[204] 見櫟社樹하니 其大 蔽牛하야 絜之[205] 百圍며 其高 臨山하야 十仞이요 而後에 有枝하야[206] 其可以爲舟者 旁十數

---

204 地名이라 | 지명이다.
205 以兩手로 絜之라 | 두 손을 벌려 재어보는 것이다.
206 言樹身分之長大也라 | 나무 몸체의 장대함을 말한다.

라²⁰⁷ 觀者 如市하되²⁰⁸ 匠石은 不顧하야 遂行不輟이어늘²⁰⁹ 弟子 厭²¹⁰觀之

라가 走及匠石曰 自吾執斧斤하야 以隨夫子로 未嘗見材 如此其美也어늘

先生이 不肯視하고 行不輟은 何耶닛가 曰 已矣라 勿言之矣니 散木也라 以

爲舟則沈하고 以爲棺槨則速腐하고 以爲器則速毀하고 以爲門戶則液構하

고²¹¹ 以爲柱則蠹하나니 是는 不材之木也라 無所可用일새 故能若是之壽니

라 匠石이 歸러니 櫟社 見夢曰 汝將惡乎比予哉아 若將比予於文木耶아 夫

柤梨橘柚와 果蓏之屬은 實熟하면 則剝則辱하야 大枝는 折하고 小枝는 泄하

나니 此는 以其能으로 苦其生者也라 故不終其天年而中道夭하야 自掊擊²¹²

於世俗者也니 物莫不若是라 且予求無所可用이 久矣로되 幾死러니 乃今得

之하야²¹³ 爲予大用이로다²¹⁴ 使予也로 而有用이러니 且得有此大也耶아²¹⁵

---

207 言正身之外에 旁枝可爲舟者 有十數也라 | 나무 몸체 이외에 곁가지만으
로도 수십 척의 배를 만들 수 있다.

208 人以爲大且美일새 故觀之者 衆이라 | 사람들은 이 나무가 크고 아름답다
고 생각하기에 구경하는 사람이 많은 것이다.

209 止也니 謂不顧 其樹而行不止也라 | 멈춤이니, 그 나무를 돌아보지도 않고
발길을 멈추지 않는다는 뜻이다.

210 飽足也라 | '실컷'이라는 뜻이다.

211 謂門樞引水하야 則液構然而泄라 | 문 지도리에 물을 끌어들이니, 액체가
끈끈하게 흘러내린다.

212 言掊取而擊折之也라 | 자신이 초래하여 부러뜨린 것을 말한다.

213 幾死者는 謂尋常人이 不知我不材하야 幾乎被伐者 數矣러니 今幸而得全
이라 | 幾死란 여느 사람이 내가 재목감이 못 되는 줄을 알지 못해 하마터면
잘릴 뻔한 지 여러 번이었으나 이제 다행히 온전함을 얻었다.

214 以不材全生으로 爲我大用이라 | 재목감이 아닌 것으로 생명을 온전히 간
직함으로써 나의 大用을 삼는다.

215 若使我有用이면 不能如此之大也라 | 만일 내가 쓸모 있었더라면 이처럼
크지 못했을 것이다.

且也 若與予也 皆物也어늘 奈何哉其相物也아[216] 而幾死之散人이 又惡知
散木이리오[217] 匠石이 覺하야 而診其夢한대[218] 弟子曰 趣取無用인댄[219] 則爲
社는 何耶닛가 曰 密코 若無言이어다[220] 彼亦直寄焉하야[221] 以爲不知己者
詬厲也라[222] 不爲社者인들 且幾有翦乎아[223] 且也 彼其所保 與衆으로 異어
늘 而以義로 譽之하니[224] 不亦遠乎아

---

216 言汝與我同爲天地間之一物耳니 奈何汝恃有用하야 而以我爲無用耶아 | 너와 나는 똑같이 천지 사이의 한 물건인데, 어찌하여 너는 有用을 自恃하여 나를 쓸모없다고 여기는가.

217 言汝乃幾死之散人而不自知하고 且又鄙我爲散木가 是自不知量也라 | 너는 거의 죽음에 가까운 쓸모없는 사람임에도 스스로 알지 못한 채, 또 나를 쓸모없는 나무라고 하찮게 여기는가. 이는 스스로 헤아리지 못한 탓이다.

218 覺而爲弟子하야 說其夢이라 | 잠에서 깨어나 제자를 위해 꿈을 설명함이다.

219 趣는 乃意趣니 猶言意思也라 謂意思取無用하야 而爲社者는 何也아 | 趣는 意趣이니, 意思라는 말과 같다. 無用을 취하여 사직의 나무를 삼으려는 것은 무엇 때문인가.

220 謂汝不必聲說也라 | 너는 굳이 이런저런 말을 하지 말라는 것이다.

221 然直是以社로 寄於此木이요 非是此木이 有心要作社也라 | 다만 사직을 이 나무에 기탁한 것일 뿐, 이 나무가 有心으로 사직나무가 되고자 한 것은 아니다.

222 謂常人이 不知寄託之意하고 遂以此木으로 眞眞是社하야 以此名而誣害之也라 | 보통 사람은 寄託한 뜻을 모른 채, 마침내 이 나무를 참으로 사직나무라 하여 이 이름으로 무고함을 말한다.

223 言此木이 卽不爲社이런들 又豈有翦伐者乎아 | 이 나무가 설령 사직의 나무가 아니더라도 또한 어찌 이를 剪伐한 자 있겠는가.

224 謂彼木이 所以保其天年者는 以不材而全生일새 故與衆異어늘 而人不知하고 乃以利人長物과 禁暴除非之義로 譽之라 | 저 나무가 天年을 보존할 수 있었던 것은 不材로써 생명을 온전히 한 것이다. 이 점에서 여느 나무와 다른 것인데, 세상 사람들은 이를 모르고, 사람에게 이롭고 만물을 길러주며, 사나움을 금하고 잘못을 없애주는 것으로 칭찬하고 있다.

【직역】 匠石(匠人 이름)이 齊나라를 갈 적에 曲轅(山 이름)에 이르러 櫟社의 나무를 보았는데, 그 크기는 소를 가리고 헤아려 보니 百圍요, 그 높이는 山에 臨하여 十仞이나 된 後에 가지가 있어 그 배를 만들 수 있는 것이 旁(곁가지)으로만도 十數였다.

觀者가 저자거리와 같았으나 匠伯(匠石 字)이 뒤돌아보지도 않고서 마침내 行함을 그치지 않았는데, 弟子가 실컷 구경하고 匠石에게 달려와 말하기를, "제가 斧斤을 잡고서 夫子를 따름으로부터 일찍이 材木이 이처럼 그 아름다운 것을 보지 못하였는데 先生은 기꺼이 보지 않고 行함을 그치지 않은 것은 어째서입니까?"

"그만두어라. 말하지 말라. 散木이다. 이로써 배를 만들면 잠기고, 이로써 棺槨을 만들면 速히 썩고, 이로써 그릇을 만들면 速히 毁損되고, 이로써 門戶를 만들면 液樠하고, 이로써 기둥을 만들면 좀이 생기니 이 材木이 될 수 없는 나무이다. 쓸모가 없는 까닭에 이처럼 壽할 수 있었던 것이다."

匠石이 돌아갔는데 櫟社가 見夢하여 말하기를, "그대는 將次 무엇에 나를 比할 것인가. 혹 將次 나를 文木에 比할 것인가. 柤, 梨, 橘, 柚와 果(木實), 蓏(草實)의 屬은 열매가 익으면 剝落하고 또 辱을 당하여 大枝는 꺾이고 小枝는 泄하니 이는 그 能함으로써 그 生을 괴롭힌 者이다. 그러므로 그 天年을 마치지 못하고 中道에 夭折하니 스스로가 世俗에 掊擊당한 者이다. 萬物은 이와 같지 않은 것이 없다.

또 나는 쓸모 있는 바가 없기를 추구함이 오래이지만 자주 죽을 뻔했다가 이제야 얻어서 나의 大用으로 삼은 것이다. 만일 내가 쓸모가 있었더라면 또 이처럼 클 수 있었겠는가. 또한 그대나 나는 모두 萬物인데 어떻게 그 物相으로써 비아냥거릴 수 있는가. 그대는 곧 죽을 散人이어니 또 어떻게 散木을 알 수 있겠는가."

匠石이 잠깨어 그 꿈을 弟子에게 설명해 주었는데, 제자가 말하기를, "趣向이 無用을 取한 데 있다면 社가 된 것은 무엇 때문인가."

말하기를, "密(입 다물라)하라. 그대는 말하지 말라. 그 또한 다만 寄託하여 나를 알지 못한 者로 하여금 詬厲하도록 한 것이다. 社가 되지 않았더라도 또한 어찌 剪伐이 있었겠는가. 또한 그가 保全하는 바는 衆木들과 다른데 義(常理)로써 譬하니 또한 멀지 않겠는가."

[의역] 장인(匠人)인 석(石)이라는 사람이 제나라로 가는 길에 곡원산(曲轅山)에 이르러 사직 제단에 서 있는 상수리나무를 보았다. 상수리나무의 크기가 어찌나 크든지 나무의 몸통이 황소 천 마리를 가릴 만하였고 양손을 벌려 헤아려 보니 백 아름이나 되었으며, 나무의 높이는 산꼭대기에 닿았고 그 위로 몇 발이나 더 높이 솟은 뒤에야 가지가 뻗어서 그 곁가지만으로도 배를 십여 척이나 만들 수 있을 정도였다.

이 때문에 상수리나무를 구경하고자 모인 사람들이 북새통을 이루었다. 그러나 장인인 석은 뒤돌아보지도 않은 채, 끝내 발길을 멈추지 않았다. 그의 제자들이 실컷 구경을 다하고 스승으로 모시는 장인 석에게 달려와 말하였다.

"저희들이 연장을 손에 들고 선생을 뒤따른 뒤로 한 번도 이처럼 아름다운 재목을 구경해 보지 못하였는데 선생께서는 전혀 보지 않으신 채 발길을 멈추지 않으신 것은 무엇 때문입니까?"

"그만두어라. 시끄럽다. 전혀 쓸모가 없어 버려진 재목이다. 이 나무로 배를 만들면 물에 잠기고, 이 나무로 널을 만들면 빨리 썩게 되고, 이 나무로 그릇을 만들면 빨리 부서지고, 이 나무로 문을 만들면 나뭇결이 단단하지 못해서 진액이 질편하게 흘러내리고, 이 나무로 기둥을 만들면 좀이 생기게 된다. 이 때문에 이 나무는 재목감이 될 수 없다. 이처럼 쓸모가 없는 까닭에 이처럼 장수를 누릴 수 있었던 것이다."

장인인 석이 집으로 돌아가 잠을 잤는데 사직단의 상수리나무가 꿈에 나타나 말하였다.

"그대는 어떤 것을 가지고 나와 비교하려고 하는가. 나를 아름다운 무늬목에 비교하려 하는가. 풀명자, 배, 귤, 유자와 나무의 과일, 채소의 열매 따위는 열매가 익으면 부러지고 또 수난을 당하여 큰 가지는 꺾이고 작은 가지는 휘어지게 된다. 이는 모두 그들의 재능 때문에 그들의 삶에 괴롭힘을 겪은 것이다. 이 때문에 그들은 천수(天壽)를 모두 누리지 못한 채 중도에서 요절하게 된 것이다. 이 모두 그들 스스로가 세속 사람들의 배격(掊擊)을 자초한 것이다. 모든 만물이 대체로 이와 같지 않은 것이 없다.

또한 나는 쓸모없는 물건이 되기를 추구한 지 오래였지만 그럼에도 불구하고 나를 엿본 자가 있어 여러 차례 죽을 뻔한 고비를 겪었다가 이제야 겨우 내 자신을 온전히 보존할 수 있었다. 이것이 바로 나의 대용(大用)이다. 만일 내가 쓸모가 있었더라면 반드시 꺾이는 재화를 당하여 아마 크게 곤욕을 치렀을 것인데, 어찌 내 자신이 이처럼 거목(巨木)이 될 수 있었겠는가. 그리고 그대나 나는 모두 하나의 물건에 지나지 않는데 어떻게 이러한 물의(物議)로써 나에게 비아냥거릴 수 있는가. 그대는 곧 죽을 쓸모없는 사람(散人)이다. 그런 그대가 어떻게 쓸모없는 나무(散木)를 알아 볼 수 있겠는가."

장인인 석이 잠에서 깨어나 그의 꿈을 제자들에게 이야기해 주었다. 그 말을 들은 제자가 물었다.

"그의 취향이 진정 쓸모없는 것을 취하는 데 있었다면 굳이 사직의 나무에 의탁한 것은 무엇 때문입니까?"

"닥쳐라! 다시는 말하지 말라. 사직의 나무가 된 것 또한 잠시 사직에 의탁했을 뿐이다. 그 상수리나무는 그를 알아주지 못한 이들로 하여금 '스스로 제 몸 하나 보존하지 못하였다'고 욕하도록 만들어 쓸모없는 것이 바로 대용(大用)이라는 것조차 잊게 한 것이다.

만일 사직의 나무가 되지 않았다 할지라도 사람들의 도끼에 찍혀 나갔을 것이라고 생각하느냐. 또한 그가 제 한 몸을 보전한 것은 여느 세속의 나무들과는 분명 다른 것을 가지고 있는데 일상적인 도리로써 지껄이니, 이 또한 그의 뜻과는 동떨어진 것이 아니겠는가."

【감산 절해】

此言櫟社之樹는 以不材로 而保其天年하야 全生遠害 乃無用之大用이라하야 返顯前之恃才妄作으로 要君求譽하야 以自害者 實天壤矣라 此莊生의 輕世肆志之意 正在此耳라

下에 歷言無自全之意하사 以喩己志하니 此立言之指也라

여기에서는 櫟社의 나무는 不材로써 그 天年을 보존하여 생명을 온전히 하고 피해를 멀리함이 無用의 大用이라 말하여, 거꾸로 앞에서 말한 재주만 믿고서 妄作으로 임금에게 강요하고 명예를 구하여 스스로 해치

는 자와 실로 天壤之差임을 나타낸 것이다. 이는 장자가 세상을 가볍게 여기고 마음대로 한 뜻이 바로 여기에 있다.

아래 문장에서는 스스로 保全하고자 하는 뜻이 없음을 역력하게 말하여 자기의 뜻을 비유하니, 이것이 立言의 本旨이다.

【원문】

南伯子綦 遊乎商之丘라가 見大木焉하니 有異라[225] 結駟千乘을 隱이 將芘其所藾어늘[226] 子綦曰 此何木也哉아 此必有異材로다[227] 夫仰而視其細枝하니 則拳曲而不可以爲棟梁이요 俯而視其大根하니 則軸解[228] 而不可以爲棺槨이요 咶其葉하니 則口爛而爲傷이요 嗅之하니 則使人狂酲하야 三日而不已어늘[229] 子綦曰 此果不材之木也일새 以至於此其大也로다 嗟夫라 神人은 以此不材니라[230] 宋有荊氏者하니 宜楸柏桑이라 其拱把而上者는 求猿狙之杙[231]者 斬之하고 三圍四圍는 求高名之麗[232]者 斬之하고 七圍八圍

---

225 謂有異於衆木이라 | 여느 나무와 다름이 있음을 말한다.
226 言千駟之車馬 隱息於樹下에 而樹之枝葉이 皆能芘蔭之也라 | 千駟의 車馬가 나무 아래 쉬어도 나무의 가지와 잎이 모두 덮을 수 있음을 말한다.
227 不知其不材일새 故異之也라 | 그 쓸모없는 나무임을 모르기에 달리 여긴 것이다.
228 言木身之解散也라 | 나무의 몸체가 풀렸음을 말한다.
229 言葉之惡氣薰人하야 令人狂酲如醉而不醒也라 | 잎의 악취가 사람을 熏習하여 사람을 미치게 만듦이 마치 술에 취해 깨어나지 못함과 같다.
230 言子綦 因試知其木不材하야 乃知神人은 以不材無用으로 而致聖也라 | 子綦는 그 나무의 不材를 앎으로써 神人도 不材無用으로 성인이 되었음을 알게 되었다.
231 取猿狙之具也라 | 원숭이를 잡는 기구이다.
232 屋棟也라 | 대들보이다.

는 貴人富商之家에 求樿傍[233]者 斬之라 故로 未終其天年하고 而中道에 夭
於斧斤하나니 此는 材之患也니라[234] 故로 解之[235]以牛之白顙[236]者와 與豚
之亢鼻[237]者 與人之有痔病者는 不可以適河하나니 此[238] 皆巫祝이 以知之
矣라 所以爲不祥也어니와[239] 此乃神人之所以爲大祥也니라

【직역】　南伯(南郭伯長) 子綦가 商丘를 노닐다가 大木을 보니, 남다름이
있어 結駟 千乘이 隱(그늘)으로 장차 그 의지하는 바를 덮어줄 듯한데, 子
綦가 말하기를, "이는 무슨 나무일까? 이는 반드시 남다름이 있는 재목이
다"라고 하고서 우러러 그 細枝를 살펴보니 拳曲하여 이것으로 棟梁을
만들 수 없고, 구부려 그 大根을 살펴보니 軸(旋紐)解하여 이것으로 棺槨
을 만들 수 없고, 그 잎을 咶(舐)한 즉 입이 문드러져 상처가 나고, 냄새를

---

233 乃棺木之傍邊也라 | 棺木의 사방 곁에 쓰는 나무이다.

234 此는 甚言材之爲害하야 以見不材之得全也라 | 이는 심히 재목의 유해함
을 말하여 不材로써 온전함을 얻는 것에 대해 말하였다.

235 解者는 祭祀解賽也니 古者에 天子 有解祠하니 謂解罪求福也라 出漢書
郊祀記하니라 | 解는 제사의 굿이다. 옛적에 天子에게 解祠가 있으니, 죄를
씻고 복을 구하는 것이 『漢書』〈郊祀記〉에서 나온다.

236 言色不純也라 | 색이 순수하지 않은 소이다.

237 言形不美라 | 모양이 추한 돼지이다.

238 以人祭河니 謂人爲巫祝也라 又漢書에 有爲河伯娶婦하야 選童男女之美
者하야 投之河中으로 謂之適河하니 此事는 或古亦有之라 | 사람으로 河
水에 제사를 지냄이니, 巫祝이 된 사람을 말한다. 또 『漢書』에 河伯을 위해
부인을 맞이할 적에 예쁜 童男童女를 가려서 河水에 던지는 것을 適河라
한다. 혹 고대에 이런 일이 있었다.

239 言此三者는 小有不材하야 足以全生이온 況神人이 以無用으로 而自全者
乎아 | 이 세 가지는 조금 不材로도 넉넉히 생명을 보전한 것이다. 하물며
神人이 無用으로써 스스로 온전히 한 자야 어떻겠는가.

맡은즉 사람을 狂醒케 하여 三日이 지나서도 사라지지 않았다.

子綦가 말하기를, "이는 果然 材木이 아닌 나무였기에 이로써 이처럼 그 크기에 이른 것이다. 아! 神人도 이처럼 材木이 아니었기 때문이다."

宋에 荊氏(地名)가 있으니 楸, 栢, 桑木에 적절하였다. 그 拱把 이상이 된 것은 狙猴의 말뚝을 求하는 者가 베어가고 三圍, 四圍는 高名의 麗(용마루)를 求하는 者가 베어가고 七圍, 八圍는 貴人, 富商의 집에 樿旁을 求하는 者가 베어갔다. 이 때문에 그 天年을 마치지 못하고 中道에 斧斤으로 夭折하니 이는 材木의 患難이다.

그러므로 굿할 적에는 소의 白顙(이마)인 것과 돼지의 亢(仰)鼻인 것과 사람의 痔病인 者는 河水에 갈 수 없으니 이는 모두 巫祝이 알고 있다. 不祥하다 생각하는 것이지만 이는 곧 神人이 大祥으로 여기는 바이다.

[의역] 남백자기(南伯子綦)가 상구(商丘) 땅에 유람하다가 큰 나무 한 그루를 발견하였다. 그 나무는 여느 나무들과 달리 나무의 그늘이 어찌나 크든지 말 4천 필이 그 아래에 있어도 모두 덮어줄 정도였다.

자기가 이를 보고서 의아해 하며 중얼거렸다.

"이는 무슨 나무일까? 반드시 여느 나무와는 다른 재목감일 것이다."

그 나무의 작은 가지를 살펴보니 워낙 구불거려서 반듯한 기둥과 들보를 만들 수 없었고, 몸을 굽혀 그 나무의 큰 뿌리를 살펴보니 어찌나 꼬여 있고 나뭇결 또한 촘촘하지 못해서 널을 만들 수 없었고, 그 나뭇잎을 깨물어 보았더니 독기가 있어 입이 문드러져 상처가 생겼고, 냄새를 맡아보았더니 고약하기 짝이 없어 사람을 술 취한 것처럼 멍하게 만들었고 그 냄새는 사흘이 지나서까지도 사라지지 않았다.

이에 자기가 다시 말하였다.

"이는 정말 생각했던 대로 재목감이 아닌 나무였기에 이처럼 클 수 있었던 것이다. 아! 신인(神人)도 이처럼 재목감이 아니었기 때문에 세상에 쓰임이 없어 천리(天理)를 홀로 보전할 수 있었다."

송나라의 형지 지방은 가래나무, 잣나무, 뽕나무가 잘 자랐다. 그 나무들이 한두 줌 크기 이상이 되면 원숭이를 기르는 데 사용할 말뚝을 찾는 사람들이 베어가고, 서너 아름 크기의 재목감은 큰집을 짓는 데 필요한 용마루 감을 찾는 사람들이 베어가고, 일곱 여덟 아름드리나무는 귀족과 거상(巨商)들의 집안에 널 만들 나무의 통판을 찾는 이들이 베어갔다. 이 때문에 그 재목들은 하늘에서 내려 준 수명을 다 누리지 못하고 중도에 이르러 도끼에 잘려나간 것이다. 이는 쓸모 있는 재목감이라는 데에서 빚어진 화근이다.

이 때문에 무당 또는 축관들이 사용하는 해(解)라는 굿을 할 때에 이마에 흰털이 박힌 소, 들창코인 돼지, 치질을 앓는 사람은 황하의 수신(水神)에게 지내는 제사에 동참할 수 없었다.

무당 또는 축관들은 위의 세 가지가 모두 쓸모가 없다는 사실을 알고서 이를 아름답지 못한 물건이라 생각하고 있다. 하지만 신인(神人)은 이를 아주 상서로운 것으로 여기고 있다. 삶을 보전하는 데에 그것보다 더 큰 것이 없기 때문이다.

【감산 주】

此는 極言不材之自全하야 甚明材美之自害也라 唯神人은 知其材之爲患일새 故로 絶聖棄智하고 昏昏悶悶하야 而無意於人間者니 此其所以無用

으로 得以全身養生하야 以盡其天年也라 此는 警世之意深矣니라

이 문장에서는 不材로써 스스로 온전함을 지극히 말하여, 아름다운 재목은 저절로 해를 당하게 됨을 심히 밝혔다. 오직 神人은 그 재목이 우환인 줄 알기에 슬기로움을 끊고 지혜를 버리고 어리숙하게 지내며 세간에 뜻을 두지 않았다. 이것은 그 無用으로써 몸을 보전하고 양생하여 그 天年을 다한 이유이다. 이는 세상을 경계하는 뜻이 깊은 것이다.

【원문】

支離疏者는²⁴⁰ 頤²⁴¹隱於臍하고 肩高於頂하고²⁴² 會撮이²⁴³ 指天하고²⁴⁴ 五管이 在上하고²⁴⁵ 兩髀 爲脇이로되²⁴⁶ 挫鍼²⁴⁷ 治繲에²⁴⁸ 足以餬口요 鼓筴播精에²⁴⁹ 足以食十人이라²⁵⁰ 上徵武士에 則支離 攘臂於其間하고²⁵¹ 上

---

240 此는 假設人之名也라 支離者는 謂隳其形이요 疏者는 謂泯其智也니 乃 忘形去智之喩라 | 이는 假設한 사람의 이름이다. 支離는 몸이 덜 떨어짐 이요, 疏란 그 지혜가 없음을 말한다. 바로 몸을 잊고 지혜를 버림을 비유한 것이다.

241 口傍兩頤也라 | 입가의 양 턱이다.

242 兩頤於臍則其背傴를 可知라 | 양 턱이 배꼽 아래 숨었으니 그 등이 굽었음을 알 만하다.

243 髮髻也라 | 상투이다.

244 言背傴而項仰也라 | 등이 굽어 목덜미가 위로 향했다.

245 謂五臟之腧가 隨背而在上也라 | 五臟의 경혈이 등을 따라 위에 있음을 말한다.

246 髀는 大腿也니 言大腿 爲兩脇에 則形曲을 可知라 | 髀는 넓적다리. 넓적다리가 양쪽 겨드랑이에 붙어 있으니 굽은 몸을 알 만하다.

247 縫衣也라 | 바느질이다.

248 浣衣也라 | 세탁이다.

有大役에 則支離 以有常疾로 不受功하고²⁵² 上與病者粟에 則受三鍾與十
束薪하나니²⁵³ 夫支離其形者도 猶足以養其身하야 終其天年이온 又況支離
其德者乎아

【직역】 支離한 疏라는 者가 턱은 齊(배꼽)에 숨어 있고 어깨는 이마보
다 더 높고 會撮(상투)은 하늘을 가리키고 五管은 위에 있고 兩 髀骨이 갈
비뼈가 되지만 鍼(針)을 꺾고 헌옷을 다스려 넉넉히 입에 풀칠을 하고 筴
(키)을 까불고 精(정밀한 쌀)을 키질하여 넉넉히 十人을 먹여 살렸다.

上이 武士를 徵集하면 支離는 그 사이에서 팔을 휘젓고 다니고 大役
이 있으면 支離는 常疾이 있기에 功을 받지 않았고 上이 病者에게 곡식
을 주면 三鍾과 十束의 섶을 받으니 그 형체가 支離한 者도 오히려 넉넉
히 몸을 길러 그 天年을 마칠 수 있는데 또 하물며 그 德을 支離하게 하
는 者랴.

【의역】 몸이 성치 못한 疏(疏)라는 사람이 있었다. 그의 턱은 배꼽 밑에
처박혀 있고, 어깨는 이마보다 더 높이 솟아 있고, 목 뒤의 머리털은 하늘

---

249 言簸米出糠秕也니 此는 就其形之曲戾하야 而可爲之事也라 | 키를 까불
어 쭉정이를 버리는 것이니, 이는 그의 굽은 몸으로도 할 수 있는 일이다.
250 言形曲簸米에 則有力일새 故取値多하야 可以食十人也라 | 굽은 몸으로 쌀
을 까부는 데 힘이 있기에 품값을 취함이 많아 열 식구를 먹여 살릴 수 있다.
251 言形既支離일새 故不畏其選하야 故攘臂於其間이라 | 이미 몸이 불구이기
에 징발을 겁내지 않아 그 사이에 팔을 휘젓고 다니는 것이다.
252 言大役을 難免이요 而支離又以疾免이라 | 나랏일을 면하기 어려운데 불구
의 몸이기에 또한 질병 때문에 면제되었다.
253 言以疾로 則多得其賜라 | 질병 때문에 보다 많이 받음을 말한다.

을 가리키고, 오장(五臟)은 등이 굽어 위로 향하고, 양쪽 대퇴골(大腿骨)은 어깨와 나란히 있어 마치 갈비뼈처럼 생겼다.

하지만 그는 바느질과 헌옷가지의 빨래품을 팔아 입에 풀칠하기에 넉넉하고 쌀을 키질하여 쭉정이를 버리면서 열 식구를 충분히 먹여 살릴만하였다.

임금이 병사를 모집할 때면 몸이 성치 못한 그는 의기양양하게 그 사이를 활보하면서 팔을 휘젓고, 임금이 큰 부역을 일으킬 적이면 몸이 성치 못한 그는 고질병이 있다는 이유로 작업을 배당 받지 않았으면서도 임금이 병든 자들에게 구휼을 내릴 때면 석 섬의 쌀과 열 묶음의 섶을 하사 받았다. 이는 그 몸뚱이 하나 성치 못한 것으로서도 오히려 한 몸을 잘 보전하여 하늘에서 내린 수명을 마칠 수 있었는데, 하물며 그 내면의 덕이 성치 못하여 세속의 쓰임에 걸맞지 않으면 오죽하겠는가.

【감산 절해】

此는 言支離其形에 足以全生而遠害은 況釋智遺形者乎아 此는 發揮老子의 處衆人之所惡일새 故幾於道之意라 前以木之材不材로 以況하고 此以人喩하니 亦更切矣로다

이 문장에서는 그 형체가 온전하지 못함으로써 생명을 보전하고 해악을 멀리할 수 있거늘 하물며 지혜를 버리고 형상을 잊은 자야 어떠하겠는가고 말하였다. 이는 노자의 "세상 사람들이 싫어하는 바에 처하면 도에 가깝다"(『도덕경』 제8장)는 뜻을 밝힌 것이다.

앞 문장에서는 나무의 材·不材로써 비유하였고, 여기에서는 사람으

로 비유하니 또한 더욱 간절하다.

【원문】

孔子 適楚러니 楚狂接輿 遊其門曰 鳳兮鳳兮여 何如德之衰也오 來世는
不可待요 往世는 不可追也니라 天下有道엔 聖人이 成焉이요[254] 天下無道
엔 聖人이 生焉하나니[255] 方今之時하야 僅免刑焉이니라[256] 福輕乎羽나 莫之
知載하며[257] 禍重乎地나 莫之知避하니[258] 已乎已乎여[259] 臨人以德이요 殆
乎殆乎여[260] 畫地而趨로다 迷陽迷陽이여 無傷吾行이요[261] 吾行卻曲이여[262] 無
傷吾足이어다[263] 山木自寇也요[264] 膏火는 自煎也라[265] 桂可食故로 伐之하고[266]

---

254 言天下有道에 則成聖人之事業也라 | 천하에 도가 있으면 성인은 事業을
이루는 것이다.

255 言天下無道에 則聖人은 全生而已라 | 천하에 도가 없으면 성인은 삶을 보
전할 뿐이다.

256 言方今之時에 僅能免害足矣라 何敢言功이리오 | 바야흐로 오늘날 시대에
해만 피해도 족하지, 어찌 감히 공을 말할 수 있겠는가.

257 言福之自取 甚易어늘 而又不肯受라 | 복을 스스로 취함이 매우 쉬운 데도
또 기꺼이 받아들이지 않는다.

258 言世人之迷冒禍以求利也라 | 세상 사람들은 혼미하여 화를 무릅쓰고 이익
을 추구함을 말한다.

259 言自歎其當止也라 | 마땅히 그만두어야 함을 自歎한 것이다.

260 殆者는 危而不安也니 言方今之時에 若以德臨人하며 以才自用하면 其危
之甚也라 | 殆란 위험하여 불안함이다. 바야흐로 오늘날 시대에 만일 덕으
로 사람들에게 임하거나 재주로써 스스로 쓰면 매우 위태로운 일이다.

261 言方今之人이 畫地而趨者는 迷昧之甚也니 豈能效之而行哉아 行則有傷
吾之固有也라 | 바야흐로 오늘날 사람들이 땅에 금을 긋고서 나아감은 혼
미함이 심한 것이다. 어찌 이를 본받아 행할 수 있겠는가. 행하면 우리의 고
유한 바를 잃게 될 것이다.

262 言行不進貌라 | 행하여 나가지 못한 모양이다.

263 言世道難行이니 若行之하면 適以傷吾之足耳라 | 세상의 길은 걸어가기

漆可用故로 割之어늘[267] 人皆知有用之用하고 而莫知無用之用也로다

【직역】 孔子가 楚에 갔더니 楚狂 接輿가 그 門을 지나면서 말하기를, "鳳이여, 鳳이여, 어찌하여 德이 衰하였소. 來世는 기다릴 수 없고 往世는 뒤쫓을 수 없다. 天下에 道가 있으면 聖人이 이루고, 天下에 道가 없으면 聖人이 生을 지키니 바야흐로 지금의 때에는 겨우 刑을 免할 만하다. 福은 깃털보다 가볍거늘 실을 줄 앎이 없고, 禍는 땅보다 무겁거늘 避할 줄 앎이 없어라. 말지어다. 말지어다. 사람에게 德으로써 臨하고, 위태롭고 위태로움이여, 땅을 그어놓고 나아감이로다. 陽에 迷함이여, 陽에 迷함이여, 나의 行을 傷함이 없고, 내 郤曲으로 행함이여, 나의 발을 傷함이 없어라.

山은 木 때문에 스스로 파헤쳐지게 되고, 膏火는 스스로 태워지게 되고, 桂皮는 먹을 수 있기 때문에 벗겨지게 되고, 漆은 쓸모가 있는 까닭에 잘려지게 되는 것인데, 사람들은 모두 有用의 用만을 알고 無用의 用을 알지 못한다.

【의역】 공자가 초나라에 이르렀을 적에 거짓으로 미친 척하던 초나라

어렵다. 만일 걸어가면 다리를 다칠 뿐이다.
264 山以生木으로 自取寇斫也라 | 산은 나무를 키움으로써 스스로 파헤쳐진 것이다.
265 膏以明故自煎耳라 | 기름은 밝은 빛 때문에 스스로 태워진 것이다.
266 桂以可食일새 故早伐也라 | 계수나무는 먹을 수 있는 까닭에 미리 잘려지게 된다.
267 漆以澤故自取割之라 | 옻나무는 윤기 때문에 스스로 잘려지게 된다.

의 접여(接輿)가 공자가 머문 문 앞을 지나가면서 노래를 불렀다.

"봉황이여! 봉황이여! 어쩌다 이렇게 덕이 쇠퇴하였소.

오는 세상이야 기대할 수 없고 지난 세상이야 붙잡아 세울 수 없어라.

이 세상에 도가 있으면 성인은 공업을 이루고

이 세상에 도가 없으면 성인은 삶을 보전하는 법

오늘날의 시대는 죽음만은 면해야 하네.

행복은 깃털보다 가벼운 데도 얻을 줄 모르고

재화는 대지(大地)보다 무거운 데도 피할 줄 모르다니

그만두자, 그만둬! 남들 앞에 나의 덕 자랑하는 일을….

위태롭고 위태롭다. 가야 할 곳을 가려서 나아가자.

밝음을 잃어버림이여, 밝음을 잃어버림이여, 나의 갈 길 잘못 없게…

내 굽은 길로 돌아감이여, 나의 발을 다치지 않도록…."

산은 거기서 자라는 나무로 인해 스스로 도끼를 불러들이고, 기름의 불은 스스로 제 몸을 불태운다. 계피는 먹을 수 있기에 벗겨지게 되고 옻은 도료(塗料)로 쓰이기에 잘려나가게 된다. 사람들은 세속적인 견해로써 모두 쓸모가 있는 쓸모만을 알 뿐, 쓸모없는 것이 쓸모가 큰 것임을 모르고 있다.

【감산 절해】

此人間世立意는 初則以孔子 爲善於涉世之聖일새 故托言以發其端하니 意謂雖顔子之仁智라도 亦非用世之具일새 不免無事强行之過也라 次則葉公은 乃處世之人이나 亦不能自全이온 況其他乎아 次則顔闔은 乃一隱士耳로되 爾乃妄意干時하니 乃不知量之人也라 故以伯玉으로 以折之니 斯皆恃

才之過也라 故不免於害니 故以櫟社山木之不材로 以喩之하고 又以支離
疏로 曉之하니 是涉世之難也 如此라 故로 終篇에 以楚狂으로 譏孔子하니 意
謂雖聖이나 而不知止로 以發己意하니 乃此老 披肝露膽하야 眞情發現하니
眞見處世之難이 如此라 故로 超然物外하야 以道로 自全하고 以貧賤으로 自
處니 故로 遯世無悶하야 著書以見志하니 此立言之本意也라 故로 於人間世
之末에 以此로 結款하니 實自敍也니라

이 〈인간세〉의 뜻은 처음엔 공자가 처세를 잘하는 성인인 까닭에 그에
게 가탁하여 그 실마리를 일으켰다. 그 뜻은, 비록 안회의 어짊과 지혜로
도 또한 세상에 유용한 도구가 아니기에 아무 일 없이 억지로 행하는 잘
못은 면할 수 없다는 것이다.

다음으로 섭공은 처세하는 사람임에도 그 역시 스스로를 보전하지 못
하였거늘 하물며 다른 사람이야 어떻겠는가. 그 다음으로 안합은 하나의
은사이다. 그럼에도 부질없는 생각으로 시대의 명예를 추구하니, 그는 헤
아릴 줄 모르는 사람이다. 이 때문에 거백옥에 의해서 꺾였으니, 모두 재
주를 자랑한 잘못이다. 그러기에 해를 면치 못한 것이다. 따라서 사직의
나무와 산 나무의 不材로써 비유하고, 또 지리소로써 그를 깨우쳐 주니,
처세하기 어려움이 이와 같은 것이다.

이 때문에 마지막 단락에서 초광접여로 공자를 기롱하였다. 그 뜻은,
비록 성인일지라도 멈추어야 할 바를 모른다는 것으로써 자기의 뜻을 밝
혔다. 이는 바로 장자가 자신의 간과 쓸개를 드러내 놓고 眞情을 나타내
니, 참으로 이토록 처세의 어려움을 볼 수 있다.

그러므로 物外에 超然하여 道로써 스스로를 보전하고, 빈천으로써 자

처한 까닭에 세상에 은둔하면서도 근심이 없이 살면서 글을 남겨 자기의 뜻을 보여주었다. 이것은 立言의 本意이라 〈인간세〉의 끝부분에서 이로 써 끝맺어 실로 스스로를 기록한 것이다.

제5 덕충부(德充符 第五)

【감산 편해】

此篇立意는 謂德充實於內者는 必能遊於形骸之外요 而不寢處軀殼之
間이니 蓋以知身爲大患之本일새 故不事於物欲하고 而心與天遊라 故로 見
之者 自能神符心會하고 忘形釋智하야 而不知其所以然也라 故로 學道者는
唯務實德 充乎內요 不必計其虛名 見乎外니 雖不求知於世나 而世未有
不知者也라 故引數子以發之하니 蓋釋老子 處衆人之所惡일새 故幾於道
之意也니라

이 편에서 밝힌 要意는 덕이 내면에 충만한 자는 반드시 形骸의 밖에
소요하여 육신[軀殼]의 사이에 머물지 않는다는 것이다. 그는 자신이 大患
의 근본임을 알고 있기에 물욕을 일삼지 않고 마음이 하늘과 함께 자재할
수 있다.

이 때문에 그런 사람을 보는 자는 절로 정신과 마음이 하나가 되어 형
체와 智見을 잊음으로써 그렇게 되는 까닭조차 알지 못한다. 그러므로 道
를 배우는 사람은 오로지 덕이 내면에 가득 차기를 힘쓸 일이지, 헛된 명
성을 밖으로 내보이려고 생각해서는 안 되니, 비록 세상에 알려지고자 하
지 않아도 세상에 그를 모르는 사람이 없게 될 것이다.

이 때문에 이 편에 여러 인물을 인용하여 밝힌 것이다. 이는 노자가 말한, '사람들이 싫어하는 곳에 머물기 때문에 도에 가깝다'(『老子』 제8장)는 뜻을 해석한 것이다.

【원문】

魯有兀¹者 王駘하니 從之遊者 與仲尼 相若이어늘 常季 問於仲尼曰 王駘는 兀者也어늘 從之遊者 與夫子로 中分魯라² 立不教 坐不議하며 虛而往 實而歸하니 固有不言之教와 無形而心成者耶닛가³ 是何人也닛고 仲尼曰 夫子는 聖人也라 丘也 直後而未往耳러니⁴ 丘將以爲師은⁵ 而況不若丘者乎아 奚假魯國이리오 丘將引天下而與從之하리라⁶ 常季曰 彼는 兀者也어늘 而王⁷先生하니 其與庸으로 亦遠矣라 若然者인댄 其用心也 獨⁸若之何닛고 仲尼曰 死生이 亦大矣로되 而不得與之變이요⁹ 雖天地 覆墜라도 亦將不

---

1 即介字니 乃刖足之人也라 | 곧 介字니, 발뒤꿈치가 잘린 사람이다.

2 言魯國이 從王駘遊者 與夫子로 相半也라 | 노나라 사람으로 왕태에게 從遊(弟子)한 자들이 공자의 제자와 서로 반씩을 차지했다.

3 謂教人이 不見於形容言語하고 而但以心相印成者耶아 | 그는 사람을 가르침에 있어 형용과 언어를 찾아볼 수 없고 다만 마음으로 서로 인증하여 이뤄주는 사람이 아닌가.

4 謂直居其後하고 未能往向於前耳라 | 공자는 다만 왕태의 뒤에 거할 뿐, 그를 앞서갈 수 없음을 말한다.

5 此重言孔子 未能忘形師心之意라 | 이는 공자가 형체를 잊고 마음을 스승 삼지 못했음을 거듭 말한 것이다.

6 此는 形容孔子無我之意라 | 이는 공자의 無我 경지를 형용한 것이다.

7 音이 旺이니 言勝也라 | 독음은 旺이니, 殊勝함을 말한다.

8 句니 言不同於人也라 | 獨자에서 구두를 끊어야 한다. 남들과 같지 않음을 말한다.

9 不爲死生之所遷變이라 | 생사에 의해 변천되지 않음이다.

與之遺하며¹⁰ 審乎無假하야 而不與物遷하며¹¹ 命¹²物之化하야 而守其宗也

니라¹³ 常季曰 何謂也잇고¹⁴ 仲尼曰¹⁵ 自其異者로 視之면 肝膽도 楚越也어

니와¹⁶ 自其同者로 視之면 萬物이 皆一也라¹⁷ 夫若然者인맨 且不知耳目之

所宜하고¹⁸ 而遊心乎德之和니¹⁹ 物視其所一하고 而不見其所喪하며²⁰ 視

---

10 言雖天地覆墜之變이라도 亦不爲之所遺累也라 | 비록 하늘이 무너지고 땅이 갈라지는 변괴에도 그는 얽매이지 않음을 말한다.

11 審은 處也요 無假는 謂形骸之外니 至眞之道 超然出於萬物之表일새 故不爲物遷이라 | 審은 거처함을 말한다. 無假는 形骸의 밖을 말하니, 지극히 진실한 도는 만물을 초월한 까닭에 사물에 의해 변하지 않는다.

12 猶名也라 | 名과 같음이다.

13 謂其人이 超然物外하야 不隨物遷하고 唯任物自化하야 而彼但守其至道之宗也라 | 그는 物外에 초월하여 만물에 따라 변하지 않고 오직 만물에 맡긴 채, 스스로 변화하여 그는 至道의 宗主를 지킬 뿐이다.

14 常季 不解其不遷之說이라 | 常季는 사물에 의해 변하지 않는다는 뜻을 이해하지 못한 것이다.

15 夫子 示之以忘形守眞之旨라 | 공자는 그에게 형체를 잊고서 天眞을 지켜야 한다는 뜻을 밝히고 있다.

16 言不能忘形見道者는 雖一身之肝膽이라도 猶楚越之相遠也라 | 형체를 잊고서 도를 보지 못한 자는 비록 한 몸의 간과 쓸개라도 오히려 초나라와 월나라처럼 서로 멀다고 말한다.

17 自大道로 觀之에 萬物與我皆一體也라 | 大道에서 보면 만물과 나는 모두 한 몸이다.

18 形骸旣忘에 六根無用일새 故泯其見聞하야 故不知耳目之所宜라 | 육신을 이미 잊었기에 六根의 작용이 없다. 때문에 그 견문이 사라진 까닭에 이목의 마땅한 바를 모른 것이다.

19 謂超乎形骸之外하야 而遊心於 大化之鄕太和元氣之境이라 | 형상을 초월한 까닭에 마음이 大化의 경지인 太和元氣의 경계에서 소요한다.

20 物은 人也니 以彼處乎大化之中일새 故로 人但見其道眞之所存이니 故不見其形之有所喪이라 | 物은 사람이다. 그는 大化 속에 있으므로 사람들은 다만 그의 도에 진실이 있음을 보고 그의 몸에 잃은 바가 있음을 보지 않는다.

喪其足을 猶遺土也니라[21] 常季曰 彼爲己라[22] 以其知로 得其心하고[23] 以其
心으로 得其常心이어니[24] 物何爲最之哉닛가[25] 仲尼曰 人莫鑑於流水나 而
鑑於止水하나니 唯止야 能止衆止니라[26] 受命於地로되 唯松柏이 獨也在하야
[27] 冬夏靑靑하며[28] 受命於天이로되 唯舜이 獨也正하야[29] 幸能正生하야 以正
衆生[30] 夫保始之徵은 不懼之實이라[31] 勇士一人이 雄入於九軍은 將求名

---

21 言視喪其足을 若與己無干하야 猶遺土也라 | 발이 잘려 잃은 것을 마치 자기와 무관한 것처럼 보기 때문에 흙덩이 버리듯 한 것이다.

22 止也니 言止於 如此而已也라 | 그침. 그는 그 정도에 그칠 뿐임을 말한다.

23 謂彼不過以其所知로 得其自己之心耳라 | 그는 그가 아는 것으로 자기 마음을 얻은 데 지나지 않음을 말한다.

24 言卽彼所得之心亦尋常人之心耳라 | 그가 얻은 마음 또한 여느 사람의 마음일 뿐이다.

25 言彼所得之心은 亦人人이 皆有이어니 又何有越過人之心哉아 | 그가 얻은 마음 또한 모든 사람이 모두 갖고 있으니, 어찌 그가 여느 사람의 마음을 초월했겠는가?

26 夫子 言人人이 雖皆有此心이나 但衆人之心은 妄動如流水요 而聖人之心은 至靜이 如止水니 故로 衆人之心은 動而不止어니와 唯聖人이라야 能爲與止之耳라 | 공자는 사람마다 모두 이러한 마음이 있지만 다만 세상 사람의 妄動하는 마음은 흐르는 물과 같으나, 성인의 고요한 마음은 잔잔한 호수와 같다. 따라서 세상 사람의 마음은 끊임없이 움직일 뿐 그칠 줄 모르지만 오직 성인이어야 그들의 마음을 잠재울 수 있다.

27 句라 | 在字까지 한 구를 이룬다.

28 言獨者는 乃天地眞一之氣니 雖萬物之多나 而此眞一之氣 獨在松柏이라 | 獨이란 천지의 眞一한 기운이다. 비록 수많은 만물이 있으나 이 眞一의 기운은 오직 松柏에게만 있다.

29 句라 | 正字까지 한 句를 이룬다.

30 言受命於天이로되 唯舜이 得天之正하사 乃各正性命之正일새 故爲 正人이라 以其自正일새 故能正衆人之不正者라 | 하늘로부터 命을 받아 태어났으나 오직 舜만이 하늘의 正氣를 얻었으니 이는 "各正性命(각기 性命을 바르게 한다)"(『주역』乾卦 文言)의 正이다. 이 때문에 바른 사람이 된 것이다. 그 자신

而能自要者도 而猶若是온³² 而況官天地코³³ 府萬物하며³⁴ 直寓六骸³⁵ 象耳目하야³⁶ 一知之所知하야³⁷ 而心未嘗死者乎아³⁸ 彼且擇日而登假일새³⁹ 人則從事也니⁴⁰ 彼且何肯以物로 爲事乎아

【직역】 魯에 兀者 王駘가 있으니 從遊한 자가 仲尼로 더불어 서로 같았는데, 常季가 仲尼에게 묻기를, "王駘는 兀者로되 그와 종유한 자가 부자로 더불어 魯나라를 半分하였습니다. 서서는 가르치지 않으며 앉아서

이 바르기 때문에 뭇사람의 不正을 바로잡을 수 있다.

31 始者는 受命之元이니 卽所謂大道之宗也라 言保始는 卽上文의 守宗이니 乃守道之人也라 其守道之徵驗은 惟不懼是其實效耳니라 | 始란 하늘로부터 받은 元氣이니, 이른바 大道의 종주를 뜻한다. 保始란 上文의 守宗을 말하니, 도를 지키는 사람이다. 도를 지킨다는 징험은 오직 두려워하지 않는 것이 그 實效일 뿐이다.

32 以勇士不懼로 以比有道者之不懼라 | 勇士는 두려워하지 않는다는 것으로 道人의 不懼에 비유하였다.

33 聖人은 爲天地之宰라 | 성인은 천지의 주재자이다.

34 會萬物一己라 | 만물이 자기에게로 모여듦이다.

35 假借六根이라 | 六根에 假借한 것이다.

36 耳目이 如偶人이니 所謂如幻也라 | 눈과 귀는 허수아비와 같으니, 이른바 허깨비와 같다.

37 知萬化爲一致라 | 온갖 변화가 하나임을 앎이다.

38 死는 猶喪失也라 謂衆人은 喪失本眞之心이라 唯聖人은 未喪本有일새 故能視萬物爲一己也라 | 死란 잃음과 같다. 일반인은 본래의 眞心을 잃었으나 성인은 본래 고유한 바를 잃지 않은 까닭에 만물을 하나로 보는 것이다.

39 假는 猶遐也니 謂彼人이 且將擇日而登遐하야 遠升仙界而超出塵凡也라 | 假는 遐와 같다. 그가 장차 날짜를 골라서 멀리 仙界에 올라 세속을 벗어난다는 것이다.

40 言人之相從者 蓋從於形骸之外也라 | 상종하는 사람이 形骸의 밖에서 따름을 말한다.

는 의론하지 않지만 빈손으로 갔다가 채워서 돌아오니, 참으로 말이 없는 가르침과 形體가 없이 마음으로 이룬 자입니까? 이는 어떠한 사람입니까?"

仲尼가 말하기를, "夫子(왕태)는 聖人이니 丘는 다만 뒷전에도 따라갈 수 없다. 丘는 장차 그를 스승으로 삼으려고 하는데 하물며 丘만 같지 못한 자들이야 어찌 노나라뿐이겠는가. 丘는 장차 천하를 이끌고서 더불어 그를 쫓을 것이다."

常季가 말하기를, "그는 兀者이지만 선생보다 王하니 그는 庸人과 또한 멀 것입니다. 그와 같은 자는 그 用心이 惟獨 어떨는지요?"

중니가 말하기를, "死生이 또한 크지만 이것과 더불어 變하지 않고, 비록 天地가 覆墜할지라도 또한 將次 이것과 더불어 얽매이지 않으며 無假에 처하여 物과 더불어 變遷하지 않고 萬物의 變化를 命하여 그 宗을 지켰다."

常季가 말하기를, "무엇을 말하는 것입니까?"

仲尼가 말하기를, "그 다른 것으로 본다면 肝膽이 楚越이지만 그 같은 것으로 본다면 만물이 모두 하나이다. 그와 같은 자는 또한 耳目의 마땅한 바를 모른 채, 德의 和諧에 마음을 놀리고 物들은 그 하나 되는 바는 보면서도 그 잃는 바를 보지 않으며 그는 발을 잃은 것을 흙덩이 버리듯이 하였다."

常季가 말하기를, "그는 자기를 위하여 그 앎으로써 그 마음을 얻고 그 마음으로써 그 常心을 얻었는데, 物들이 어떻게 그를 높였습니까?"

仲尼가 말하기를, "사람은 흐르는 물에 비춰볼 수 없고 정지된 물에 비춰볼 수 있으니 오직 그쳐야만 많은 그침을 그치게 할 수 있다.

땅의 命을 받음에 오직 松柏 홀로 있어 겨울이든 여름이든 靑靑하고, 하늘의 命을 받음에 오직 舜이 홀로 올바름으로써 다행히 生을 바르게 하여 많은 사람의 生을 바르게 해 주었다.

始를 보존한 징험은 두려워하지 않는 것이 그 실효가 있다. 勇士 一人이 용감스럽게 九軍으로 들어가 장차 명예를 구하여 스스로 요하는 것도 오히려 이처럼 하는데, 하물며 천지를 官으로 하며 만물을 갖춰 놓고서 다만 六骸를 寄寓로 하고 耳目을 형상으로 하여 一知의 아는 바로서 마음이 일찍이 죽지 않은 자랴.

그는 또한 날을 가려서 登假한 터라 사람이 곧 그를 따른 것이니 그 또한 어찌 物로써 일을 삼겠는가."

【의역】 노나라에 형(刑)으로 한쪽 발을 잘린 왕태(王駘)가 있었다. 하지만 그에게 배우는 제자들의 수효가 공자 제자의 수효와 같았다. 이를 이상하게 여긴 상계(常季)가 공자에게 물었다.

"왕태는 한쪽 발을 잘린 사람인데도 그를 따르는 제자들이 워낙 많아서 선생님과 노나라의 학자들을 반분(半分)하여 각기 절반씩을 차지하고 있습니다. 왕태는 서서는 제자를 가르치지 않고 앉아서는 의론하지 않지만 그의 제자들은 빈손으로 찾아갔다가 제각기 모두 얻은 바를 가지고 돌아옵니다. 그는 말이 없는 침묵의 가르침, 그리고 외형으로 볼 수 없는, 마음의 감화로써 이뤄진 것이 있습니까? 그는 어떤 사람입니까?"

공자가 대답하였다.

"왕태는 성인이시다. 나는 그의 뒷전에도 미칠 수 없다. 나는 머지않아 그를 스승으로 삼으려고 한다. 더욱이 나만도 못한 사람들이야 오죽하겠는가. 어찌 노나라를 반분(半分)한 데 그치겠는가. 나는 장차 온 세상 사람들을 이끌고 그를 찾아가 그에게 배우려고 한다."

상계가 다시 말하였다.

"그는 형으로 한쪽 발을 잘린 사람이지만 선생님보다도 뛰어난 스승인 것으로 보아 그는 여느 사람과는 거리가 멀다 하겠습니다. 그와 같은 분은 그 마음 씀씀이가 어떨는지요?"

공자가 다시 대답하였다.

"죽음과 삶 또한 사람에게 있어 큰일이라 할 수 있으나 천지의 변화와 함께 유행하여 요절하거나 오래 사는 것에 두 마음을 가지지 않고, 한 걸음 더 나아가 만일 하늘이 무너지고 땅이 꺼진다 할지라도 그는 하늘과 땅에 얽매이지 않을 것이며, 거짓이 없는 참 주재를 앎으로써 만물로 더불어 변하지도 얽매이지도 않으며, 오히려 만물의 변화를 주재하여 그 종주(宗主: 樞紐)를 지키는 분이다."

상계가 다시 말하였다.

"무엇을 말하는 것입니까?"

공자가 다시 대답하였다.

"세속의 견해에 따라 만물의 서로 다른 점으로 살펴보면 간과 쓸개도 마치 북쪽의 초나라와 남녘의 월나라처럼 서로의 거리가 멀겠지만, 진제(眞諦: 진리)의 견해에 의해 그 서로 같은 점으로 살펴보면 만물이 모두 하나이다.

그처럼 진제(眞諦)의 견해를 지닌 자 또한 귀로 듣거나 눈으로 보지 않기에 귀와 눈의 감각이 어떤 소리와 빛깔에 좋아하는지 모른 채, 육감(六感)을 벗어나 혼연(渾然)한 하나의 본원(本源) 경지에 마음을 놀리고 만물이 모두 하나인 면을 보니, 여기에 어찌 얻고 잃음이 있겠는가. 그[왕태]는 그의 한쪽 발 잃은 것을 마치 하나의 흙덩이를 버리듯이 하였다."

상계가 다시 말하였다.

"그분은 자신의 도리를 위해서 스스로 몸을 닦고 참으로 앎으로써 자신의 마음의 이치를 얻고 자신의 마음의 이치로써 보통 사람들의 마음의 이치를 얻어 그 스스로 닦았을 뿐인데, 어떻게 사람들은 그를 높여 왕선생으로 삼게 되었습니까?"

공자가 다시 대답하였다.

"흐르는 물은 일렁거리기에 사람의 얼굴을 비춰볼 수 없고 잠잠한 물은 고요하기에 얼굴을 비춰볼 수 있다. 오직 그 스스로가 잠잠하여 고요해야만 수많은 것들의 고요함을 얻게 해 줄 수 있다.

땅에서 생명을 받은 것 가운데 솔, 잣나무만이 홀로 시들지 않은 채 겨울이든 여름이든 항상 푸른 잎을 지니고, 하늘에서 생명을 받은 사람 가운데 순임금만이 자기의 삶을 바르게 함으로써 다른 사람의 삶을 바르게 하였다.

본시(本始)를 보존한 자는 반드시 증험이 있기 마련이다. 비유하면 용기를 기른 자가 스스로 두려움이 없음을 실상으로 하는 것과 같다. 어떤 용감한 병사 한 사람이 거침없이 천군만마 속으로 쳐들어가 장차 용맹스럽다는 이름을 사서 반드시 성공을 기약하려는 것도 오히려 이처럼 생사를 잊을 수 있는데, 하물며 하늘과 땅을 자기의 용처럼 주관하고 만물을 모두 자기의 몸에 갖춰 놓고서 몸뚱이를 더부살이쯤으로 생각하고 귀와 눈을 허깨비로 여겨서 참 앎[眞知]으로써 떳떳한 마음에 일찍이 사생의 변화가 없는 자야 오죽하겠는가.

그는 또한 날짜를 가려서 고차원의 경지로 나아갈 수 있기에 많은 사람이 기꺼이 그를 따르게 된 것이다. 그 또한 어찌 많은 사람들이 찾아오도록 동요시킨 일을 할 턱이 있겠는가."

【감산 절해】

此篇을 以德充符로 爲名하고 首以介者王駘로 發揮는 只在末後數語니 便是實德이 內充일새 故符於外하야 而人多從之언정 非有心要人從之也라 蓋忘形骸一心知는 卽佛說破分別我障也니 能破分別我障하면 則成阿羅漢果하야 卽得神通變化라 今莊子는 但就人中說이니 老子의 忘形釋智之功夫 卽能到此境界耳라 卽所謂至人忘己也니라 此寓六骸象耳目一知之所知는 卽佛說假觀이니 乃卽世間出生死之妙訣이라 正予 所謂修離欲禪也니라

이 편을 〈덕충부〉로 이름하고 맨 먼저 다리를 잃은 왕태로 밝힌 뜻은 이 편의 뒷부분 몇 마디에 드러나 있다. 實德이 내면에 가득하므로 밖으로 나타나 많은 사람이 그를 따르게 되었다. 이는 有心으로 그들을 따르게 한 것이 아니다.

形骸를 잊고 마음을 한결같게 함은 곧 부처님이 말한 "분별 망상을 짓는 자기라는 장애를 타파한다(破分別我障)"는 뜻이다. 分別我障을 타파하면 阿羅漢果를 이루어 신통변화를 얻게 된다. 여기에서 장자는 다만 사람의 입장에서 말했을 뿐이다. 노자의 "몸을 잊고 智見을 버리는" 공부가 바로 이 경계에 이를 수 있다. 곧 至人의 忘己이다.

여기에서 말한 "寓六骸象耳目一知之所知"는 부처님이 말한 '假觀'이다. 이는 세간에서 생사를 벗어나는 오묘한 비결이다. 바로 내가 말한 "욕

심을 떠나기 위해 닦는 禪定"이다.

【원문】

申屠嘉는 兀者也라 而與鄭子産으로 同師於伯昏無人이러니[41] 子産이 謂申
屠嘉曰 我先出則子止하고 子先出則我止하라[42] 其明日에 又與合堂同席而
坐어늘[43] 子産이 謂申屠嘉曰 我先出則子止하고 子先出則我止라 今我將出
호리니 子可以止乎아 其未耶아 且子 見執政而不違하니[44] 子齊執政乎아[45] 申
屠嘉曰 先生之門에 固有執政焉이 如此哉아[46] 子는 而說子之執政하야 而
後人者也로다[47] 聞之하니 曰 鑑明則塵垢 不止요 止則不明也라 久與賢人

---

41 此亦撰出其人名이니 蓋從老子의 衆人은 昭昭어늘 我獨若昏이라 故以昏으
로 爲聖人之名이라 | 이 역시 그 사람의 이름을 만들어낸 것이다. 노자의 "衆
人昭昭 我獨若昏"(『도덕경』 제20장) 구절을 따라 昏 자로써 성인의 이름을 삼
은 것이다.

42 此는 重言子産이 不能忘我하고 以功名自矜일새 故恥與介者爲伍라 故로
止其하야 不與同徹入也라 | 이는 거듭 자산이 忘我를 하지 못한 채, 功名으
로 自矜하기에 절름발이와 함께 함을 부끄러워한 것이다. 이 때문에 그를 저
지하여 함께 들어가고자 하지 않은 것이다.

43 言申屠嘉는 自忘其介 하고 而亦不知子産之厭己也라 | 신도가는 자신이 절
름발이임을 잊었고, 자산이 자기를 싫어하는 줄도 몰랐다.

44 廻避也라 | 회피이다.

45 子産이 見申屠嘉之不避己일새 故明言之라 然以執政矜人하니 則形容子産
之陋也라 | 자산은 신도가가 자기를 피하지 않음을 보고서 이처럼 분명하게
말한 것이다. 그러나 執政者로서 남에게 자랑한다는 것은 자산의 누추함을
형용한 것이다.

46 申屠嘉 鄙子産之陋하야 乃曰先生之門에 固有此不能相忘之人哉아 | 신도
가는 자산의 누추함을 비루하게 여겨 말하였다. "선생의 문하에 이처럼 외형
을 잊지 못한 사람이 있었는가!"

47 言子但知有己之執政일새 故以人으로 不若己者하니 此는 陋之甚也라 | 그

處則無過라 今子之所取大者는 先生也어늘 而猶出言이 若是하니 不亦過乎아⁴⁸ 子産曰 子旣若是矣어늘⁴⁹ 猶與堯로 爭善하니 計子之德이 不足以自反耶아⁵⁰ 申屠嘉曰 自狀其過하야 以不當亡者는 衆이어나⁵¹ 不狀其過하야 以不當存者는 寡니⁵² 知不可奈何而安之若命은 惟有德者라야 能之니라⁵³ 遊

대는 단지 자기가 執政인 줄만 알았기에 남들이 자기만 못하다고 생각하니, 이는 비루함이 심하다.

48 此는 譏子産之不明也라 蓋聞老子의 自知者明之意니 笑子産이 不自知也라 意謂子産이 旣遊聖人之門이나 而猶發言이 如此하니 足見無眞學問也라 | 이는 자산의 밝지 못함을 기롱한 것이다. 노자의 "自知者明"(『도덕경』 제33장)의 뜻을 가지고서 자산이 자신을 알지 못함을 비웃은 것이다. 이 뜻은, 자산이 성인의 문하에서 배우면서도 오히려 이처럼 말하니, 참다운 학문이 없음을 볼 수 있다.

49 子産이 言申屠之廢人而不能自反하고 而與人爭善이라 | 자산의 말은 "신도가가 廢人으로서 스스로 돌아보기는커녕 남들과 善을 다툰다"는 것이다.

50 德은 猶見識也니 謂申屠嘉 旣廢如此어늘 而不自反求諸己하고 而猶且以聖으로 自居하야 將與堯로 爭善하니 我計料子之知見이 誠愚而不自反也라 子産이 畢竟露出本來面目이로다 | 德이란 見識과 같다. "신도가는 이미 이처럼 폐인이면서 스스로 자신을 돌아보지 않고 오히려 성인으로 자처하여 堯와 善을 다투고 있다. 나는 그대의 지견을 헤아려 보니, 참으로 어리석고 스스로 되돌아보지 않는 것이다"라는 말이다. 자산은 결국 자신의 본래면목을 드러낸 것이다.

51 狀者는 言自知己過之分明也니 謂若人이 能自知己過하면 則人之過 更有甚於我者라도 如此見恕하리니 則以我之足不當忘者 衆矣라 | 狀이란 자신의 잘못을 분명하게 아는 것을 말한다. 만약 사람들이 자기 잘못을 알면 남의 잘못이 나보다 더할지라도 이와 같이 용서할 수 있지만, 자기의 다리를 잊지 못한 사람이 많다.

52 此句는 義似不順이니 當去一不字라 意謂若人이 不自狀其己過하고 則責我太過하면 則以我足當存者 寡矣라 | 이 구절은 의미가 순탄지 못하므로, 하나의 不 자를 없애야 한다. 이 뜻은 "만일 어떤 사람이 자기의 잘못을 알지 못한 채, 나를 지나치게 꾸짖으면 나의 다리는 의당 온전해야 한다고 말할 자적을 것이다"라는 말이다.

於羿之彀中에 中央者는 中地也라 然而不中者는 命也어늘[54] 人以其全足으로 笑吾不全足者 衆矣라 我怫然而怒[55] 而適先生之所에 則廢然而反하니[56] 不知先生之洗我以善耶아[57] 吾與夫子로 遊十九年矣로되 而未嘗知吾兀者也라[58] 今子는 與我遊於形骸之內어늘 而子 索我於形骸之外하니 不亦過乎아[59] 子産이 蹴然改容更貌曰 子無乃稱이로다[60]

---

53 若知我無可奈何而命之使然하야 如此知命相忘은 乃有德이라야 能之耳니라 | 만일 내가 어찌할 수 없는 天命으로 그렇게 된 줄을 알고서 이처럼 天命을 알고 외양을 잊는 일은 덕이 있는 사람만이 능할 수 있다.

54 羿之善射에 而人이 遊於必中之地에 不被射而死者는 亦幸而免耳니 以喩世人이 履危機當禍而免者도 亦幸耳라 謂我以不幸而不免者는 豈非命之有在耶아 | 羿는 활을 잘 쏘는 사람인데, 어떤 사람이 반드시 맞출 수 있는 거리 내에 있으면서도 그의 활에 맞아 죽지 않은 것 또한 요행으로 면한 것이다. 이로써 세상 사람들이 위기를 자초하여 화를 당할 처지에서 면한 자 또한 요행임을 비유하였다. 이는 "내가 불행히도 화를 면하지 못한 것은 어찌 天命이 있기 때문이 아니겠는가"라는 말이다.

55 言始也에 人笑我以足不全에 我則怫然如怒라 | 처음에는 남들이 내 다리가 온전하지 못하다고 비웃으면 나는 발끈 화를 냈음을 말한다.

56 言初未聞道일새 故未忘人我러니 今自入先生之門하야 一聞大道에 則人我之見이 盡廢亡矣라 | 처음에는 도를 깨닫지 못했기에 나와 남을 잊지 못했으나, 이제 선생의 문하에 들어와 한 차례 도를 들음에 나와 남의 분별심이 모조리 사라졌음을 말한다.

57 言不自知其先生이 洗我以善也라 | 선생께서 나를 善으로 닦아 주었음을 스스로 알지 못했음을 말한다.

58 我與先生으로 遊十九年이로되 尙未知我之亡足也라 | 나와 선생은 19년간 함께 살았지만 선생은 오히려 내가 다리를 잃었는지 모른다.

59 言我與子 相知以心하면 卽當相忘以道요 不當取於形骸之間이어늘 今子乃以形骸外貌索我하니 不亦過乎아 | 내가 그대와 서로 마음으로 알면 곧 서로 道로써 잊어야지, 형체의 사이에서 취해서는 안 된다. 그럼에도 그대는 형체와 외모로써 나를 찾으니, 또한 잘못한 일이 아니겠는가.

60 子産이 聞說하고 則中心愧服而謝之曰 子無乃稱하라 하니 謂再不必言也

[직역] 申屠嘉는 兀한 者이다. 鄭 子産으로 더불어 伯昏無人을 스승으로 삼았는데 子産이 申屠嘉에게 말하기를, "내가 먼저 나가면 그대는 멈추고 그대가 먼저 나가면 나는 멈추리라."

그 明日에 또 더불어 堂에 함께 하고 자리를 같이 하여 앉았을 적에 子産이 申屠嘉에게 말하기를, "내가 먼저 나가면 그대가 멈추고 그대가 먼저 나가면 내가 멈추리라. 이제 내가 장차 나갈 것이니 그대가 멈추겠는가. 그 못하겠는가. 또 그대는 執政(子産의 自稱)을 보고서도 피하지 않으니 그대는 執政과 함께 하려고 하는가."

申屠嘉가 말하기를, "先生의 門에 참으로 執政이 이와 같음이 있는가. 그대는 그대의 執政을 좋아하여 남의 뒷전에 있게 된 者이다. 듣자니 거울이 밝으면 塵垢가 묻지 않고 묻으면 밝지 못하다. 오랫동안 賢人과 居處하면 허물이 없다고 말하는데, 오늘날 그대가 위대하다고 看取한 者는 先生인데도 오히려 이처럼 말을 하니 또한 잘못됨이 아니겠는가."

子産이 말하기를, "그대가 이미 이와 같은데 오히려 堯로 더불어 善을 다투니 그대의 德을 헤아려 보건대 스스로 反省하지 않을 수 있겠는가."

申屠嘉가 말하기를, "스스로 자기의 잘못을 말하여 잃지 않을 者 많고 그 잘못을 말하지 않아서 보존할 者 적다. 어찌 할 수 없음을 알고서 이를 運命처럼 편히 여기는 것은 오직 德 있는 者만이 能할 수 있다.

羿의 彀中에 놀 적에 中央이라는 것은 화살을 的中 當할 곳이지만 그러나 的中되지 않은 者는 命이다. 사람이 그 온전한 발로써 나의 온전치

니라 | 자산이 신도가의 말을 듣고서 마음에 부끄러워 신도가에게 "그대는 말하지 말라"고 사과하였다. 이는 다시 구태여 말할 게 없음을 말한다.

못한 발을 비웃는 사람이 많다. 내, 拂然하게 부화를 냈다가 先生의 處所
에 갈 적에 廢然히 돌아오니 先生이 나를 善으로써 씻어준 것인지 알지
못하겠구나? 내, 夫子(선생)와 함께 노닌 지 十九年이지만 일찍이 내가 외
발임을 알지 못했는데, 이제 나와 함께 形骸의 內(道德)에 놀면서 나를 形
骸의 밖에서 찾으니 또한 잘못됨이 아니겠는가.”

子産이 蹴然히 容貌를 바꾸면서 말하기를, “그대는 말하지 말지어다.”

【의역】 신도가(申屠嘉)는 형으로 한쪽 발을 잘린 사람이다. 그는 정(鄭)
나라 자산(子産)과 함께 백혼무인(伯昏無人)을 스승으로 모셨다. 어느 날,
자산이 신도가에게 말하였다.

“내가 먼저 밖에 나가면 그대는 잠시 가만 있고 그대가 먼저 나가면 내
가 잠시 기다릴 것이다.”

그 이튿날, 두 사람은 또 선생의 문하에 함께 하여 나란히 자리에 앉아
있다가 자산이 신도가에게 말하였다.

“내가 먼저 밖에 나가면 그대는 잠시 가만 있고 그대가 먼저 나가면 내
가 잠시 기다릴 것이다. 지금 내가 나가려고 하는데 그대는 잠시 가만 있
겠는가. 그렇게 하지 못하겠는가. 또 그대는 조정의 관료를 보고서도 자
리를 피하지 않으니 그대는 조정의 관료와 함께 하려는 셈인가.”

신도가가 말하였다.

“도덕을 높이는 선생의 문하에 있으면서 참으로 조정의 관료로서 권력
과 위세를 이처럼 자랑할 수 있겠는가. 그대가 그대의 권력과 위세를 자
랑으로 여긴 까닭에 그대의 덕이 남들만 같지 못하게 된 것이다.

내, 들건대 거울이 맑으면 티끌과 먼지가 끼지 않고 먼지가 묻으면 밝

지 못하다. 어진 이를 오랫동안 모시고 살면 허물이 없다고 말하는데, 오늘날 그대가 선생을 찾아와 학문을 추구하고 덕을 닦으려 하면서 오히려 이처럼 말하니 또한 잘못한 일이 아니겠는가."

자산이 말하였다.

"그대의 몸이 이미 이처럼 되었음에도 오히려 지극한 성자인 요임금과 더불어 선을 다투려 하니, 그대의 평소 품행을 살펴보면서 스스로 반성하지 않을 수 있겠는가."

신도가가 말하였다.

"스스로 자기의 허물을 다른 사람들에게 알려 그 허물을 용서받기 쉽지만, 알리지 않아 용서받기는 어렵다. 이미 어쩔 수 없는 일임을 알고서 이를 하늘의 운명처럼 편히 여기는 것은 오직 지극한 덕을 지닌 자가 아니고서는 불가능한 일이다. 그러므로 하나의 비유를 들면, 죄악을 범하고서도 법망(法網)을 우롱하는 자들이란 마치 저명한 궁수(弓手)인 예(羿)의 사정권 안에서 노니는 것과 같다. 그에게 반드시 형법을 가해야 한다는 것은 당연한 일이다. 그의 사정권 중앙에 있다는 것은 적중될 수밖에 없다. 그러나 다행히 모면한 자 또한 하늘의 운명으로서 구차하나마 모면할 수 있었기 때문이다. 발이 잘려서는 안 될 자가 발을 잘린 것도 운명이요, 발을 잘려야 할 자가 잘리지 않은 것도 또한 운명이다.

사람들은 그들의 온전한 두 발을 가지고서 나의 잘린 발을 비웃는 이가 많았다. 나는 대단히 불쾌한 마음을 버리지 못해 그들에게 발끈 성을 냈었다. 하지만 선생의 문하에서 수학한 이후로 보다 큰 것을 얻음으로써 성나는 마음을 모두 버리게 되었다. 선생께서 선(善)으로써 나의 마음을 씻어준 것일까? 내, 선생의 문하에 머문 지 19년이나 되었지만 일찍이 내가 다리가 잘려 외발인 줄조차 알지 못했다. 현재 그대는 나와 함께 육체의 내면세계에 놀면서 도덕으로 교유하고 있는데, 그대는 나를 육신의 외모에서 찾아 절름발이로 생각하니 또한 지나친 일이 아니겠는가."

자산이 부끄러움을 느끼고서 갑자기 얼굴빛을 바꾸면서 말하였다.

"그대는 다시 말하지 말라."

【감산 절해】

此章은 形容聖人忘功일새 故以子産으로 發之라 蓋實德이 內充이면 形骸可外라 而安命自得하야 以道相忘이면 則了無人我之相이니 此는 學道之成效也니라

이 문장에서는 성인의 忘功을 형용한 것이기에 자산으로 이를 밝힌 것이다. 實德이 내면에 충만하면 形骸를 도외시 할 수 있어서 安命으로 自得한다. 道로써 외양을 잊으면 人相과 我相이 사라진다. 이는 도를 배움으로써 이뤄진 공효이다.

【원문】

魯有兀者하니 叔山無趾라 踵見仲尼한대 仲尼曰 子不謹하야 前旣犯患이若是矣니 雖今來나 無及矣니라 無趾曰 吾惟不知務하야[61] 而輕用吾身일새吾是以亡足이어니와 今吾來也에 猶有尊足者 存하니[62] 吾是以로 務全之也

---

61 務는 謂務學道也라 | 務란 道를 힘써 배운다는 말이다.
62 尊足은 蓋指性而言也라 | 尊足은 대체로 本性을 가리켜 말한 것이다.

로다 夫天無不覆이요 地無不載라 吾以夫子로 爲天地러니 安知夫子之猶若 是也요⁶³ 孔子曰 丘則陋矣니 夫子 胡不入乎아 請講以所聞하리라⁶⁴ 無趾 出커늘 孔子曰弟子아 勉之하라 夫無趾는 兀者也로되 猶務學하야⁶⁵ 以補前 行之惡이온 而況全德⁶⁶之人乎아 無趾 語老耼曰 孔丘之於至人에 其未耶 아 彼何賓賓以學子爲오⁶⁷ 彼且蘄以諔詭幻怪之名聞하니 不知至人之以是 로 爲己桎梏耶아⁶⁸ 老耼曰 胡不直使彼로 以死生으로 爲一條하고 以可不可 로 爲一貫者로 解其桎梏이 其可乎아⁶⁹ 無趾曰 天刑之어니 安可解리오⁷⁰

---

63 無趾 自以所全者는 性眞이어늘 而夫子 猶以形骸로 取之라 初以夫子로 爲
聖人之大無所不容이요 不知其猶若此之區區也라 | 숙산무지가 스스로 온
전히 한 것은 眞性인데, 공자는 오히려 형체로 취한 것이다. 처음엔 공자가
위대한 성인으로서 모든 것을 포용하지 않음이 없는 줄 알았는데 이처럼 區
區한지 몰랐다는 것이다.

64 夫子 聞無趾之言하고 知其爲有道者일새 故請入하야 願講其所聞이라 | 공
자는 무지의 말을 듣고서 그에게 도가 있는 줄을 알았기에 들어오도록 청하
여 그에게서 들어야 될 것을 강론케 하고자 한 것이다.

65 謂務學道也라 | 道를 힘써 배운다는 말이다.

66 猶全體也라 | 全體와 같음이다.

67 言初以孔丘로 爲至人이러니 今見其未至也라 如此之見識이 何以賓賓恭謹
하야 以學子爲오 | 처음에는 공자를 至人으로 여겼더니, 이제 보니 아직 미
치지 못함을 알았다. 이와 같은 식견으로 예의를 갖춰 공손하고 삼가는 것으
로써 그대(노자)에게 무엇을 배웠다고 할 수 있겠느냐는 말이다.

68 桎梏은 乃拘手足之刑이니 言孔子 專求務外之名聞하고 而不務實이라 彼
殊不知虛名은 乃諔詭幻怪之具요 非本有也니 如桎梏之於手足拘之而不得
自在者也라 | 桎梏은 손발을 묶는 형틀이다. 공자는 오로지 밖으로 힘쓰는
名聞만을 추구할 뿐, 실상에 힘쓰지 않는다. 그는 虛名이란 바로 諔詭幻怪의
도구일 뿐, 本有가 아님을 모르는 것이다. 이는 질곡이 손발을 묶어 마음대로
할 수 없는 것과 같다.

69 可不可는 謂善惡是非也요 一條는 卽一貫也라 老子 謂無趾하되 何不以無
死生忘善惡之道로 以告之하야 以解其好名之桎梏乎아 | 可不可는 선악 시

【직역】 魯에 兀者가 있으니 叔山(字) 無趾라 한다. 踵으로 仲尼를 찾아 보았는데, 仲尼가 말하기를, "그대가 謹愼하지 않아서 前日에 이미 憂患을 犯함이 이와 같았으니 비록 이제 찾아온들 어찌 미칠 수가 없으리라."

無趾가 말하기를, "내, 世務를 알지 못하여 가벼이 나의 몸을 썼기에 내, 이로써 발을 잃었지만 이제 내가 찾아온 것은 오히려 발보다 더 尊貴한 것이 있으니 내, 이로써 온전히 하려고 힘쓴 것입니다. 하늘은 덮어주지 않음이 없고 땅은 실어주지 않음이 없습니다. 나는 夫子로써 天地를 삼았는데 어찌 夫子가 오히려 이와 같을 줄을 알았으리오."

孔子가 말하기를, "丘는 鄙陋하였습니다. 夫子는 어찌 들어오지 않으십니까? 請컨대 들은 바를 講해 주시오."

無趾가 나가자, 孔子가 말하기를, "弟子들이여, 힘쓸지어다. 無趾는 兀者이지만 오히려 學問에 힘을 써 다시 前行의 잘못을 補完하려 하는데, 하물며 全德의 사람이야…."

無趾가 老聃에게 말하기를, "孔丘는 至人의 경지에 못 이른 것입니까? 그가 어떻게 賓賓(공손한 모양)함으로써 그대(老聃)에게 배울 수 있었습니까? 그 또한 諔詭幻怪의 名聞으로써 求〔蘄〕하니, 알 수 없습니다. 至人이 이로써 自己의 桎梏을 삼습니까?"

비를 뜻한다. 一條는 곧 一貫이다. 노자가 숙산무지에게 말하기를 "어찌하여 생사가 없고 선악을 모두 잊는 道를 그에게 알려주어 명예를 좋아하는 질곡에서 풀어내 주지 않았느냐"고 말한 것이다.

70 刑은 舊注에 作型하니 乃土模也라 此譏孔子는 乃天生成此等務名之人이어니 安可解乎아 | 刑은 옛 주석에서 型자로 쓰니, 흙으로 빚은 模型이다. 이는 "공자는 하늘이 이렇게 명예를 힘쓰는 사람으로 만들어 주었으니, 어떻게 여기에서 벗어날 수 있겠는가"하고 기롱한 것이다.

老聃이 말하기를, "어찌하여 곧 그로 하여금 死生으로써 一條를 삼고 可不可로써 一貫을 삼는 것으로 그 桎梏을 풀어줄 수 있는 것이 可하지 않았던고?"

無趾가 말하기를, "하늘이 그에게 刑을 내림이니 어떻게 풀어줄 수 있겠습니까?"

【의역】 노나라에 형으로 한쪽 발을 잘려 마침내 자호(自號)를 삼은 숙산 무지(叔山 無趾)라는 사람이 있었다. 그가 발뒤꿈치로 뒤뚱거리면서 공자를 찾아갔는데, 공자가 그에게 말하였다.

"그대가 평소 삼가지 않아서 지난날 이미 이런 잘못을 범하게 된 것이다. 이제 나를 찾아온들 어쩔 수 있겠는가."

숙산 무지가 대답하였다.

"제가, 세상사를 알지 못하고서 제 몸을 가벼이 썼다가 이 때문에 발을 잃었습니다. 지금 제가 찾아온 것은 발보다 더 귀중한 것이 있기에 저는 이것을 온전히 보존하고자 한 것입니다. 하늘은 만물을 덮어주지 않은 게 없고 땅은 실어주지 않은 게 없습니다. 저는 선생님을 하늘과 땅처럼 생각했었는데 어찌 선생님이 이와 같을 줄이야 생각조차 했겠습니까?"

공자가 다시 말하였다.

"제가 실로 비루하였습니다. 그대는 무엇 때문에 들어오지 않으시려 하십니까? 바라건대 제가 들어야 할 것을 말씀해 주십시오."

숙산 무지가 곧바로 떠나가자, 공자가 제자들에게 말하였다.

"제자들이여, 힘쓸지어다. 숙산 무지는 형으로 한쪽 발을 잘린 사람이지만 오히려 학문에 힘을 써 다시 지난날의 잘못을 보완하려고 하는데,

온전한 덕을 지닌 사람이야…."

숙산 무지가 노담(老聃)을 찾아가 물었다.

"공구(孔丘)는 아직 지인(至人)의 경지에 이르지 못했습니까? 그가 어떻게 항상 공손한 모양으로 자주 선생[老聃]을 찾아와 가르침을 받은 것입니까? 그 또한 기이(奇異)한 명성이 천하에 알려지기를 구하는데, 알 수 없습니다. 지인이라면 그 명성을 가지고서 자기의 질곡(桎梏)을 삼을 수 있습니까?"

노담이 답하였다.

"어떻게 공자로 하여금 죽음도 없고 삶도 없으며 옳음도 없고 그릇됨도 없다는 진리를 꿰뚫게 하여 그의 질곡을 풀어줄 수 없었던가."

숙산 무지가 말하였다.

"하늘이 그에게 형을 내린 것이니 어떻게 그의 질곡을 풀어줄 수 있겠습니까?"

【감산 절해】

此章은 發揮聖人忘名이니 故以孔子로 爲務虛名而不尙實德之人이라 故로 取人於規規是非善惡之間하고 殊不知至人은 超乎生死之外하야 而視世之浮名을 爲桎梏하니 蓋未能忘死生一是非일새 故未免落於世之常情耳라 聖人은 則不以此로 爲得也니라

이 문장은 성인의 忘名을 밝힌 것이다. 때문에 공자를 헛된 명예에 힘써 실덕을 숭상하지 않는 사람으로 삼았기에 공자가 구구한 시비선악에서 사람을 취했을 뿐, 至人이 생사의 밖을 초월하여 세간의 허명을 질곡

으로 삼음을 알지 못한다고 말한다. 이는 생사를 잊고 시비를 하나로 하지 못했기에 世人의 常情에 떨어짐을 면하지 못한 것이다. 성인은 이를 자득한 것으로 생각지 않는다.

【원문】

魯哀公이 問於仲尼曰 衛有惡人焉하니[71] 曰哀駘它라 丈夫 與之處者는 思而不能去也며[72] 婦人이 見之에 請於父母曰 與爲人妻론 寧爲夫子妾者 十數而未止也로되[73] 未嘗有聞其唱者也라[74] 常和而已矣며[75] 無人君之位 以濟乎人之死하고[76] 無聚祿이 以望人之腹하며[77] 又以惡로 駭天下라[78] 和而不唱하고[79] 知不出乎四域하되[80] 且而雌雄이 合乎前하니[81] 是必有異乎

71 謂醜貌之人也라 | 못생긴 사람을 말한다.
72 言男子與之相處則不忍捨去라 | 남자들은 그와 함께 살면 차마 떠나가지 못한다.
73 言婦人이 見之而皆願爲之妾者 不止一人也라 | 부인이 그를 보고서 모두 그의 첩이 되기를 원한 자 한 사람이 아니다.
74 謂未有所長하야 而先見聞於人者也라 | 자랑하여 남들에게 見聞을 앞세운 적이 없음을 말한다.
75 亦祇見隨於庸衆人而已라 | 그저 보통사람들이 따르게 될 뿐이다.
76 言無勢位以濟人之死라 | 죽으려는 사람을 구제할 세력과 지위가 없음을 말한다.
77 望은 猶月望之望이니 謂飽滿也니 言無位聚祿이 以周給於人하야 以飽人之腹이라 | 望은 月望의 望과 같으니, 飽滿함을 말한다. 남들에게 베풀어 남들을 배부르게 할 지위와 녹이 없음을 말한다.
78 旣無利濟於人하고 且又醜貌로 以駭天下之人이라 | 이미 남을 구제할 利祿이 없고, 또 추악한 용모로 세상 사람들을 놀라게 하였다.
79 言一向隨人하야 自無專能이라 | 언제나 남을 따를 뿐, 마음대로 하지 않음을 말한다.

人者也라[82] 寡人이 召而觀之하니 果以惡로 駭天下라[83] 與寡人으로 處에 不至以月數로되 而寡人이 有意乎其爲人也며[84] 不至乎期年하되 而寡人이 信之하야[85] 國無宰에[86] 而寡人이 傳國焉하니[87] 悶然而後應하며[88] 氾而若辭어늘[89] 寡人이 醜乎하야[90] 卒授之國이러니 無幾何也에 去寡人而行이라 寡人이 卹焉하야 若有亡也하야[91] 若無與樂是國也로라하니[92] 是何人者耶닛가[93] 仲

---

80 言無超出世間常人之見識이라 | 세상 사람들의 見識을 넘어서지도 않음을 말한다.

81 雌雄은 猶言爭勝負也라 謂凡人之是非勝負不決者를 皆取決其人이니 言此事 常合在前이라 | 雌雄은 승부를 다툰다는 말과 같다. 모든 사람들의 결판이 나지 않는 시비와 승부를 모두 그에게 결판을 내리니, 이런 일들이 항상 앞에서 해결됨을 말한다.

82 言貌醜而人從之者 衆하니 必有異乎人之所爲者也라 | 외모가 추악한데도 따르는 이가 많으니, 반드시 보통 사람의 하는 것과는 다른 바 있음을 말한다.

83 及召而觀之에 果然醜貌요 不見其所長이라 | 그를 불러 보니, 정말 용모가 추악할 뿐, 그 자랑할 만한 것이 보이지 않았다.

84 及相處月數에 則見其有可愛處나 但未盡知耳라 | 서로 함께 거처한 지 몇 달이 되자, 그에게 사랑할 만한 부분이 있음을 알았으나 모두 알 수는 없었다.

85 不期年에 則信之深矣라 | 1년도 채 안 되어 깊이 믿게 되었다.

86 宰는 卽宰相이니 掌一國之政事라 | 宰는 재상이니, 한 나라의 정사를 관장하는 것이다.

87 言以國事로 授之也라 | 나랏일을 그에게 맡겼음을 말한다.

88 悶然은 若不悅其事也라 | 悶然은 그 일을 기뻐하지 않는 듯한 것이다.

89 氾는 謂泛然이니 不經心而若辭也라 | 氾은 泛然이니, 마음에 두지 않고서 사양하는 듯함을 말한다.

90 言見彼之不在意일새 故自愧醜也라 | 그가 뜻이 없음을 보고서 스스로 부끄러워함을 말한 것이다.

91 言卹其去에 若己有所亡失也라 | 그가 떠나감에 마치 자기에게 잃어버린 것이 있는 것처럼 슬퍼한다.

92 察其人之意컨대 蓋不以國爲樂也라 | 그 사람의 뜻을 살펴보건대 나라로써 즐거움을 삼지 않았다.

尼曰 丘也 嘗使於楚矣라가 適見狋子의 食於其死母者 少焉에 眴若하야⁹⁴ 皆棄之而走하니 不見己焉爾며⁹⁵ 不得類焉爾라⁹⁶ 所愛其母者는 非愛其形也요 愛使其形者也니다⁹⁷

戰而死者는 其人之葬也에 不以翣資하며⁹⁸ 刖者之屨는 無爲愛之하나니⁹⁹

---

93 謂不知是何等之人也가 使我愛之如此라 | 그 사람의 어떤 점이 내가 이처럼 그를 아끼게 만드는지 모르겠음을 말한다.

94 見死母之目이 不瞬也라 | 죽은 어미돼지의 눈이 깜박이지 않음을 본 것이다.

95 謂母之目이 不見己也라 | 어미돼지의 눈이 자기를 보지 않음을 말한다.

96 言形僵不同前者之食於母일새 故皆棄之而走也라 | 누워 있는 어미돼지의 모습이 전에 어미돼지에게 젖 먹던 것과 다르기에 새끼돼지들이 모두 버리고 달아나버린 것이다.

97 形者는 假物也요 使其形者는 眞宰也라 言狋之子母는 乃天性之愛也라 往日食於母에 何嘗不愛리오 乃今纔死에 始則就之而食이라가 及見目之不瞬하야 則知精神不在하고 故棄之而走하니 始則死生不遠이로되 卽棄之而走하니 是知所愛者는 非形骸요 乃愛使其形骸之眞宰也라 雖物之至愚라도 尙知愛其天眞이온 而况於人乎아 | 육신은 假形이요, 그 형체를 부리는 것은 眞宰이다. 어미돼지와 새끼돼지는 天性의 사랑이다. 지난날 어미돼지의 젖을 빨 적에 어찌 사랑하지 않았겠는가. 그러나 이제 어미돼지가 죽자마자 처음에는 어미돼지에게 젖을 빨다가 죽은 어미의 눈동자가 움직이지 않음을 보고 정신이 없음을 알았기에 어미돼지를 버려둔 채, 달아나버렸다. 처음엔 생사의 거리가 멀지 않지만 곧장 버리고 달아나니, 이는 사랑한다는 것이 형체가 아니라, 그 형체를 부리는 眞宰임을 알 수 있다. 비록 지극히 어리석은 동물마저도 오히려 그 天眞을 사랑하는데 하물며 사람이야 어떠하겠는가.

98 翣은 故訓黼이니 乃大將之旗也라 戰而死者를 以此로 爲送葬之儀는 言已失其勇하고 又無其尸니 似以此虛儀로 葬資는 則無其本矣라 | 翣은 옛 訓詁에서는 黼라 하니, 대장의 깃발이다. 싸움터에서 죽은 자를 이것으로써 장례 치르는 의장으로 삼는 것은 말하자면 이미 이 용사는 잃어버렸고, 또 시신도 없기에 설사 이것을 가지고 虛儀의 장례 물건을 삼는다면 곧 그 근본이 없는 것이다.

99 言刖者는 無足跌하니 而屨亦無可用이라 | 刖刑을 당한 자는 발뒤꿈치가 없으므로 신발 또한 쓸모가 없다.

皆無其本也라[100] 爲天子之諸御에 不翦瓜不穿耳하며[101] 取妻者는 止於外하야 不得復使하나니[102] 形全도 猶足以爲爾어니와 而況全德之人乎닛가[103] 今哀駘它는 未言而信하며 無功而親하야 使人으로 授己國하되 惟恐其不受也하나니[104] 是必才全而德不形者也니다 哀公曰 何謂才全이니[105] 仲尼曰

---

100 以翣資刖屨로 爲無本之喩하니 意謂眞可愛者在本也라 | 대장의 깃발로 장례 치르는 것과 발뒤꿈치가 잘린 자의 신발로써 근본이 없다는 비유를 든 것이다. 이 뜻은 '참으로 사랑하는 것이 근본에 있음'을 말한다.

101 言選天子之侍御者 不翦瓜하며 不穿耳하야 不欲毀其全體는 將以要寵也라 | 천자의 시녀로 선발된 자가 손톱을 깎지도 않고 귀에 구멍을 뚫지도 않아서 그 전체의 몸을 훼손하지 않으려 하는 것은 장차 천자의 총애를 받기 위함이다.

102 言新婚之婦를 必先戒不作事務는 恐胼胝其手足也라 | 신혼의 부인이 반드시 먼저 일하지 않도록 경계하는 것은 손발에 군살이 박힐까를 걱정해서다.

103 言天子之御와 新婚之人이 不如此면 不足以要寵結歡이라 但全其形도 尙如此온 況全德之人乎아 言魯君之愛駘它는 蓋忘形하야 愛其形之本也라 有難以言語形容者일새 故로 夫子 連以三事로 喩其可愛之在本이라 | 천자의 시녀와 신혼의 부인이 이와 같이 하지 않으면 사랑을 받거나 즐거움을 얻을 수 없다. 다만 그 형체를 온전하게 하는 것도 이와 같은데, 하물며 덕이 온전한 사람이야 어떻겠는가. 노나라 임금이 애태타를 사랑한 것은 그의 외모를 잊고서 그 형체의 근본을 사랑했기 때문이다. 이를 말로 형용하기 어려운 까닭에 공자는 연이어서 세 가지의 일로써 그 사랑해야 하는 것이 근본에 있음을 비유한 것이다.

104 言哀駘它未與魯君一語로되 而見信이 若此하며 且無功하되 卽授之以國하야 惟恐其不受하니 豈無謂哉아 | 애태타가 노나라 애공에게 말 한 마디도 하지 않았으나, 신임을 얻음이 이와 같았고, 공이 없음에도 國事를 맡기되 오히려 그가 받아들이지 않을까를 두려워했으니 어찌 말하지 않았다고 할 수 있겠는가.

105 言才者는 謂天賦良能이니 卽所謂性眞이나 莊子 指爲眞宰是也라 言才全者는 謂不以外物로 傷戕其性이니 乃天性全然未壞라 故로 曰 全이니라 | 才란 天賦의 良能이니, 이른바 性眞이다. 장자는 이를 眞宰라고 지칭했다. 才全은 外物로써 그 본성을 해치지 않음이니, 곧 천성이 全然하여 훼손되

死生存亡과 窮達貧富와 賢與不肖와 毁譽와 飢渴과 寒暑는 是事之變이요
命之行也라[106] 日夜相代乎前하되[107] 而知不能規乎其始者也니[108] 故로 不
足以滑和요[109] 不可入於靈府요[110] 使之和豫로 通하야 而不失於兌하며[111]

지 않은 것이기에 '全'이라 말했다.

106 仲尼言才全에 而先言此十六事者는 蓋此諸事는 皆戕生傷性之事變이니
而世人이 未有不被其傷損其性眞者라 故先言之니라 | 중니가 才全을 말
하기에 앞서 16가지 일을 말한 것은 이 모든 일이 모두가 생명을 해치고 본
성을 손상시키는 事變인데도 세상 사람들은 모두 그 眞性을 손상시키지 않
은 이가 없기에 이를 먼저 말한 것이다.

107 此十六事는 人生於世에 日夜相代於前하야 未嘗暫免者니 是皆戕生傷性
之具也라 | 이 16가지의 일은 사람이 세상에 살면서 주야로 앞에서 서로 교
차하여 잠시도 벗어날 수 없는 것이다. 이는 모두 생명을 해치고 본성을 손
상시키는 道具이다.

108 言上十六事 日夜相代에 而以知規規求之나 不知所由來니 蓋達其性眞하
면 本不涉其變이라 | 이 16가지의 일이 주야로 교차함에 하나하나 추구할
줄은 알면서도 그 유래하는 곳을 알지 못한다. 그 性眞을 了達하면 본성이
그 변화에 간섭받지 않을 것이다.

109 滑은 音汨이니 謂汨溺也요 和는 謂本元中和之體也라 言以上諸事는 雖
常情之變이나 但了其本無일새 故不足以汨和라 | 滑의 독음은 '汨(골)'이니
汨溺을 말하고, 和는 本元 中和의 體를 말한다. 위에서 말한 여러 일은 비
록 常情의 변화이지만, 다만 그 근본이 無임을 了達한 까닭에 和를 어지럽
히지 못한다.

110 靈府는 所謂靈臺니 言諸變이 不可以搖動其性이라 | 靈府는 이른바 靈臺
이다. 事變들은 그 본성을 흔들 수 없다.

111 和者는 卽中和之和니 謂性眞이 達於事變하야 渾然而不失其體也요 豫者
는 安然自得而悅豫也요 通者는 謂達於事變而不滯也요 兌者는 卽老子玄
牝之門이니 謂虛通應物而無跡者也니라 言眞人의 所以才全者는 蓋保其
性眞而不失也라 | 和는 곧 中和의 和이니, 性眞이 事變을 了達하여 渾然
히 그 본체를 잃지 않음을 말한다. 豫는 安然自得하여 즐거워함을 말한다. 通
은 事變을 了達하여 막힘이 없음을 말한다. 兌는 노자의 "玄牝之門"(『도덕
경』 제6장)이니, 虛通하여 사물에 응하되 자취가 없는 것을 말한다. 眞人이

使日夜無卻하야 而與物로 爲春이요¹¹² 是는 接而生時於心者也니¹¹³ 是之
謂才全니다¹¹⁴ 何謂德不形이닛고¹¹⁵ 曰平者는 水停之盛也니 其可以爲法
也라 內保之而外不蕩也니다¹¹⁶

德之成이며 和之脩也니¹¹⁷ 德不形者는 物不能離也니다¹¹⁸ 哀公이 異日에

才全하는 까닭은 그 性眞을 간직하여 잃지 않기 때문이다.

112 卻은 亦作隙이니 謂縫嚀也라 言眞人之一性이 緜緜하야 日夜無隙하야 未
嘗間斷이라 但於應物之際에 春然和氣發現하야 令人煦然而化也라 | 卻은
또한 隙으로 쓰기도 하니, 틈새를 말한다. 眞人의 오롯한 성품은 綿綿하여
주야로 틈이 없어 間斷이 없다. 다만 사물에 응할 적에 봄처럼 和氣가 나타
나 사람을 훈훈하게 감화시킨 것이다.

113 時者는 謂接物應機에 時行時止하고 與物俱化하야 未嘗逆也라 若夫愚人
이면 則與接爲搆矣니라 | 時는 사물을 접하고 機微에 응함에 때로 행하고
때로 그치면서 사물과 함께 모두 감화되어 거슬림이 없는 것을 말한다. 그
러나 어리석은 자는 사물과 접하면서 얽히게 됨을 말한다.

114 此言眞人應物에 一味性德이 流行하야 無一息之間일새 故謂之才全이라
| 이는 眞人이 사물에 응함에 한결같이 性德이 유행하여 한 순간도 쉼이
없으므로 이를 才全이라 한다.

115 此는 哀公問也라 | 이는 애공의 질문이다.

116 德者는 謂性之德用也라 以性德之用은 難以言語로 形容이니 故以水平으
로 爲喩라 蓋言水之平者는 乃停之盛이니 謂湛淵澄靜之至일새 故可以取
法爲準이라 言性體 湛淵澄湛 寂然不動 則虛明朗鑑하니 乃內保之而外境
不蕩하야 爲守宗保始之喩라 謂性靜虛明則可以鑑物爲用也라 | 德은 性
의 德用이다. 性德의 用은 언어로 형용하기 어렵기에 水平으로 비유한 것
이다. 물이 수평을 이룸은 바로 고요함이 성대함을 말한 것이니 湛淵澄靜이
지극하기에 이를 취하여 준칙으로 삼은 것이다. 眞性의 本體는 湛淵澄湛하
고 寂然不動하므로 虛明하고 거울처럼 밝다. 이는 안으로 보존하고 밖으로
흔들리지 않아 宗主를 지키고 元始를 보전함을 비유한 것이다. 즉 본성이
고요하고 텅 비고 밝으면 사물을 비추는 것으로 작용을 삼을 수 있다.

117 言虛明朗鑑은 乃德之成이니 蓋從中和用功하야 修而後得者요 非漫然也
라 | 虛明하고 거울처럼 밝음은 바로 덕의 성취이다. 中和를 따라 공부를 하
여 닦은 뒤에 얻은 것이요, 그저 이뤄진 것은 아니다.

以告閔子曰 始也에 吾以南面而君天下하야 執民之紀코 而憂其死로 吾自
以爲至通矣러니[119] 今吾 聞至人之言하니 恐吾無其實코 輕用吾身하야 而
亡吾國이라 吾與孔丘로 非君臣也요 德友而已矣라하니라

【직역】 魯 哀公이 仲尼에게 묻기를, "衛에 惡人(추악한 사람)이 있으니
哀駘它라 한다. 丈夫가 그와 더불어 居處한 者는 思慕하여 떠나가지 못
하고 婦人이 그를 보면 父母에게 請하기를, '남의 妻가 되기보다는 차라
리 夫子의 妾이 되겠다'고 한 者 十數인데도 그치지 않았으나 일찍이 그
提唱한 것을 듣지 못하였고 恒常 和答할 뿐이었다. 人君의 地位로 사람
을 죽음에서 구제할 수도 없으며 聚(積)祿으로 사람을 배부르게 해 줄 수
없으며 또한 醜惡함으로써 天下를 놀라게 한다. 和答하되 提唱하지 않
으며 知는 四域을 벗어나지 않으나 또한 雌雄이 앞에 모여드니 이는 반
드시 남들보다 다름이 있다. 寡人이 불러 살펴보았더니 果然 醜惡함으로
天下를 놀라게 할 만하였다. 寡人과 더불어 居處함에 月數에 이르지 못
해서 寡人이 그 사람됨에 뜻을 가지게 되었다. 期年에 이르지 못해서 寡

---

118 不能離者는 謂與物混一하야 而不分이니 故로 人但見其物之變하고 而不
知性之眞이라 故로 其德이 不易形著於外니 所以人이 但見其貌惡하고 而
不識其才德之全耳라 觀孔子 對哀公之言하면 發明中庸의 和也者는 天下
之達道之意니 何等正大精確고 | 여의지 못하는 것은 만물과 혼연일체가
되어 나눠지지 않기 때문이다. 세상 사람들이 그 사물의 변화만을 볼 뿐, 性
眞을 알지 못하는 것을 그 덕이 쉽사리 겉모습으로 드러나지 않기 때문이
다. 이 때문에 사람들은 그 외모의 추악한 것만을 보고서 才德의 온전함을
알지 못한다. 공자가 애공에게 대답한 것을 보면 『중용』의 '和란 천하의 達
道'라는 뜻을 밝힌 것이니 그 얼마나 正大하고 정확한 말인가!
119 言自以爲至通於道也라 | 스스로 道를 지극히 통했다고 생각한 것이다.

人이 그를 믿게 되었는데 나라에 宰相이 없어 寡人이 그에게 나라를 맡겼더니 悶然한 後에 應하고 氾然하게 辭讓한 듯하니 寡人이 부끄럽게 생각하여 마침내 그에게 나라를 전수하였더니 얼마 안 있다가 寡人을 버리고 떠나가니 寡人이 卹焉하게 亡失한 듯하여 이 나라를 더불어 즐길 수 없는 듯하니 그는 어떤 사람인가?"

仲尼가 말하기를, "丘가 일찍이 楚에 使臣으로 갔었는데 마침 돼지새끼가 죽은 어미의 젖을 먹는 것을 보았습니다. 조금 후에 眴若하여 모두 버리고서 달아난 것은 자기를 보아주지 않은 때문이며 類가 아니었기 때문입니다. 그 어미돼지를 사랑한 것은 그 形體를 사랑하는 것이 아니고 그 形體를 부리는 者를 사랑한 것입니다.

戰爭하다가 죽은 者는 그 사람을 安葬할 적에 翣을 힘입지 않으며 刖者의 신발은 아낄 것이 없는 것은 모두 그 근본이 없기 때문입니다. 天子의 諸御가 되려면 손톱을 깎지 않으며 귀를 뚫지 않으며 아내를 맞이하는 者는 밖을 그치게 하여 다시는 일을 시키지 않으니 形體의 온전함으로도 오히려 이렇게 하는 것인데 하물며 德을 온전히 지닌 사람은 말해 무엇하겠습니까? 이제 哀駘它는 말이 없어도 믿어주며 功業이 없어도 親히 하여 사람으로 하여금 자기의 나라를 전해 주되 오직 그 받지 않을까 두려워하게 하니 이는 반드시 재주가 온전하고 德이 드러나지 않은 者입니다."

哀公이 말하기를, "무엇을 재주의 온전함이라 하는가?"

仲尼가 말하기를, "死生·存亡과 窮達·貧富와 賢不肖와 毀譽·饑渴과 寒暑는 人事의 變化요 天命의 運行이라, 日夜로 앞에서 서로 交代하되 知(智)로는 그 始初를 엿보지 못합니다. 이 때문에 和를 어지럽히지 않아야 하고 靈府에 끌어들임이 없어야 하고 그 和豫로 하여금 通하여 그 통함을 잃지 않도록 하고 日夜로 틈이 없게 하여 物로 더불어 봄이 되게 해야 하나니 이는 接하여 마음에 時를 生함입니다. 이를 재주의 온전함이라 말합니다."

"무엇을 德이 나타나지 않은 것이라 말하는가?"

"平한 것은 물의 停止가 盛함이라, 그 法이 될 수 있으니 內로 보존하여 밖으로 動蕩하지 않기 때문입니다. 德의 완성은 조화를 닦는 것입니다. 德이 나타나지 않은 者는 物이 떠나지 않는 것입니다."

哀公이 異日에 閔子에게 말하기를, "처음엔 내, 南面으로써 天下에 임금이 되어 백성의 紀綱을 잡고 그들의 죽음을 측은히 여기는 것으로 나는 스스로 지극히 通한 것이라 여겼더니 이제 내, 至人의 말을 들어보니 나는 그 實相이 없이 내 몸을 가벼이 써서 내 나라를 亡하게 할까 두렵다. 나는 孔丘로 더불어 君臣이 아니라 德으로 벗을 삼을 따름이다."

【의역】 노나라 애공이 공자에게 물었다.

"위(衛)나라에 추악하게 못생긴 한 사람이 있는데, 워낙 불쌍하게 보일 정도로 못난이여서 그의 이름을 애태타(哀駘它)라 합니다. 하지만 그와 함께 살아본 남자들은 그를 사모한 나머지 그의 곁을 떠나가지 못하고, 여자들도 그를 보면 부모에게 보채어 말하기를, '다른 사람의 아내가 되기보다는 차라리 그분의 첩이 되겠다'고 한 사람들이 무려 10여 명이 넘습니다. 그러나 일찍이 그가 앞서 제창했다는 말을 듣지 못하였는데, 사람들이 그를 따릅니다.

그는 임금의 지위로써 사람의 죽음을 구제할 수도 없고 쌓아놓은 재물로써 사람들의 배를 불려줄 수도 없습니다. 그의 추악한 얼굴은 사람들을 놀라게 만들 뿐입니다. 그는 감응할 뿐 먼저 일을 벌리지 않으며 그가 아는 것은 인간 세상을 벗어나지 못했는데도 또한 여인이든 남자든 그의 앞에 모여드는 것으로 보아 그는 반드시 남들과 다른 점이 있을 것입니다.

그래서 과인(寡人)이 그를 불러 살펴보았더니 들었던 대로 정말 그의 추악한 얼굴은 천하 사람들을 놀라게 할 만하였습니다. 하지만 내가 그와 함께 거처함에 한 달이 채 못 되어 나는 그 사람됨에 관심을 가지게 되었고 1년이 채 못 되어 나는 그를 믿게 되었습니다. 때마침 우리나라에 재상이 없어 나는 그에게 나라를 맡겼더니 반가워하는 기색은커녕 아무런 생각이 없이 응하였고 아무런 생각이 없이 사양한 듯하였으므로 제 스스로 혹시라도 그에게 전해 주지 못할까 두려워하였습니다. 끝내 그에게 나라를 전해 주었지만 그는 얼마 후 나를 버리고 떠나갔습니다. 저는 허전한 마음에 뭔가를 잃은 듯하고 다시는 이 나라를 함께 즐길 만한 사람을 찾아볼 수 없을 듯합니다. 그는 과연 어떤 사람입니까?"

공자가 말하였다.

"제가 일찍이 초나라에 사신으로 간 적이 있었는데, 때마침 어미돼지가 죽은 줄도 모른 채 어미의 젖을 빠는 돼지새끼들을 보았습니다. 돼지새끼들은 조금 후에 어미돼지가 죽은 것을 깨닫고서 깜짝 놀라 눈이 휘둥그레진 채로 어미돼지를 버리고서 모두 달아나 버렸습니다. 그것은 어미돼지가 지난날처럼 새끼돼지를 보살펴 주지 않았기 때문이며, 새끼돼지 역시 어미돼지의 모습이 지난날과 같지 않았기 때문입니다. 그 어미돼지를 사랑한 것은 그 어미돼지의 형체가 아니라 그 어미돼지의 보살피는 마음입니다.

전투를 하다가 죽은 병사를 장례지낼 때에 그의 상여에 삽(翣)을 사용하는 것은 그의 시신을 찾지 못했기 때문이며, 형으로 다리를 잘린 자의 신발을 아낄 것이 없는 것은 그가 발을 이미 잃어버린 까닭에 신발이 필요없기 때문입니다. 장례를 지낼 때에는 시신으로 근본을 삼고, 신발은 두 발로써 근본을 삼는 것인데, 이 근본을 모두 잃은 데서 연유한 것입니다.

천자를 가까이에서 모시는 비빈(妃嬪)이 되려면 손톱을 깎지 않으며 귀를 뚫지 않은 채 그 형체를 온전히 하여 지존에게 보이는 것이며, 아내를 맞이한 신랑에게 관(官)에서는 그를 멀리 내보내어 일을 시키지 않은 채 그의 몸을 편히 하여 신혼의 즐거움을 맞이하도록 합니다. 온전한 형체를 가진 것만으로도 오히려 이처럼 그를 사랑하게 만드는데, 하물며 온전한 덕성을 지닌 사람을 어찌 사랑하지 않을 수 있겠습니까?

지금 애태타는 말하지 않아도 사람들이 믿고 아무런 공업이 없는 데도 그를 가까이 하여 임금으로 하여금 자기의 나라를 그에게 전해 주면서도 그가 오직 받지 않을까 두렵게 만든 것으로 보아 그는 반드시 재주가 온전하고 덕이 드러나 보이지 않은 자입니다."

애공이 공자에게 물었다.

"재주의 온전함이란 무엇을 말하는 것입니까?"

"죽음과 삶, 생존과 멸망, 비천함과 벼슬살이, 가난과 부유함, 어짊과 불초함, 훼방(毀謗)과 명예, 배고픔과 목마름이란 인간사의 무상(無常)한 변화(變化)이자, 천명의 순환(循環) 유행(流行)입니다. 그 변화는 눈 깜짝할 사이도 머물지 않은 채, 밤낮으로 그의 앞에서 끊임없이 교차하지만 비록 지혜 있는 자라도 그 유래를 엿볼 수 없습니다.

이와 같은 까닭에 이를 그 자연에 맡겨둠으로써 마음에 걸림이 없어

충융(沖融)의 조짐(兆朕)인 천성(天性)의 화기(和氣)를 어지럽히지 않고 나의 마음의 영부(靈府)를 어지럽히지도 않습니다. 그리고 그 화기가 넘쳐 만물과 통합을 잃지 않도록 하고 또한 넘치는 화기를 한 호흡의 사이도 빈틈이 없게 하여 어떤 물건이든 그 있는 데에 따라서 모두 화사로운 그의 봄의 화기 속에서 노니는 것과 같이 만들어 줍니다. 이는 내 마음속의 봄이 끊임없이 이어져 내 마음속에서 사계절을 만들어낸 것입니다. 이러한 자를 두고서 재주의 온전함이라 말합니다."

애공이 다시 공자에게 물었다.

"덕이 나타나지 않은 것이란 무엇을 말하는 것입니까?"

"천하에 평평한 것으로는 고요한 물이 최고입니다. 때문에 물로써 법을 삼아 안으로 보존하고 밖으로 일렁거리지 않게 합니다.

덕의 완성은 조화를 닦는 것이므로 조화는 덕을 이룬 것보다 더 좋은 것이 없으니, 평평함은 고요한 물보다 더 성대함이 없는 것과 같습니다. 안으로 보존하고 밖으로 움직이지 않아 마치 고요한 물의 오묘함처럼 덕이 드러나 보이지 않는 자는 만물이 자연히 그를 가까이 하여 그의 곁을 떠나지 않습니다."

애공이 어느 날, 민자(閔子)에게 말하였다.

"처음에 내가 임금의 지위에 올라 나라를 다스릴 적에, 백성의 기강을 잡아 그들이 목숨을 잃게 될까 측은히 여기는 마음을 스스로 가장 훌륭한 정치라 여겼더니만, 이제 막상 지인(至人)에 대한 말을 들어보니, 나는 아무런 실상도 없고 나의 몸을 가벼이 움직여 나라를 잃게 될까 두렵다. 나는 공자와 임금과 신하 사이가 아니라, 덕으로 사귀는 벗이 되고자 할 뿐이다."

【감산 절해】

此章의 形容聖人之德이 必須忘形全性하고 體用不二하야 內外一如며 平等湛一하사 方爲全功이니 故로 才全德不形이 爲聖人之極致라 蓋才全則內外不二요 德不形則物我一如니 此는 聖人之成功이요 所以德充之符也라 故로 魯君이 聞之에 亦能忘分感化하야 而友於聖人也니라

이 문장은 성인의 덕은 반드시 형체를 잊고 본성을 온전히 하며, 본체와 작용을 하나로 하여 안과 밖이 똑같으며, 평등으로 湛一하여야 비로소 온전한 공이 됨을 형용한 것이다.

이 때문에 재주가 온전하되 덕을 드러내지 않음이 성인의 극치이다. 재주가 온전하면 안과 밖이 둘이 아니고, 덕이 드러나지 않으면 나와 만물이 하나이니 바로 이것이 성인의 成功이요, 德充의 符驗인 까닭이다. 따라서 노나라 임금이 공자의 말을 듣고서 또한 본분을 잊고 감화되어 성인과 벗이 될 수 있었다.

[원문]

闉跂[120]支離[121]無脹이[122] 說衛靈公한대 靈公이 說之而視全人의 其脰[123]肩肩하며[124] 甕㼜大癭이[125] 說齊桓公한대 桓公이 說之하야 而視全人의 其

---

120 曲跂也라 | 곱추이다.
121 形不全也라 | 절름발이다.
122 無臀也라 | 언청이이다.
123 脛也라 | 목이다.
124 細小貌라 | 가늘고 작은 모양이다.
125 言癭如甕也라 | 혹이 항아리만한 것을 말한다.

脰 肩肩하니라 故로 德有所長에 而形有所忘이니[126] 人이 不忘其所忘하야[127] 而忘其所不忘이면[128] 此謂誠忘이니라[129] 故로 聖人은 有所遊에[130] 而知 爲孼이며[131] 約이 爲膠하며[132] 德이 爲接하며[133] 工이 爲商이라[134] 聖人은 不謀어니 惡用知며 不斲이어니 惡用膠며 無喪이어니 惡用德이며 不貨어니 惡用商이리오[135] 四者는 天鬻也라[136] 天鬻也者는 天食也라[137] 旣受食於天에 又惡

---

126 言二子醜惡之狀에 而使二君으로 說之하야 反視爲全人之不如者는 蓋愛 其德故로 自忘其形也라 | 두 사람은 추악한 모습으로써 두 제후를 기쁘게 만들어 도리어 온전한 사람을 이들만 못하게 보이게 만들었다. 이는 그 덕을 사랑한 때문에 스스로 그 모습을 잊은 것이다.

127 所忘者는 性也니 言世人은 迷性眞而愛形骸일새 故忘其性이어니와 今欲 不忘이라 | 잊어버린 것은 性이다. 世人들은 眞性에는 혼미하고 형체를 사랑한 까닭에 그 본성을 잊었으나 이제는 잊지 않으려 한다.

128 所不忘者는 形也라 世人이 忘性而愛形일새 故今欲忘之라 | 잊지 않은 것은 형체이다. 世人들은 본성을 잊고 형체를 사랑한 까닭에 이제 잊고자 한다.

129 忘其所愛하고 而不忘其所不愛를 此之謂誠忘이라 | 그 사랑한 것을 잊고 그 사랑하지 않는 것을 잊지 않아야 이를 참으로 잊었다고 말한다.

130 聖人은 遊於大道之鄕하야 而忘其物欲이라 | 聖人은 大道의 고을에서 노닐면서 그 물욕을 잊는다.

131 知者는 以智巧로 揣摩人心을 謂之知라 孼은 妖孼也라 | 知는 智巧로 사람의 마음을 헤아리는 것이다. 孼은 妖孼이다.

132 以仁義로 結束人心을 謂之約이라 膠는 固結而不解也라 | 仁義로써 人心을 結束하는 것을 約이라 한다. 膠는 굳게 묶어 풀리지 않게 하는 것이다.

133 以小惠로 要買人心을 謂之德이라 接은 應接於人也라 | 작은 은혜로 인심을 사려는 것을 德이라 한다. 接은 사람에 應接하는 것이다.

134 以機關으로 罔取人之利謂之工이라 工은 猶技巧也요 商은 行貨之人也라 | 機關으로써 남들의 이익을 그물질하는 것을 工이라 한다. 工은 기교와 같고, 商은 行商이다.

135 四者는 皆僞라 以喪眞淳故로 聖人은 去之하사 以全天德이라 | 知, 約, 德, 工 네 가지는 모두 거짓이다. 眞淳을 상실케 함으로 성인이 이를 버려 天德

用人이리오¹³⁸ 有人之形이나 無人之情이라¹³⁹ 有人之形일새 故로 羣於人이요
¹⁴⁰ 無人之情일새 故로 是非 不得於身이니라¹⁴¹ 眇乎小哉여 所以屬於人也
요¹⁴² 謷乎大哉여 獨成其天이니라¹⁴³

【직역】 闉跂支離無脤이 衛 靈公에게 遊說하자, 靈公이 그를 좋아하
여 온전한 사람을 보되 그 목을 肩肩하다 여기고, 甕㼜大癭이 齊 桓公에

─────────

을 온전히 한다.

136 謂四者淳德이 乃天德也라 鬻은 猶售也라 四德은 乃天售니 卽所謂天爵
이 是也라 | 不謀, 不斲, 無喪, 不貨 네 가지 淳德은 곧 天德이다. 鬻이란
售와 같다. 네 가지의 淳德은 바로 天售이니 이른바 天爵이 바로 이것이
다.

137 謂天旣售我以天德則天之所以 食我也라 又何取於人僞哉아 | 하늘이 이미
나에게 天德을 주었으므로 하늘이 나를 먹여 살린 것이다. 또 어찌 人僞를
취하겠는가.

138 言天生我性德에 有天然之受用하니 又何以人僞로 求之아 | 하늘이 나에게
性德을 내려줌에 절로 天然의 受用이 있다. 어찌 人僞로 이를 구하겠는가.

139 言聖人이 雖居人世하야 其形이 雖似人이나 而絶無人之情이라 | 성인은
비록 속세에 살면서 그 모습이 세상 사람들과 같으나 전혀 사람들의 정이
없다.

140 其形이 爲人일새 故羣於衆人之中이라 | 그 모습이 사람이기에 세상 사람
과 무리를 이룬다.

141 以形寄人中이나 心超物外하야 不以物이 爲事일새 故無人世之是非라 |
형체는 사람들 가운데 부치고 있으나, 마음은 물외에 초월하여 사물로 일삼
지 않는다. 이 때문에 세속의 시비가 없다.

142 人在太虛中이 乃萬物之一數耳라 其最眇小者를 又何足以愛之아 | 사람은
太虛 가운데 있으므로 만물의 하나이다. 그같이 미미한 것을 어찌 사랑하겠
는가.

143 謷者는 謷然超於物表也니 言性德이 廣大 하야 全此天德일새 故由人而入
於天이라 | 謷란 謷然하게 物外에 초월함이니, 性德이 광대하여 이 天德을
온전히 한 까닭에 사람에서부터 하늘로 들어감을 말한다.

게 遊說하자, 桓公이 그를 좋아하여 온전한 사람을 보되 그 목을 肩肩하다고 여겼다.

그러므로 德에 長點이 된 바 있으면 形體는 잊은 바 있는데 사람들이 그 잊어버린 것을 잊지 않고 그 잊지 않는 것을 잊게 되면 이를 참으로 잊은 것이라 말한다.

따라서 聖人은 遊한 바 있어 知로 孼을 삼으며 約으로 膠를 삼으며 德으로 接을 삼으며 工으로 商을 삼는다. 聖人은 꾀하지 않으니 어디에 知를 쓰며, 쪼개지 않으니 어디에 膠를 쓰며, 喪함이 없으니 어디에 德을 쓰며, 재물이 없으니 어디에 商을 쓰겠는가. 네 가지 것은 天으로 기름(養育)이다.

天으로 기른다는 것은 하늘이 먹여주는 것이다. 이미 하늘에 먹임을 받았으니 또한 어찌 사람을 쓰겠는가. 사람의 形體를 가지고 있지만 사람의 情이 없다. 사람의 形體를 가지고 있기 때문에 사람들과 함께 하고 사람의 情이 없기 때문에 是非가 몸에 이르지 않는다. 조그맣고 작음이여, 사람에 屬하는 바요, 크고 큼이여, 홀로 그 하늘을 이뤘노라.

【의역】 꼽추에다가 절름발이, 제멋대로 생긴 몸에 입술조차 없는 얼굴을 지닌 인기지리무신(闉跂支離無脤)이 위나라 영공(靈公)을 찾아가 유세하자, 영공이 그를 좋아한 나머지 온전한 몸을 지닌 보통사람의 목덜미를 보고서 가늘고 삐쭉하다고 여겼으며, 목덜미의 큰 혹이 생겼기에 옹앙대영(甕盎大瘿)이라 일컬어진 혹부리가 제나라 환공(桓公)을 찾아가 유세하자, 환공이 그를 좋아한 나머지 온전한 몸을 지닌 보통사람의 목덜미를 보고서 가늘고 삐쭉하다고 여겼다.

그러므로 남보다 뛰어난 덕을 지니면 일그러진 그들의 몸까지 잊게 된다. 세간의 사람들이 덕성을 잊지 않으면 그 형체를 잊어버리게 되니 이것을 참으로 형체를 잊은 것이라 말한다. 그러므로 성인의 마음은 유유자적하여 지계(智計)의 기교를 곁가지로 생각하고, 약속의 예를 교칠(膠漆)로 생각하고, 얻음의 덕을 사람들과의 매개(媒介)로 생각하고, 공예(工藝)의 기능을 장사치로 생각한다.

성인은 도모함이 없으니, 어디에다가 지혜를 쓰며, 자연의 바탕 그대로 맡겨두니 어디에다가 교칠을 쓰며, 혼연(渾然)하여 온전히 갖추고 있으니 어디에다가 덕을 쓰며, 쌓아놓은 재물이 없으니 어디에다 장사를 할 수 있겠는가. 위의 네 가지는 하늘의 자연으로 기르는 것이다.

하늘의 자연으로 기른다는 것은 하늘의 원기(元氣)를 먹는 것이다. 이미 천지의 조화로 더불어 일기(一氣)가 되어 하늘의 음식을 받았으니 또한 어찌 사람의 음식을 쓰겠는가. 사람의 얼굴을 지니고 있지만 사람의 치우친 정이 없다. 사람의 얼굴을 지니고 있기에 사람들과 함께 거처하고, 사람의 치우친 정이 없기에 사람들의 시비소리가 그의 몸에 이르지 않는다. 형체는 만물 가운데 하나의 물건으로서 조그맣고 작음이여, 사람들과 같은 부류이며, 정식(情識)과 누(累)를 모두 버리어 위대함이여, 홀로 그 드넓은 하늘을 이뤘노라 말한다.

【감산 절해】

前에 雖以知로 忘形이나 而知 尙存하야 未盡道妙하니 故此一章에 以忘으로 忘知라 知忘則德自化라 方能合乎自然하야 以全天德하야 其德乃充이라 故如二君之見二子에 能不見其形하니 此所以爲德之符也라 聖人造道之

極致 至此라야 方爲究竟耳라 故以此로 結一篇之義하시니라

앞의 문장에서 비록 知로써 형체를 잊었으나 지가 아직도 남아 있어
道의 오묘함을 다하지 못했음을 말하였다. 이 때문에 이 문장에서는 잊어
버림으로써 지를 잊어버림을 말한다. 잊어야 할 줄 알면 덕은 절로 변화
한다. 그래야 바야흐로 자연에 합하여 天德을 온전히 하게 되어 그 덕이
충만해진다.

이 때문에 두 제후가 두 사람을 대함에 그의 형체를 보지 않은 것이다.
이것이 바로 덕의 부험이다. 성인이 道에 나아가는 극치는 이에 이르러야
비로소 究竟이라 할 수 있다. 때문에 이로써 이 편의 뜻을 끝맺은 것이다.

【원문】

惠子 謂莊子曰 人故無情乎아[144] 莊子曰 然하다[145] 惠子曰 人而無情이
면 何以謂之人이리오[146] 莊子曰 道與之貌하고 天與之形이어니 惡得不謂之

---

[144] 借惠子之問以結者는 因上文에 發揮天德之全者는 乃絶情欲하고 去人僞
하야 心與天游라야 乃能充實其天德이라 故로 恐世人이 將謂絶情하면 則
非人類矣일새 故假惠子以發之라 故는 乃故有之故니 謂本來無情耶아ㅣ
혜자와의 문답을 빌려서 끝맺은 것은 위의 문장에서 '天德이 온전한 사람은
정욕을 끊고 인위를 떠나 마음이 하늘과 노닐어야 그 天德을 충실히 할 수
있음을 밝혔다'고 했다. 그러므로 세상 사람이 情을 끊으면 사람이 아니라고
생각할까 두려운 까닭에 혜자를 빌어 이를 밝힌 것이다. 故는 '故有'의 故이
니, '본래 정이 없는가'라는 말이다.

[145] 莊子 直然其問者는 蓋約人性 本來離情絶欲일새 故直然之라ㅣ 장자가 곧
바로 그 물음에 그렇다고 답한 것은 人性은 본래 정욕을 떠나 있기에 곧바
로 그렇다고 말한 것이다.

[146] 惠子 意謂世人이 若無其情하면 則非人也니 此는 俗人之常見也라ㅣ 혜자

人이라[147] 惠子曰 旣謂之人인댄 惡得無情이리오[148] 莊子曰 是非吾所謂情
也라 吾所謂無情者는 言人之不以好惡로 內傷其身하고 常因自然하야 而不
益生也니라[149] 惠子曰 不益生이면 何以有其身이리오[150] 莊子曰 道與之貌
하고 天與之形하니 無以好惡로 內傷其身이니라[151] 今子는 外乎子之神하고

가 말한 뜻은 '세상 사람에게 정이 없다면 사람일 수 없다'는 것이다. 이는
俗人의 常情이다.

[147] 道者는 性之固有며 人之所當行也라 人稟此性하야 而爲人하니 乃道與之
貌니 卽天與之形也라 旣有此性하니 豈非人乎ㅣ 道는 性의 固有한 것이
며, 사람이 마땅히 행해야 할 것이다. 사람이 이 眞性을 받아 사람이 된 것
이 바로 도가 그에게 용모를 주었다는 것이니, 곧 하늘이 그에게 형체를 주
었다는 것이다. 이미 이 眞性이 있으니, 어찌 사람이 아니겠는가.

[148] 此는 惠子 全不知道理 與常人所見으로 一般일새 謂旣是箇人인댄 豈得無
情者乎아ㅣ 이는 혜자가 전혀 도리를 모르는 것이 일반 사람의 所見과 같기
때문에 그는 "이미 사람이라면 어떻게 정이 없을 수 있겠는가"라고 한 것이
다.

[149] 惠子 意謂必有情欲하야사 乃可爲人일새 故以無情은 不得爲人爲問하니
莊子 以正義로 答之曰 我所謂無情者는 非絶無君臣父子夫婦之情也라 蓋
因世人이 縱情肆欲하야 以求益生하야 而返傷其生일새 故我要絶其貪欲
之情耳요 非是絶無人倫也라ㅣ 혜자의 생각은 '반드시 정욕이 있어야 사람
이라 할 수 있다. 그러므로 정욕이 없으면 사람이라 할 수 없다'고 하여 이를
물은 것이다. 장자는 그에게 뜻을 바로잡아 답하기를 '내가 말한 無情이란 君
臣, 父子, 夫婦의 정이 전혀 없다는 것이 아니다. 세상 사람들이 정욕에 방종
하여 生을 더하고자 추구하다가 도리어 그 生을 해친 까닭에 나는 그 탐욕의
정을 끊으려는 것이지, 인륜을 완전히 없애려는 것이 아님'을 말한 것이다.

[150] 惠子 又以爲人生이 必欲養其口體라야 乃可以有其身이라하니 此全是常
人之識見耳라ㅣ 혜자는 또한 사람이 반드시 자기의 입과 몸을 보살피고자
해야만 그 몸을 가질 수 있다 하니, 이는 모두 보통 사람의 식견일 뿐이다.

[151] 莊子 意謂人旣道與之貌며 天與之形矣라 苟無以好惡로 內傷其身이니 如
此則全生養身之至道라 又何 庸益生으로 爲哉아ㅣ 장자의 뜻은 '사람에게
이미 道가 용모를 주었으며 하늘이 형체를 주었다. 좋아하고 싫어하는 정으
로써 내면으로 그 몸을 손상함이 없어야 한다. 이와 같이 하면 생명을 온전

勞乎子之精하야 倚樹而吟하고 據槁梧而瞑하나니¹⁵² 天選子之形이어늘 子以堅白으로 鳴¹⁵³이로다

【직역】 惠子가 莊子에게 말하기를, "사람이란 본래 情이 없는가?"

莊子가 말하기를, "그렇다."

惠子가 말하기를, "사람으로서 情이 없으면 어떻게 사람이라 말할 수 있는가?"

莊子가 말하기를, "道는 容貌를 주었고 天은 形體를 주었으니 어떻게 사람이라 말하지 않을 수 있겠는가."

惠子가 말하기를, "이미 사람이라 한다면 어떻게 情이 없을 수 있겠는가?"

莊子가 말하기를, "이는 내가 말한 情이 아니다. 내가 말한 無情이란 사람이 좋아하고 미워하는 것으로써 안으로 그 몸을 傷하지 않고 恒常 自然으로 因할 뿐, 生을 더하지 않아야 한다."

히 하고 몸을 기를 수 있는 지극한 도가 된다. 또 어찌 생명을 더하고자 할 것이 있겠는가'라는 말이다.

152 槁梧는 琴也니 乃惠子 倚樹據琴而瞑하야 以辯論也라 莊子 意謂惠子는 不能樂其天德하고 而返外其精神하야 而倚樹據梧하야 以逞辯論是非也라ㅣ槁梧는 거문고이다. 혜자는 나무에 기대고 거문고에 의지한 채, 눈을 감고서 논변을 하였다. 장자의 뜻은 '혜자가 그 天德을 즐기지 않고 도리어 그 정신을 도외시한 채, 나무에 기대고 거문고에 의지하여 시비를 논변한다'고 말한 것이다.

153 謂天選子之形이요 賦以全德이어늘 今乃捨之하고 而返恣堅白之論으로 以自鳴하니 失之甚矣로다ㅣ하늘이 그대의 모습을 골라주었고 天德을 부여했음에도 이제 이를 버려두고서 도리어 堅白論으로써 스스로 울어대니, 잘못이 심함을 말한 것이다.

惠子가 말하기를, "生을 더하지 않는다면 어떻게 그 몸을 둘 수 있겠는 가?"

莊子가 말하기를, "道는 容貌를 주었고 天은 形體를 주었으니 좋아하고 미워하는 것으로써 안으로 그 몸을 傷해서는 안 되는 것인데 이제 그대는 그대의 神을 밖으로 하고 그대의 精을 피곤하게 하여 나무에 기대어 읊으며 槁梧에 의지한 채 눈감으니 하늘이 그대의 形體를 가려서 주었는데 그대는 堅白으로써 爭鳴하는구려!"

【의역】 혜자가 장자에게 말하였다.

"사람이란 감정이 없는 것인가?"

장자가 대답하였다.

"그렇다."

"만일 인간으로서 감정이 없다면 어떻게 사람이라 할 수 있겠는가?"

"도(道)는 사람의 용모를 주었고 하늘은 사람의 형체를 주었는데, 어떻게 사람이라 말하지 않을 수 있겠는가."

"만일 사람이라 한다면 어떻게 감정이 없을 수 있겠는가?"

"이는 내가 말한 감정이 아니다. 내가 말한 감정이 없어야 한다는 것은 천성(天性)에 맡겨 둠으로써 좋아하고 미워하는 인욕(人欲)으로 안으로는 그 몸의 본성을 손상하지 않고 항상 하늘의 자연에 맡겨둔 채, 본래 낳아준 데에서 더함이 있어서는 안 된다."

"본래 낳아준 데에서 더함이 있어서는 안 된다면 어떻게 자기의 몸을 보존할 수 있겠는가?"

"도(道)는 사람의 용모를 주었고 하늘은 사람의 형체를 주었으니 좋아하고 미워하는 인욕의 감정으로써 안으로는 그 몸의 본성을 손상해서는 안 되는 것인데, 지금 그대는 그대의 정신을 밖으로 치달리고 그대의 정신을 피곤하게 하여 나무 아래에 기대어 큰 소리로 노래를 부르며 거문고에 의지한 채 눈을 감고 있다. 하늘이 수많은 생물 가운데 그대를 가려서 사람의 형체로 만들어주니, 본디 부족한 이치가 없는데 그대는 견백론(堅白論)으로써 부질없이 스스로 지껄여대니, 이 또한 내면의 충만한 덕과는 거리가 먼 것이다."

【감산 절해】

此篇은 以忘情絶欲하야 以全天德일새 故로 其德이 乃充이라 前已發揮全德之妙일새 故結以無情非人하야 以盡絶情全德之意니 所以警俗勵世之意 深矣로다

이 편은 忘情과 絶欲으로써 天德을 온전히 하였기에 그 덕이 충만한 것이다. 앞의 문장에서 全德의 오묘함을 밝힌 까닭에 '정이 없으면 사람이 아니다'라는 말로써 '정을 끊어 天德을 온전히 한다'는 뜻을 다하였으니 이는 세속을 경계하고 세상을 격려하는 뜻이 깊다.

장자 내편주 권4

【莊子 內篇註 卷之四】

제6 대종사(大宗師 第六)

【감산 편해】

莊子著書에 自謂言有宗하고 事有君이라하시니 蓋言有所主요 非漫談也
라 其篇이 分內外者는 以其所學이 乃內聖外王之道니 謂得此大道於心이
면 則內爲聖人이요 迫不得已而應世면 則外爲帝爲王이니 乃有體有用之學
이요 非空言也라 且內七篇은 乃相因之次第니 其逍遙遊는 乃明全體之聖
人이요 所謂大而化之之謂聖이라 乃一書之宗本이며 立言之主意也라 次齊
物論은 蓋言擧世古今之人이 未明大道之原하고 各以己見으로 爲是일새 故
互相是非라 首以儒墨相排는 皆未悟大道라 特以所師一偏之曲學으로 以
爲必是하야 固執而不化는 皆迷其眞宰하고 而妄執我見爲是라 故로 古今擧
世에 未有大覺之人이면 卒莫能正之니 此는 悲世之迷而不解는 皆執我見
之過也라 次養生主는 謂世人이 迷卻眞宰하고 妄執血肉之軀爲我라 人人이
只知爲一己之謀하야 所求功名利祿으로 以養其形하고 戕賊其眞宰而不悟
하니 此는 擧世古今之迷로 皆不知所養耳라 若能養其生之主하면 則超然脫
其物欲之害리니 乃可不虛生矣라 果能知養生之主하면 則天眞可復이며 道
體可全이니 此는 得聖人之體也라 次人間世는 乃涉世之學問이니 謂世事를
不可以有心要爲며 不易輕易可涉이라 若有心要名干譽하야 恃才妄作하면
未有不傷生戕性者니 若顔子와 葉公이 皆不安命하고 不自知而强行者也

라 必若聖人이 忘己虛心하야 以遊世하사대 迫不得已而應하야늘 乃免患耳라
其涉世之難을 委曲畢見하니 能涉世無患은 乃聖人之大用也라 次德充符는
以明聖人이 忘形釋智하야 體用兩全하사 無心於世而與道遊하시니 乃德充
之符也라 其大宗師는 總上六義하야 道全德備하야 渾然大化하야 忘己, 忘
功, 忘名이니 其所以稱至人, 神人, 聖人者 必若此라야 乃可爲萬世之所宗
而師之者라 故로 稱之曰 大宗師니 是爲全體之大聖이라 意謂內聖之學은
必至此라야 爲極則이니 所謂得其體也라 若迫不得已而應世면 則可爲聖帝
明王矣라 故次以應帝王으로 以終內篇之意라 至若外篇하야 皆蔓衍發揮內
篇之意耳니라

장자는 저서에서, "말에는 종지가 있고 일에는 주재가 있다(言有宗, 事有
君)"고 스스로 말했다. 이는 말은 主旨가 되는 바 있어야지 만담이어서는
안 된다는 것이다.

그『장자』를 내편과 외편으로 나눈 것은 그의 학문이 곧 內聖外王의 도
이기 때문이다. 이 大道를 마음에 얻으면 안으로는 성인이 되고, 어쩔 수
없이 마지못해 세상에 나가면 밖으로는 제왕이 된다. 이는 곧 본체와 작
용이 있는 학문이지, 空言이 아니다.

또 내 7편은 바로 서로 인이 되는 次第이다. 〈소요유〉는 전체를 갖춘
성인을 밝혔다. 이른바 "대인으로서 無爲而化한 것을 성인이라 함(孟子
盡心 下)"을 말한다. 이는『장자』의 本宗이자 전하고자 하는 주된 뜻이다.

그 다음 〈제물론〉은 요약하면 옛날이나 지금이나 온 세상 사람들이 大
道의 근원을 밝게 알지 못한 채, 각각 자기의 소견으로 옳다고 한 까닭에
서로 시비 다툼을 일삼는다고 말한다. 맨 먼저 유가와 묵가가 서로 배격

함은 모두 大道를 깨닫지 못한 때문이다. 특별히 一偏의 曲學을 宗師로 삼아 반드시 자기의 말이 옳다고 고집하여 변화하지 않는 것은 모두 그 眞宰를 알지 못하고 부질없이 자기 견해를 고집하여 옳다고 여긴 까닭이다. 따라서 온 세상 고금에 크게 깨달은 인물이 없으면 끝내 이를 바로잡을 수 없다. 이는 세상 사람들이 미망에 빠져 벗어나지 못해 모두 자기견해에 집착한 잘못을 슬퍼한 것이다.

그 다음 〈양생주〉는 세상 사람들이 眞宰를 깨닫지 못하고 헛되이 고깃덩어리 육신에 집착하여 자기로 삼음을 말했다. 사람마다 단지 자기의 일신만을 위한 줄 알고서 功名과 利祿을 추구하여 이로써 그 형체를 받들 뿐, 眞宰를 해치면서도 깨닫지 못한다. 이는 온 세상 고금의 사람들이 혼미하여 모두 함양해야 할 바를 모르기 때문이다. 만일 자기 생명의 주재를 함양한다면 超然하게 그 물욕의 폐해에서 벗어날 수 있을 것이다. 이것이 곧 헛된 삶을 보내지 않는 것이다. 만일 그 生의 주재를 함양한다면 天眞을 회복하고 道體를 온전히 할 수 있다. 이는 성인의 本體를 얻음이다.

그 다음 〈인간세〉는 處世의 학문이다. 세상일을 유심으로 조작해서도 안 되며 가볍게 처세해서도 안 된다. 만일 有心으로 명예를 구하여 재주를 믿고 허튼 일을 한다면, 자기의 생명과 본성을 해치지 않을 자 없을 것이다. 예컨대 顔子와 葉公은 모두 주어진 天命에 편안해하지 못하고 스스로 알지 못한 채 억지로 강행한 자들이다. 반드시 성인처럼 자기를 잊고 마음을 비워 세상을 소요하되 부득이 함에 임하여 응하여야만 우환을 면할 수 있다. 세상 살아나기 어려움을 자세히 다 보여주었다. 세상을 살면서 우환을 겪지 않는 것이 바로 성인의 大用이다.

그 다음 〈덕충부〉는 성인이 형체를 잊고 지혜를 버리고 體用을 모두

兼全하여 세상에 무심하면서 道와 더불어 소요하는 것을 밝힌 것이다. 이것이 바로 덕이 충만한 징표이다.

이 〈대종사〉는 위 6편의 뜻을 總結하여, 도를 온전히 하고 덕을 갖추어 渾然히 크게 造化하여 자기를 잊고, 공업을 잊고, 명예를 잊는 것이다. 이른바 至人·神人·聖人이라 일컫는 자는 반드시 이와 같아야만 만세의 宗師가 될 수 있다. 따라서 이런 인물을 大宗師라 하니, 이는 본체를 온전히 한 성인이다.

생각컨대 內聖의 학문은 반드시 이 경지에 이르러야 極則이라 할 수 있으니 이른바 그 본체를 얻은 것이다. 만일 부득이해서 세상에 응하면 聖帝明王이 된다. 그러므로 다음 〈응제왕〉으로써 內篇의 뜻을 끝맺은 것이며, 그 나머지 外篇은 모두 내편의 뜻을 부연(蔓衍)하여 밝힌 것이다.

[원문]

知天之所爲하며 知人之所爲者는 至矣라[1]

---

1 知天知人之知는 乃指眞知니 謂妙悟也라 天은 乃天然大道니 卽萬物之所宗者라 所爲는 謂天地萬物이 乃大道全體之變라 故曰 天之所爲라 하니 蓋天然無爲하야 而曲成萬物이로되 非有心也라 人之所爲는 謂人稟大道에 乃萬物之一數로되 特最靈者이니 以賦大道之全體而爲人之性하야 以主其形이니 卽所謂眞宰者라 故로 人之見聞知覺을 皆眞宰以主之하니 日用頭頭에 無非大道之妙用이니 是知人卽天也라 苟知天人合德하면 乃知之至也니라 │ 知天知人의 知란 곧 眞知를 가리키니, 妙悟를 말한다. 天이란 곧 天然大道니 만물의 宗主가 되는 것이다. 所爲란 천지 만물이 곧 大道全體의 변화라는 것이다. 때문에 天之所爲라 말하나니 天然無爲하야 만물을 골고루 이뤄주지만 有心은 아니다. 人之所爲는 사람이 大道를 稟賦받아 만물 가운데 하나이되 가장 신령스러운 것이니, 大道의 全體를 품부받아 사람의 본성으로 삼아 그 몸을 주재하게 하니 바로 眞宰이다. 이 때문에 사람의 見聞知覺을 모두 眞宰가 주

知天之所爲者는 天而生也요² 知人之所爲者는 以其知之所知로 以養其知之所不知하야 終其天年而不中道夭者니 是知之盛也니라³ 雖然이나 有患하니 夫知有所待而後에 當이라 其所待者 特未定也니⁴

관하게 하니, 일상의 모든 일에 大道의 妙用 아닌 게 없다. 이는 사람이 곧 하늘(人卽天)임을 안 것이다. 참으로 天人合德을 아는 것이 앎의 지극함이다.

2 知大道在人稟而有生者也라 | 大道가 사람에게 품부되어 태어남을 아는 사람이다.

3 所知者는 在人日用見聞覺知之知也요 所不知는 謂妙性本有로되 人迷不覺일새 故日用而不知라 由其不知本有일새 故但知貪欲以養形하고 而不知釋智遺形以養性이라 故로 擧世昏迷於物欲하야 戕生傷性하고 不能盡性全生하야 以終其天年이라 人若苟能於日用之間에 去貪離欲이면 卽境明心하고 廻光返照하야 以復其性이라 是以其知之所知로 養其知之所不知니 如此妙悟라야 乃知之盛也니라 | 아는 것이란 사람의 일상생활에 있어 見聞覺知의 앎이다. 모르는 것이란 妙性이 본래 갖추어져 있으나 사람들이 혼미하여 깨닫지 못한 까닭에 일상생활에 쓰면서도 모르는 것이다. 그 本有의 妙性을 모르는 까닭에 단지 탐욕으로 형체를 기를 줄만 알 뿐, 알음알이를 버리며 육신을 버리고서 妙性을 함양할 줄 모르기에 온 세상 사람들이 물욕에 혼미하여 생명과 본성을 해친다. 따라서 妙性을 다하고 생명을 온전히 하여 天年을 다하지 못한 것이다. 사람이 만일 일상생활 속에서 탐욕을 버리면 대상에 나아가 마음을 밝게 하고 지혜의 빛을 돌이켜 비추어 그 妙性을 회복할 수 있다. 이는 그 아는 것으로써 모르는 것을 길러나가는 것이다. 이와 같은 妙悟라야 바로 앎이 성대한 것이다.

4 雖然有患者는 意謂我說以所知로 養所不知此還有病在하니 何也오 以世人이 一向妄知로 皆恃其妄知하야 强不知로 以爲知하고 未悟로 以爲悟하며 妄爲肆志하야 則返傷其性하나니 必待眞悟, 眞知然後에 爲恰當이라 第恐所待而悟者는 未必眞知니 則恃爲已悟 則未可定也라 必若眞眞悟透면 天人合德이 本來無二라 乃可爲眞知니라 | "비록 그렇지만 걱정이 있다"는 것이란 생각컨대 내가 "아는 것을 가지고 모르는 것을 길러간다"고 말했는데, 이 또한 병폐가 있다고 생각된다. 무엇 때문인가? 세상 사람들은 한결같이 헛되이 알아 모두 그 헛된 지식만을 믿고서 모르면서도 억지로 안다 생각하고 깨닫지 못하고서도 깨달았다고 생각한 나머지, 부질없이 방자하여 도리어 그 본성을 해치

庸詎知吾所謂天之非人乎아 所謂人之非天乎아 且有眞人而後에 有眞知
니라[5]

【직역】 하늘의 所爲를 알며 사람의 所爲를 아는 자는 지극하다.

하늘의 所爲를 아는 자는 天으로써 삶이요, 사람의 所爲를 아는 자는
그 앎의 아는 바로써 그 앎의 알지 못한 바를 함양하여 그 天年을 누리어
중도에 요절하지 않는 자이니 이는 앎이 성대함이다.

비록 그러하나 근심이 있으니 知란 기다린 바 있는 후에야 妥當케 되
지만 그 기다리는 바가 特히 定해 있지 않으니 어찌 내가 말한 天은 사람
이 아닐 것이며, 이른바 사람은 天이 아닐 것임을 알 수 있겠는가.

또 眞人이 있는 후에야 眞知가 있을 수 있다.

【의역】 하늘의 자연을 알며 사람의 행위를 아는 사람은 사리의 통찰(洞
察)함이 지극하다.

하늘이 스스로 그러함을 아는 이는 천연스럽게 살고, 사람의 행위를 아

기 때문이다. 반드시 眞知 眞悟해야만 합당하게 된다. 다만 걱정은 기다려서
깨달은 것은 꼭 眞悟라 할 수 없으니 그럼에도 이미 깨달았다고 거들먹거리는
것은 아직 확정할 수 없는 것이다. 반드시 참으로 진오를 투철히 한다면 하늘
과 사람이 合德하여 본래 無二하리니 비로소 眞知라 할 수 있다.
5 意謂我說以人養天은 不是離人日用之外에 別有妙道니 蓋天卽人也요 人卽
天也라 直在悟得本來無二며 原無欠缺이니 苟眞知天人一體하면 方稱爲眞人
矣니라 | 생각컨대, 내가 "사람으로서 하늘을 기른다"고 말한 것은 사람의 일상
생활 밖에 따로 妙道가 있지 않다는 뜻이다. 하늘이 사람(天卽人)이요, 사람이
하늘(人卽天)이다. 곧바로 본래 둘이 없고 원래 조금도 모자람이 없다는 것을 깨
달은 데 있다. 만일 天人一體를 참으로 알아야 비로소 眞人이라 할 수 있다.
6 此下에 喚起眞人하야 以示眞人之所養者深하야 逈與常人不同也라 | 이 아

는 이는 일상생활에서는 見聞覺知로 알되, 사람들이 미혹되어 알지 못하는 본래의 성품에 대해서 그 妙性을 함양하여 생명을 존중하기 때문에 천수를 누린다.

하지만 아무리 그처럼 한다 할지라도 문제가 있다. 진지(眞知)·진오(眞悟)하지 못한다면 헛된 지식에 빠져 스스로 안다고 자만하여 방자하게 천성을 해치게 된다. 진지·진오한다면 어찌 내가 말한 하늘의 자연이 사람의 행위가 아닐 것이며, 이른바 사람의 행위가 하늘의 자연이 아닐 것임을 알 수 있겠는가.

진인만이 참다운 앎(眞知)을 지닐 수 있다.

【감산 절해】

此一節은 乃一篇立言之主意는 以一知字로 爲眼目이라 古人이 所云 知之一字는 衆妙之門이요 知之一字는 衆禍之門이라하니 蓋妙悟後에 方是眞知라 有眞知者를 乃稱眞人이니 卽可宗而師之也라 然이나 知天知人이 卽衆妙之門也라 雖然이나 有患하니 卽知之一字는 衆禍之門也라 謂强不知를 以爲知하고 恃强知而妄作이면 則返以知로 爲害矣니 此擧世聰明之通病也니라

이 문장은 〈대종사〉에서 말하려는 주된 뜻을 하나 知 자로 안목을 삼은 것이다. 옛 사람이 말하기를, "知라는 한 글자는 온갖 오묘함이 나오는 문이요, 知라는 한 글자는 모든 재앙이 나오는 문이기도 하다"고 하였다. 대개 묘오(妙悟)한 후에야 비로소 참된 앎이 얻어지고, 참된 앎이 있는 자만이 眞人이라 일컬을 수 있다. 그는 곧 宗師이다.

그러나 하늘을 알고 사람을 아는 것이 바로 온갖 오묘함이 나오는 문이다. 하지만 우환이 있기도 하다. 知라는 한 글자는 모든 재앙이 나오는 문이기도 하다. 알지 못한 것을 억지로 안다 하고, 억지를 부려 아는 것을 自恃하여 허튼짓을 하면 도리어 아는 게 폐해가 된다. 이것이 온 세상 총명한 이들의 공통된 병이다.

[원문]

何謂眞人고[6] 古之眞人은 不逆寡하며[7] 不雄成하며[8] 不暮士하나니[9] 若然者인댄[10] 過而弗悔하며 當而不自得也라 若然者인댄 登高不慄하며 入水不濡하며 入火不熱하나니 是知之能登假於道也[11] 若此니라[12] 古之眞人은 其寢에 不夢하고[13] 其覺에 無憂하며[14] 其食이 不甘하고[15] 其息이 深深이라[16] 眞

래에서는 眞人을 喚起시켜 眞人의 所養은 매우 깊어 여느 사람과 전혀 다름을 보여주었다.

7 寡는 謂薄德無智之愚人이요 不逆者는 不拒也ㅣ 寡란 박덕하고 지혜 없는 어리석은 이를 말하고, 不逆이란 거부하지 않음이다.

8 雄은 自恃也요 成은 謂己爲全德也니 不恃己德하야 以傲世也라ㅣ 雄이란 自恃함이다. 成은 이미 全德을 이뤘음을 말하니, 자기 덕을 내세워 세상에 거드름을 피우지 않음이다.

9 暮는 卽謀요 士는 卽事니 謂無心於事하고 虛己以遊하야 全不以事로 干懷也라ㅣ 暮는 謀이고, 士는 事이다. 일에 무심하고 몸을 비우고 소요하여 전혀 세상일로 마음에 두지 않음을 말한다.

10 眞人如此處世라ㅣ 眞人은 이와 같이 處世를 한다.

11 言眞人은 無心以遊世하니 此全無得失 利害之心이라 以情不附物일새 故로 水火 不能傷이라 此則遺物全性이니 是知則能登遐於道也라ㅣ 眞人은 무심으로 세상에 소요하니, 그는 전혀 이해득실의 마음이 없다. 마음이 사물에 얽매이지 않은 까닭에 물이나 불이 그를 해치지 못한다. 그는 외물을 버리고 본성을 온전히 하니, 그의 지혜가 능히 도에 이를 수 있다.

12 眞人은 卽世忘世之如此라ㅣ 眞人은 세상에 살면서도 세상을 잊음이 이와 같다.

人之息은 以踵이요[17] 衆人之息은 以喉하나니[18] 屈服者는 其嗌言이 若哇하고 [19] 其嗜欲이 深者는 其天機 淺이니라[20]

[직역] 무엇을 眞人이라 말하는가. 옛 眞人은 적은 것을 거스르지 않

---

13 夢發於妄想이니 以眞人은 情不附物이니라 則妄想이 不生이요 故寢無夢이라 | 꿈은 망상에서 나온다. 眞人은 마음이 외물에 얽매이지 않기에 망상이 일어나지 않는다. 이 때문에 잠을 자도 꿈을 꾸지 않는다.

14 眞人은 虛懷遊世하야 了無得失之心일새 故覺無憂라 | 眞人은 虛心으로 세상에 소요하여 전혀 득실의 마음이 없다. 이 때문에 잠을 깨서도 근심이 없다.

15 以道自娛일새 故不甘於味라 | 도로써 스스로 즐기는 까닭에 음식 맛을 달게 여기지 않는다.

16 深者는 緜緜之意라 息麤而淺이면 則心浮動이어니와 眞人은 心泰定而不爲物動일새 故其息深深이니라 | 深이란 綿綿의 뜻이다. 호흡이 거칠고 얕으면 마음이 들뜨고 동요되지만 眞人은 마음이 아주 안정되어 사물에 동요되지 않기 때문에 그 호흡이 깊고 깊다.

17 此釋上深深之意라 踵者는 脚跟也니 以喩息之所自發處 深不可測이니 故로 心定而不亂이라 | 여기에서는 위에서 말한 '호흡이 깊고 깊음'을 풀이했다. 踵이란 발뒤꿈치이다. 호흡이 발생하는 곳이 매우 깊어 어디서부터 숨을 쉬는지 알 수 없으므로 마음이 안정되어 어지럽지 않음을 비유한 것이다.

18 衆人之息은 在喉하니 則麤淺之至라 故로 心浮而妄動하나니 所以日用心馳於物而不知返이라 | 일반 사람의 호흡은 목구멍에 있으니 매우 거칠고 얕다. 따라서 마음이 들뜨고 망령되이 요동친다. 이 때문에 일상의 마음이 외물에 치달려 되돌아올 줄 모른다.

19 心浮則言躁요 言不由中이면 則易屈服이라 嗌者는 咽喉也요 哇는 吐也니 以淺麤之言이 自咽而吐는 無根之言也라 | 마음이 들뜨면 말소리가 조급해지고, 말이 중심에서 나오지 않으면 쉽게 굴복 당한다. 嗌은 목구멍이며, 哇는 吐함이다. 얕고 거친 말이 목구멍에서 토하는 것은 뿌리가 없는 말이다.

20 言世人이 麤淺如此者는 乃嗜欲之深에 汨昏眞性하야 全不知有天然妙性하고 皆墮妄知하야 無眞知也라 | 세상 사람이 이와 같이 거칠고 얕은 것은 嗜慾이 깊어 眞性을 가림으로써 전혀 천연의 妙性을 모르고 모두 망령된 앎에 떨어져 참된 앎이 없기 때문이다.

으며 雄으로 이루지 않으며 일을 꾀하지 않는다. 그와 같은 자는 잘못이 있어도 후회하지 않으며 妥當하여도 自得하지 않는다. 그와 같은 자는 높은 데에 올라가도 두려워하지 않으며 물에 들어가도 젖지 않으며 불 속에 들어가도 데지 않으니, 앎이 道에 오름은 이와 같다.

옛 眞人은 그 잠잘 적에 꿈꾸지 않고 그 잠에서 깨어도 걱정이 없으며 그 음식을 달게 여기지 않고 그 호흡이 깊고 깊다. 眞人의 호흡은 발꿈치로써 하고 衆人의 호흡은 목구멍으로써 한다. 屈服한 자는 그 嗌言이 토한 듯하고 그 嗜欲이 깊은 자는 그 天機가 얕다.

【의역】 진인만이 참다운 앎[眞知]을 지닐 수 있는데, 어떤 이를 진인이라 말하는가.

옛 진인은 어리석고 박복한 사람 또한 무시하지 않는데 하물며 지혜롭고 덕이 있는 사람이랴. 나의 몸으로 남보다 앞서 공을 이루지 않으며 계교(計較)와 지모(智謀)로써 일을 일으키지 않는다. 그와 같은 진인은 설령 잘못이 있을지라도 후회하지 않으며 아무리 잘한 일이 있어도 마음에 쾌활하지 않는다.

그와 같은 사람은 높은 데에 올라가도 두려워하지 않으며 물속에 빠져도 젖지 않으며 불속에 들어가도 데지 않는다. 그는 이해에 걸림이 없으니, 생사에 대해서도 알 만하다. 이는 그 견식이 지극히 고차원의 경지에 이르러야만 도에 대해 밝게 알 수 있다.

옛 진인은 망상이 없기에 잠을 자면서도 꿈꾸지 않고 얻고 잃음이 없기에 잠을 깨어서도 걱정이 없으며 기욕이 없기에 음식이 달게 여기지 않고 들뜨고 흔들리는 마음이 없기에 호흡이 깊고도 깊다. 진인의 호흡은 발생하는 곳이 매우 깊어 어디서부터 나오는지 알 수 없을 정도로 안정되어 있다. 세인의 호흡은 매우 거칠고 얕아 목구멍에서부터 나오니 망령되어 요동친다.

서로 의논하다가 남에게 굴복 당한 사람의 말소리는 목구멍으로 기어들어가는 소리로 목구멍의 사이에서 소리를 삼키고 토하는 것과 같다.

【감산 절해】

此一節은 言眞人妙悟自性이 是爲眞知者라 故로 所養이 逈與世不同이니 而以衆人觀之면 則自別矣라 前云有患은 正恐未悟而恃妄知爲得者니 害之甚也일새 故此雙明之라

이 문장은 眞人이 自性을 오묘하게 깨달음이 바로 眞知임을 말한다. 따라서 함양한 바 전혀 세상 사람들과는 사뭇 다르다. 세상 사람의 안목으로 보면 큰 차이가 있다. 앞에서 말한 "우환이 있다"는 것은 바로 깨닫지 못하고서도 헛된 알음알이를 自恃하여 깨달았다고 생각할까 두려워한 것이니 그 폐해가 심한 까닭에 이에 眞人과 衆人을 모두 들어 밝힌 것이다.

【원문】

古之眞人은 不知悅生하고 不知惡死라[21] 其出不訢하고 其入에 不距하야[22]

---

21 前에 略言眞人의 處世忘利害요 此則言眞人이 不但忘利害라 而且超死生하야 以與大道冥一이라 悟其生本不生일새 故生而不悅이요 悟其死本不死일새 故不惡其死라 | 앞에서는 眞人이 세상에 살면서도 이해득실을 잊었음

翛然而往하고 翛然而來而已矣라²³ 不忘其所始하고 不求其所終하며²⁴ 受而喜之하고 忘而復之하나니²⁵ 是之謂不以心捐道며 不以人助天이라 是之謂眞人이니라²⁶

을 간단하게 말했으나, 여기에서는 眞人이 이해득실을 잊었을 뿐만 아니라, 생사를 초월하여 大道와 계합함을 말한다. 그는 태어남이 본래 태어남이 아님을 깨달았기에 태어나도 기뻐하지 않고, 그 죽음이 본래 죽음이 아님을 깨달았기에 그 죽음을 싫어하지도 않는다.

22 出入은 即生死二字니 老子云 出生入死라 由不悅生일새 故不貪生이라 訢는 猶貪也라 不惡死일새 故不距니라 距는 謂介而不肯入也라 | 出入은 곧 생사 두 글자이다. 노자는 "삶으로 나와 죽음으로 들어간다"(『도덕경』 제50장)고 했다. 태어남을 기뻐하지 않는 까닭에 삶을 탐하지 않았다. 訢은 貪함이다. 죽음을 싫어하지 않는 까닭에 죽음을 거부하지도 않는다. 距란 고집을 피워 굳이 들어가지 않음이다.

23 翛然은 乃鶴沖擧刷羽之聲也라 言眞人이 無心遊世하야 翛然沖擧하야 出入死生을 如遊太虛에 了無罣礙라 故云如此而已矣니라 | 翛然이란 학이 높이 날아올라 날갯짓하는 소리이다. 眞人은 무심으로 세상에 노닐면서 유연히 높이 날아 생사를 출입하되 마치 태허에 노니는 것처럼 아무 거리낌이 없다. 때문에 "이와 같을 따름이라"고 말했다.

24 以悟其生本不生일새 故不忘其所始하고 以生與道遊하야 不見有世可出하고 混萬物而爲一일새 故不求所終이라 | 태어남이 본래 태어남이 아님을 깨달았으므로 그 비롯된 바를 잊지 않는다. 삶에 도와 함께 소요하면서 세상을 벗어나지 않고 혼연히 만물과 하나가 된다. 이 때문에 그 죽음을 추구하지 않는다.

25 衆人은 以生으로 爲累일새 故로 患而不喜어니와 眞人은 載道而生일새 故로 受形而喜요 雖處人世나 心不違道하야 相忘於世일새 故로 念念而復이라 | 중인은 삶을 累로 여긴 까닭에 우환으로 여겨 기뻐하지 않지만, 眞人은 도를 싣고 태어났으므로 육신을 받아 기뻐하고, 비록 세속에 살면서도 마음은 도를 어기지 않고 세상을 잊은 까닭에 매순간 회복하는 것이다.

26 心與道遊일새 故不捐道라 捐은 棄也라 人即是天이요 不假造作修爲니 故로 不以人助天이라 如此라야 乃謂之眞人이니라 | 마음은 도와 함께 노니므로 도를 버리지 않는다. 捐은 버림이다. 사람이 바로 하늘이다. 조작과 인위를 빌리지 않은 까닭에 인위로써 하늘을 돕지 않는다. 이와 같아야 眞人이라 할 수 있다.

【직역】 옛 眞人은 삶을 좋아할 줄도 모르고 죽음을 싫어할 줄도 모른다. 그 出(生)을 기뻐하지 않으며 그 入(死)을 거절하지 않아 儵然히 떠나가고 儵然히 올 뿐이다. 그 비롯한 바를 잊지 않으며 그 마칠 바를 구하지 않으며 받고서 기뻐하고 잊고서 回復하니, 이를 욕심으로써 도를 저버리지 않으며 人爲로 천명을 助長하지 않는다고 말한다. 이를 眞人이라 말한다.

【의역】 옛 진인은 삶을 좋아할 줄도 모르고 죽음을 싫어할 줄도 모른다. 그는 태어남도 기뻐하지 않고 죽음을 거절하거나 인색해 하지도 않는다. 그는 죽음과 삶을 하나의 일상적인 왕래로 보아 훌훌 털고 떠나가고 무심으로 올 뿐이다. 삶의 본원을 잊지 않고 죽음에 연연하지 않음으로써 삶을 받아 항상 자득하고, 세상을 잊고서 도를 회복하기에 욕심으로써 자연의 도를 저버리지 않으며, 인위(人爲)로써 천명(天命)의 떳떳한 이치를 조장(助長)하지도 않는다. 이를 두고 진인이라 말한다.

【감산 절해】

此一節은 言眞人遊世에 不但忘利害라 而且忘死生이니 故로 雖身寄人間이나 心超物表라 意非眞知妙悟면 未易至此니 欲人知其所養也니라

이 문장은 眞人이 세상을 노닐매 이로움과 해로움을 잊을 뿐만 아니라 생사까지도 잊기에 그의 몸은 세상에 있으나 마음은 우주 밖에 벗어나 있다고 말한다. 생각컨대 眞知와 妙悟가 아니면 쉽사리 이 경지에 이를 수 없다. 이는 사람들이 길러야 할 바를 알기를 원한 것이다.

【원문】

若然者인댄 其心이 志하고 其容이 寂하니 其顙이 頯하야²⁷ 凄然似秋하며²⁸ 煖
然似春하야²⁹ 喜怒 通四時하야 與物有宜하되 而莫知其極이라³⁰ 故로 聖人
之用兵也는 亡國而不失人心하며 利澤이 施乎萬世하되 不爲愛人이며³¹ 故

---

27 若然者는 言眞人이 如此遊世에 其容貌는 與衆不同이라 其心志의 志는 『筆
乘』에 作忘하니 言無心於世也라 其容寂은 言容貌寂然이니 乃內湛而外定
也라 其顙頯의 頯는 寬裕也니 謂其貌 廣大寬容하야 不拘拘之狀也라 此는
老子云 孔德之容은 唯道是從也니라 | 若然者란 眞人이 이와 같이 세상을
노닐매 그의 용모는 세상 사람들과 다름을 말하였다. 其心志의 志는 『筆乘』
에서는 忘 자로 쓰여 있으니, 세상에 무심함을 말한다. 其容寂이란 용모가
寂然함이니, 안으로 湛然하고 밖으로는 定然함을 말한다. 其顙頯의 頯란 너
그럽고 넉넉함이니, 그 용모가 드넓고 너그러워 구차하지 않는 모습을 말한
다. 이는 노자의 "큰 덕의 풍모는 오직 도를 따를 뿐이다"(『도덕경』 제21장)라
고 했다.

28 言其面嚴冷이 若秋氣之肅也라 | 그 얼굴의 엄정하고 차가움이 가을 기운의
엄숙함과 같음을 말한다.

29 言近之則其中 溫然暖然하야 令人으로 可親可愛也라 | 그를 가까이하면 그
의 마음이 온화하고 따뜻하여, 사람들이 친히 하고 사랑하게 함을 말한다.

30 言無心於喜怒나 但隨物所感하야 或喜或怒요 了無一定於中이니 故曰 通
乎四時하야 與物有宜라 而人이 不知無喜怒也일새 故曰 莫知其極이라 | 기
쁨과 슬픔에 무심하지만, 다만 외물에 미혹되어 혹 기뻐하기도 혹 분노하기도
하여 마음에 일정함이 전혀 없다. 때문에 "사계절을 통하여 사물과 더불어 적
절함이 있다"고 한다. 그러나 사람들은 喜怒가 없음을 모른 까닭에 "그 극처를
모른다"고 한 것이다.

31 言聖人은 無心御世與天地로 合德하시니 假而用兵이라 卽亡人之國하고 而
不失人心하니 本無殺伐之心也요 縱恩施萬世라도 原非有意愛人也니 所謂
天生天殺之意也니라 | 성인은 무심으로 세상을 다스려 천지와 덕이 하나이
기에, 가령 전쟁을 일으켜 한 나라를 멸망시키더라도 인심을 잃지 않는 것은
본디 殺伐의 마음이 없었기 때문이다. 비록 은혜를 만세에 베풀어도 원래 사
람을 사랑하려고 마음을 두지 않았다. 이른바 '天生' '天殺'의 뜻이다.

로 樂通物은 非聖人也요³² 有親은 非仁也요³³ 天時는 非賢也요³⁴ 利害不通은 非君子也요³⁵ 行名失己는 非士也요³⁶ 亡身不眞은 非役人也니라³⁷ 若狐不偕와 務光과 伯夷와 叔齊와 箕子와 胥餘와 紀他와 申徒狄은 是役人之役이며 適人之適이요 而不自適其適者也니라³⁸

【직역】 그와 같은 자는 그 마음이 志하고 그 용모가 고요하니 그 이마가 顙하여 凄然함이 가을과 같고 暖然함이 봄과 같아 喜怒는 四時와 통하여 物로 더불어 적절함이 있되 그 다함을 알 수 없다.

그러므로 성인의 用兵은 나라를 멸망시키되 인심을 잃지 않으며 利澤이 만세에 미치되 사람을 사랑함이 되지 않는다. 그러므로 物과 通하려 함은 성인이 아니며 (1項) 親함이 있음은 仁이 아니며 天時는 賢이 아니며 利害를 통하지 못함은 군자가 아니며 명예를 행하여 몸을 잃음은 선비가

---

32 有心要通於物은 非自然矣라 | 유심 만물과 통하려 함은 自然이 아니다.
33 大仁은 不仁이라 親者는 有心私愛니 非大仁也라 故曰 賊莫大德有心이니라 | 大仁은 不仁이다. 親이란 마음에 사사로운 사랑이 있음이니, 大仁이 아니다. 따라서 적은 有心보다 해로운 게 없다고 하였다.
34 揣度時勢는 非任命也라 | 時勢를 헤아리는 것은 命에 맡기는 것이 아니다.
35 明哲保身이라야 乃稱君子니 不通利害하고 率意狂爲는 非君子也라 | 明哲로 몸을 보존하여야 군자라 할 수 있다. 利害를 알지 않고 마음대로 경솔하게 미친 짓을 한다는 것은 군자가 아니다.
36 僞行虛名하고 而無實이면 則非士矣라 | 거짓으로 虛名을 행하여 실상이 없으면 선비가 아니다.
37 亡己爲人에 則人皆聽役이어니와 若執己殉名하면 則見役於物이요 非役人者也라 | 자신을 잊고 남을 위하면 사람들이 모두 따라서 일하지만 만일 자신에 집착하여 명예를 구하면 오히려 외물에 부림을 당하니, 남을 부릴 수 없다.
38 此數子者는 皆知之不眞하야 徇名喪實하니 去聖遠矣라 | 이 몇 사람은 모두 앎이 진실하지 못하여 명예를 좇아 실상을 잃었으니 성인과의 거리가 멀다.

아니며 몸을 잃어 眞性이 아닌 것은 남을 부림이 아니다.

狐不偕(옛 현인)와 務光(黃帝 때 사람)과 伯夷와 叔齊와 箕子와 胥餘(比干)와 紀他와 申徒狄과 같은 이는 남의 일에 부림당하고 남의 自適함을 自適케 해줄 뿐 스스로 그 自適함을 自適하지 못한 者이다.

【의역】 그와 같은 진인의 마음은 생각이 없고 그 용모가 고요하여 작위가 없으며 그 이마가 크고 소박하여 쌀쌀함이 가을 날씨와 같고 따사로움이 봄 햇살과 같아서 그의 무심한 기쁨과 노여움은 사계절의 운행처럼 자연과 상통하여 그 어떠한 사물에도 적절하게 대처하되 그의 자취를 찾을 수 없기에 그의 깊은 속을 헤아릴 수 없다.

그러므로 진인의 무심(無心)은 성인이 치세(治世)를 무심으로 하는 것과 같다. 그러므로 성인의 용병(用兵)은 남의 나라를 멸망시키되 인심을 잃지 않으며 은택이 만세에 미치되 사람을 사랑하려는 마음을 내지 않는다. 이 때문에 사물과 화통하고자 함은 성인이 아니며 사사로이 인자(仁者)가 아니며 때를 가려 움직이는 것은 현자(賢者)가 아니며, 이해의 타산으로 얽매임이 있는 것은 군자가 아니며 명예에 힘써 몸을 잃은 것은 선비가 아니며 몸을 잃어 진성(眞性)을 잃어버리면 세상에 부림을 당할 뿐이다.

옛 현자인 호불해(狐不偕), 무광(務光), 백이(伯夷), 숙제(叔齊), 기자(箕子), 서여(胥餘), 기타(紀他), 신도적(申徒狄)과 같은 이들은 남좋은 일에 부림을 당하여 그들을 기쁘게 만들어 주었을 뿐, 스스로의 진성(眞性)에 대한 자적(自適)을 스스로 누리지는 못한 이들이다.

此一節은 槩言所知 不眞하야 不能忘己, 忘名하고 有心要譽하야 徇名喪
實하니 皆非眞知之聖也라
下에 又言眞人眞知之不同하니라

이 문장은 아는 바 참답지 못해서 자기를 잊거나 명예를 잊지도 못한
채, 명예를 구하려는 마음이 있어 명예만 좇고 실상을 잃어버림이니, 모
두 眞知의 성인이 아니다고 말한다.

다음 단락에서는 또한 眞人 眞知의 다름을 말한다.

【원문】

古之眞人은³⁹ 其狀이 義⁴⁰而不朋하고⁴¹ 若不足⁴²而不承하야⁴³ 與乎⁴⁴
其觚而不堅也며⁴⁵ 張乎⁴⁶其虛而不華也요⁴⁷ 邴邴乎⁴⁸其似喜乎며⁴⁹ 崔乎⁵⁰

---

39 此下一節은 明眞人 遊世之狀이라 | 이 아래로 1절은 眞人이 세상에 노니는
모습을 밝힌 것이다.

40 無可不可라 | 可와 不可가 없다.

41 中心이 和而不流라 | 중심이 조화를 이루되 한편으로 휩쓸리지 않는 것이다.

42 虛之至也라 | 虛의 지극함이다.

43 若一物無所受라 | 어떤 하나의 사물도 받은 바 없는 듯하다.

44 與世容與라 | 세상과 더불어 용납함이다.

45 觚者는 方也라 雖介然不羣이나 而非堅執不化者라 | 觚는 모가 남이다. 비
록 굳은 절개로 남들과 함께하지 못하지만 고집으로 변화를 모르는 것은 아
니다.

46 施爲也라 | 베풂이다.

47 雖見施爲나 而中心이 空空하야 不以華美로 爲尙이라 | 비록 베풀지만 중심
이 비고 비어서 아름답고 화려한 것을 숭상하지 않는다.

48 邴은 喜貌라 | 邴은 기뻐하는 모습이다.

其不得已乎며[51] 滀乎[52] 進我色也며[53] 與乎[54] 止我德也며[55] 厲乎其似世乎며[56] 謷乎其未可制也며[57] 連乎其似好閉也며[58] 悗乎忘其言也라[59] 以刑으로 爲體하고[60] 以禮로 爲翼하고[61] 以知로 爲時하고[62] 以德으로 爲循하나니[63]

---

49 雖喜도 而無心於喜也라 | 비록 기뻐하기는 하지만 기쁨에 무심한 것이다.

50 言折節謙下也라 | 몸을 굽혀 겸손하게 낮추는 것이다.

51 雖謙下以接人이나 其實은 以不得已而泛應也라 | 비록 겸손하게 낮추어 사람을 맞이하나 그 실상은 부득이하게 그저 응한 것이다.

52 滀은 淳滀이니 如水之湛滀也라 | 滀은 고여 있음이다. 물이 맑게 고여 있는 모양이다.

53 謂中心이 湛滀이나 而和氣 日見於顏面之間이라 | 마음이 담담하게 고요하나 화기가 날로 얼굴에 나타남을 말한다.

54 與之相處라 | 다른 사람과 함께 거처함이다.

55 人與相處에 而不忍去라 | 사람과 함께 거처함에 차마 떠나지 못한다.

56 厲는 謂嚴整而不可犯이니 亦似世之莊重也라 | 厲는 엄정하여 범할 수 없음이니, 또한 세상의 莊重함과도 같다.

57 謷는 謂謷然禮法之外니 似不可以禮法으로 拘制也라 | 謷는 예의 법도에 초연함이니, 예법으로 그를 구속할 수 없다는 것과 같다.

58 連者는 收攝撿束之意니 雖收攝撿束하야 但似好閉나 其實은 無所閉藏也라 | 連이란 收攝, 撿束의 뜻이다. 비록 자신을 收攝하여 잘 감추고 있는 것처럼 보이지만 실상은 감춘 바 없다.

59 悗은 俯下之意니 謂對人謙下하야 若忘其言者라 | 悗은 몸을 굽혀 낮추는 뜻이니, 사람에게 겸손하여 그 말을 잊은 듯함을 말한다.

60 刑者는 不留其私니 謂中心에 一私도 不留로 以爲其體라 | 刑이란 그 사사로움을 두지 않음이니 마음에 하나의 사사로움도 두지 않음을 그 근본으로 삼음을 말한다.

61 雖忘禮法이나 猶假禮以輔翼하야 可行於世라 | 비록 예법은 잊었으나 오히려 예법을 빌어 이를 보조로 삼아 세속에 행한 것이다.

62 眞知時之可否하야 以行止也라 | 참으로 시절의 可否를 알고서 행하기도 하고 멈추기도 한다.

63 言以德은 但爲循順機宜也라 | 德으로써라는 것은 단지 機宜를 따르는 것이다.

以刑으로 爲體者는 綽乎其殺也요**64** 以禮로 爲翼者는 所以行於世也요**65** 以知로 爲時者는 不得已於事也요**66** 以德으로 爲循者는 言其與有足者至於丘也어늘**67** 而人은 眞以爲勤行者也라하니라**68**

【직역】 옛 眞人은 그 形狀이 義로 하되 朋黨 짓지 않으며 부족한 듯하되 받들지 아니하며 與하게 그 모가 나되 堅執하지 않으며 張(큰 모양)하게 그 淸虛하되 浮華하지 않으며 邴邴하게 그 기쁜 듯하며 崔하게 그 마지못하고 滀하게 나의 顔色을 나아가며 與하게 나의 德을 그치며 厲하게 그 세상과 같이 하며 謷하게 그 制裁하지 못하며 連하게 그 閑함을 좋아하는 것과 같으며 悗하게 그 말을 잊는다. 刑으로써 體를 삼으며 禮로써 翼을 삼으며 知로써 時를 삼으며 德으로써 循을 삼으니, 刑으로써 體를 삼는다는 것은 그 죽이는 데 너그러운 것이요, 禮로써 翼을 삼는다는 것은 所以로 세상에 행하는 것이요, 知로써 時를 삼는다는 것은 일함에 부

---

64 綽者는 有餘之義니 謂殺盡私欲하고 一私不留하야 而尤損之也라 | 綽은 여유 있음을 뜻하니, 사욕을 모두 없애어 하나의 사욕도 남겨두지 않고 자꾸만 덜어내는 것이다.

65 言旣遊世하되 不可出於禮法之外也라 | 이미 세상에 노닐되 예법 밖으로 벗어날 수 없음을 말한다.

66 言迫不得已而後應也라 | 마지못한 후에야 응한 것이다.

67 丘는 高處也니 言循順機宜하야 接引愚蒙하야 令有識者로 皆可上進於道니 故喩如有足者를 皆可引進於高處也라 此四句는 釋上刑禮知德四句라 | 丘란 높은 곳이다. 機宜에 따라서 어리석은 사람을 이끌어 식견이 있는 자를 모두 도로에 함께 나아가게 함이다. 따라서 마치 발이 있는 이를 모두 높은 곳으로 이끌어가는 것과 같다. 이 네 구절은 이는 刑·禮·知·德 네 구절을 해석한 것이다.

68 老子云 用之不勤하니 勤은 勞也라 言眞人이 遊行於世하되 無心而遊하니 雖行而不勞也라 | 노자는 "아무리 일해도 피곤하지 않는다"(『도덕경』 제6장)

득이하는 것이요, 德으로써 循을 삼는다는 것은 그 발이 있는 자들과 더불어 언덕에 이르는 것을 말한다. 그런데도 사람들은 진인을 수고로이 行하는 자라고 생각한다.

【의역】 옛 진인은 그 겉모습이 可와 不可가 없되 한쪽으로 휩쓸리지 않으며, 자기를 비워 부족한 듯하지만 한 물건도 받은바 없는 듯하며, 용납함이여! 방정하지만 고집하지 않고, 베품이여! 비어서 화려하지 않고, 기쁨이여! 기쁜 듯하나 기쁨에 무심하며, 겸손함이여! 부득이하게 그저 응함이고, 맑게 고여 있음이여! 화사한 기운이 얼굴에 나타남이며, 함께 거처함이여! 차마 떠나지 아니하며, 엄숙함이여! 세상의 장중함과 같으며으며, 초연함이여! 옛 법으로 구속할 수 없으며, 섭수함이여! 잘 감춘 듯하나 실상은 드러나며, 몸을 낮춤이여! 겸손하여 말을 잊은 듯하다. 그러나 그는 형벌로써 치국(治國)의 근간을 삼으며 예의로써 치세(治世)의 우익(羽翼)을 삼으며 지혜로써 시의(時宜)를 삼으며 덕행으로써 많은 사람이 따라야 할 떳떳한 본성을 삼는다.

형벌로써 치국의 근간을 삼는다는 것은 무심으로써 위엄을 삼기에 처벌하는 데 너그러운 것이고, 예의로써 치세의 우익을 삼는다는 것은 내, 강제로 한 것이 아니기에 세상에 스스로 행하는 것이고, 지혜로써 시의를 삼는다는 것은 억지로 총명함을 일삼지 않고 마지못해 일하는 것이며, 덕행으로써 사람들을 따르게 한다는 것은 사람들을 높은 곳에 이르게 해 주는 것이다. 그러나 사람들은 진인을 보고서 수고로이 행한 것으로 생각하지만 어찌 털끝만큼이라도 사사로운 마음으로 관여한 바 없음을 알겠는가.

此一節은 形容眞人의 虛心遊世之狀貌 如此之妙라 言雖超世나 而未嘗越
世요 雖同人이나 而不羣於人이니 此眞知之實也니라

이 문장은 眞人의 허심으로 세상에 노니는 모습이 이처럼 오묘함을 형
용했다. 그는 비록 세상을 초탈했으나 일찍이 세속을 버리지는 않고, 비
록 세인과 같이 하지만 사람들과 한 무리를 이루지 않는다. 이것이 眞知
의 실상이다.

【원문】

故로 其好之也 一이요 其弗好之也 一이니**69** 其一也 一이면 其不一也 一
이라**70** 其一은 與天으로 爲徒요**71** 其不一은 與人으로 爲徒라**72** 天與人이 不

라고 하니, 勤은 勞이다. 眞人이 세상에 노닐되 무심으로 노니므로 아무리
일을 행해도 힘든 줄 모른다는 말이다.

69 故者는 由上遊世之工夫純一일새 故得天人合德也라 好之者는 天也요 弗
好者는 人也나 今皆一矣니 是謂之天人合德이라 | 故란 위에서 말한, 세상
에 노니는 공부가 순일한 까닭에 天人合德을 얻는 것이다. 좋아하는 것은 하
늘이고 싫어하는 것은 사람이지만, 이제 다 하나이다. 이를 天人合德이라 한
다.

70 其一은 謂天人合一이니 謂天與人이 合一而歸於道면 則萬物이 雜然而不
一者가 盡皆渾然會歸於道也라 | 其一은 天人合一이다. 하늘과 사람이 하나
로 합하여 道에로 귀결되면 잡연히 합일되지 못했던 만물이 회귀하게 된다.

71 旣人合其天이면 則人天一이니 則人可與天으로 爲徒也라 | 이미 사람이 하
늘과 하나가 되면 사람과 하늘이 하나이니 사람이 하늘과 더불어 무리가 된
다.

72 謂天人原不一也어늘 今人이 旣合天이나 而未免遊於人世니 則以天而遊故
로 與人爲徒니라 | 하늘이 사람과 원래는 하나가 아니거늘 지금 사람이 하늘

相勝也니 是之謂眞人이니라[73]

【직역】 그러므로 그 좋아하는 것도 하나이고 그 좋아하지 않는 것도 하나이니 그 하나인 것이 하나이면 그 하나가 아닌 것도 하나이다. 그 하나인 것은 하늘로 더불어 무리가 되고 그 하나가 아닌 것은 사람으로 더불어 무리가 된다. 하늘과 사람이 서로 이기지 않으니 이를 眞人이라 말한다.

【의역】 진인이 天과도 합일하고 人과도 합일하니, 그 천과 인이 합일한 진인이 도와 합일하면 만물도 도와 합일한다. 천과 인이 합일한 경우는 하늘과 더불어 한 무리가 되고, 합일하지 않은 경우는 사람과 더불어 한 무리가 된다.

하늘과 사람이 서로 이기지 않기 때문에 이러한 경지에 이른 사람을 진인이라 한다.

【감산 절해】

此一節은 總結前知天知人工夫 做到渾然一體와 天人一際하야 然後에

───────────────

되었으되 인간 세상에 노님을 면치 않는 것은 하늘로써 노니는 까닭에 사람들과 더불어 무리가 되었다고 할 것이다.

[73] 若超然絶俗하면 則是以天勝人이요 若逐物亡性하면 則是以人으로 勝天이라 今天人이 合德하야 兩不相傷일새 故不相勝이니 必如此라야 方是眞人이니라 | 만일 초탈하여 세속을 벗어나면 이는 하늘로써 사람을 이긴 것이고, 외물을 좇아 본성을 잃으면 이는 사람으로서 하늘을 이긴 것이다. 이제 하늘과 사람이 덕을 합하여 서로가 해치지 않으므로 둘이 서로 이기지 않으니 이와 같아야 바야흐로 眞人이다.

任其天眞하야 則在天而天이며 在人而人이오 天地同根이며 萬物이 一體니 故로 天與人이 兩不相勝이라 必如此眞知妙悟渾化之極이라야 乃可名爲眞 人이라 此豈可强知妄見으로 而可比擬哉아 此眞人眞學之全功이니 故로 下 章에 從死生命也起하야 至藏舟章末히 皆極口勉人學道하야 要做眞實工夫 니라

이 문장은 앞 문장에서 말한, 知天知人의 공부가 渾然一體와 天人이 하나가 된 후에야 그 천진한 본성에 맡겨 하늘에 있으면 하늘이 되고 사 람 사이에 있으면 사람이 된다고 총결한다. 하늘과 땅은 같은 뿌리이며 만물은 하나이다. 그러므로 하늘과 사람이 서로 이기지 않는지라, 반드시 이와 같이 渾化의 극치를 진실로 알고 묘하게 깨달아야만 곧 眞人이라 말할 수 있다. 어찌 억지스럽고 虛妄한 知見과 견줄 수 있겠는가. 이것이 바로 眞人의 참 학문의 온전한 공부이다.

이 때문에 아래 문장에서 "삶과 죽음은 命"이라는 구절로부터 비롯하 여 '藏舟' 章의 끝에 이르기까지 모두 세상 사람들로 하여금 道를 배워 진 실한 공부를 하도록 極口 勸勉한다.

[원문]

死生은 命也요[74] 其有夜旦之常은 天也라[75] 人之有所不得與[76]니 皆物

---

[74] 此下는 敎人做了死生之工夫라 命은 謂自然而不可免者라 | 이 아래는 사람 들에게 생사를 초월하는 공부를 가르쳐 줌이다. 命이란 자연한 것으로 피할 수 없음을 말한다.

[75] 人有死生이 如時之夜旦하야 不可免者라 且陰陽有夜旦나 太虛恆一하야

之情也니라[77] 彼特以天으로 爲父하야[78] 而身猶愛之온 而況其卓乎아[79] 人特以有君으로 爲愈乎己하야 而身猶死之온 而況其眞乎아[80]

【직역】 死生이 命이며 그 夜旦에 항상함이 있음이 하늘이라, 사람이 관여하지 못할 바가 있으니 모두 物의 實(情)이다.

而無昏曉니 喩人形이 雖有生死나 而眞性은 常然不變이 如太虛之無變이니 故曰天也ㅣ 사람에게 생사가 있다는 것은 아침저녁이 있는 것처럼 피할 수 없다. 陰陽에는 아침과 저녁이 있지만, 太虛는 영원히 한결같아 어둠과 밝음이 없으니 비유컨데 사람의 몸에는 생사가 있으나, 眞性은 항상 변치 않음이 太虛의 不變과 같기에 하늘이라 말한다.

76 去聲이라ㅣ 거성이니 관여한다는 의미이다.

77 謂眞性在人에 天然自具하야 一毫人力으로 不能與其間이라 此는 人人同有之眞體니 所謂眞宰와 天君이 是也라 此須養而後知니라ㅣ 眞性이 사람에게 天然으로 갖춰 있어 一毫의 人力도 그 사이에 관여할 수 없다. 이는 사람마다 다함께 소유한 眞體다. 이른바 眞宰와 天君이 바로 이것이다. 이는 모름지기 스스로 수양한 후에야 알 수 있다.

78 言人人이 皆稟眞性하야 而有形코 天然自足이니 故曰 以天爲父니라ㅣ 사람마다 모두 眞性을 품부 받아 몸을 소유하고 天然으로 자족하기에 "하늘로써 아버지를 삼는다"고 말하였다.

79 言此血肉之假身이 賴世之父하야 而有生하니 且養身全孝하야 以尊父어니와 況天君은 載我之形하야 卓然不屬形骸者니 豈不知所養而尊之乎아ㅣ 이 혈육이라는 假身이 금세의 아버지로부터 몸을 받아 태어났다는 것만으로도 몸을 길러 효도를 다하여 아버지를 높이고자 하거니와 하물며 天君이란 나의 몸을 실어주되 탁연하여 육신에 속하지 않은 자이다. 어찌 보존하여 높이 받들지 않을 수 있겠는가?

80 且以世人이 知有君하야 欲盡忠者는 形而不能忘形하야 以事之忠之니 可謂不智之甚矣라 此言 激切之至어늘 人讀此而不悟면 非夫也라ㅣ 세상 사람들은 임금이 있는 줄 알고서 충성을 다하려는 자는 육신의 형체를 가지고서 육신의 형체를 잊지 못하여 임금을 섬기고 충성을 하니 매우 지혜롭지 못하다. 이 말은 지극히 간절한 말이다. 이를 읽고서도 깨닫지 못한다면 대장부가 아니다.

그들은 특히 天으로써 아버지를 삼아 몸소 오히려 그를 사랑하는데, 하물며 그보다 탁연함이랴.

사람들은 임금으로써 나보다 낫다고 생각하여 몸소 오히려 그를 위해 죽는데, 하물며 어찌 眞君이랴.

【의역】 인간의 죽음과 삶이란 필연적인 운명으로 마치 주야가 하늘에서 운행하는 것과 같다. 비록 삶과 죽음이 있으나 항상되어 불변하는 진성이 있으니 이것을 天이라 한다. 어떻게 사람이 이에 관여할 수 있겠는가. 이는 모두 만물의 진실한 이치이다.

사람들은 모두 진성을 가지고 태어나 천연으로 자족한다. 몸을 낳아주신 아버지도 오히려 사랑하거늘 하물며 이보다 탁월한 대종사랴.

사람들은 임금의 권력이 나보다 낫다는 이유만으로 몸소 그를 위해 충성을 바치고 있다. 하물며 그보다 더 권위가 있는 참 임금인 대종사랴.

【감산 절해】

此言眞性이 在我하야 而不屬生死者 乃眞常之性也라 而人이 迷之而不悟하야 嗜欲傷之하고 而不知所養하니 豈非至愚也哉아

여기에서는 眞性이 나에게 있어 생사에 따르지 않는 것은 바로 眞常의 성품임을 말했다. 그럼에도 사람들이 혼미하여 이를 깨닫지 못한 채, 嗜欲으로 해치고 이를 함양할 줄 모르니, 어찌 지극한 어리석음이 아니겠는가.

泉涸에 魚相與處於陸하야 相呴以濕하고 相濡以沫이 不如相忘於江湖요[81]
與其譽堯而非桀也론 不若兩忘而化其道니라[82] 夫大塊는[83] 載我以形하고
勞我以生하고 佚我以老하고 息我以死라 故로 善吾生者는 乃所以善吾死也
니라[84]

---

81 老子云 失道而後에 德하고 失德而後에 仁하고 失仁而後에 義라 하니 此取
魚失水는 如失道德而後에 仁義요 且以仁義로 相尙은 正似相濡以濕沫이
며 不若相忘於江湖니 以喩必忘仁義하고 而可遊於大道之鄕也라 | 노자가
말하기를, "도를 잃은 뒤 덕이, 덕을 잃은 뒤 仁이, 仁을 잃은 뒤 義가 일어난
다"(『도덕경』 제38장)고 한다. 물고기가 물을 잃었다는 예를 취한 것은 도덕을
잃은 뒤 인의가 일어난 것과 같고, 또 인의를 숭상함은 마치 물거품으로 물고
기들이 서로를 적셔주는 것과 같고, 강물 한가운데서 모두 잊고 노니는 것만
같지 못하다는 것은 인의를 잊고서 大道의 고향에서 노니는 것만 같지 못함
을 비유함이다.

82 無譽無非는 則善惡을 兩忘하야 而與道로 爲一이니 乃眞知之盛也니라 | 명
예와 비난이 없음은 선과 악을 모두 잊고서 도와 하나가 되는 것이 바로 眞知
의 지극함이다.

83 天地也라 | 天地이다.

84 言人生天地에 勞佚死生을 皆自然而不可卻者命也니 此所謂人也라 苟知命
之所係卽道之在면 是知由人而卽天也라 若知天與人이 本無二致하면 則渾
然合道하야 而不以人으로 害天하고 虛心遊世하야 以終其天年코 生不忘道
니 故로 云 善吾生者는 乃所以善吾死라 此其天人合德코 死生無變하야 任
造物之自然이니 此知之至也니라 | 사람이 천지에 사는데 勞·佚·死·生
은 모두 자연으로 어쩔 수 없는 것이 命이다. 이것이 바로 인간이다. 만일 命
이 있는 곳에 道가 있음을 알면 이는 사람으로부터 하늘을 아는 것이다. 만일
하늘과 사람이 본래 둘이 없음을 알면 혼연히 도와 합하여 사람으로서 하늘
을 해치지 않고, 허심으로 세상에 노닐어 天壽를 누리고 살면서 도를 잊지 않
는다. 이 때문에 나의 삶을 잘한 자는 나의 죽음을 잘 맞이하는 것이다. 바로
이것이 天人合德으로 삶과 죽음에 변함이 없어 자연의 운행에 맡기는 것이
니, 앎의 지극함이다.

【직역】 泉이 메말랐을 적에 물고기들이 서로 더불어 육지에 있으면서 서로 습기로써 呴하고 서로 泡沫로써 적셔줌이 강호에서 서로 잊음만 같지 못하며, 그 堯를 칭찬하고 桀을 비난하는 것보다는 모두 잊고 그 道와 化하는 것만 같지 못하다.

大塊(天地)는 나를 형체로써 실어주고 나를 生으로써 수고롭게 하고 나를 늙음으로써 편안하게 하고 나를 죽음으로써 쉬게 해 주었다. 그러므로 나의 삶을 잘한다는 것은 나의 죽음을 잘한다는 것이다.

【의역】 시냇물이 바싹 메말랐을 적에 물고기가 모두 메마른 땅에 모여 있으면서 서로가 물기를 내뿜어 주고 서로 물거품으로써 적셔 주고 있다. 그러나 모두 지난날 강호에서 삶과 죽음의 도를 서로 잊었던 것만 같지 못하다.

그 요임금을 칭찬하고 폭군 걸을 비난하는 것보다는 시비의 도를 모두 잊고 그 도로 변화하는 것만 같지 못하다.

천지는 몸으로써 나를 실어주었고 삶으로써 나를 수고롭게 하였고 늙음으로써 나를 편안하게 하였고 죽음으로써 나를 쉬게 해 주었다. 그러므로 자연에 맡겨 나의 삶을 잘한다는 것은 죽음 또한 괴로움이라 여기지 않고 잘 받아들일 것이다.

【감산 절해】

此言世人이 不知大道하고 而以仁義爲至라 故以仁愛親하고 以死事君이라 此雖善이나 不善이라 故如泉涸에 而魚以濕沫로 相呴濡也라 若能渾然悟其大道면 則萬物一體며 善惡兩忘이라 故如魚之相忘於江湖라 如此라야 乃

可謂知天知人 天人合德하야 而能超乎生死之外라 故로 在生在死에 無不
善之者也니라

여기에서는 세상 사람들이 大道를 모른 채 仁義를 지극하다고 생각
했음을 말했다. 이 때문에 仁으로 어버이를 섬기고 죽음을 무릅쓰고 왕
을 섬긴다. 이는 비록 착하다고 하지만 착한 일은 아니다. 예컨대 물이
바싹 마른 호수에서 물고기들이 물거품을 지어 서로 끼얹어 주는 것과
같다. 만일 혼연하게 그 대도를 깨달으면 만물과 한 몸이 되고 선악을 모
두 잊게 된다. 이 때문에 물고기가 강물 한가운데에서 모두 잊는 것과 같
아야만 하늘을 알고 사람을 알며, 天人合德하여 생사의 밖에 초월할 수
있게 된다. 그런 까닭에 생사에 있어 잘하지 못하는 것이 없게 된다.

[원문]

夫藏舟於壑하고 藏山於澤을 謂之固矣이러니 然而夜半에 有力者 負之
而走하되 昧者는 不知也니라[85] 藏小大는 有宜나 猶有所遯이어니[86] 若夫藏天

---

[85] 藏天眞於有形이 如藏舟於壑하고 藏有形於天地 如藏山於澤이나 謂之固
矣는 此常人이 以此爲定見也라 然而造化密移하야 雖天地라도 亦爲之變
이어늘 而常人은 不覺이 如有力者 負之而趨하되 昧者 不知也 | 天眞을
유형의 몸에 간직하는 것은 마치 배를 골짜기에 감추는 것과 같고, 유형의
존재를 천지에 숨기는 일은 산을 연못에 감추는 것과 같으나, 이를 일러 고
루하다고 한다. 여느 사람들은 이로써 定見으로 삼는다. 그러나 조화는 보이
지 않는 사이에 옮겨감으로 천지라 할지라도 또한 변하거늘, 여느 사람들이
깨닫지 못함은 마치 힘 있는 자가 짊어지고 달아났는데도 혼미한 자는 이를
모르는 것과 같다.
[86] 形與天地雖小大有宜나 而皆不免於變이라 | 형체와 천지는 비록 크고 작음
에 적절함이 있으나 모두 변화에서 벗어나지는 못한다.

下於天下인댄 而不得所遯이니 是恆物之大情也니라⁸⁷ 特犯人之形하되 而猶喜之하나니 若人之形者는 萬化而未始有極也라 其爲樂을 可勝計耶아⁸⁸ 故로 聖人은 將遊於物之所不得遯而皆存하야 善夭善老하며 善始善終컨댄 人猶效之온⁸⁹ 又況萬物之所係而一化之所待乎아⁹⁰

【직역】 배를 산골짜기에 감추고 산을 연못에 감추는 것을 견고하다고 말하지만 夜半에 힘 있는 자가 짊어지고 도망하였는데도 혼매한 자는 알

---

87 若知此身與天地萬物이 皆與道로 爲一하야 渾然大化而不分하면 是藏無形於無形이니 如此則無遯이라 則如藏天下於天下而不得所遯矣라 此天地萬物之實際也니 故曰恆物之大情이니라 | 만일 이 몸과 천지 만물이 모두 도와 더불어 하나가 되어 渾然한 큰 조화로 구분이 없음을 깨닫는다면, 이는 무형의 것을 무형에 감추는 격이다. 이와 같으면 잃어버릴 일이 없다. 바로 이것은 마치 천하를 천하에 감추어 잃어버릴 일이 없는 것과 같다. 이것이 천지 만물의 실제이다. 이 때문에 '恒物의 大情'이라 한다.

88 言大化造物에 千變萬化而人特萬物之一數耳어늘 而人不知하고 特以得人身爲喜라 如此則萬物도 皆有可喜者니 其樂을 可勝計耶아 | 대화가 조물함에 온갖 변화가 있어 사람은 단지 만물 가운데 하나일 뿐이다. 사람들은 이를 알지 못하고 특별히 사람의 몸을 얻은 것으로 기뻐한다. 이와 마찬가지로 만물도 모두 기뻐할 만한 것이 있으니, 그 즐거움을 이루 헤아릴 수 있겠는가.

89 言聖人은 心與道遊하사 則超然生死하시니 乃物所不得遯이라 如此則物物이 無非道之所在니 故로 夭壽始終에 無所不善者어니와 而人猶效之라 | 성인은 마음이 도와 더불어 노닐어 생사에서 초탈하니, 이 또한 만물이 피할 수 없는 것이다. 이와 같다면 사물마다 도가 없는 곳이 없다. 따라서 夭壽始終에 잘하지 않는 것이 없어 사람들은 오히려 그를 본받으려 한다.

90 言大道之原은 乃萬物之根宗이라 故云 一化之所待니 此實天地萬物之大宗이요 聖人之所宗而師之者 此也라 可不悟乎아 | 大道의 근원은 만물의 원천이다. 그러므로 一化之所待라 하니, 이는 실로 천지 만물의 大宗이고, 성인이 종사로 삼는 것도 바로 이것이다. 이를 깨닫지 않을 수 있겠는가?

지 못한다.

작은 것을 큰 데에 감춘 것은 적절한 것이나 오히려 遯(亡失)한 바 있거니와 만일 天下를 천하에 감춘다면 遯(亡失)한 바 없을 것이니, 이는 恒物(常理)의 큰 情(實)이다.

특히 사람의 形體를 犯하되 오히려 기뻐하니 사람의 형체와 같은 것은 萬化로서 애당초 다함이 없다. 그 즐거움이 됨을 이루 헤아릴 수 있겠는가? 그러므로 성인은 장차 物의 遯할 수 없는 곳에 노닐면서 모두 존재할 수 있는 것이다.

夭를 善히 하며 老를 선히 하며 始를 선히 하며 終을 선히 하는 것을 사람이 오히려 본받는데 또 하물며 만물이 매여 있는 바이며 一化의 依待한 바이랴.

【의역】 산골짜기에 깊숙이 배를 감추고 연못에 깊숙이 산을 감춘 것을 잘 감추었다고 말하지만, 아무 것도 보이지 않는, 캄캄한 한밤중에 힘 있는 자가 숨겨둔 것을 몰래 짊어지고서 이미 도망쳐 버렸는데도 혼미한 자는 마냥 모르고 있다.

작은 물건을 큰 데에 감춘 것은 적절한 것이나 천지의 조화와 하나가 됨을 알지 못하면 아무리 잘 감췄다 할지라도 날마다 변해 가는 것을 금할 수 없다. 하지만 천하를 천하에 감춘다면 망실하는 바 없을 것이다. 이것이 사물의 진실한 섭리이다.

사람들은 사람의 형체를 얻은 것만으로 기뻐하지만 어찌 기뻐함이 사람의 형체를 얻는 것에만 한정되겠는가. 이 때문에 성인은 만물이 변화하지 않는, 영원의 진리에 노닐면서 모두 대도(大道)와 함께 하나가 되어 존재할 수 있는 것이다.

요절이든, 장수이든, 태어남이든, 죽음이든 순리대로 편안히 따르는 그 자체만으로도 사람들이 오히려 본받는 것인데, 하물며 모든 만물의 근원 〔大宗師〕으로서 천지의 조화가 필요로 하는 그 도리는 어떻겠는가.

【감산 절해】

此는 發明大道無形이나 而爲天地萬物之根本이라 人人이 稟此無形之 大道而有生하니 是爲眞宰라 若悟此大道면 則看破天地萬物과 身心世界 하야 消融混合而爲一體니라 若悟徹此理면 則稱之曰 大宗師니 是所謂大 而化之謂聖者也라 至此에 則無己, 無功, 無名으로 逍遙於萬物之上하고 超 脫於生死之途라 以世人은 槩不知此大道之妙하고 而以小知小見之自是로 不得逍遙하고 各執己是하야 互相是非라 故로 喪其有生之主하고 而要求名 利於世間하나니 故로 德不充符라 是則前五篇에 所發揮者를 未曾說破일새 故此篇首를 乃立知天知人과 有眞知方爲眞人하고 直說到此하야 方指出一 箇大宗師하시니 正是老莊의 立敎之所宗者 如此而已라 故로 此後에 重新 單提起一道字來發揮하시니 足見立言前後一貫이라 言雖蔓衍이나 而意有 所宗을 於此에 可見矣로다

여기에서는 大道는 형체가 없지만 천지 만물의 근본이 됨을 밝혔다. 사람들은 모두 이 무형의 大道를 품부 받아 태어난 것이다. 바로 이것이 眞宰이다.

만일 이 대도를 깨치면 천지 만물, 몸과 마음의 세계를 간파하여 消融 하고 혼합하여 하나가 된다. 이런 이치를 확철히 깨치면 그를 일러 大宗

師라 한다.

그는 "크게 화함을 일러 성인이라 한다"(『孟子』盡心 下)는 말이다.

이 경계에 이르면 無己·無功·無名으로 만물을 벗어나 노닐고 생사의 길을 초탈하게 된다. 사람들은 이런 대도의 오묘함을 모른 채, 小知와 小見으로 저마다 옳다 여기고 소요하지 못하고서 각각 자신이 옳다하여 서로 시비를 일삼는다. 그러므로 자기 생명의 주인을 잃게 되고 세간에서 명리를 구하기에 덕이 내면에 충분히 부합되지 않게 된다.

이는 앞의 다섯 편에서 밝힌 것을 설파하지 않았기에 이 편의 첫머리에서 곧바로 하늘을 알고 사람을 알며 참된 앎을 얻어야 眞人이라 말하고, 직설로 여기에 이르러 비로소 하나의 대종사를 지적해 낸 것이다. 바로 이 노장의 立敎 종지는 이와 같을 뿐이다.

이 때문에 다음 단락에서 다시 하나의 道 자를 새롭게 제기하여 밝혔으니 언설을 세움이 앞뒤로 일관됨을 알 수 있다. 문장은 비록 蔓衍하다 하지만 그 뜻의 종지를 여기에서 볼 수 있다.

[원문]

夫道는⁹¹ 有情이 有信이나⁹² 無爲無形이라⁹³ 可傳而不可受며 可得而不

---

91 上文에 說了大宗師狀貌하야 結了前義라 言大宗師之所宗者는 大道니 上云 萬物所係一 化所待者何오 乃大道也라 故로 此下發揮大道之妙하야 以明萬物所係一化所待之義하니 立意皆從老子天得一以淸等來라ㅣ위 문장에서는 대종사의 모습을 말하면서 앞에서 말한 뜻을 끝맺었다. 대종사가 으뜸으로 삼는 것은 大道이다. 위에서 말한 "萬物所係 一化所待"란 무엇인가? 바로 大道이다. 그러므로 이 단락 아래에서는 대도의 오묘함을 파헤쳐 "萬物所係 一化所待"의 뜻을 밝히고 있다. 이는 노자의 "하늘은 하나를 얻어 맑아진다"(『도덕경』제39장)는 따위에 그 유래를 두고 있다.

可見이니⁹⁴ 自本自根하야⁹⁵ 未有天地에 自古以固存이요⁹⁶ 神鬼神帝며 生天生地니라⁹⁷ 在太極之先하여도 而不爲高하고⁹⁸ 在六極之下하여도 而不爲深하며⁹⁹ 先天地生而不爲久하니¹⁰⁰ 長於上古而不爲老니라¹⁰¹ 狶韋氏¹⁰² 得之하야 以挈天地하고¹⁰³ 伏羲氏¹⁰⁴得之하야 以襲氣母하며¹⁰⁵ 維斗¹⁰⁶得

---

92 此言大道之體用也라 齊物에 云 可形已信이나 有情無形이 正指此也니 此從老子의 窈窈冥冥이여 其中有精이요 其精甚眞하야 其中有信이라 하니 此言有情은 謂雖虛而有實體요 不失其用曰信이라 | 이는 大道의 體用을 말한 것이다. 〈제물론〉에 "可形已信 有情無形"이 이를 가리킨다. 이 구절은 노자의 "아득하고 그윽함이여. 그 中에 精이 있고, 그 精이 매우 진실하여 그 가운데 信이 있다"(『도덕경』 제21장)는 데에서 유래한 것이다. 여기서 말한 有情이란 비록 虛하지만 실체가 있음을 말하고, 그 작용을 잃지 않음을 信이라 한다.

93 湛然常寂故로 無爲요 超乎名相故로 無形이라 | 湛然하여 항상 고요한 까닭에 無爲요, 名相을 초월한 까닭에 無形이다.

94 以心傳心故로 傳可得이요 妙契忘言일새 故無受無見이라 | 마음으로 마음을 전한 까닭에 전할 수 있고 얻을 수 있고, 오묘한 깨달음은 언어를 떠난 까닭에 받을 수도 없고 볼 수도 없다.

95 本自天然하야 原非假借라 | 본래 스스로 天然하여 원래 假借한 것이 아니다.

96 天地 以之建立일새 故先有固存이라 | 천지도 이에 의해 건립되므로 천지보다 먼저 고유한 것이다.

97 變化不測爲天地萬物之主라 | 변화불측하여 천지만물의 주인이 된다.

98 伏羲畫卦 始於太極하니 推之向上에 更有事在라 故不以爲高니라 | 복희씨는 卦를 만들 때 태극에서 비롯했으니. 이를 미루어 위로 향해 가면 또 다른 것이 있기에 높다 하지 않는다.

99 包天地容六合일새 故不爲深이라 | 천지와 육합을 포용한 까닭에 깊다고 하지 않는다.

100 以固存일새 故不爲久라 | 원래 있었기 때문에 오래라 말하지 않는다.

101 萬化密移而此道湛然일새 故不爲老라 | 모든 변화는 은밀하게 옮겨가지만, 이 도는 湛然하므로 늙었다 말하지 않는다.

102 古帝王名이라 | 옛 帝王의 이름이다.

103 參贊化育하야 整理世界라 | 천지의 化育을 參贊하여 세계를 정리하였다.

之하야 終古不忒하고[107] 日月이 得之하야 終古不息하며[108] 堪坏[109]得之하야 以襲崑崙하며[110] 馮夷[111]得之하야 以游大天하며 肩吾[112]得之하야 以處太山하고 黃帝[113]得之하야 以遊雲天하며[114] 顓頊이[115] 得之하야 以處玄宮하고 禹强이[116] 得之하야 立乎北極하며[117] 西王母[118]得之하야 坐乎少廣하야[119] 莫知其始하고 莫知其終하며[120] 彭祖[121]得之하야 上及有虞하고 下及五伯하

---

104 軒黃也라 | 軒黃이다.

105 襲은 取也요 氣母는 生物之本也니 襲氣母는 卽老子 求食於母라 | 襲은 取, 氣母란 生物의 근본이다. 襲氣母란 노자의 "어머니로부터 음식을 구한다"(『도덕경』 제20장)는 뜻이다.

106 北斗는 天之樞也라 | 北斗는 하늘의 中樞이다.

107 忒은 差也라 北斗 天樞 居所不動일새 故不差忒이라 | 忒은 어긋남. 北斗는 하늘의 中樞라 제자리에서 움직이지 않는다. 따라서 조금도 어긋남이 없다.

108 運行而不已며 用行而不殆라 | 운행이 그치지 않고 운행해도 위태롭지 않다.

109 崑崙之神이니 人面獸形이라 | 곤륜산의 산신으로 사람의 얼굴에 짐승의 몸을 가졌다.

110 此襲은 猶承襲이니 言主持崑崙이라 | 여기에서 말한 襲은 계승하여 잇는다는 것이니 곤륜산을 주재하고 유지함을 뜻한다.

111 河伯也라 | 河伯이다.

112 山神也라 | 山神이다.

113 軒轅也라 | 軒轅이다.

114 乘龍飛昇上儒也라 | 용을 타고 하늘로 날아올라 신선이 되었다.

115 五帝之一이라 | 五帝 중의 하나이다.

116 北海之神이니 山海經에 云 玄渚에 有神하니 人面鳥形이요 珥兩靑蛇하고 踐兩蛇하니 名曰 禺强이라 | 북해의 神. 『山海經』에는 "玄渚에 神이 있으니, 사람의 얼굴에 새의 몸으로 두 마리의 푸른 뱀을 귀걸이로 하였고 두 마리의 뱀을 밟고 있으니 그를 명명하여 禺强이라 한다"고 하였다.

117 北海之極이라 | 北海의 極이다.

118 瑤池仙長也라 | 瑤池에 사는 신선의 수장이다.

119 王母所居之宮也라 | 서왕모가 거주하는 궁전이다.

120 此二句는 總結上文이라 列聖神人이 主持天地日月星辰는 皆恃大道라 故

며[122] 傳說[123]得之하야 以相武丁하야 奄有天下하고 乘東維하며 騎箕尾하야
而比於列星이니라[124]

【직역】 道는 情이 있고 信이 있으나 作爲가 없고 형체가 없다. 傳할 수
있으나 받을 수 없으며 얻을 수 있으나 볼 수 없다. 스스로 本이 되고 스
스로 根이 되어 天地가 있지 않을 적에 예로부터 참으로 存在해 왔다. 鬼
를 신비롭게 하고 帝를 신비롭게 하며 하늘을 낳고 땅을 낳아 주었다.

太極의 앞에 있어도 높다 못하며, 六極의 아래에 있어도 깊다 못하며,
天地에 앞서 發生하였으나 長久하다 못하며, 上古보다 오래 되었으나 늙
었다 할 수 없다.

豨韋氏가 이를 얻어 천지를 이끌고, 伏羲氏가 이를 얻어 氣母를 襲合
하였고, 維斗는 이를 얻어 終古에 어긋남이 없었고, 日月은 이를 얻어 終
古에 쉼이 없었고, 堪坏(崑崙山神)는 이를 얻어 崑崙을 襲하고, 馮夷(水神)

로 莫知其始終이라 此는 直從老子天得一以淸一章中하야 變化如許說話
라 | 이 두 구절은 위 문장에 대한 총결이다. 여러 神人과 성인이 天地와 日
月星辰을 주재하고 유지하는 것은 모두 대도를 믿기 때문에 그 시종을 모르
는 것이다. 이는 바로 노자의 "하늘은 하나를 얻음으로써 맑아진다"(『도덕경』
제 39장)는 한 문장에서 이와 같이 많은 말들을 변화시킨 것이다.
121 姓은 籛이니 古長壽之人이라 | 姓은 籛氏로 옛날 장수한 인물이다.
122 世傳彭祖 壽八百歲니 故上自有虞로 下及五伯이라 | 세상의 전하는 말에
의하면, 팽조는 8백세를 살았기에 위로는 有虞氏로부터 아래로는 五伯(覇)
시대 까지 살았다.
123 商之賢相이라 | 商나라의 어진 재상이다.
124 傳說一星이 在尾上하니 言其乘東維, 騎箕尾之間也라 | 부열이라는 하나
의 별은 尾宿 위에 있으므로, 東維를 타고서 箕宿과 尾宿 사이로 이동한다
고 말한다.

는 이를 얻어 大川에 놀았고, 肩吾(泰山 神)는 이를 얻어 태산에 살았고, 黃帝는 이를 얻어 雲天에 올랐고, 顓頊(高陽氏)은 이를 얻어 玄宮에 살았고, 禺强(北方의 神)은 이를 얻어 북극에 서 있었고, 西王母는 이를 얻어 少廣에 앉아 그 始初를 알지 못하고 그 終末을 알지 못했으며, 彭祖는 이를 얻어 위로 有虞에 미치고 아래로 五伯〔五覇〕에 미쳤으며, 傳說은 이를 얻어 武丁을 도와 천하를 소유하였고 東維星을 탔으며 箕尾星을 타고서 列星과 함께 하였다.

[의역] 대종사의 도는 진실한 증험이 있으나 어떠한 작위도 없고 형체도 없다. 스승이 전할 수는 있으나 반드시 제자가 받을 수 있다고는 말할 수 없고, 마음으로 얻을 수는 있으나 발자취를 찾아볼 수 없다. 도는 사물의 근본으로서 천지가 생기기 이전, 그 옛날 옛적으로부터 이미 존재해 왔다. 귀신과 상제를 신비롭게 만들어 주었고, 하늘과 땅을 낳아주기도 하였다.

도란 태극의 앞에 있으나 높지 않고 육극의 아래에 있으나 깊다 하지 않으며, 천지에 앞서 발생하였으나 장구하다 못하고 태고보다 오래 되었으나 늙었다고 말할 수 없다.

옛 성제(聖帝)인 희위씨(狶韋氏)는 이것을 얻어 천지를 화육하고 정리했으며, 복희씨는 이것을 얻어 기꺼이 원기(元氣: 氣母) 취하였고, 하늘의 북두성은 이것을 얻어 끝까지 그 자리를 바꾸지 않았고, 해와 달은 이것을 얻어 영원히 그 운행을 그치지 않았고, 사람의 얼굴에 짐승의 몸을 지닌 곤륜산신(崑崙山神) 감배(堪坏)는 이것을 얻어 곤륜산에 머물렀고, 수신(水神)인 풍이(馮夷)는 이것을 얻어 대천(大川)에 놀았고, 태산(泰山)의 산신(山

神) 견오는 이것을 얻어 태산에 살았고, 황제(黃帝)는 이것을 얻어 하늘에 올랐고, 전욱고양씨(顓頊高陽氏)는 이것을 얻어 현궁(玄宮)에 살았고, 북방의 신(神) 우강(禺强)은 이것을 얻어 북극에 서 있었고, 서왕모(西王母)는 이것을 얻어 소광(少廣)에 앉아 그 시초와 그 종말을 알지 못했으며, 팽조(彭祖)는 이것을 얻어 위로는 유우씨(有虞氏) 아래로는 오패(五覇)시대에 이르기까지 살았으며, 부열(傅說)은 이것을 얻어 무정(武丁)을 도와 천하를 소유하였고 동유성(東維星)과 기미성(箕尾星)을 타고서 여러 성좌와 함께하였다.

【감산 절해】

此明大宗師者는 所宗者 大道也니 以大道 乃天地萬物神人之主일새니라 今人人이 稟此大道而有生하야 處此形骸之中하야 爲生之主者니 所謂天然之性이라 以形假而性眞일새 故稱之曰眞宰라하야늘 而人이 悟此大道하고 徹見性眞이면 則能外形骸하야 直於天地造化에 同流混融而爲一體하야 而爲世間人物之同宗者라 故曰 大宗師者 此也라 此大宗師는 卽逍遙所稱 神人聖人至人이요 所言有情有信은 卽齊物之眞宰와 及養生篇生之主라 若不悟此而涉人世면 必有形骸之大患이라 顔子心齊로 敎其悟之之方이라 旣悟性眞이면 則形骸可外니라 故로 德充符前엔 一往皆敷演其古今迷悟之狀이라가 到此하야 方分明說破라 一路說來에 方才吐露니 所以云 言有宗事有君이 正此意也라 上에 已發揮大道하야 明白了然이나 但未說進道工夫일새 故로 此下에 乃說入道眞實工夫니라

여기에서 대종사가 종주로 삼는 것은 大道이니 대도는 천지 만물과 神

人의 주재임을 밝혔다. 이제 모든 사람이 이 대도를 품부 받고 태어나 이 몸속에 처하여 生의 主가 되는 것이니, 이른바 天然의 본성이다. 육신은 거짓이요, 본성은 참이니 이를 眞宰라 일컫는다.

사람이 이 대도를 깨달아 性眞을 투철하게 깨치면 육신의 굴레에서 벗어나 곧바로 천지의 조화에 함께 유행하고 혼융하여 一體가 되어 세상 사람들과 萬物이 다함께 받드는 자가 될 것이다. 그러므로 大宗師란 바로 이런 인물이다. 이 대종사는 바로 〈소요유〉에서 말한 神人 · 聖人 · 至人이다.

여기에서 말한 有情有信이란 곧 〈제물론〉의 眞宰와 〈양생주〉에서 말한 생명의 주인이다. 만일 이를 깨닫지 못한 채, 세간에 처하면 반드시 육신의 큰 환난을 당하게 된다. 안자의 心齋로 그것을 깨닫는 방법을 가르쳤다.

이미 性眞을 깨달으면 육신을 벗어날 수 있다. 따라서 〈덕충부〉 이전에는 하나같이 古今의 혼미와 깨달음의 모습을 부연하다가 여기에 이르러 분명하게 설파한 것이다. 한번 말한 뒤 모조리 이를 토로하고 있다. 이른바 "말에는 근본이 있고 일에는 주재가 있다"(도덕경 70장)에서 말하는 것이 바로 이런 뜻이다.

이상에서 大道를 파헤쳐 명백하게 밝혔으나 단 도에 나아가는 방법을 말하지는 않았다. 따라서 이 아래 문장에서는 도에 들어가는 진실한 공부를 말한다.

[원문]

南伯子葵 問乎女偊[125] 日子之年이 長矣어늘 而色若孺子는 何也오[126]

曰吾聞道矣로라[127] 南伯子葵曰 道可得學耶아[128] 曰 惡라 惡可리오[129] 子非

其人也라[130] 夫卜梁倚는 有聖人之才하되[131] 而無聖人之道하고[132] 我는 有

聖人之道하되 而無聖人之才니[133] 吾欲以教之인댄 庶幾其果爲聖人乎아[134]

不然이면 以聖人之道로 告聖人之才 亦易矣언마는[135] 吾猶守而告之하니 三

---

125 此人名이니 皆重言也라 撰出箇人來하야 說爲問答이니 不必求其實이니
라 | 여기에서의 사람 이름은 모두 重言이다. 가상으로 지어낸 인물과 문답
을 가설한 것이니, 구태여 그 실제 인물을 찾을 것이 없다.

126 問其年이 老大而色若嬰兒하야 借以發起必有所養하야 將以發啓工夫也
라 | 그 나이가 연로함에도 물음을 빌어서 반드시 수양하는 바가 있음을 제
기하여 그 공부를 계발하고자 함이다.

127 此는 卽要引人學道也라 | 이는 사람으로 하여금 도를 배우도록 이끌기 위
함이다.

128 此因聞說聞道하야 則驚詫其言하되 謂道豈可學之耶아 | 이는 도를 깨쳤다
는 말을 듣자마자, 그 말에 경탄하여 어떻게 하면 도를 배울 수 있느냐고 물
었다.

129 二字는 皆平聲이니 驚歎之意라 上惡字는 歎其道難言이요 下惡字는 歎
其道는 不是容易可學이니 要是其人이라야 乃可라 | 두 개의 惡 자는 모두
平聲으로 놀라 탄식한 뜻이다. 위의 惡 자는 도를 말하기 어려움을 탄식한
것이요, 아래의 惡 자는 그 도를 쉽사리 배울 수 없으니, 오직 배울 만한 사
람이라야 도를 얻을 수 있음을 탄식한 것이다.

130 言道非容易可學이온 況子非學道之人이니 何以見得가 | 도는 쉽사리 배울
수 없는데, 하물며 그대는 도를 배우는 사람이 아니니, 어떻게 도를 얻을 수
있겠는가고 말한 것이다.

131 才는 謂天賦之根器니 猶俗云天資也라 | 才란 天賦의 根器이니, 세속에서
말한 天資와 같다.

132 言有美質이나 而無進道志向이라 | 아름다운 바탕이 있으나 도를 지향함이
없음을 말하였다.

133 言我有聖人之道나 而無美質일새 故多費苦工夫라 | 나는 성인의 도는 있
으나 아름다운 바탕이 없었던 까닭에 오랫동안 힘들여 공부했다.

134 言我欲教卜梁倚以大道라 其亦可教나 但無志向이라 論才면 亦庶幾可成
이나 第不知可能造就而爲聖人乎아 | 나는 복량의에게 大道를 가르치고자

日而後에 能外天下라[136] 已外天下矣어늘 吾又守之하야 七日而後에 能外物

이라[137] 已外物矣어늘 吾又守之九日而後에 能外生이라[138] 已外生矣어늘 而

後에 能朝徹이라[139] 朝徹而後에 能見獨이라[140] 見獨而後에 能無古今이라[141]

無古今而後에 能入於不死不生이라[142] 殺生者는 不死요[143] 生生者는 不生

한다면 그 또한 가르칠 수 있으나, 단 도를 지향하려는 뜻이 없다. 재주로 보
면 그 역시 도를 이룰 수 있지만 다만 도에 나아가 성인이 되는 것이 가능한
지 알지 못하겠다는 것이다.

135 言學道之人이 才德雙美者는 固是難得이니 有此全質하면 則學之亦易矣
라 | 도를 배우는 사람이 才와 德이 모두 아름다운 이는 참으로 얻기 어렵
다. 이처럼 온전한 바탕이 있으면 도를 배우기 쉽다는 것을 말하였다.

136 天下는 疏而遠일새 故로 三日而可어니 此言教之一次也라 | 천하는 疏遠
하므로 사흘 만에 잊을 수 있으니 이는 첫 번째 가르침이다.

137 物은 漸近於身 故로 七日而忘이라 | 만물은 점점 몸에 가깝기에 이레 만에
잊은 것이다.

138 生則切於己者故로 九日之功乃外라 | 생은 자기에게 절실한 까닭에 아흐레
의 공부 이후에 잊은 것이다.

139 朝는 平旦也요 徹은 朗徹也니 謂已外生하야 則忽然朗悟 如睡夢覺일새
故曰朝徹이라 | 朝는 이른 아침이고 徹은 환하고 밝다는 뜻이다. 이미 생에
서 벗어나면 홀연히 밝은 깨달음이 마치 깊은 꿈속에서 깨어난 것과 같다.
이 때문에 朝徹이라 말한 것이다.

140 獨은 謂悟一眞之性이 不屬形骸일새 故曰見獨이라 | 獨은 자기의 眞性이
육신에 속하지 않음을 깨달은 것이다. 이 때문에 見獨이라 말한 것이다.

141 謂悟一眞之性이 超乎天地일새 故不屬古今이라 | 하나의 眞性이 천지를
초월함을 깨달은 것이다. 이 때문에 고금에서 벗어난 것이다.

142 謂了悟性眞이 超乎天地하고 量絶古今이니 則見本來不死不生이라 | 性眞
이 천지를 초월하고 고금을 벗어남을 깨달음이니, 본래 不生不死의 경지를
본 것이다.

143 生者는 有形之累也라 旣悟性眞이면 則形骸已外하고 物累全消니 殺生而
一性獨存일새 故曰不死라 | 삶이란 육신의 累이다. 性眞을 깨달으면 육신
을 이미 벗어나고 物累(육체)가 절로 사라진다. 그러므로 生을 죽여도 하나
의 본성이 홀로 존재한 까닭에 不死라 말한 것이다.

이라[144] 其爲物이[145] 無不將也며[146] 無不迎也며[147] 無不毀也며[148] 無不成也라[149] 其名이 爲攖寧이니[150] 攖寧也者는 攖而後에 成者也니라[151]

[직역] 南伯子葵가 女偊에게 묻기를, "그대의 나이가 많은 데에도 顔色이 어린아이와 같은 것은 무엇 때문입니까?"

"내, 道를 깨달았노라."

南伯子葵가 말하기를, "道를 배울 수 있습니까?"

---

144 形化性全에 則與道冥一하야 而能 造化羣生하야 而一眞湛然일새 故曰生生者 不生이라 | 형체가 변하고 본성을 온전히 하면 도와 그윽히 하나가 되어 뭇 생명을 조화하여 一眞이 湛然한 까닭에 生生者不生이라 말한 것이다.

145 物은 指不死不生之道體也라 | 物은 不死不生의 道體를 가리킨다.

146 謂此道体 千變萬化하야 化生之道体也라 | 이 도체가 천변만화하여 화생의 도체가 됨을 말한 것이다.

147 在乎人者는 日用頭頭에 左右逢元이니 故로 曰 無不迎也라 | 사람에게 있는 것은 일상의 모든 것에 어디서나 근원을 만나기 때문에 맞이하지 않음이 없다고 말한 것이다.

148 謂此道體 陶鎔萬化하고 挫銳解紛일새 故曰 無不毀라 | 이 道體는 천변만화를 일으켜 날카로움을 꺾고 얽힘을 풀어내는 까닭에 훼손되지 않음이 없다고 말한 것이다.

149 觸處現成하야 不假安排라 | 만나는 곳마다 이루어져 按排를 빌리지 않는다.

150 攖者는 塵勞雜亂하야 困橫拂鬱하고 撓動其心曰 攖이라 言學道之人이 全從逆順境界中做出하야 只到一切境界不動其心에 寧定湛然일새 故曰 攖寧이라 | 攖이란 번뇌가 어지러워 피곤하고 어긋나고 답답하고 그 마음이 요동하는 것이다. 도를 배우는 자는 逆境界든 順境界든 다만 모든 경계에 마음에 동요가 없이 편안하고 안정되어 담연해야 한다. 이를 攖寧이라 한다.

151 此釋攖寧之意니 謂從刻苦境界中做出일새 故로 曰 攖而後成者也라 | 이는 攖寧의 뜻을 풀이한 것이다. 여러 각고의 경계에서 이뤄진 까닭에 攖한 후에 이뤄진다고 말하였다.

"아! 어찌 할 수 있겠는가. 그대는 그만한 사람이 아니다. 卜梁(姓) 倚
(名)는 성인의 재주(聰明)는 있으나 성인의 道는 없고, 나는 성인의 道는
있으나 성인의 재주는 없으니 내가 가르치고자 한다면 자못 그가 과연 성
인이 될 수 있겠는가? 그렇지 않다면 성인의 道로써 성인의 재주를 고하
는 것은 또한 쉽지만 나는 오히려 固守하여 고하니 삼일 후에 능히 천하
를 잊었고 이미 천하를 잊었으나 내, 또 이를 고수하여 칠일 후에 능히 物
을 잊었고 이미 物을 잊었으나 내, 또 이를 고수하여 구일 후에 능히 生을
잊었고 이미 生을 잊은 후에 능히 朝徹하였고 朝徹한 후에 능히 獨을 볼
수 있었다. 獨을 볼 수 있는 후에야 능히 古今이 없었고 고금이 없는 후에
야 능히 죽지도 않고 태어나지도 않는 데에 들어갈 수 있었다. 生을 죽이
는 자는 죽지 않고 生을 生한 자는 살아 있지 않는다. 그 物(聖人의 道) 됨
됨이는 보내지 않음이 없으며 맞이하지 않음이 없으며 훼손하지 않음이
없으며 성취하지 않음이 없다. 이를 攖寧이라 하나니 영녕이라 영한 후에
성취하는 것이다.

【의역】 남백자규(南伯子葵)가 여우(女偊)에게 물었다.
"그대는 나이가 많은데도 얼굴빛이 어린아이와 같은 것은 무엇 때문입
니까?"
"나는 도를 깨달았노라."
남백자규가 다시 물었다.
"도를 배울 수 있겠습니까?"
"아! 어떻게 할 수 있겠는가. 그대는 그만한 사람이 못 된다. 복량 의(卜
梁 倚)는 성인의 총명은 있으나 성인의 도는 없다. 그러나 나는 성인의 도

는 있으나 성인의 총명은 없다. 내, 가르치고 싶지만 그가 과연 성인이 될 수 있겠는가?

그렇지 않다면 성인의 도를 성인의 총명을 지닌 이에게 말해 주는 것 또한 쉽다. 하지만 나는 이를 굳건히 지키었다가 사흘 후에야 말하니 사흘 후에야 세상을 잊었고, 이미 세상을 잊었으나 내, 또 이를 굳건히 지키었다가 이레 후에야 사물과의 접촉을 잊었고, 이미 사물과의 접촉을 잊었으나 내, 또 이를 굳건히 지키었다가 아흐레 후에야 생(生)을 잊을 수 있었고, 이미 생을 잊은 후에야 견해가 밝아 이른 아침의 해맑은 기운과 같았고, 견해가 밝아 이른 아침의 해맑은 기운과 같은 후에야 진성을 볼 수 있었고, 진성을 볼 수 있고 나서야 고금의 시간이 사라졌고, 고금의 시간이 없고 나서야 죽지도 않고 태어나지도 않는 경지에 들어갈 수 있었다.

그 物累를 죽이면 하나의 성품이 살게 되니 결코 죽음이 아니요 뭇 생명을 살리면 一眞이 다하므로 불생이다.

성인의 도는 어느 곳에서나 변화하고 나타나서 보내고 맞이하고 훼손되고 성취되어 자연과 하나가 되지 않는 것이 없다. 이처럼 어지러운 세상에서 나의 대정(大定)을 이루어 편안함을 얻었다 하여 이를 이름하여 영녕(攖寧)이라 한다. 영녕이란 어지러운 세상에서 편안한 마음을 얻는 것이다."

【감산 절해】

此前論大道 雖是可宗可師나 猶漫言無要어니와 此一節方指出學道之方이니 意謂此道는 雖是人人本有나 既無生知之聖이면 必要學而後成이라 今要學者 須要根器全美라야 方堪授受요 授受之際에 又非草率이라 須要

耳提面命하야 守而敎之느니라 其敎之之方은 又不可速成이요 須有漸次而入
일새 故使漸漸開悟라 其三日外天下하고 七日外物하고 九日外生死而後에
見獨朝徹하니 此悟之之效也라 旣悟此道면 則一切處日用頭頭에 觸處現
成하니 縱橫無礙하야 雖在塵勞之中이라도 其心이 泰定常寧에 天君泰然하고
湛然不動이라 工夫到此에 名曰 攖寧이니라 何謂攖寧고 蓋從雜亂境緣中做
出이라 故曰 攖而後成者也라 觀此老에 言雖蔓衍이나 其所造道工夫 皆從
刻苦中做來요 非苟然也라 今人이 讀其言者 豈可槩以文字로 視之哉아
上言入道工夫하고 下言聞道라 蓋亦從文字中悟來일새 故以重言發之니라

이는 앞에서 大道는 비록 宗師임을 논했으나 오히려 漫言으로 要諦가
없거니와 이 단락에서는 비로소 대도를 배워나가는 방법을 지적했다. 그
뜻은 대도란 비록 사람마다 본래 고유한 것이지만, 이미 태어나자마자 아
는 성인의 바탕이 없으면 반드시 배워야만 이루어짐을 말한 것이다.

이제 배우려는 자의 根器가 모두 아름다워야 도를 주고받을 수 있다.
주고받음의 즈음에 있어서는 또 그럭저럭 경솔해서는 안 된다. 귀를 끌어
당기고 그의 앞에서 가르쳐 주어 이를 지키도록 가르쳐야 한다. 가르침
또한 속히 이뤄진 게 아니고 반드시 점차가 있고서 들어가게 되는 것이니
이 때문에 점진적으로 깨달음을 얻도록 하는 것이다.

3일 만에 천하를 잊고 7일 만에 만물을 놓아버리고 9일이 지나 생사를
초탈한 후에야 眞宰를 깨달아 밝음(見獨朝徹)을 얻을 수 있다. 이것이 도를
깨달아가는 공효이다.

이미 이 도를 깨달으면 모든 곳 일상사 모든 일마다 그 자리에서 이뤄
지고 종횡으로 걸림이 없다. 비록 속세에 있어서도 그 마음은 안정되어

항상 편안하므로 그의 天君이 태연하고 湛然하여 흔들리지 않는 것이다. 공부가 여기에 이르러야 攖寧이라 할 수 있다. 무엇을 攖寧이라 말하는가? 이는 온갖 잡다한 인연 경계 속에서 이뤄지는 것이므로 온갖 세속의 일을 겪은 뒤에 이루어지는 것이다.

장자의 문장이 비록 蔓衍이지만, 그 도에로 나갈 수 있는 공부는 모두 각고의 공부에서 만들어지는 것이지, 저절로 어쩌다가 되는 것은 아니다. 오늘 사람들이『장자』를 읽으면서 어떻게 문자로 이를 볼 수 있겠는가?

위에서는 道에 들어가는 공부를 말했고, 아래 단락에서는 도를 깨닫는 것에 대해 말한다. 이 또한 언어 문자를 통해 깨달음을 얻을 수 있기 때문에 重言으로써 이를 밝힌다.

【원문】

南伯子葵曰 子獨惡乎聞之요[152] 曰[153]聞諸副墨之子라[154] 副墨之子는 聞諸洛誦之孫하고[155] 洛誦之孫은 聞之瞻明하고[156] 瞻明은 聞之聶許하고[157]

---

152 此問는 聞道之原이라 | 이 물음은 도를 듣는 근원에 대해 물은 것이다.
153 女偊答이라 | 女偊의 대답이다.
154 副墨은 文字也니 言始從文中來라 | 副墨이란 문자이다. 처음엔 문자를 통해 들었다는 것이다.
155 洛誦은 言包洛 而誦習也니 意謂誦習文字하야 久而自得也라 | 洛誦이란 포괄적으로 연결해서 외우고 익힌다는 말이다. 문자를 오래 외우고 익혀 오랜 세월이 흐른 뒤에는 自得하게 됐다는 뜻이다.
156 瞻明은 言見有明處니 乃因文字有悟處也라 | 瞻明은 견해에 분명함이 있는 것이니, 문자를 통해 깨달은 곳이 있다는 말이다.
157 聶許는 謂從耳聞이니 聲入心通하야 而心自許也라 | 聶許란 귀로 들음을 말한다. 소리를 들으면 마음으로 통하여 마음이 저절로 깨닫는 것이다.

聶許는 聞之需役하고[158] 需役은 聞之於謳하고[159] 於謳는 聞之玄冥하고[160] 玄冥은 聞之參寥하고[161] 參寥는 聞之疑始니라[162]

【직역】 南伯子葵가 말하기를, "그대는 홀로 어디에서 들으셨습니까?"

"副墨의 아들에게 들었다. 副墨의 아들은 洛誦의 孫子에게 들었고, 洛誦의 孫子는 瞻明에게 들었고, 瞻明은 聶許에게 들었고, 聶許는 需役에게 들었고, 需役은 於謳에게 들었고, 於謳는 玄冥에게 들었고, 玄冥은 參寥에게 들었고, 參寥는 疑始에게 들었노라."

【의역】 남백자규가 다시 물었다.

"그대는 어디에서 이런 말을 들으셨습니까?"

"나는 서적의 문자인 부묵(副墨: 文字)의 아들에게서 들었다. 서적의 문자인 부묵의 아들은 이를 기쁜 마음으로 외워대는 낙송(洛誦: 誦讀)의 손자에게서 들었고, 기쁜 마음으로 외워대는 낙송의 손자는 이를 투철하게 보

---

158 需는 待也요 役은 使也니 言心雖有悟나 必待驗之行事之間하야 一切處에 現前不昧하야 與道相應然後에 造妙也ㅣ 需는 기댄다는 뜻이고 役은 부린다는 뜻이다. 마음에 비록 깨달음을 얻었으나 일상생활을 통해 징험해야 하므로 모든 곳에서 목전에 나타난 것에 어두운 바 없이 도와 상응한 후에야 오묘한 경지에 나아가게 된다.

159 於謳는 涵泳吟咏之意라ㅣ 마음에 완전히 젖어들도록 읊조린다는 뜻이다.

160 由涵泳謳吟하야 而有冥會於心이 乃造道之極也라ㅣ 마음에 젖어들도록 읊조림을 통해 마음에 그윽히 부합함을 얻는 것이 도의 극치에 나아감이다.

161 參寥者는 空廓廣大虛無之境이니 謂道之實際也라ㅣ 參寥란 텅비어 광대하고 허무한 경계이니 도의 실제를 말한다.

162 言入於無始라야 乃歸極於此니 學道之成也라ㅣ 無始의 자리에 들어가야 비로소 귀결이 여기에서 극치가 되니 도를 배움이 성취되는 것이다.

아온 첨명(瞻明: 見解明徹)에게서 들었고, 투철하게 보아온 첨명은 이를 귀엣말로 소곤거려도 깨닫는 섭허(聶許: 心得)에게서 들었고, 귀엣말로 소곤거려도 깨닫는 섭허는 이를 총명하고 부지런히 행하는 수역(需役: 實行)에게서 들었고, 총명하고 부지런히 행하는 수역은 이를 노래로 읊조리는 오구(於謳: 詠吟)에게서 들었고, 노래로 읊조리는 오구는 이를 적묵(寂黙)과 망언(忘言)의 현명(玄冥: 靜黙)에게서 들었고, 적묵과 망언의 현명은 이를 공(空) 도리(道理)를 깨달은 참료(參寥: 空寂)에게서 들었고, 공 도리를 깨달은 참요는 태시(太始)가 있는 것처럼 보이지만 일찍이 태시가 없는 의시(疑始: 玄妙)에게서 들었노라."

【감산 절해】

此一節은 言聖人 得此大道는 不無所聞이라 蓋從文字語言中하야 有所發明이요 以至動用, 周旋, 謳吟, 咳唾之間히 以合於玄冥하고 參於寥廓하야 以極於無始하야 至不可知之地니 必如此深造實證而後已라 如此는 殆非口耳而可得也니 是乃可稱大宗師라 前來에 發明大道可宗하니 悟此大道者를 可稱宗師로되 但未見其果有其人否耶아 恐世人不信하야 將謂虛談일새 故로 向下에 撰出子祀等 乃實是得道之人하야 以作證據니라

이 문장은 성인이 이 대도를 체득한 것에 대해 들은 바 없지 않음을 말한 것이다. 문자와 언어를 통해 발명되는 것이 있으며, 일상의 행동 · 주선 · 읊는 것 · 기침 소리를 내는 것까지 玄冥에 부합하고, 寥廓에 동참하여 無始에 이름으로써 헤아릴 수 없는 경지에 이르니, 반드시 이와 같이 깊은 조예와 실증이 있은 후에야 그러는 것이다. 이런 경지는 입과 귀만

으로 얻을 수 없으니 여기에 이르러야 대종사라 말할 수 있다.

앞에서 대도를 으뜸으로 삼아야 함을 밝혔으니 이 대도를 깨달아야 宗師라 일컬을 수 있으나, 단 과연 그런 사람이 있는지 없는지 찾아볼 수 없겠는가. 세상 사람들이 믿지 않고서 공연한 헛소리로 여길까 두려워한 까닭에 아래 단락에서 子祀 등 실제 도를 체득한 인물을 등장시켜 그들로써 증거를 삼는다.

[원문]

子祀와 子輿와 子犁와 子來 四人이 相與語曰 孰能以無로 爲首하고 以生으로 爲脊하고 以死로 爲尻며[163] 孰知死生存亡之一體者니 吾與之友矣리라[164] 四人이 相視而笑莫逆於心하야 遂相與爲友하니라[165] 俄而子輿 有病에 子祀 往問之하사대 曰 偉哉라 夫造物者 將以予로 爲此拘拘也라[166] 曲

---

163 尾也라 | 꼬리이다.

164 意謂從無形하야 而適有形이니 而人之此身이 皆道之所化라 故로 以無로 爲首者는 從無有生也라 脊者는 身也요 尻者는 尾也니 謂生之終也라 言 誰能知此無生之生者아 則可相與爲友矣라 | 이 뜻은 無形에서 有形으로 나아감을 말한다. 사람의 몸은 모두 도의 변화에 의한 것이다. 따라서 無로 첫머리를 삼은 것은 無로부터 生이 있다. 척추란 몸을, 尻란 꼬리를 말하니, 생명의 끝을 말한다. 누가 이 無生의 生을 아는 자인가? 그런 사람이 있다면 서로 친구가 될 수 있으리라.

165 言心同道合하야 遂爲友也라 | 마음이 같고 도가 일치하므로 마침내 친구가 되었음을 말한다.

166 此는 子輿自歎造物이 有力이니 壯哉라 能使我於大化之中하야 將以予로 爲此拘拘之形也라 | 이는 자여가 조물자가 힘이 있음을 自歎한 말이다. '장하다, 크나큰 조화 가운데 나로 하여금 이처럼 구구한 몸을 만들어 주었구나'라고 한 것이다.

傴發背하야¹⁶⁷ 上有五管하되¹⁶⁸ 頤隱於齊하니¹⁶⁹ 肩高於頂하니¹⁷⁰ 句贅指

天하며¹⁷¹ 陰陽之氣는 有沴이나¹⁷² 其心은 閒而無事¹⁷³ 跰𨇤而鑑於井하야

¹⁷⁴ 曰 嗟乎라 夫造物者 又將以予로 爲此拘拘也로다¹⁷⁵ 子祀曰 汝惡之乎

아¹⁷⁶ 曰 亡이라 予何惡리오¹⁷⁷ 浸假而化予之左臂하야 以爲雞에 予因以求時

---

167 此下는 子輿言其病狀이니 謂形已傴僂殘廢하고 且又癰瘡이라 | 이 아래
는 자여가 병든 자신의 몸, 즉 몸이 이미 곱사등이 됐고 또 등창이 났음을
말한 것이다.

168 言形傴僂하야 則五臟之管이 向上也라 | 몸이 꼽추가 되어 五臟이 위로 향
한 것을 말한다.

169 言形曲하야 則兩頤限이 隱於齊下也라 | 몸이 굽어 두 턱이 배꼽 아래에 숨
었다.

170 頤限則兩肩이 聳高於頂이라 | 턱이 아래로 처져 두 어깨가 정수리보다 높
게 되었다.

171 句贅는 頂髻也니 言頤隱而項縮일새 故로 髻指天也라 | 句贅는 정수리의
상투이니, 턱이 묻히고 목이 쭈그러든 까닭에 상투가 하늘을 가리킨 것이다.

172 沴는 陵亂이니 言不和也라 言雖從大化受形이나 以陰陽之氣陵亂不和일
새 故使我形骸로 如此之殘廢不堪也라 | 沴은 어그러져서 조화롭지 않음을
말한다. 비록 천지의 조화에서 육신을 받았으나 음양의 조화가 깨어진 까닭
에 나의 몸을 이와 같이 잔혹하게 하여 감당하지 못하게 된 것을 말한다.

173 言以形廢나 而心轉無事하니 此足見其能 以道로 自適하고 不以形으로 爲
累也라 | 몸은 廢疾을 얻었으나 마음은 도리어 無事하니 여기에서 도로써
自適하고 육신의 누를 받지 않는다는 것을 충분히 알 수 있음을 말한다.

174 跰𨇤은 扶曳也니 謂恐自知不明하야 又鑑於井이라 則視身如影矣라 | 跰
𨇤은 몸을 비틀거리며 끌고 가는 것이다. 자신이 스스로 밝게 알지 못할까
두려워 우물에 자기 모습을 비추어 보니, 자신의 몸을 그림자처럼 보는 것
이다.

175 因鑑於井하야 自見其狀하고 乃歎曰 夫造物者 旣拘拘爲我此形矣로다 而
又復使我로 如此殘廢之惡狀耶아 | 우물물에 자기 모습을 비추어 보고 이
에 "조물자가 이미 구차하게 내 몸을 만들더니 또 다시 나로 하여금 이처럼
잔혹한 모습으로 만들었다"고 탄식하여 말하였다.

176 子祀 因見子輿之歎하고 乃問之曰 子惡此形耶아 | 자사가 자여의 한탄함

夜하며¹⁷⁸ 浸假而化予之右臂하야 以爲彈에 予因以求鴞炙하며¹⁷⁹ 浸假而

化予之尻하야 以爲輪하고 以神으로 爲馬에 予因而乘之리니 豈更駕哉아¹⁸⁰

且夫得者는 時也요 失者는 順也라 安時而處順에 哀樂이 不能入也니 此古

之所謂縣解也라¹⁸¹ 而不能自解者는 物有以結之니라¹⁸² 且夫物不勝天 久

을 보고서 그에게 "그대의 몸을 혐오하느냐?"고 물었다.

177 亡은 絶也니 子輿意謂 我心에 不但絶然無惡라 而方與之俱化니라 | 亡
은 단절함이니, 자여의 생각은 "나의 마음에는 추호도 싫은 마음이 없었을
뿐 아니라, 변화와 함께 변화하겠다"는 것이다.

178 浸假는 造化也니 言從無形造化之中하야 漸漸而適於有形이니 卽化予之
左臂以爲雞어든 予因之而求時夜리라 時夜는 言雞報曉也라 | 浸假는 조
화이다. 無形의 조화로부터 점점 有形으로 나아가니, 내 왼팔을 변화하여
닭으로 만들면 나는 이로 인해 時夜하기를 구하리라고 하였다. 時夜는 닭이
새벽을 알리는 것을 말한다.

179 若化予之右臂하야 爲彈하야 予卽因之而求鴞炙이니 言以彈으로 擊鴞하
야 以充炙也라 | 만일 내 오른팔을 변하여 화살로 만들면 나는 곧 그것을
가지고 올빼미를 잡아 구이를 하겠다는 것이다. 이는 화살로 올빼미를 잡아
구워먹겠다는 것이다.

180 此言有道之士 旣視此身을 如癰瘡而不足觀하며 且又視之를 如影而不可
執하니 是則不但無累라 而且與之俱化니라 故로 又能借假修眞이니 因此
而求有實用하니 是則此身이 雖爲異物이나 若果能化之則形神이 俱妙라
眞人이 乘此하야 以遊人世어니 豈更駕哉아 | 도를 지닌 사람은 이와 같이
자기 몸을 종기만도 못하게 여기고, 또 그림자로 간주해 자기 몸을 고집하
지 않는다. 이렇게 보면 육체의 累가 없을 뿐 아니라, 조화로 더불어 변화하
게 된다. 이 때문에 거짓 몸을 빌어 참 도를 닦으니, 이로 인해서 실용이 있
기를 구한다. 그러면 우리 육신은 비록 異物이 될지라도 만일 능히 변화한
다면, 육체와 정신이 모두 오묘하게 될 것이다. 眞人은 이를 타고서 인간세
에 노니는데, 어찌 다시 멍에를 채우겠는가?

181 言眞人은 忘形適眞하야 形神이 俱妙하야 不以得失로 干心하고 安時處順
하야 無往而不自得이니 故로 哀樂이 不能入이라 如此는 是古之所謂縣解
者也라 言生累는 如倒縣이요 超乎死生엔 則倒縣解矣니 故云 縣解니라 |
眞人은 형체를 잊고 眞宰를 얻어 形과 神이 모두 오묘하여 得失을 마음에

矣어니 吾又何惡焉이리오¹⁸³

【직역】 子祀와 子輿와 子犁와 子來 네 사람이 서로 더불어 말하기를,
"누가 능히 無로써 머리를 삼고, 生으로써 허리를 삼고, 죽음으로써 꽁무
니를 삼으며, 누가 死生存亡의 一體를 아는가. 내, 그로 더불어 벗을 삼
으리라."

네 사람이 서로 바라보면서 웃고 마음에 거슬림이 없어 서로 더불어
벗을 삼았었는데, 얼마 안 있다가 子輿가 病이 들어 子祀가 찾아가 問病
을 하자, 〈子輿〉가 말하기를, "거룩하다. 造物者가 나로서 이 拘拘하게
함이여."

〈子輿〉는 꼽추에다가 등창이 나서 五管은 위에 있고 턱은 배꼽에 묻
혀 있고 어깨는 목덜미보다 높고 句贅는 하늘을 가리켰다. 陰陽의 氣가
沴하나 그 마음은 한가로이 하릴없어 꼬이는 발로 절룩거리면서 걸어가
우물에 비춰보면서 말하기를, "슬프다. 造物者가 나로서 이 拘拘하게 함
이여."

두지 않고 때에 편안하고 순히 처하여 어디에서도 自得하지 않음이 없다.
따라서 哀樂의 감정이 자기 마음에 들어오지 않는다. 이와 같은 이는 옛적
에 말하는 縣解이다. 삶의 累는 거꾸로 매달림〔倒縣〕과 같고, 생사를 초월하
면 거꾸로 매달린 데서 풀려나는〔顯解〕 것과 같다. 그러므로 현해라고 한다.
182 人人 本皆如此無累하야 超然顯解어늘 而人不能解之者는 乃自我以結之
也라 | 사람마다 본래 이와 같은 累가 없어 초연히 顯解한 것인데, 이런 데
서 풀려나지 못한 것은 스스로 구속당했기 때문이다.
183 言人任造化而遷일새 故人不能勝天이라 旣不能勝이면 則任之而已니 又何
惡焉고 | 사람은 조화에 맡겨 옮겨간 까닭에 사람이 하늘을 이기지 못한 것
이다. 이미 하늘을 이기지 못하면 맡겨둘 뿐이니, 또 무엇을 싫어하겠는가?

子祀가 말하기를, "그대는 싫은가?"

"아니다. 내, 어찌 싫어하겠는가. 浸假가 나의 左臂를 變化하야 닭을 만들면 내, 因하여 이로써 時夜를 구할 것이며 浸假가 나의 右臂를 變化하야 화살을 만들면 내, 因하여 이로써 鴞炙을 구할 것이며 浸假가 나의 꽁무니를 變化하여 이로써 수레바퀴를 만들고 이로써 말을 만들면 내, 因하여 탈 것이니 어찌 다시 멍에를 씌울 것이 있겠는가. 또 얻음(生)이란 適時로 하고 잃음(死)이란 順應하니 適時에 편안하고 順應으로 處하면 슬픔과 즐거움이 들어오지 않는다. 이는 옛적에 이른바 縣解라 하였는데, 스스로 解放되지 못한 者는 物에 結縛이 있는 것이다. 또 物이 하늘을 이길 수 없는 지 오래이거늘 내, 또한 어찌 싫어하겠는가."

【의역】 자사, 자여, 자리, 자래 네 사람이 서로 이야기를 하였다.

"누가 무(無)를 시초로 삼고 생(生)을 중간으로 삼고 죽음을 끝으로 삼으며, 누가 사생과 존망이 일체임을 아는가. 내 그들과 더불어 벗을 삼으리라."

네 사람이 서로 바라보면서 껄껄 웃으며 마음에 거슬림이 없어 서로 벗을 삼았다.

얼마 후, 자여가 병이 들었다. 자사가 문병 차 찾아가자 자여가 말하였다.

"거룩하다. 조물주가 나에게 이처럼 병을 주심이여."

자여는 꼽추에다가 등창이 나서 오장(五臟)위에 붙어 있고 얼굴은 배꼽 아래에 묻혀 있고 두 어깨는 목덜미보다 높고 정수리의 상투는 하늘을 가리키고 있었다.

음양의 두 기운이 조화를 이루지 못하고 어지러우나 그는 그의 병에 얽매이지 않고서 한가로운 마음으로 하릴없이 꼬이는 발을 절룩거리면서 우물곁으로 걸어가 스스로 그의 몸을 비춰보면서 말하였다.

"슬프다. 조물주가 나에게 이처럼 병을 주심이여."

자사가 물었다.

"그대는 그런 자네가 싫은가?"

"아니다. 내, 무엇 때문에 싫어하겠는가. 만일 조물주가 나의 왼쪽 팔뚝을 변화시켜 닭을 만들면 내, 이로 인하여 새벽을 알리는 첫닭소리를 낼 것이며, 만일 조물주가 나의 오른 팔뚝을 변화시켜 화살을 만들면 내, 이로 인하여 올빼미를 잡아 적(炙)을 만들 것이며, 만일 조물주가 나의 엉덩이를 변화시켜 한쪽은 수레바퀴를 만들고 한쪽은 말을 만들면 내, 이로 인하여 말을 채워 수레를 탈 것이다. 어찌 다시 멍에를 씌울 것이 있겠는가.

또 삶을 얻어 태어남을 때맞추어 하고 죽음을 순응하였다. 때맞추어 하고 순응하는 마음으로 처하면 슬픔과 즐거움의 감정이 들어오지 않는다. 이는 옛말에 이른바 거꾸로 매달려 있는 데서 풀려난 것이라 한다. 그러나 스스로 해방되지 못한 것은 물정에 얽매인 것이다. 또 만물이 하늘의 대종사를 이길 수 없는 지 오래인데 내, 또한 어찌 싫어하겠는가."

【감산 절해】

此一節은 言眞人이 眞知形本無形이니 今旣適有形은 則爲生累라 故로 眞人視之를 如癭瘡而不可愛하며 如影而不可執이라 如此則但任造化之所適하야 了無得失之心이라 故로 死生 無變於己니 所以安時處順인댄 哀樂不入이니 此所謂縣解者也라 如此看來에 人人이 本來天然解脫이어늘 但人自苦於形累하야 而卒莫能自解者는 非天之過요 乃人自結之耳라 且夫天人

之際에 本來人不勝天을 吾於此에 看破久矣라 雖有此假形이나 吾有眞用이
어니 又何惡焉이리오 此其所以爲眞人이니 是可宗而師之者也니라

이 한 절에서는 眞人이 有形이란 본래 無形임을 진실되게 알고 있음
을 말한 것이다. 이제 때마침 이 유형의 몸이 있으니, 이는 生의 累이다.
이 때문에 진인은 자기의 몸을 종기처럼 생각하여 애착하지 않고 그림자
처럼 여기어 집착해서는 안된다고 보았다.

이와 같으므로 조화에 그대로 맡길 뿐, 전혀 득실의 마음이 없다. 그러
므로 생사가 자신을 변하게 할 수 없다. 이른바 주어진 삶의 시간을 편히
여기고 죽음을 순리대로 처하면 슬픔도 기쁨도 끼어들지 못한다. 이를 縣
解라 일컫는다.

이와 같이 보면 모든 사람이 본래 천연으로 해탈했지만, 단지 스스로를
형체의 累에 고생하며 끝내 스스로 벗어나지 못하는 것은 하늘의 허물이
아니라, 사람 스스로 결박당했을 뿐이다.

또 하늘과 사람의 관계에 있어 본래 사람은 하늘을 이길 수 없다는 것
을 나(자여)는 간파한 지 오래이다. 비록 이 假幻의 몸을 가지고 있으나 나
의 眞用이 있으니, 다시 어찌 그것을 미워하겠는가? 이것이 바로 그가 眞
人이 된 까닭이니 그를 宗師로 삼을 수 있는 것이다.

[원문]

俄而 子來有病하야 喘喘焉將死어늘**184** 其妻子 環而泣之한대 子犁 往問

---

184 上言四人爲友에 而子輿之妙는 已知之矣일새 今又發子來二人之妙라 喘
喘은 氣急而將絶也라 | 위에서 네 사람이 벗이 되어 子輿가 체득한 妙用을

之라가 曰 叱避하라 無怛化하라**185** 倚其戶하여 與之語曰 偉哉라 造化여 又

將奚以汝爲며 將奚以汝適고**186** 以汝爲鼠肝乎아**187** 以汝爲蟲臂乎아**188**

子來曰 父母於子에 東西南北을 唯命之從이어늘 陰陽於人에 不翅**189**於父

母라 彼近吾死커늘 而我不聽이면 我則悍**190**矣라 彼**191** 何罪焉고**192** 夫大塊

193 載我以形하고 勞我以生하고 佚我以老하고 息我以死라 故로 善吾生者

는 乃所以善吾死也니라**194** 今大冶 鑄金에 金踊躍曰 我且必爲鎮鋣**195**라하

이미 알 수 있는데, 여기에서 또 子來 등 두 사람의 妙用을 밝혔다. 喘喘은
숨이 차서 곧 끊어지려는 것이다.

185 叱避는 言呵斥其妻子하야 使避之也라 怛은 猶驚也라 此言眞人與造化遊
는 非婦人小子所知일새 故叱使無驚之也ㅣ 叱避는 통곡하는 그의 처자
식을 꾸짖어 자리를 피하도록 하는 것이다. 怛이란 놀람과 같다. 이는 眞人
이 조화와 더불어 노니는 것은 아녀자가 알 수 있는 바 아니다. 이 때문에
그들을 꾸짖어 죽는 이를 놀라게 하지 말라 한 것이다.

186 言不知造化 又將汝作何物也ㅣ 천지의 조화가 앞으로 자네를 무엇으로
변하게 할지 모름을 말한다.

187 鼠肝은 極細라ㅣ 쥐의 간은 극히 미세한 것이다.

188 蟲臂는 不堅이라ㅣ 벌레의 팔뚝은 견고하지 못하다.

189 止也라ㅣ 그침이다.

190 違戾也라ㅣ 어김이다.

191 指造物이라ㅣ 造物者를 가리킨다.

192 言造物이 亦非有心要死 我也니 故曰何罪오하다ㅣ 조물자는 고의로 나를
죽게 한 것은 아니므로 "무슨 죄가 있느냐"고 말했다.

193 天地也라ㅣ 하늘과 땅이다.

194 言造化 旣全我一生에 我任造化而 遊是爲善生이라 旣任化而生에 則不貪
生이니 故謂善生이라 然死 亦從化是爲善死니 吾又何擇焉고ㅣ 조화가 이
미 나의 삶을 온전히 했으므로 조화의 작용에 맡긴 채 노니는 것이 나의 삶
을 잘 보낸 것이다. 이미 조화에 맡겨 살면 삶을 탐하지 않기에 삶을 잘 보
냈다고 한다. 그런데 죽음 또한 조화를 따르는 것이 죽음을 잘 맞이하는 것
이니 내 또한 무엇을 가리겠는가라고 한 것이다.

195 神劍名이라ㅣ 神劍의 이름이다.

면 大冶는 必以爲不祥之金하리니 今一犯[196]人之形에[197] 而曰人耳人耳라하면 夫造物者 必以爲不祥之人하리라[198] 今一以天地로 爲大鑪하고 以造化로 爲大冶어니 惡乎往而不可哉아[199] 成然寐며 蘧然覺이니라[200]

【직역】 얼마 안 있다가 子來가 病이 들어 숨을 가쁘게 쉬며 將次 죽으려 할 적에 그의 妻子가 빙 둘러 울고 있었다. 子犁가 찾아가 問病하면서 말하기를, "저리 가라. 化하는 이를 놀라게 하지 말라."

그의 戶에 기대어 그와 더불어 말하기를, "거룩하다, 造化여. 또 장차 너로써 무엇을 만들며 장차 너로써 어디로 가게 할까? 너로써 쥐의 肝을 만들까? 너로써 벌레의 팔뚝을 만들까?"

子來가 말하기를, "부모에게 있어 자식이란 동서남북을 오직 命하는 대로 따를 뿐인데 陰陽에게 있어 사람이란 부모 정도에 그치지 않는다.

---

196 偶然觸之曰 一犯이라 | 우연히 접하게 된 것을 일범이라 말한다.
197 言在萬化之中하야 偶然觸犯而爲人之形이라 | 온갖 변화의 와중에 우연히 부딪혀 접촉해서 사람의 몸을 얻었을 뿐이다.
198 言萬物을 不可勝數어늘 而自獨以人으로 爲善은 是不知造化者니 乃不祥之人也라 | 만물은 이루 셀 수 없을 만큼 많거늘 그는 유독 사람으로 태어난 것을 좋아한다는 것은 천지의 조화를 모르는 자이니 곧 좋지 못한 사람이다.
199 言天地萬物이 俱在造化鈞陶之中하니 何物이 而非載道成形이며 何往而非道之所在며 如此커니 又何往而不可哉아 | 천지 만물은 모두 조화의 용광로 안에 있다. 어떤 존재든 도에 따라 형성된 것이 아니겠는가. 어디를 간들 도가 있는 곳이 아니겠는가? 그러므로 어디를 간들 안 될 게 있겠는가?
200 言死生이 夢覺이라 故死但如寐하고 生如覺이라 夜旦夢覺而已어니 又何必取捨欣厭哉아 | 생사는 꿈꾸는 것과 꿈에서 깨어나는 것이다. 따라서 죽음은 잠과 같고 삶은 잠에서 깨어남과 같다. 밤에 잠자고 낮에 깨어날 뿐이니, 어찌 取捨와 好惡가 있겠는가!

그가 나의 죽음을 臨迫케 하였는데 내가 듣지 않는다면 나는 어긴 것이다. 그에게 무슨 죄가 있는가. 大塊는 나를 형체로써 실어주었고 나를 生으로써 수고롭게 하였고 나를 늙음으로써 편안케 하였고 나를 죽음으로써 쉬게 해 주었다. 이 때문에 나의 삶을 선히 한 자는 곧 나의 죽음을 선히 한 것이다.

이제 大冶가 金을 鑄造할 적에 金이 뛰면서 말하기를, '나를 반드시 鏌鋣로 만들어 달라' 하면 大冶는 반드시 좋지 못한 金이라 생각하게 될 것이다. 이제 한번 사람의 形體를 犯하는데, '사람으로, 사람으로'라고 말하면 造物者도 반드시 좋지 못한 사람이라 생각하게 될 것이다. 이제 한번 천지로써 大鑪를 삼고 조화로써 大冶를 삼았으니 어디를 간다 한들 不可하겠는가. 成然히 잠자고 蘧然히 잠에서 깬다."

[의역] 얼마 안 있다가 자래가 병이 들어 가쁜 숨을 내쉬며 헐떡이면서 임종을 맞으려 하자, 그의 처와 자식들이 빙 둘러 앉아 울고 있었다. 자리가 그를 찾아 문병을 하다가 그들의 처자를 나무랐다.

"저리 비켜라. 죽어가는 그를 놀라게 해서는 안 된다."

그리고 그의 문에 기대어 그와 함께 말을 하였다.

"거룩하다, 천지의 조화여. 장차 그대를 무엇으로 만들어 줄까? 장차 그대를 어디로 보내 줄까? 그대를 쥐의 간으로 만들어 줄까? 그대를 벌레의 팔뚝으로 만들어 줄까?"

자래가 말하였다.

"자식은 부모에게 있어서 동서남북 그 어디든지 명하는 대로 따르는 법인데, 인간은 천지의 음양에게 있어 단순히 부모의 정도에 그치지 않는

다. 조물자가 나에게 죽음을 내려 주었는데 내가 그의 말을 따르지 않는
다면 나는 하늘의 뜻을 어긴 것이다. 그에게 무슨 잘못이 있겠는가.

천지는 몸으로써 나를 실어주었고 삶으로써 나를 수고롭게 하였고 늙
음으로써 나를 편안하게 하였고 죽음으로써 나를 쉬게 해 주었다. 그러므
로 나의 삶을 잘한다는 것은 죽음 또한 잘할 수 있는 것이다.

지금 대장장이가 쇳물을 녹여 금속기물을 만들 적에 쇳물이 갑자기 뛰
면서 '나를 반드시 막야의 명검으로 만들어 달라'고 말하면 대장장이는 반
드시 좋지 못한 쇠라고 생각하게 될 것이다.

그렇듯 지금 조물자가 우연히 사람의 형체를 만들고 있는데, 갑자기
'나를 사람으로…, 나를 사람으로…'라고 말하면 조물자 역시 좋지 못한
사람으로 생각하게 될 것이다. 지금 하늘과 땅을 큰 용광로로 생각하고
그 조화를 대장장이로 생각하고 있는데 내, 어디를 간다 한들 안 될 것이
있겠는가. 죽음은 잠과 같고 삶은 잠에서 깨어남과 같으니 어찌 取捨와
好惡가 있겠는가."

자래는 그 말을 마치고서 일을 성취한 뒤에 편안한 마음으로 잠을 자
듯이 눈을 감았다가 또 아무런 일이 없었던 듯이 잠에서 깨어났다.

【감산 절해】

此一節은 言眞人所得은 殊非婦人小子之所知라 故로 子犁 叱避하야 以
形容其必有眞知然後에 爲眞人이라 必若子來之順化而遊하야 死生無變하
야 無生可戀 無死可拒라 要學人이 必造到如此超然하야 獨得之妙 純一無
疵라야 方爲學問能事之究竟處니 是可稱爲大宗師矣니라
上言眞人의 能順死生이 不知從何致此일새 故로 下以子桑戶三人으로 發明

하시니 乃方外了道之人所能이라 此段學問은 非方內曲士所知니라

이 한 절에서는 眞人이 체득한 경지는 자못 아녀자와 어린아이가 알수 있는 바 아님을 말했다. 따라서 子犁는 그들을 꾸짖어 물리쳤으니 이로써 반드시 眞知가 있은 후에야 眞人이 됨을 형용한 것이다.

반드시 子來와 같이 조화에 순응하면서 노닐어 생사에 변함이 없어 삶을 연연하지 않으며 죽음을 거부하지 않아야 한다. 도를 배우고자 하는사람은 이같이 초연한 경지에 이르러 스스로 체득한 妙用이 순일하여 하자가 없어야 비로소 학문과 능사의 究竟處라 할 수 있다. 이러한 사람을대종사라 일컬을 수 있다.

위에서 眞人은 생사에 순응함이 어디서 유래한 것인지 모름을 말한 까닭에 아래에서는 자상호(子桑戶) 등 세 사람으로 밝히니, 이는 도를 깨달은方外道人만이 능할 수 있다. 이런 학문은 方外의 도에 요달한 사람만이알 수 있는 바 아니겠는가.

【원문】

子桑戶 孟子反 子琴張 三人이 相與友曰 孰能相與於無相與하고[201] 相爲於無相爲오[202] 孰能登天遊霧하야 撓挑無極하야[203] 相忘以生하고[204] 無

---

201 無相與는 言大道無形之鄕이라 | 無相與란 대도의 형상없는 고향을 말한다.
202 言大道寂寞無爲之境이라 | 大道의 寂寞無爲의 경계를 말한다.
203 言超然世外하야 遊於萬物之表라 | 세속을 초연하여 만물 밖에서 노님을 말한다.
204 雖生而不見其有生이라 | 비록 살고 있으면서도 그 살고 있음을 보지 않는

所終窮고²⁰⁵ 三人이 相視而笑하고 莫逆於心하야²⁰⁶ 遂相與友하다²⁰⁷ 莫然

有間에²⁰⁸ 而子桑戶 死어늘 未葬에 孔子 聞之하고 使子貢으로 往待事焉이

러니²⁰⁹ 或編曲하고 或鼓琴하야 相和而歌曰 嗟來桑戶乎여 嗟來桑戶乎여

而²¹⁰已返其眞이어늘 而我猶爲人猗아²¹¹ 子貢이 趨而進曰 敢問臨尸而

歌 禮乎아²¹² 二人이 相視而笑曰 是²¹³惡知禮意리오²¹⁴ 子貢이 返하야 以

告孔子曰 彼는 何人者耶잇가 修行無有하고²¹⁵ 而外其形骸하며²¹⁶ 臨尸而

것이다.

205 言心與道로 遊於無始無終이니 卽此便見眞人이 遊世之若此라 | 마음은
　　도와 함께 無始無終에서 노닒이니, 곧 眞人이 세상을 소요함이 이와 같음
　　을 말한다.

206 言道合心同하야 忘形相與라 | 도와 마음이 하나 되어 형체를 잊고 서로 함
　　께 함이다.

207 唯眞人이야 乃知眞人이라 故三人爲友라 | 오직 眞人이라야 眞人을 알아
　　보므로 세 사람이 벗이 된 것이다.

208 居頃之間이라 | 잠깐의 사이이다.

209 夫子 使子貢往弔하야 以待葬事하야 將盡禮也라 | 공자가 자공을 보내어
　　조문하고 장례를 치룰 적에 喪禮를 다하기 위함이었다.

210 汝也라 | 그대를 말함이다.

211 猗者는 歎辭也니 言汝幸已返其眞이어늘 而我尙且爲人하니 可歎也라 |
　　猗는 감탄사이니 그대는 다행히 이미 본래 자리로 돌아갔지만 우리는 아직
　　사람임을 한탄하였다.

212 子貢이 執禮에 言臨尸當哭이오 不當歌也라 | 자공이 집례하며, "주검에 임
　　해서 哭을 해야지 노래를 해서는 안 된다"고 했다.

213 指子貢이라 | 자공을 가리킨다.

214 言禮之意는 重在返本이니 謂子貢이 不知此也라 | 禮의 본의는 返本에 중
　　점이 있으니 자공이 이를 알지 못함을 말한 것이다.

215 言不撿於禮하고 不能飾行이니 故로 曰修行無有라 | 禮에 얽매이지 않고
　　꾸미지도 않으므로 修行이 있지 않다고 말한 것이다.

216 不以死生爲事라 | 생사를 일삼지 않음이다.

歌하고 顔色不變이라**217** 無以命之라**218** 彼는 何人者耶닛가**219** 孔子曰 彼는
遊方之外者也요**220** 而丘는 遊方之內者也라**221** 外內不相及이어늘**222**
而丘 使女(汝로 往弔之하니 丘則陋矣로다**223** 彼方且與造物者로 爲人하야**224**而
遊乎天地之一氣라**225**彼以生으로 爲附贅懸疣하고**226** 以死로 爲決疣潰癰하
나니**227** 夫若然者인댄 又惡知死生先後之所在리오**228** 假於異物하고**229** 託於

---

217 全無哀戚之容이라 | 전혀 슬퍼하는 얼굴이 없다.

218 命은 名也니 不知喚他作何等人物이라 | 命은 이름짓는 것이니 그들을 어떤 사람이라 말해야 할지 모르겠다는 것이다.

219 言畢竟是何等人耶아 | 결국 어떤 사람인가? 하는 말이다.

220 言彼超脫凡情하야 遊於世外者也라 | 그들은 여느 사람의 마음을 초월하여 세상 밖으로 노니는 자임을 말한다.

221 言未能超脫世網하니 故云 遊方內라 | 세속에서 벗어나지 못한 까닭에 方內에 노닌다고 말한 것이다.

222 言彼方外之人을 以世俗之禮로 加之하면 則非所宜니 言不當弔也라 | 저 方外의 사람을 세속의 禮로 대함은 마땅치 않으니 조문이 타당하지 않았음을 말한다.

223 言我本不當使女로 往弔니 此誠我之鄙陋見也라 | 내가 본래 그대를 조문 보내지 않았어야 했다. 이는 참으로 나의 비루한 견해 때문이다.

224 與者는 猶助也니 言造物은 本無形이어늘 彼以爲人之形하니 乃助造物之 生意耳라 | 與는 助와 같으니 조물자는 본래 무형이지만 그는 사람의 몸을 하고 있으니 조물자의 生意를 도우려는 것이다.

225 言彼雖處人世나 其實은 心遊乎未有天地已前하야 與大道混茫而爲一也 라 | 그들은 비록 인간 세상에 처해 있으나 마음은 실제로 천지 생성 이전의 자리에서 大道와 함께 노닐고 있다.

226 贅疣는 乃山中之人의 項上之癭瘤니 以喩形乃道之贅疣餘物也라 | 贅疣 는 산중 사람의 목덜미에 달려 있는 혹을 말한다. 이는 육신이란 쓸데없이 도에 매달린 것임을 비유한 것이다.

227 彼視身을 如贅疣하고 爲癰疽하야 以爲生之大患이라 今幸而死則如疣癰 之決潰하야 方爲大快活事어니 又何以死爲哀耶아 | 그들은 몸을 군더더 기와 혹, 그리고 종기 정도로 여겨 삶을 큰 걱정으로 생각한다. 이제 다행히

同體라²³⁰ 忘其肝膽하고²³¹ 遺其耳目하며²³² 返復終始에 不知端倪라²³³ 芒

然彷徨乎塵垢之外하고 逍遙乎無爲之業이어니 彼又惡能憒憒然爲世俗之

禮하야 以觀²³⁴衆人之耳目哉아²³⁵

몸이 죽음은 마치 종기가 터진 것처럼 아주 쾌활한 일이다. 또 어찌 죽음을
슬퍼하겠는가.

228 言彼以生으로 爲大患하고 以脫形骸며 爲輕擧하야 返乎本來不生不死之
鄕이어니 又何知有死生先後之所在耶아 | 그들은 삶을 큰 걱정으로 여기고
육신을 벗어남을 가볍게 생각한다. 본래 不生不死의 고향으로 되돌아가는
데, 어찌 생사 선후의 소재가 있음을 알겠는가.

229 以性眞而借四大以成形이 如假託異物이요 元非已有也라 | 性眞으로 地
水火風 四大를 빌려 형체를 이룸이 마치 異物을 가탁함과 같은 것이지, 원
래 이미 있었던 것은 아니다.

230 言心與道遊일새 故云 托於同體라 | 마음이 도와 함께 노니므로 한 몸에 의
탁했다 말한 것이다.

231 言以生爲寄일새 故不見有形骸니 故曰 忘其肝膽이라 | 生을 寄生으로 여
기므로 육신이 있음을 보지 않는 것이니 이 때문에 간담을 잊었다고 말한
다.

232 言雖遊人世나 如不聞見이니 故云 遺其耳目이라 | 비록 세상에 살면서도
보고 듣지 않는 듯하기에 귀와 눈을 버렸다고 말한 것이다.

233 言眞人은 遊於大化之中하야 返復往來하야 無所窮極이어니 又安知以生爲
始하고 以死爲終乎아 | 眞人은 大化 가운데 노니면서 반복왕래하여 끝나는
바가 없는 者이니 또한 어찌 생을 시작으로 삼고 死를 끝으로 삼겠는가?

234 示也라 | 보여줌이다.

235 言眞人은 處世如寄하야 以形骸爲大患하니 故로 忘形釋智超然物表하야
遨遊於塵垢之外하고 逍遙於無爲寂寞之鄕이어니 又何能憒憒以世俗之禮
로 以示衆人之耳目哉아 借重孔子此言은 乃明方內夫子亦未嘗不知有方
外之學也라 | 眞人은 세상에 처함을 더부살이처럼 여겨 육신을 큰 근심으
로 여기므로 몸을 잊고 지혜를 버린 채, 세속을 초탈하여 세상의 밖에 노닐
고 무위 적막의 고향에서 소요하니, 어찌 심란하게 세상의 예법으로 뭇사람
의 눈과 귀에 보여주겠는가? 거듭 공자의 말을 빌려 말한 것은 方內의 공자
또한 方外의 학문에 대해 모르지 않음을 밝히기 위함이다.

【직역】 子桑戶와 孟子反과 子琴張 세 사람이 더불어 벗을 하고서 말하기를, "누가 능히 서로 함께 함이 없는 데에서 서로 함께 하며 서로 위함이 없는 데에서 서로 위하고 누가 能히 하늘에 올라 안개에 놀면서 無極(至虛)을 撓挑하여 서로 生으로써 잊음에 다함(終窮)이 없을까?" 세 사람이 서로 바라보면서 웃고 마음에 거슬림이 없어 서로 더불어 벗을 삼았더니, 막연히 얼마 있다가 子桑戶가 죽었는데 장례를 치르기 전에 공자가 듣고서 子貢으로 하여금 찾아가 일을 돕도록 하였더니, 어떤 이는 編曲하고 어떤 이는 鼓琴하여 서로 화답하면서 노래하기를, "슬프다, 桑戶여. 슬프다, 桑戶여. 너는 이미 그 眞으로 돌아갔는데 우리는 여전히 사람이어라" 하였다.

자공이 종종걸음으로 나아가 말하기를, "감히 여쭙건대 주검의 앞에서 노래하는 것이 예입니까?"

두 사람이 서로 바라보면서 웃고서 말하기를, "이 사람이 어떻게 예의 뜻을 알겠는가."

자공이 돌아와 이로써 공자에게 고하기를, "그는 어떤 사람입니까? 수행이 있지 않고 그 形骸를 잊고서 주검에 임하여 노래 부르되 안색이 변하지 않았습니다. 그들을 명명할 수 없으니 어떤 사람입니까?"

공자가 말하기를, "그들은 方外에 노니는 자들이고 丘는 方內에 노니는 자이다. 밖과 안이 서로 미칠 수 없는데 丘가 너로 하여금 찾아가 조문하도록 하였으니 丘는 비루하다. 그들은 바야흐로 조물자와 더불어 사람이 되어 천지의 一氣에 노닐고 있다. 그들은 生을 군더더기가 붙어 있고 혹부리가 달려 있는 것쯤으로 생각하고 死를 등창을 짜내고 종기를 찢어 내는 것쯤으로 생각하니, 그와 같은 자가 또 어찌 사생 선후의 있는 바를 알겠는가. 異物을 빌어 同體에 가탁함이니 그 肝膽을 잊고 그 耳目을 버리어 反覆 終始에 실마리를 알지 못하여 芒然히 塵垢의 밖에서 방황하며 無爲의 業에서 逍遙하니 그가 또한 어찌 憒憒然(昏亂)하게 세속의 禮를 행하여 이로써 衆人의 耳目에 볼거리를 만들겠는가."

【의역】 자상호, 맹자반, 자금장 세 사람이 서로 벗이 되어 말하였다.

"누가 형상없는 대도에서 서로 함께 하고 적막무위한 대도에서 서로 위하며, 누가 하늘 밖에 초월하여 안개 속에서 노닐면서 무극의 지허(至虛)를 희롱하여 서로 모두가 생을 기뻐하지 않고 죽음 또한 싫어하지 않을 수 있을까?"

세 사람이 서로 마주 바라보며 웃고서 서로 거슬리는 마음이 없어 더불어 벗을 삼았었다. 담담하게 교유하던 어느 날, 자상호가 죽었다. 그의 장례를 치르기 전에 공자는 그의 부음을 듣고서 자공에게 그곳을 찾아가 장례를 돕도록 하였는데, 자공이 그곳에 갔을 때, 어떤 사람은 노래를 부르고 어떤 사람은 거문고를 켜면서 서로 화답하였다.

"아! 슬프다, 자상호여. 아! 슬프다, 자상호여. 너는 앞서 천지의 조화 속으로 돌아갔는데 우리는 아직도 인간 세상에 있구나."

자공이 종종걸음으로 그들을 찾아가 물었다.

"친구의 주검 앞에서 노래를 부르는 것이 장사지내는 예법이라 할 수 있습니까?"

두 사람이 서로 바라보며 웃고서 말하였다.

"이 사람이 어떻게 예의의 참 뜻을 알겠는가."

자공이 되돌아와 이 사실을 공자에게 말씀드렸다.

"그들은 도대체 어떤 사람들입니까? 자기의 몸을 살피거나 닦지도 않고 그들의 몸을 잊은 채, 주검 앞에서 노래를 부르면서도 얼굴빛 하나 변하지 않았습니다. 그들을 뭐라 말해야 할지 알 수 없습니다. 그들은 도대체 어떤 사람들입니까?"

공자가 말하였다.

"그들은 세속을 벗어나 방외(方外)에 노니는 자들이고 나는 세속의 방내(方內)에 사는 사람이다. 세속을 초월한 바깥과 그렇지 못한 안이란 서로 미칠 수 없는데 내가 너를 시켜 그곳을 찾아가 조문하도록 한 것이 나의 잘못이다.

그들은 조물자와 함께 벗이 되어 천지의 일기(一氣) 속에서 노닐고 있다. 그들은 삶에 대해 마치 군더더기가 붙어 있고 혹부리가 달려 있는 것쯤으로 생각하고 죽음을 마치 등창을 짜내고 종기를 찢어내는 것쯤으로 인식하고 있다. 그와 같은 이들이 어떻게 생사 선후의 구별이 있음을 알 턱이 있겠는가.

지(地)·수(水)·화(火)·풍(風) 따위의 각기 다른 원소(元素)를 빌어다가 하나의 몸으로 가탁(假託)했을 뿐이다. 그들은 내면의 간담(肝膽)을 잊고 외면의 이목(耳目)을 버린 채, 태어났다가 죽고 죽었다가 다시 태어난 것을 천지의 변화에 맡겨두고서 얽매임 없이 진세(塵世) 밖에서 편안하고 무위자연(無爲自然)의 경지에서 소요하고 있다. 그들이 어떻게 어지러이 세속의 예의를 거행하여 이로써 뭇사람들의 구경거리를 제공하겠는가."

【감산 절해】

此一節은 言方外眞人之學이란 逍遙物外自得之妙니 非世俗耳目之所

及이라 故托孔子子貢發揮하사 將以破迂儒 執禮法之曲見하야 以解憒憒之
執情하고 亦將使其自得超然之境이니 斯正此老著書之本意也니라

이 문장은 方外 眞人의 학문이란 物外에 逍遙하여 自得한 妙用임을
말한다. 세속인의 이목으로 미칠 바 아니기에 공자와 자공의 發揮를 가탁
하여 예법에 집착하는 실정에 어두운 儒者의 歪曲된 견해를 타파하여, 情
에 집착한 憒憒함을 풀어주고, 그들로 하여금 초연한 경계를 스스로 얻도
록 하고자 한 것이니, 이것이 바로 장자가 이 책을 저술하게 된 本意이다.

【원문】

子貢曰 然則夫子는 何方之依어늘²³⁶ 曰 丘는 天之戮民也라²³⁷ 雖然이나
吾與汝共之하리라²³⁸ 子貢曰 敢問其方하노이다²³⁹ 孔子曰 魚相造乎水하고
人相造乎道하나니²⁴⁰ 相造乎水者는 穿池而養給하고²⁴¹ 相造乎道者는 無

---

236 子貢이 因聞夫子說方外眞人之道 如此라 故問夫子自處何方之依니라 |
　　자공은 공자가 말한 方外 眞人의 道가 이와 같음을 들음으로 인하여 공자
　　에게 어느 곳에 자처할지를 물었다.
237 此夫子自謙하사 言己未免生累니 蓋顯之未解라 乃天之戮民이라 하니 言
　　未能忘桎梏也라 | 이것은 공자가 스스로 겸손해 말하기를, "나는 아직 생의
　　누를 면치 못했으니 거꾸로 매달린 데에서 풀려나지 못한지라 하늘의 벌을
　　받는 사람"이라 한 것이니 아직 질곡을 잊지 못함을 말한다.
238 夫子言雖然我未超脫이 與汝均之로되 今且與汝遊於方外라 | 공자가 말하
　　기를, "내 비록 초탈하지는 못함이 너와 똑같으나 이제 너와 더불어 方外에
　　서 노닐고자 한다" 하였다.
239 問遠擧超脫之方이라 | 저 멀리 초탈하는 방법을 물음이다.
240 人之以道爲命이 如魚之以水爲命이라 | 사람이 道로 命을 삼는 것은 물고
　　기가 물로 命을 삼는 것과 같다.

事而生定이라²⁴² 故曰 魚相忘乎江湖하고 人相忘乎道術이라하니라²⁴³ 子貢이 曰 敢問畸人하노이다²⁴⁴ 曰 畸人者는 畸於人而侔於天이라 故曰 天之小人은 人之君子요 人之君子는 天之小人也라하니라²⁴⁵

【직역】 子貢이 말하기를, "그렇다면 부자께서는 어느 方을 依持하시렵니까?"

말하기를, "丘는 하늘의 戮民이다. 그러나 나는 너와 함께하리라."

자공이 말하기를, "감히 그 방법을 여쭙나이다."

공자가 말하기를, "물고기는 서로 물로 나아가고 사람은 서로 道로 나

---

241 言養魚에 尙勞功用이라 | 물고기를 기르는 데도 오히려 노력이 필요하다.

242 言人造乎道 甚易라 放下便是니 故云 無事而生定이라 | 사람이 道에 나아가는 것은 매우 쉽다. 모든 일을 놓아 버리면 된다. 따라서 일없이 생이 안정된다고 했다.

243 穿池而養魚에 尙難忘이니 不若放之江湖則自然忘矣라 如人能造乎大道하야 浩然大均이면 則無不忘矣라 | 연못을 파서 물고기를 기르는 일은 여전히 잊지 못한 것이니 물고기를 강호에 풀어놓아 저절로 잊음만 못하다. 사람이 大道에 나아가 마음을 浩然히 모두 均等하게 하면 잊지 못할 게 없음과 같다.

244 子貢이 意謂方外之人은 乃獨行之君子니 敢問畸人이라 畸는 獨也니 謂不知獨行之人 比方外何如닛고 | 자공은 方外의 眞人은 곧 獨行 군자라 생각했으니 감히 기인에 대해서 묻겠다고 한 것이다. 畸란 獨이니 독행 군자는 方外의 眞人에 비해 어떤지 모르겠음을 말한 것이다.

245 孔子言彼方外者 亦畸人也니 但彼畸於人而侔合乎天이라 若世之獨行君子 矜矜自持하야 不能逍遙自在者는 是乃天之小人이니 則爲人中之君子요 人中之君子는 則爲天之小人이라 第未能與天으로 爲一耳니라 | 공자는 말하기를, 저 방외인 또한 畸人이다. 단지 그는 여느 사람과는 다르지만 하늘에 부합된다. 만일 독행 君子가 세상에 矜矜自持하여 소요 자재하지 못하면 그는 하늘에 있어서 소인이다. 하지만 인간 세상의 군자이다. 인간 세상의 군자는 곧 하늘의 소인이다. 다만 하늘과 하나가 되지 못했기 때문이다.

아가니, 물로 나아간 자는 연못을 파면 기르기에 넉넉하고 서로 도로 나아간 자는 하릴없음으로써 삶이 안정되는 것이다. 그러므로 '물고기는 서로 강호에서 잊고 사람은 서로 道術에서 잊는다'고 한다."

子貢이 말하기를, "감히 畸人을 여쭈옵니다."

말하기를, "畸人이란 사람들과는 다르지만 하늘과 짝이 된 자이다. 그러므로 '하늘의 소인은 인간의 군자요, 인간의 군자는 하늘의 소인이다'라고 한다."

[의역] 자공이 말하였다.

"그렇다면 선생께서는 어느 쪽을 따르시렵니까?"

"자연 진리의 입장에서 보면 나는 하늘의 형벌을 받은 사람이다. 그러나 나와 너는 방외의 도를 함께 추구해야 할 것이다."

자공이 다시 물었다.

"그 방법이 어떤 것인지 말씀해 주십시오."

"물고기는 모두 물을 찾아가야 하고 사람은 모두 도를 찾아가야 한다. 물을 찾아간 물고기는 물만 있으면 많고 적은 물에 얽매이지 않고, 도를 찾아간 사람이 분수를 따르면 태평하고 하릴없어 삶이 안정된다. 그러므로 '물고기는 강호에서 서로 잊고 사람은 대도(大道)에서 서로 잊는다'고 한다."

자공이 다시 물었다.

"기인(畸人)이 어떤 자인지 말씀해 주십시오."

"기인이란 여느 세속사람과는 달리 하늘의 자연과 하나가 된 자이다. 그러므로 '천리 자연의 관점에서 살펴보면 하늘의 소인은 도리어 인간들의 자요, 인간들의 군자는 천리를 위배한 하늘의 소인이다'라고 한다."

【감산 절해】

此一節은 言孔子 方内之聖人이나 亦能引進於方外之學이어니 意謂世
之拘拘者도 亦可與造乎大道라 故以子貢之才智로 尙去道遠甚이온 況其
他乎아 下明方外之道라 方内에 亦有能行者로되 第俗人이 不識耳故로 借
顏子發明하시고 孔子 以開其迷意하시니 若顏子之好學은 誠可以深造而自
得也니라

이 문장은 공자는 方内의 성인이지만, 또한 方外의 학문으로 이끌어
나아갔음을 말한 것이다. 그 뜻은 세속에 얽매여 있으면서도 大道와 나아
가 함께하였음을 말한다. 이 때문에 자공의 才智로서도 오히려 道와의 거
리가 아주 요원한데 하물며 다른 사람에게 있어서야 오죽하겠는가.

아래 문장에서는 方外의 도를 밝힌다. 方内 또한 능히 행한 자가 있으
나 다만 속인이 모르는 까닭에 顏子에 가탁하여 밝힌다. 공자는 그의 의
혹을 열어주니, 안자와 같은 好學은 참으로 깊이 나아가 스스로 얻은 바
있었다.

【원문】

顏回 問仲尼曰 孟孫才는 其母 死에 哭泣無涕하고[246] 中心不慼하며[247] 居
喪不哀라 無是三者하되 以善喪으로 蓋魯國하니[248] 固有無其實코 而得其名

---

246 無心於哭이라 | 哭할 마음이 없는 것이다.

247 全無哀意라 | 전혀 슬픈 마음이 없다.

248 以善居喪之名以蓋魯國이라 | 그가 居喪을 잘했다는 명성이 노나라를 뒤덮
었다.

者乎닛가²⁴⁹ 回壹怪之하노이다²⁵⁰ 仲尼曰 夫孟孫氏는 盡之矣니²⁵¹ 進於知矣니라²⁵² 唯簡之而不得이나 夫己有所簡矣니라²⁵³ 孟孫氏는 不知所以生하고 不知所以死하며²⁵⁴ 不知就先하고 不知就後라²⁵⁵ 若化爲物하야²⁵⁶ 以待其所不知之化已乎인저²⁵⁷ 且方將化나 惡知不化哉며²⁵⁸ 方將不化나 惡知

---

249 名不副實이라 | 명성이 실제에 부합하지 않는다.

250 壹은 謂一이니 常怪之라 | 壹은 一로, 늘상 이상하게 여겼다.

251 言能極盡喪禮也라 | 상례를 능히 극진히 다함을 말한 것이다.

252 言世人은 但知世俗之禮而不知天이어니와 今孟孫氏는 乃盡於知天이라 故로 人之返本이 乃禮之實也라 | 세상 사람들은 단지 세속 예법만 알 뿐, 하늘에 대해서는 모르거니와 이제 맹손씨는 하늘을 모두 알았다. 이 때문에 사람이 근본으로 되돌아가는 것이 바로 禮의 실상이다.

253 言孟孫知其本無生死니 又何假以哀爲禮哉아 但世人常情은 必以哀爲禮일새 故欲簡之而不得이라 故로 人哭亦哭은 乃不得已而從俗之情耳어늘 今哀而不感하니 則已有所簡矣라 | 맹손은 본래 생사가 없음을 알았으니 또 어찌 슬픔으로 禮를 삼겠는가? 단 世人의 常情은 반드시 슬픔을 禮라고 생각한 까닭에 간략히 치르고자 하지만 그렇게 하지 못했다. 그러므로 남들이 곡하니까 따라 곡을 한 것은 마지못해 세속의 常情을 따른 것일 뿐이다. 이제 슬피 곡하면서도 마음에 슬퍼하지 않으니, 이미 간략한 바 있다.

254 言孟孫子는 悟不生不死之道라 | 맹손자가 본래 생사가 없는 도를 깨달았음을 말한 것이다.

255 言以了悟不生不死일새 故로 雖生而如不有生이니 故云 不就先이요 雖死而知本不死라 故不就後니 坦然大化之中이라 | 본래 생사가 없는 도를 깨달았으므로 비록 태어났으나 태어남이 있지 않은 듯 하였으니 이 때문에 앞서 나가지도 않았다. 비록 죽는다고 할지라도 본래 죽음이 없음을 깨달은 까닭에 뒤처지려고도 하지 않는다. 태연하게 거대한 조화 가운데 머문다.

256 言孟孫이 自視其形하되 在大化之中하야 若忽焉化爲一物耳라 | 맹손이 스스로 그 자신의 형체를 큰 조화 가운데 있는 것같이 보아서 홀연히 一物로 化할 뿐이라고 말한 것이다.

257 言不知其所以生일새 故今雖處形骸나 但待其所不知之大化하야 聽其盡之而已乎인저 豈有情識哉아 | 그 태어나게 된 바를 알지 못한 까닭에 지금 비록 나의 몸에 처해 있으나 다만 알 수 없는 큰 조화를 기다리며 그 다할

已化哉리오²⁵⁹ 吾特與汝로 其夢을 未始覺者邪인저²⁶⁰ 且彼有骸形이나 而

無損心하며²⁶¹ 有旦宅이나 而無情死라²⁶² 孟孫氏는 特覺이로되²⁶³ 人哭亦

哭이니 是自其所以乃니라²⁶⁴ 且也相與吾之耳矣어니²⁶⁵ 庸詎知吾所謂吾

날을 따를 뿐이다. 어찌 情識이 있겠는가?

258 言方將化에 惡知有不化者 存焉가 | 장차 化하려 하는데 어찌 化하지 않는
것이 있음을 알겠는가?

259 言世人이 但知固守其形하야 將謂不化하니 彼惡知造化密移而念念已化
哉아 | 세상 사람들은 오로지 자기 몸을 고수할 줄만 알아서 장차 변화하지
않는다 생각하니, 조화가 은밀히 움직여 찰나마다 이미 化한 것을 그들이
어찌 알겠는가.

260 言化而不化하야 乃死生一貫은 唯大覺이라야 方知니 且吾與汝 皆在夢中
而未覺者也라 | 化하되 化하지 않는 것이 곧 生과 死가 일관함은 오직 大
覺이라야 알 수 있으니 나와 너는 모두 꿈속에서 잠 깨지 못한 자임을 말한
것이다.

261 到此하야 方言孟孫之母 雖死나 而不死者 存이니 但形死耳라 故曰 有骸
形이니 如豚子之視死母而走也라 若其天眞之性인댄 湛然不遷이니 所謂
死而不亡이라 故曰 無損心이니라 | 여기에 이르러, 바야흐로 맹손의 어머
니는 비록 죽었으나 죽지 않은 것이 있으니 오직 몸만 죽었을 뿐임을 말했다.
이 때문에 形骸가 있다고 말한 것이니 이는 새끼돼지가 죽은 어미돼지를 보고
서 달아난 것과 같다. 그러나 天眞의 본성은 湛然하여 변하지 않으니 이른바
죽어도 없어지지 않는 것이다. 이 때문에 마음을 잃음이 없다고 말한 것이다.

262 言其生如旦하고 其形如宅이니 謂假形雖化나 而眞宰長存이라 故로 曰 有
旦宅而無情死라 情은 實也라 | 그 生은 새벽과 같고 그 몸은 집과 같으니
假形은 비록 변하지만 眞宰는 영원히 존재한다. 이 때문에 "旦宅은 있으나
情은 죽음이 없다"고 말했다. 情은 實情이다.

263 死而不死之理를 孟孫 特悟於此라 | 죽어도 죽지 않는 이치를 맹손이 홀로
깨달았다.

264 孟孫이 已知其母不死나 但以世情不得不哭이라 故其所以乃如此哭이나
而不哀切也라 | 맹손은 이미 그의 어머니가 죽지 않은 걸 알지만 단지 世情
으로 곡하지 않을 수 없었다. 따라서 그가 이처럼 곡을 했으나 애절하지 않
았던 이유이다.

265 言旣知死而不死則視已死之孟母卽未死之孟孫이라 故相較之에 乃吾之耳

之乎아²⁶⁶ 且汝夢爲鳥에 而厲乎天하고²⁶⁷ 夢爲魚에 而沒於淵하니²⁶⁸ 不識

今之言者 其覺者乎아 其夢者乎아²⁶⁹ 造適에 不及笑요²⁷⁰ 獻笑에 不及排

니²⁷¹ 安排而去化하야 乃入於寥天一이니라²⁷²

라 相與는 謂一體而觀也라 | 이미 죽어도 죽지 않는 도리를 깨달았는바, 이
미 죽은 맹손의 어머니는 곧 아직 죽지 않은 맹손이다. 따라서 서로 비교함
에 바로 어머니를 나(맹손)로 삼을 뿐이다. 相與란 一體로 보는 것을 말한다.

266 言死生一條之理를 若吾之之言인댄 此豈常人의 所能知之乎아 下以夢喩
吾之之意라 | 死生이 하나인 이치가 ‘吾之’라고 한 말과 같다는 것을 어떻
게 세속 사람들이 알겠는가? 이 때문에 아래 문장에서 꿈으로써 ‘吾之’의 뜻
을 비유했다.

267 厲는 猶戾也라 | 厲는 다다름(戾)과 같다.

268 言吾之之意를 汝未及信일새 我且問汝호리라 且汝 夢爲鳥則飛戾於天하
고 夢爲魚則沒於淵이라 然夢中之魚鳥는 即不夢之顔回니 是乃吾之之意
也라 | ‘吾之’라는 말의 뜻을 그대가 믿지 않을까봐 내가 그대에게 물은 것
이다. 그대의 꿈에 새가 되면 하늘에 솟구치고 꿈에 물고기가 되면 연못에
잠긴다. 그러나 꿈속의 새와 물고기는 곧 꿈꾸지 않을 때의 안회이다. 이것
이 곧 ‘吾之’의 뜻이다.

269 言汝方今對我言者 乃不夢之顔回耶아 乃夢中之魚鳥耶아 若言是顔回인
댄 則汝已化爲魚鳥矣요 若言是魚鳥인댄 不妨現是不化之顔回라 汝試自
看하라 死生一條之理 固如是耳니라 此數語極奇하야 最難理會라 | 그대
가 지금 나에게 대답하는 것이 꿈꾸지 않을 때의 안회인가? 꿈속의 물고기
와 새인가? 만일 안회라고 말한다면 그대는 이미 化해서 물고기와 새가 되
었고, 물고기와 새라고 말한다면 바로 드러나 化하지 않은 안회라고 해도
무방하다. 그대가 시험 삼아 살펴보면 生死가 하나인 이치는 참으로 이와
같다. 이 몇 마디의 말은 매우 기묘하여 가장 이해하기 어렵다.

270 適者는 稱意之極이니 則笑亦不及이라 | 適이란 마음에 매우 흡족함이니
웃음 또한 미칠 수 없다.

271 如人詼諧獻笑에 至發笑處하야 則安排不及이라 言死生一貫之理를 必須
頓悟하야 乃自知之요 非言可及也니라 | 사람이 해학으로 웃김에 웃음을 자
아내게 함에 있어서는 안배로 되는 것이 아니다. 이는 생사 일관의 이치를 반
드시 頓悟하여 스스로 깨달아야 하는 것이지, 말로는 미칠 수 없다.

272 寥天一은 乃大道寥廓冥一之天이라 此由初心造道功夫하야 故如安排나

【직역】 顔回가 仲尼에게 묻기를, "孟孫才는 그의 어머니가 죽었음에도 우는데 눈물이 없었으며 마음속으로 슬퍼하지 않았으며 居喪에 슬퍼하지도 않았다. 이 세 가지가 없는 데도 居喪을 잘한 것으로써 魯國을 뒤덮으니, 참으로 그 實情이 없이 그 이름을 얻은 者입니까? 回는 이상하게 생각합니다."

仲尼가 말하기를, "孟孫氏는 다하였다. 아는 것보다 더 나아간 것이다. 오직 간략하게 하려 했지만 그러지 못했으나 이미 간략하게 한 바 있었다. 맹손씨는 태어나게 된 바를 알지 못하고 죽게 된 바를 알지 못하며 앞으로 나아갈 줄도 모르고 뒤로 물러설 줄도 모르고 化하여 物이 되어 그 알 수 없는 바의 변화를 기다릴 뿐이다. 또 바야흐로 변화함에 어찌 변화하지 않음을 알 것이며, 바야흐로 변화하지 않음에 어찌 이미 변화함을 알 수 있겠는가. 나는 다만 너와 더불어 그 꿈속에서 애당초 잠깨지 못한 것인가.

또 그는 骸形은 있으나 마음을 損함은 없으며 旦宅에 있으면서도 情은 죽음이 없다. 맹손씨는 홀로 깨달았지만 사람들이 곡하면 또한 곡하니 이것이 그가 그처럼 하게 된 것이다. 또 서로가 더불어 나라고 여겼을 뿐이니(吾之) 어떻게 '나라고 여겼을 뿐'이라는 것을 알 수 있겠는가.

또 너의 꿈속에 새가 되어 하늘에 이르고 꿈속에 물고기가 되어 연못에 잠기니 알 수 없구나. 지금 말한 자는 그는 잠을 깬 것일까? 꿈속에 있

及夫純一到大化之境하야 自然頓悟요 不假作爲而自證入也니라 | 寥天一은 곧 대도의 寥廓 冥一한 天의 경계이다. 초심자의 도에 나가는 공부로 말한 까닭에 안배가 있는 듯하나 純一하여 大化의 경계에 이르면 자연히 頓悟하여 작위를 빌리지 않고 스스로 깨달아야 한다.

는 것일까? 適意에 나아가서도 웃음에 미치지 않고 웃음을 드리되 按排에 미치지 않으니 안배하여 변화하는 대로 가야만 이에 寥天의 一에 들어갈 수 있다.

【의역】 안회가 공자에게 물었다.

"맹손재는 그의 어머니가 죽었는데도 그의 우는 얼굴엔 눈물이 흐르지 않았고 슬픈 마음이 없었으며 상중에도 슬퍼하지 않았습니다. 이처럼 상주로서 세 가지 점이 없는 데에도 초상을 잘 치렀다는 명성이 노나라를 뒤덮었습니다. 참으로 그 실정이 없이 허명(虛名)을 얻은 자입니까? 저는 이 점을 이상하게 생각합니다."

공자가 말하였다.

"맹손씨는 거상(居喪)의 도리를 다한 것이다. 그는 세속에서 상례(喪禮)를 잘 안다고 하는 사람의 경지보다 한 걸음 더 나아간 것이다. 그는 상례를 보다 간단하게 치르려 했지만 세속에서 그처럼 행해 오고 있었기에 그처럼 간략하게 할 수 없었다. 이 때문에 울음과 거상의 일만큼은 버리지 못했을 뿐이다. 그러나 자기도 모르는 사이에 이미 눈물과 슬픔과 애통함이 없었던 것이다.

맹손씨는 삶과 죽음을 자연에 맡겨두어 태어나게 된 이유를 알지 못하고 죽게 되는 이유조차 알지 못하며, 생을 알지 못한 까닭에 앞으로 나아갈 줄도 모르고 죽음을 알지 못한 까닭에 뒤로 물러설 줄도 모른 채, 다만 대도의 변화에 따라 그 훗날 무엇으로 태어날지를 이와 같이 기다릴 뿐이다.

다시 말하면 대도의 변화를 가지고서 어떻게 변화하지 않는 상태를 알수 있을 것이며, 변화하지 않은 상태를 가지고서 어떻게 이미 변화를 거친 정황을 알 수 있겠는가. 나는 너와 함께 꿈속에 있으면서 애당초 잠에서 깨어나지 못한 것이다.

또 그 맹손씨는 깜짝 놀라 움직이는 형체가 있으나 심신(心神)을 손상한 적은 없으며 날로 변해 가는 몸에 붙어 있지만 진실한 이치는 일찍이 쉼이 없다.

맹손씨는 홀로 이 사실을 깨달았지만 사람들이 그처럼 곡하면 그 또한 그처럼 따라서 곡한 데 지나지 않을 뿐, 어찌 자기 어머니의 죽음으로써 특별히 그 애통한 마음을 다하였겠는가. 또 세간 사람들은 모두가 그저 그 자신이 나라고 여긴 그 하나만을 근거할 뿐, 어떻게 생사의 이치가 하나임을 알 수 있겠는가. 마치 너의 꿈속에 한 마리의 새가 되어 허공에 높이 날고 꿈속에 한 마리의 물고기가 되어 연못 깊숙이 헤엄치는 것과 같다.

여기에 어떤 사람이 있어 말한다고 하자. 그가 한 마리의 물고기와 새가 된 것은 잠을 깨어 있는 것일까? 꿈속에 있는 것일까? 그 자신은 털끝만큼도 마음대로 자기를 주재할 수 없다. 뿐만 아니라, 사람들은 기쁜 마음에 그저 웃을 줄만 알 뿐이다. 갑자기 기쁜 일을 당하면 자기도 모르는 사이에 웃음이 터져 나오게 된다. 그 또한 천기(天機)가 스스로 움직인 것일 뿐, 어떻게 그처럼 안배하여 만든 것이라 할 수 있겠는가. 이처럼 스스로의 기쁜 마음과 웃음마저도 자기 마음대로 주재할 수 없다. 이로 보면 모든 일이란 모두 자기 스스로 안배한 것이 아니라, 저 아득한 하늘에서 안배한 것으로 사람은 다만 그 안배의 변화한 바에 따라서 생사가 하나인 이치를 돈오해야만 적요한 하늘의 순일(純一)한 경지에 들어갈 수 있다."

【감산 절해】

此一節은 言方外之學을 方內 亦有能之者나 第在世俗之中에 常情所不識이니 必有眞人이라야 乃能知라 故로 借重顏子與聖人하야 開覺之니 此段은 最是惺悟世人眞切處니라

上言了無生死乃造道之極이니 要在頓悟하시고 下言世人必欲學道인댄 須將仁義恭矜智能夙習之事하야 一切屛絶이라야 乃可入道니라

이 문장은 方外의 학문을 方內의 사람도 능할 수는 있으나, 단지 세상 사람의 常情으로는 알 수 없는 일이니 반드시 眞人만이 이를 알 수 있음을 말했다. 이 때문에 거듭 안자와 성인을 가탁하여 이를 깨닫게 해준 것이다. 이 단락은 세상 사람을 최고로 간절하게 깨우쳐 준 곳이다.

위에서는 본래 생사가 없는 도리를 깨달음이 곧 도에 나아가는 극치이니, 요체는 頓悟에 있음을 말했고, 아래에서는 世人이 도를 배우려면 반드시 인과 의·공경과 긍휼·지혜와 재능·삼가함과 습속의 일들을 모두 버려야만 도에 들어갈 수 있음을 말한다.

【원문】

意而子 見許由한대 許由曰 堯何以資汝오[273] 意而子曰 堯謂我하되 汝必躬服[274]仁義하고 而明言是非라하노이다 許由曰 而奚來爲軹오[275] 夫堯旣

---

273 何以教汝오 | 무엇으로 그대를 가르쳤는가?

274 行也라 | 行하다는 뜻이다.

275 奚는 何요 軹는 造語辭라 言又何爲來耶아 意謂汝已被堯敎壞了也라 | 奚는 '어찌'의 뜻이요 軹는 어조사이다. 또 무얼 위해 왔는가라는 것은 그대가 이미 요임금의 가르침으로 파괴되었음을 뜻한다.

旣黥[276]汝以仁義하고[277] 而劓[278]汝以是非矣어니 汝將何以遊夫遙蕩하고[279] 恣睢[280]轉徙[281]之途乎아[282] 意而子曰 雖然이나 吾願遊其藩하노이다[283] 許由曰 不然하다 夫盲者는 無以與夫眉目顏色之好요 瞽者는 無以與夫靑黃黼黻之觀이니라[284] 意而子曰 夫無莊[285]之失其美와 據梁[286]之失其力과 黃帝之亡其知는[287] 皆在鑪錘之間耳니[288] 庸詎知夫造物者之不息我黥而補我劓하야 使我乘成하야 以隨先生耶낫가[289] 許由曰 噫라 未可知也니[290] 我

---

276 拔其鬚하고 則毀其面貌라 | 수염을 뽑아버리면 그 얼굴이 훼손된다.

277 言以仁義僞行으로 壞了本來面目이라 | 仁義의 僞行으로 본래 면목을 파괴한 것이다.

278 割其鼻也라 | 코를 베임이다.

279 逍遙之境이라 | 소요의 경계이다.

280 縱橫也라 | 縱橫함이다.

281 變化也라 | 變化함이다.

282 言汝已被堯以仁義是非로 壞了汝本來面目하야 而拘於仁義是非之場이어니 又何能遊於逍遙大道之鄕乎아 | 그대는 이미 堯에게 仁義是非로 그대의 본래면목이 파괴되어 인의 시비의 場에 얽매여 있는데 또 어떻게 大道에 逍遙하는 경지를 노닐 수 있겠는가 하는 말이다.

283 言雖不能入大道之奧나 亦願遊其藩籬라 | 비록 大道의 심오한 데에 들어갈 수는 없어도 그 울타리 곁에서 노닐고 싶다는 것이다.

284 言汝心이 旣盲瞽하니 難以與大道也라 | 그대의 마음이 봉사 · 귀머거리와 같아서 大道를 함께할 수 없음을 말한다.

285 古之美貌者라 | 옛 미인이다.

286 古之有力者라 | 옛 장사이다.

287 言至人之善敎는 能使人人으로 失其平昔之所自有라 | 至人의 훌륭한 교육은 모든 사람으로 하여금 평소 자신이 갖고 있던 것을 잊게 만든다는 것이다.

288 言上三人이 頓失其固有는 是在夫子陶鑄之中耳라 | 위의 세 사람이 자기의 고유함을 갑자기 잊게 된 것은 夫子의 가르침 속에 있었기 때문임을 말한 것이다.

289 言我今日에 幸得見先生하니 豈非造物者 補我之缺失하야 乘其渾全之大

爲汝言其大略하리라[291] 吾師乎여 吾師乎여[292] 韲萬物而不爲義하며 澤及
萬世而不爲仁하며[293] 長於上古而不爲老하며[294] 覆載天地하고 刻雕衆形하
되 而不爲巧하나니[295] 此所遊已니라[296]

【직역】 意而子가 許由를 찾아뵙자, 허유가 말하기를, "堯가 무엇으
써 너에게 도움을 주었는가?"

道하야 以隨先生耶닛가ㅣ 오늘 요행히 선생님을 만났으니, 조물자가 나의
부족함을 채워 渾全한 大道를 타고서 先生을 따르게 함이 아니겠는가 하는
것이다.
290 言汝雖有志도 未知何如也라ㅣ 그대가 비록 뜻이 있지만 어떨지는 모르겠
다는 말이다.
291 不敢盡其底蘊하고 試爲汝言其大略이라ㅣ 감히 그 심오한 것은 모두 말할
수 없고 시험 삼아 그대에게 대략을 말하겠다.
292 吾師는 乃大宗師也니 非堯可比라ㅣ 우리 스승은 대종사이니 堯와는 비할
수 없다.
293 言堯諄諄以仁義로 爲仁義하고 以愛養萬物로 以爲功이나 吾大宗師는 則
韲粉萬物而不以爲義하고 縱澤及萬世라도 而不以爲仁하니 以大仁不仁
이니 大義는 不義라 卽老子의 生而不有하며 爲而不恃하며 長而不宰之意
라ㅣ 堯는 거듭거듭 인의를 인의로 생각하고, 만물의 양육을 공으로 삼는다.
그러나 우리 대종사는 만물을 부수지만 이를 義로 생각지 않고, 비록 만세
에 은혜가 미칠지라도 仁이라 여기지 않는다. 이는 大仁은 不仁이요 大義
는 不義이기 때문이다. 노자의 "낳았으나 자기의 소유로 생각지 않고, 행한
바 있지만 自恃하지 않고, 길러 주면서도 주재하지 않는다"(『도덕경』 제10장)
는 뜻이다.
294 言未有天地에 先有此道라ㅣ 천지가 생기기 전에 먼저 이 道가 있었다는 말이다.
295 言大道生天生地하며 化育萬物이나 而無心일새 故不有其巧라ㅣ 大道는
천지를 생성하고 만물을 길러주면서도 무심한 까닭에 그 기교를 내세우지
않는다는 말이다.
296 言韲物已下는 乃吾師之所遊者 如此而已니라ㅣ '萬物을 부수지만' 이하는
곧 우리 스승의 노니는 바 이와 같을 따름임을 말했다.

意而子가 말하기를, "堯가 저에게 이르되, '너는 반드시 몸소 仁義를 服行하고 是非를 分明하게 말하라'고 하였습니다."

허유가 말하기를, "너는 무얼 하려고 왔는가. 堯는 이미 너에게 仁義로써 墨刑(黥)을 했고 너에게 是非로써 劓刑을 한 것이니 네가 장차 어떻게 遙蕩, 恣睢, 轉徙의 길에서 놀 수 있겠는가."

의이자가 말하기를, "비록 그러하오나 저는 그 藩籬에서나마 놀기를 願하옵나이다."

허유가 말하기를, "그렇지 않다. 盲者는 眉目·顔色의 어여쁨을 함께 할 수 없고 瞽者는 靑黃·黼黻의 볼거리를 함께 할 수 없다."

의이자가 말하기를, "無莊(美人)이 그 아름다움을 잃은 것과 據梁(力士)이 그 힘을 잃은 것과 黃帝(智聖)가 그 知慧를 잃은 것은 모두 鑪錘의 사이에 있으니 어찌 造物者가 나의 墨刑(黥)을 되살려주고 나의 劓刑을 보완하여 나로 하여금 成體를 乘載하고서 선생을 따르게 하지 않을 줄을 알겠는가."

허유가 말하기를, "슬프다. 알 수 없다. 내, 너를 위해 그 대략을 말해주리라. 나의 宗師여, 나의 宗師여. 만물을 부수지만 義로 하지 않으며 만세에 은택을 미치되 仁으로 하지 않으며 上古보다 장구하되 年老로 하지 않으며 天地를 덮어주고 실어주며 많은 形狀을 아로새기되 技巧라 하지 않으니 이것이 遊한 바이다."

【의역】 의이자(意而子)가 허유를 찾아뵙자, 허유가 그에게 물었다.

"요(堯)임금이 너에게 어떤 가르침을 주었느냐?"

"요임금이 저에게 '너는 반드시 인의를 몸소 행하고 시비를 분명하게 구별하라'고 말하였습니다."

"그런 네가 무얼 하려고 나를 찾아왔느냐. 요임금은 이미 너에게 인의로써 묵형(墨刑)을 가했고, 너에게 시비로써 의형(劓刑)을 가한 것이다. 그의 가르침에 의해 파괴된 네가 어떻게 한가롭고 조화에 맡겨두는 경지에서 소요(逍遙)할 수 있겠는가?"

의이자가 말하였다.

"그러하오나 저는 비록 선생님의 길을 따라 행할 수 없을지라도 그 울타리나마 밟고자 함입니다."

허유가 다시 말하였다.

"그렇지 않다. 봉사는 아름다운 얼굴을 볼 수 없고 판수는 화려한 빛깔과 무늬를 함께 할 수 없다."

"아름다운 무장(無莊)이 자기의 아름다움을 잃어버리고 역사(力士)인 거량(據梁)이 자기의 힘을 잃어버리고 지혜로운 황제(黃帝)가 자기의 지혜를 잃어버린 것은 모두 도의로써 가르쳐준 이가 있었기에 모두 그 옛날의 잘못된 습관을 버릴 수 있었습니다. 어떻게 조물자가 제 지난날의 묵형과 의형을 예전처럼 되살려주어 저의 완성된 몸을 가지고서 선생님을 따르게 한 것이 아니라고 할 수 있겠습니까."

"슬프다. 참으로 알 수 없는 일이다. 내, 너를 위해 그 대략을 말해 주겠다. 나의 대종사여, 나의 대종사여. 만물을 화육하되 작은 의(義)로 하지 않고, 만세에 길이 은택을 미쳐 주되 사사로운 인(仁)으로 하지 않으며, 태고 이전에 이미 존재했으나 오래 되었다 생각지 않고, 천지를 덮어주고 실어주며 온갖 형상을 만들어 주었으나 조잡한 기교를 하지 않는다. 이것이 바로 유심(遊心)의 경지이다."

【감산 절해】

此一節은 言欲學大道인댄 必須屛絶有心要爲仁義, 恭矜, 智能之事라야 方可超玄入妙하야 而逍遙乎大道之鄕이라 蓋仁義와 智能은 乃功名之資라 世俗之所尙이나 實爲大道之障礙故耳니라

이 문장은 大道를 배우려면 반드시 먼저 인과 의·공경과 긍휼·지혜와 재능의 일을 구하려는 有心을 버려야만 비로소 玄妙한 道에 들어가 大道의 경계에서 노닐 수 있음을 말한 것이다. 인의와 지능은 공명을 얻기 위한 도구라, 세간에서 이를 숭상하지만 실은 대도의 장애가 되기 때문이다.

【원문】

顔回曰 回 益矣니다 仲尼曰 何謂也오 曰 回忘仁義矣니다 曰 可矣나 猶未也니라[297] 他日에 復見曰[298] 回益矣니다 曰 何謂也오 曰 回는 忘禮樂矣니다[299] 曰 可矣나 猶未也니라[300] 他日에 復見曰 回益矣니다 曰 何謂也오 曰 回坐忘矣니다 仲尼蹵然[301] 曰 何謂坐忘고 顔回曰 墮[302]支體하고[303] 黜聰

---

297 言雖忘仁義면 則可許有入道之分이나 然猶未也라 | 비록 인의를 잊으면 도에 들어갈 분수가 있음을 허락하였으나 아직은 미흡함을 말한 것이다.

298 顔回 他日에 又見夫子라 | 안회가 다른 날 또 공자를 찾아왔다.

299 言忘禮樂하면 則不拘拘於世俗也라 | 예악을 잊으면 세속에 얽매이지 않는다는 것이다.

300 言雖忘人이나 而尙未忘己라 | 비록 사람은 잊었으나 아직 자기를 잊지는 못했다는 것이다.

301 改容也라 | 얼굴빛을 바꾸는 것이다.

302 壞也라 | 무너짐이다.

明하야³⁰⁴ 離形去知하야 同於大通이라³⁰⁵ 此謂坐忘이니다 仲尼曰 同則無

好也요³⁰⁶ 化則無常也니³⁰⁷ 而³⁰⁸果³⁰⁹其賢乎인저³¹⁰ 丘也 請從而後也리

라³¹¹

【직역】 안회가 말하기를, "回는 더 나아갔습니다." 仲尼가 말하기를,

"무엇을 말하느냐?"

"回는 仁義를 잊었습니다." "가하나 아직은 미흡하다."

타일에 다시 찾아뵙고서 말하기를, "回는 더 나아갔습니다." "무엇을

말하느냐?" "回는 禮樂을 잊었습니다." "가하나 아직은 미흡하다."

타일에 다시 찾아뵙고서 말하기를, "回는 더 나아갔습니다."

---

303 言忘形也라 | 몸을 잊음을 말한다.

304 泯知見也라 | 知見을 버림이다.

305 言身知俱泯하고 物我兩忘하야 浩然空洞하야 內外一如를 曰 大通이라 |
몸과 앎을 모두 버리고 物我를 모두 잊어 텅비어 내외가 한결같은 것을 大
通이라 한다.

306 言身世兩忘하고 物我俱空이면 則取捨情盡일새 故無所好也라 | 몸과 세
상을 모두 잊고 物我가 다 공하게 되면 取捨의 분별심이 다하므로 좋아하
는 것이 없다는 말이다.

307 言物我兩忘에 則形神俱化요 化則無己니 則物無非己라 故로 不常執我爲
我也라 | 物我를 모두 잊으면 몸과 마음이 모두 化하고, 化하면 至人의 無
己이다. 모든 만물이 자기가 아닌 것이 없기에 항상 자기를 고집하여 자기
로 삼지 않는다.

308 汝也라 | 너를 말함이다.

309 實也라 | 참으로란 뜻이다.

310 言汝功夫 到此하니 實過於我多矣라 | 그대의 공부가 이 경지에 이르렀으
니 참으로 나보다 훨씬 더 훌륭하다.

311 夫子 自以爲不若하사 亦願爲此也라 | 공자가 스스로 안회만 못하다고 생
각하여 그 또한 이처럼 되기를 원한 것이다.

"무엇을 말하느냐?" "回는 坐忘을 하였습니다."

중니가 蹵然히 말하기를, "무엇을 坐忘이라 말하는가?"

안회가 말하기를, "肢體를 무너뜨리며 총명을 버리어 형체를 여의고 知解를 버림으로써 大通과 같게 되었습니다. 이를 坐忘이라 하옵니다."

중니가 말하기를, "같으면 좋아함이 없고 化하면 常이 없으니 너는 과연 어질다. 丘는 청컨대 너의 뒤를 따르리라."

【의역】 안회가 말하였다.

"저는 얻은 바가 있습니다."

중니가 물었다.

"무엇을 말하는 것이냐?"

"저는 인의(仁義)의 시비심(是非心)을 잊었습니다."

"괜찮기는 하지만 아직은 미흡하다."

훗날 안회가 다시 공자를 찾아뵙고서 말하였다.

"저는 얻은 바가 있습니다."

"무엇을 말하는 것이냐?"

"저는 예악(禮樂)의 구속을 버렸습니다."

"괜찮기는 하지만 아직은 미흡하다."

훗날 안회가 다시 공자를 찾아뵙고서 말하였다.

"저는 얻은 바가 있습니다."

"무엇을 말하는 것이냐?"

"저는 좌망(坐忘)을 얻었습니다."

중니가 벌떡 일어나 물었다.

"무엇을 좌망이라 말하는가."

안회가 답하였다.

"사지와 육체의 감각을 모두 버리고 총명한 귀와 밝은 눈의 작용을 모두 버리어 이처럼 밖으로는 육신을 여의고 안으로는 알음알이를 버림으로써 천지의 대통(大通) 세계와 하나가 되었습니다. 이를 좌망이라 하옵니다."

중니가 감탄해 마지않았다.

"대통의 세계와 하나가 되면 사심(私心)이 사라져 좋아하는 마음이 없고, 자연으로 변화하면 이치에 걸림이 없어 집착이 사라지게 된다. 너는 과연 현명하다고 말할 만하다. 나는 너의 뒤를 따르리라."

【감산 절해】

此一節은 言方內曲學之士라도 果能自損兼忘하야 而與道大通이면 雖聖智라도 亦嘗讓之니라 意謂此等功夫는 非智巧可入也라 故로 前以子貢之不知하고 今以顔子乃可入也라

이 문장은 方內 曲學의 선비라도 자기와 만물을 모두 잊고서 도에 크게 통하면, 비록 성인이라도 그에게 양보하는 것임을 말했다.

그 뜻은 이런 공부는 智巧로 들어갈 수 있는 것이 아니다. 따라서 앞에서는 자공의 알지 못함으로 말했고, 여기에서는 안자로써 道에 들어갈 수 있음을 말하였다.

【원문】

子輿 與子桑友러니 而淋雨十日이어늘 子輿曰 子桑이 殆病矣라하고[312] 裹

飯而往食之할새 至子桑之門하얀 則若歌若哭하야[313] 鼓琴曰 父耶아 母耶아
天乎아 人乎아[314] 有不任其聲[315]而趣擧其詩焉이어늘[316] 子輿 入曰 子之
歌詩 何故로 若是오[317] 曰 吾思夫使我至此極者하야 而弗得也로다[318] 父母
豈欲吾貧哉아 天無私覆하고 地無私載어니 天地 豈私貧我哉아 求其爲之
者하되 而弗可得也로다 然而至此極者는 命也夫인저

[직역] 子輿가 子桑으로 더불어 벗이었는데 淋雨가 열흘 동안 내리자,
子輿가 말하기를, "子桑이 아마도 病이 되리라" 하고 밥을 싸 가지고 찾
아가 그에게 밥을 주려 할 적에 子桑의 문에 이르니 노래하는 듯, 곡을 하
는 듯 거문고를 켜면서 말하기를, "아버지인가, 어머니인가, 하늘인가, 사
람인가?" 그 소리를 이기지 못한 채, 그 詩를 숨 가쁘게 들어 노래하였다.

자여가 들어가 말하기를, "그대가 시를 노래함이 무슨 까닭에 이와 같
은지." "나는 나를 이처럼 곤궁한 데 이르게 한 자를 생각해 보았지만 알
수 없다. 부모가 어찌 나의 빈곤을 원하겠는가. 하늘은 사사로이 덮어줌

312 知其絶食也라 | 그가 양식이 떨어져 굶주리고 있음을 안 것이다.
313 言歌之哀也라 | 노랫소리가 애절함을 말한다.
314 此鼓琴之曲也라 | 이는 거문고를 부른 곡조이다.
315 言餓而無力일새 故不任其聲이라 | 굶주려 힘이 없는 까닭에 소리가 제대
　　로 나오지 않은 것이다.
316 趣擧其詩는 言氣短促하야 擧詩而氣不相接也라 | 趣擧其詩란 호흡이 가
　　빠서 詩를 읊어도 호흡이 맞지 않음을 말한다.
317 言何故로 不成音韻也오 | 무슨 까닭에 음운이 맞지 않는가?
318 言且歌且思호되 使我如此之貧至極者不可得이니 不知其誰使也오 | 노래
　　부르고 또 생각해 보아도 내가 이렇게 극빈하게 된 연유를 알 수 없으니 누
　　가 이처럼 만든 것인지 알 수 없음을 말한다.

이 없고 땅은 사사로이 실어줌이 없으니 천지가 어찌 사사로이 나를 가난하게 만들겠는가. 그렇게 만든 자를 찾아보았지만 알 수 없었다. 그러나 이러한 곤궁에 이르게 된 것은 命이다."

【의역】 자여(子輿)와 자상(子桑)은 벗이었다.

장맛비가 열흘 동안 연거푸 내리자, 자여는 '생활이 어려운 친구, 자상이 아마 배를 곯고 있을 것이다'라고 걱정하였으나, 자여 또한 가난한 까닭에 양식을 싸 가지는 못하고 밥그릇이나 싸 가지고 찾아가 그에게 전해 주려고 자상의 문 밖에 이르렀을 때, 그는 노래를 하는 듯, 흐느끼는 듯이 거문고를 켜면서 웅얼거렸다.

"아버지가 그런 것일까? 어머니가 그런 것일까? 하늘이 그런 것일까? 사람이 그런 것일까?"

그 구슬픈 소리는 힘이 없어 목소리가 제대로 나오지 못한 듯싶었고, 그 노래는 가쁜 숨소리로 끝을 맺지 못하였다.

자여가 그의 집으로 들어가 말하였다.

"그대의 노랫소리가 무슨 까닭에 이처럼 애달픈 것인가?"

"나는 이처럼 나를 어렵게 만든 자가 누구인지 곰곰이 생각해 보았지만 도저히 알 수 없다. 부모로서 어떻게 나에게 이와 같은 가난을 바랄 수 있겠는가. 하늘은 사사로운 마음으로 덮어주는 곳이 없고 땅은 사사로운 마음으로 실어주는 곳이 없는데, 하늘과 땅이 어떻게 사사로운 마음으로 나를 가난하게 만들겠는가. 나를 이렇게 만든 것을 아무리 찾아보았지만 도저히 알 수가 없다. 그러나 이처럼 어려운 데 이르게 된 것은 명에 의한 것이다."

【감산 절해】

此一節은 總結一篇之意라 然이나 此篇所論은 乃大宗師어늘 而結歸於
命者는 何也오 乃此老之生平心事를 有難於言語形容者라 意謂己乃是有
大道之人이요 可爲萬世之大宗師라 然이나 生斯世也하야 而不見知於人하
고 且以至貧極困으로 以自處者는 豈天有意使我至此耶아 然而不見知於
時者는 蓋命也夫인저 卽此一語에 涵濡無窮意思니라 然此大宗師는 卽逍遙
遊中之至人, 神人, 聖人이요 其不知爲知는 卽齊物之因이요 是眞知는 乃眞
宰니 卽養生之主라 其篇中諸人은 皆德充符者니 總上諸意而結歸於大宗
師하사 以全內聖之學也라 下應帝王은 卽外王之意也니라

이 문장은 〈대종사〉편의 뜻을 총결한 것이다. 그러나 이 편에서 논한 것
은 바로 대종사인데, 命으로 귀결 지은 것은 무슨 이유일까? 이는 바로 장자
가 일생 동안 지닌 마음을 언어로 형용하기란 쉽지 않았기 때문이다.

장자는 그 자신을 바로 大道를 체득한 인물로 만세의 대종사라 할 만
하다고 생각했다. 하지만 그는 이 세상에 태어나 사람들에게 알려지지 않
았고 또 지극히 가난하고 극도로 곤궁함을 자처한 것은 어찌 하늘이 여기
에 이르게 했겠는가? 그럼에도 당시 그가 알려지지 않은 것은 아마도 명
일 것이다. 바로 이 한 마디 말에 무궁한 뜻이 담겨 있다.

그러나 이 대종사는 〈소요유〉에서 말한 至人·神人·聖人이며, 그 不
知를 知로 삼음은 곧 齊物의 원인이요, 이 眞知가 바로 眞宰이니 곧 養
生의 주이다. 이 편에 나타난 여러 사람은 모두 덕이 내면에 충만한 사람
이다. 위의 여러 편의 뜻을 총괄하여 大宗師로 귀결 지어 內聖의 학문을
온전히 하였고, 아래의 〈應帝王〉은 곧 外王의 뜻이다.

제7 응제왕(應帝王 第七)

【감산 편해】

莊子之學이 以內聖外王으로 爲體用하니 如前逍遙之至人, 神人, 聖人이 卽此所謂大宗師也라 且云 以塵垢秕糠으로도 猶能陶鑄堯舜일새 故云 道之眞으로 以治身하고 其緖餘土苴로 以爲天下國家니라 所謂治天下者는 聖人之餘事也라 以前六篇은 發揮大道之妙요 而大宗師는 乃得道之人이라 是聖人之全體를 已得乎己也로되 有體必有用일새 故此應帝王으로 以顯大道之用이라 若聖人時運이 將出에 迫不得已而應命이라 則爲聖帝明王하야 推其緖餘면 則無爲而化하야 絶無有意而作爲也라 此顯無爲之大用일새 故以名篇이니라

장자의 학문은 內聖外王을 體用으로 삼으니 예컨대 앞 〈소요유〉편에서 말한 '至人·神人·聖人'이 곧 여기서 말한 大宗師이다. 또 "먼지나 티끌, 빈 껍질로도 요순을 만들 수 있다"고 한다. 이 때문에 "道의 天眞으로 자신을 다스리고 그 나머지 부스러기(土苴)로 천하 국가를 다스린다"고 했다. 이른바 천하를 다스린다는 것은 성인에게 있어 부수적인 일이다.

앞의 여섯 편으로는 大道의 오묘함을 밝혔는데, 대종사란 곧 도를 체득한 사람인지라 성인의 전체를 이미 자기의 한 몸에 얻었지만 본체가 있으

면 반드시 작용이 있기에 이 〈응제왕〉으로 大道의 묘용을 나타낸 것이다.

만일 성인은 時運을 만나 장차 세상에 나아감에 마지못해 명에 순응하게 되어 聖帝明王이 되어 그 여력을 실마리로 미뤄 가면 無爲로 교화하여 전혀 뜻을 두지 않고도 有爲함이 있다. 이는 無爲의 大用을 나타내려는 까닭에 이로써 편명을 삼은 것이다.

【원문】

齧缺이 問於王倪에 四問而四不知어늘[1] 齧缺이 因躍而大喜하야 行以告蒲衣子한대 蒲衣子曰 而[2]乃今知之乎아[3] 有虞氏不及泰氏니라[4] 有虞氏는 其猶藏[5] 仁以要人하니[6] 亦得人矣나 而未始出於非人이어니와[7] 泰氏는 其臥

---

1 此篇은 以無知二字로 作眼目이니 此無知는 乃無心於世하야 漠然而已니라 | 이 편에서는 無知 두 글자로 안목을 삼았으니 여기서 말한 無知란 세상일에 무심하여 전혀 마음 쓰지 않은 것이다.

2 汝也라 | 너이다.

3 言汝今日에 乃知不知之妙乎아 | 너는 오늘에야 不知의 오묘함을 알게 되었느냐는 말이다.

4 向來世人이 祇知有虞氏之爲聖人하고 而不知不及泰氏也라 | 지난날 세상 사람들이 단지 순임금이 성인인 줄만 알 뿐, 태씨에 미치지 못함을 알지 못했다는 것을 말한다.

5 善美也라 | 선하고 아름다움이다.

6 此言有虞之不濟處는 蓋以仁爲善이라 故有心以仁하야 要結人心이라 | 여기서는 순임금의 이루지 못한 부분은 仁을 선하다 생각한 까닭에 仁으로 인심을 얻고자하는 마음이 있음을 말한다.

7 言有虞氏 以仁으로 要人하야 雖亦得人이나 且不能忘其功名하니 但是世俗之行이요 而未能超出人世하야 而悟眞人之道妙하야 以造非人之境也라 | 순임금은 仁으로 사람에게 강요하여 비록 인심을 얻었으나 그 功名을 잊을 수 없었으니, 이는 세속의 행위일 뿐, 속세를 초탈하여 眞人의 오묘한 도를 깨달아 인간세상의 사람이 아닌 경지에 나아가지 못함을 말한다.

에 徐徐하고[8] 其覺에 于于하야[9] 一以己爲馬하고 一以己爲牛하며 其知情信하고 其德이 甚眞하야 而未始入於非人이니라[10]

肩吾見狂接輿한대 狂接輿曰 日中始 何以語汝오[11] 肩吾曰 告我하되 君人者 以己出經하며[12] 式[13]義度人하면[14] 孰敢不聽而化諸아[15] 狂接輿曰 是

---

8 徐는 紆徐니 閒閒之意라 | 徐는 느긋한 것이니, 한가롭다는 뜻이다.

9 自得之妙라 | 스스로 체득한 오묘함이다.

10 此言泰氏는 超越有虞하야 虛懷以遊世하야 心閒而自得하고 且物我兼忘이라 人呼以爲牛면 則以牛應之하고 人呼以爲馬면 則以馬應之하야 未嘗堅執我見하야 與物俱化요 其知는 則非妄知요 而悟其性眞이라 然情信은 指道體而言이니 前云 有情 有信이 是也라 此其體也니라 至其德用이 甚眞하야 不以人僞는 卽已超凡情하야 安於大道非人之境이라 而不墮於虛無하고 且能和光同塵하야 而未始拘拘自隘하니 此는 泰氏之妙也라 蓋已得大宗師之體하고 而應用世間하야 特推緒餘하야 以度世일새 故云 未始入於非人이니라 | 여기에서는 태씨가 순임금을 초월하여 虛心으로 세상에 소요하여 마음이 한가롭고 자득하기에 物我를 모두 잊었다. 사람들이 소라 부르면 소로 응하고, 말이라 부르면 말로 응하여 我見을 고집하지 않고 만물로 더불어 함께 변화한다. 그의 앎은 허튼 알음알이가 아니요, 참된 본성을 깨달은 것이다. 그러나 情信은 道體를 가리켜 말하니, 앞(〈대종사〉)에서 말한 "有情有信"이 그것이니, 이는 그 體이다. 그의 德用이 매우 참되어 人僞를 쓰지 않음은 이미 일반 사람의 감정 변화를 초월하여 大道非人의 경계에서 편안함을 얻었다. 이로써 허무에 떨어지지도 않고, 또 和光同塵하더라도 애당초 얽매여 스스로 狹隘하지도 않으니 이것이 바로 태씨의 오묘한 경지이다. 그는 이미 대종사의 體를 얻었고, 세간에 응용해서는 단지 餘事를 미루어 세간을 제도한 까닭에 "애당초 非人의 경지에 들지 않았다'고 말한다.

11 日中始는 乃肩吾 所見之人이라 | 일중시는 견오가 만났던 사람이다.

12 常法也라 | 常法이다.

13 程準也라 | 준칙이다.

14 言人君이 治天下에 當以所出之常法으로 爲程準하야 以義制而度人이니 以此乃治天下之常法이라 | 임금이 천하를 다스림에 자기가 내놓은 常法을 준칙으로 삼아 의로운 제도로 사람을 제도해야하니 이것이 바로 천하를 다스리

는 欺德也라¹⁶ 其於治天下也에 猶涉海鑿河며 而使蚊負山也라¹⁷ 夫聖人
之治也는 治外乎아¹⁸ 正而後에 行하야¹⁹ 確乎能其事者而已矣니라²⁰ 且鳥

는 떳떳한 법이라고 말한다.

15 諸는 猶之也니 言人君이 以此로 治人하면 則人孰敢不聽而從其化耶아ㅣ
諸는 之(그것)과 같으니 임금이 그것으로써 사람을 다스리면 누가 감히 그
교화를 따라 듣지 않을 수 있겠느냐를 말이다.

16 言若日中之說하면 乃非眞實之德이니 蓋欺德耳라 謂人君이 恃己之能治而
欺其人하면 將以不敢不聽從也라ㅣ 일중시의 말과 같은 것은 진실한 德이 아
니고 이는 기만한 德일 뿐임을 말한다. 임금이 자신이 다스릴 수 있는 것만
믿고서 그 백성을 속이면 백성이 듣고 감히 따르지 않을 수 없음을 말한다.

17 言大聖이 治天下에 以不治로 治之니 但以 道로 在宥羣生하야 使各安其性
하야 各遂其生而已라 若以有心으로 强治하야 以爲功이면 則捨道而任僞하
야 而猶越海之外鑿河니 則失其大而枉勞요 且如蚊負山이니 必無此理也라
ㅣ 성인은 천하를 다스림에 不治로써 다스리니 다만 道로써 모든 생명을 있
는 그대로 두어 각각 자기의 성품을 편안히 여겨 그 생을 이뤄줄 뿐임을 말했
다. 만일 유심으로 억지로 다스려 공을 이루려 하면 도를 버리고 위선에 맡기
게 되므로 마치 바다를 건너가서 강을 파는 격이니 그 큰 것을 잃고 헛수고를
하는 것이며, 또 모기가 산을 짊어지는 것이니, 반드시 그렇게 될 리가 없다.

18 言聖人之治天下 豈治外乎아ㅣ 성인이 천하를 다스리는 것이 어찌 밖을 다스
리는 것이겠는가 말이다.

19 正은 卽前에云 正生以正衆生이니 謂使各正性命之意라 謂聖人이 但自正
性命하고 而施之百姓하야 使各自正之라 老子云 淸淨이 爲天下正이라 하
니라ㅣ 正이란 앞에서 말한 "자기의 生을 바로잡아 衆生을 바로잡는다"의 뜻
이니, 『주역』에서 말한 "각각 제 性命을 바르게 한다"는 것이다. 성인은 먼저
스스로 性命에 바르게 하고, 백성에게 그것을 베풀어 각각 스스로 바로잡게
한다는 것이다. 『도덕경』(제45장)에서는 "내가 淸淨하여 천하를 바르게 한다"
라고 했다.

20 確者는 眞確이요 能事는 卽孟子之良能이라 言人各稟大道하야 以爲性命
之正이니 天然自足하야 一毫人力이 不能與其間이라 今但使人人으로 各
悟性眞하면 卽恬淡無爲自化矣라 又何假有心爲之哉아ㅣ 確이란 참다운 확
립이요, 能事란 맹자의 良能이다. 사람마다 大道를 품부받아 性命의 正으로
삼았으므로, 천연으로 자족하여 한터럭만큼의 人力마저 그 사이에 관계할 수

高飛하야 以避矰弋之害하며 鼷鼠도 深穴乎神丘²¹之下하야 以避熏鑿之患이어늘 而曾二蟲之無知아²²

【직역】 齧缺이 王倪에게 물었는데, 네 차례 물음을 네 차례 모두 알지 못하자, 齧缺이 이로 因하여 날뛰면서 크게 기뻐하여 蒲衣子를 찾아가 이로써 告하였다.

포의자가 말하기를, "너는 이제야 알겠느냐? 有虞氏가 泰氏(古帝)에 미치지 못한다는 것을…. 유우씨는 오히려 仁을 간직하고서 사람들에게 요하여 또한 사람을 얻었으나 애당초 非人에서 벗어나지 못하였지만, 泰氏는 그 누워 잠자매 徐徐(安舒)하고 그 잠깸에 于于(自得)하여 한편으론 자기로써 말을 삼고 한편으론 자기로써 소를 삼았다. 그 지혜는 情信하며 그 덕은 매우 진실하여 애당초 非人에 들어가지 않았다."

肩吾가 狂人 接輿를 찾아뵙자, 광인 접여가 말하기를, "日中始(人名)가 무엇을 너에게 말해 주더냐?"

견오가 말하기를, "저에게 말하기를, '군주된 자가 자기 스스로 經制를

없다. 이제 각 개인으로 하여금 참된 본성을 깨닫게 하면 담백하게 無爲로 절로 화할 것인데 또 어찌 有心을 빌어 할 것이 있겠는가.

21 社壇也라 | 제사 지내는 제단이다.

22 言鳥鼠二蟲은 天性을 自得하거늘 但人心이 以機械로 而欲取之일새 故高飛深藏而避之어늘 而人이 曾謂二蟲之無知乎아 百姓天性이 猶鳥鼠也어늘 人君이 有心欲治之면 能不驚而避之乎아 外篇馬蹄에 痛發明此意하시니라 | 새와 쥐 두 동물은 천성이 自得한다. 단 사람의 마음에 기계로 그들을 잡으려 한 까닭에 높이 날거나 깊숙이 숨어 그것을 피한 것이다. 그럼에도 사람들은 두 짐승을 무지하다고 말한다. 백성의 천성이 새, 쥐와 같으므로 임금이 有心으로 통치하려 하면 놀라 달아나지 않겠는가. 外篇 〈馬蹄〉에서 이런 뜻을 통렬하게 밝히고 있다.

내며 義를 式하여 사람을 裁度하면 누가 감히 듣고서 화하지 않으리오'라고 하였습니다."

광인 접여가 말하기를, "이는 欺德(僞德)이다. 그는 천하를 다스림에 있어 바다를 건너가서 하수를 파는 격이며, 모기로 하여금 산을 짊어지게 하는 것과 같다. 성인의 다스림은 바깥을 다스리는가? 바르게 한 후에 행하여 확실하게 그 일을 능히 잘하게 할 뿐이다. 또한 새는 높이 날아 矰弋의 해를 피하고, 鼷鼠는 神丘 아래 깊은 굴을 파고서 薰鑿의 환을 피하는데 어찌 二蟲을 무지하다고 말하겠는가."

【의역】 설결이 왕예에게 네 가지의 문제를 가지고 네 차례 물었으나, 지혜로운 이로 이름난 그는 네 차례 모두 모른다고 말하였다. 하지만 왕예는 아는 것이 끊어진 자리를 보여주어 無知의 眞知를 보여준 것이다. 그러나 설결은 그의 말속에 깊은 뜻이 담겨진 사실을 모른 채, 그가 모르는 것을 자신이 안다는 데 대해 매우 기뻐했다.

설결은 뛸 듯이 기쁜 나머지, 단숨에 왕예의 스승 포의자를 찾아가 이 사실을 말하자, 포의자가 말하였다.

"너는 유우씨(순임금)가 옛 제왕인 태씨보다 못하다는 것을 알고 있는가? 유우씨는 인을 표방(標榜)하여 인심을 결속하였다. 그렇게 하여 비록 인심을 얻었으나 세속의 사물을 초탈하여 얽매임을 훌훌 털어버리지 못했다.

옛 제왕인 태씨는 누워 잠자면 그렇게 편히 자고 잠을 깨면 소요자적하여, 한편으로 남들이 자기를 말이라 하든, 한편으로 남들이 자기를 소라 하든 아무런 차별의식이 없고, 그 지혜는 진리를 알면 아주 믿고서 거짓이 없으니 도(道) 이외에는 아는 게 없고, 그의 덕은 매우 진실하여 둘이 없는 진일(眞一)로서 거짓이 없다. 태씨는 애당초 천지의 자연과 하나로서 터럭 끝만큼도 세속의 누가 없으니, 그는 원래 세속에 빠지지 않은 분이다."

견오가 거짓으로 미친 척하는 접여를 찾아뵙자, 접여가 물었다.

"일중시가 너에게 무엇을 말해 주던가?"

견오가 대답하였다.

"저에게 말하기를, '나라의 임금이 된 이는 자기의 의견에 따라서 제도를 마련하고 의리를 본받아 백성을 제재(制裁)하면 백성으로서 누가 감히 임금의 명을 듣고서 감화되지 않겠는가'라고 하였습니다."

광인 접여가 그에게 다시 말하였다.

"이는 진실한 덕이 아니라, 거짓으로 백성을 기만하는 것이다. 그런 그가 천하를 다스린다는 것은 마치 바다를 건너가고 나서 또 하나의 하수(河水)를 파려는 것으로 이뤄질 수 없는 일을 꾸민 것이요, 지극히 작은 모기가 지극히 큰 태산을 짊어지는 격이라 백성들은 그 왕명을 감당할 수 없을 것이다.

성인이 천하를 다스리는 것이 제도·의리 따위의 외물을 다스리는 것일까? 반드시 제왕이 먼저 그 자신의 성명(性命)을 바르게 닦은 후에야 백성을 감화시켜 다스려 나갈 수 있는 것이다. 하지만 백성들에게 본성으로서 할 수 있는 일만을 하도록 맡겨두고 할 수 없는 어려운 일을 억지로 하라고 하지는 않는다.

새들도 하늘 높이 날아 화살과 주살의 해를 피할 줄 알고, 생쥐도 신구(神丘) 제단 아래 깊숙이 굴을 파고서 불 피우거나 파헤쳐지는 환을 피할 줄 안다. 이처럼 미물도 제 생명을 보호할 줄 아는데, 하물며 백성은 만물

의 영장으로서 새와 생쥐보다 무지하여 거짓된 도리로써 다스릴 수 있다
고 생각하는가."

【감산 절해】

此上二節은 言治天下에 不可以有心으로 恃知好爲하야 以自居其功이니
若任無爲하면 而百姓이 自化라 老子曰 我無爲而民自化하며 淸淨爲天下
正이라하니라 若設法以制其民하면 不但不從이라 而且若鳥鼠 而驚且避之
也니라

　　이 위의 두 단락은 천하를 다스림에 有心으로써 지혜를 믿고 작위를
좋아하여 스스로 그 공을 자처해서는 안 되니 만일 無爲에 맡겨두면 백성
은 절로 다스려짐을 말한다.
　　노자가 말하였다.
　　"내가 無爲로 함에 백성은 절로 다스려진다."(제57장)
　　"내가 청정하여 천하를 바르게 한다."(제45장)
　　만일 법을 베풀어 그 백성을 제재하면 따르지 않을 뿐만 아니라 새나
생쥐마저도 놀라 멀리 달아날 것이다.

【원문】

天根이 遊於殷陽[23]이라가 至蓼水[24]之上하야 適遭[25]無名人하야 而問焉曰

───────────

23 地名이라 | 땅 이름이다.
24 水名이라 | 물 이름이다.
25 遇也라 | 만나다라는 뜻이다.

請問爲天下하노이다 無名人이 曰 去라 女鄙人也라 何問之不豫也오[26] 予方
將與造物者로 爲人이라가[27] 厭[28]則又乘夫莽眇之鳥[29]하야 以出六極之外하
야 而遊無何有之鄕[30]하며 以處壙垠[31]之野어늘 汝又何帠[32]以治天下로 感[33]
予之心爲[34] 又復問한대[35] 無名人이 曰[36] 汝遊心於淡[37]하고 合氣於漠[38]하야
順物自然하고[39] 而無容私焉이면[40] 而天下 治矣리라[41]

---

26 豫者는 從容安詳之意니 而問之太倉卒也라 | 豫란 자적하고 편안함을 뜻하
니 질문이 너무 갑작스러운 것이다.

27 言任造化而爲人이요 非有心於世也라 | 造化에 맡겨 사람이 된 것이지, 세
상에 마음을 둔 것은 아니라는 말이다.

28 厭은 不欲也라 | 厭은 원치 않음이다.

29 乃道之取譬也라 | 道에 비유를 취함이다.

30 大道之鄕이라 | 大道의 고향이다.

31 壙垠은 謂無際也라 | 壙垠은 끝이 없음을 말한다.

32 爲音이라 | 발음을 위한 것이다.

33 觸也라 | 촉발함이다.

34 無名이 責天根問之倉卒而無禮也라 言我雖處世나 但順造化而爲人하고 乘
化而遊요 若厭而不欲爲人엔 則乘大道而遊於廣大逍遙無爲之境이니 何以
天下로 觸我之心이 而若此耶아 | 無名人이 天根의 물음이 지나치게 서둘고
무례하다 꾸짖는 것이다. 즉 나는 비록 세속에 있지만 단 조화에 따라 사람이
되어 조화를 타고 소요할 뿐이다. 만일 싫증이 나서 사람임을 원하지 않으면
大道를 타고서 廣大한 逍遙 無爲의 경계에서 노닐 것이니, 어찌 천하의 일
로써 나의 마음을 이처럼 건드리겠는가.

35 天根이 又問하야 必願聞其說也라 | 천근이 또 물어 반드시 그의 말을 듣고
자 함이다.

36 無名이 因求敎之切일새 故告之以正이라 | 무명이 그의 가르침을 구하는 간
절한 마음 때문에 그에게 바른 도리를 일러 주려는 것이다.

37 謂恬淡寂寬之境이라 | 편안하고 담박하고 고요하고 관대한 경계를 말한다.

38 漠은 沖虛也니 言合氣於虛라 | 漠이란 텅빔이니, 기운이 虛에 부합됨을 말
한다.

39 不可有心으로 恃知妄爲라 | 有心으로 知를 믿고 허튼짓을 하지 말라는 것이
다.

【직역】 天根(人名)이 殷陽(地名)에 노닐다가 蓼水(水名)의 가에 이르러 때마침 無名人을 만나 묻기를, "청컨대 천하 다스림을 여쭈옵니다."

무명인이 말하기를, "가거라. 너는 鄙人이다. 어떻게 그처럼 서두는가. 내, 바야흐로 조물자를 도와 사람이 되었다가 싫으면 또 莽眇의 새(虛無의 氣)를 타고 이로써 六極 밖으로 나가 無何有의 고을(太虛)에 노닐며 이로써 壙埌한 들에 처하는데, 너는 또 어째서 천하를 다스리는 것으로써 나의 마음을 흔들어놓는가."

또 다시 묻자, 무명인이 말하기를, "네가 담박한 데 마음을 노닐게 하고 冥漠에 氣를 합하여 物의 자연을 따라 사사로움을 용납하지 않으면 천하가 다스려질 것이다."

【의역】 천근이라는 사람이 은산 남쪽 기슭에 놀러왔다가 요수의 가에 이르러 때마침 무명인을 만나 그에게 물었다.

"천하 다스리는 법을 여쭈옵니다."

무명인이 천근에게 대답하였다.

"떠나거라. 너는 비루하기 짝이 없는 사람이다. 무엇 때문에 그처럼 갑작스레 묻는가.

나는 조물자를 도와 사람이 되어서 그와 함께 놀다가 그것도 싫증나면 또 허무(虛無)의 원기(元氣)의 화신인 망묘(莽眇)라는 새를 타고서 천지 사방의 밖으로 나아가 어떤 것도 존재하지 않는 태허의 고을에 놀면서 끝이

---

40 會萬物以爲己하야 大公均調하고 而無庸私焉이라 | 만물을 아울러 자기로 삼아 크게 공정하고 두루 좋아하여 마음으로 사사로움을 씀이 없다.
41 必如此而天下自治니라 | 반드시 이와 같이 해야 천하가 절로 다스려진다.

없이 드넓은 들녘에 거처하는데, 너는 또 무엇 때문에 천하를 다스리는 방법을 물어 나의 마음을 어지럽게 만드는가."

천근이 또 다시 묻자, 무명인이 말하였다.

"네가 경영하거나 소요함이 없이 청정무위의 담박한데 너의 마음을 노닐게 하고, 소리도 없고 냄새조차 없는 홍몽(鴻濛) 명막(冥漠)한데 너의 원기(元氣)와 하나가 되어 조작이 없이 만물의 자연을 따르고 너 자신의 사사로운 지혜를 쓰지 않으면 천하가 다스려질 것이다."

【감산 절해】

此一節은 直示無爲而化治天下之妙라 欲君人者 取法하야 返乎上古無爲之化也니라

이 문장은 無爲로써 천하를 化하여 다스리는 오묘함을 직절하게 보여주었다. 임금이 되고자 하는 者는 이를 본받아 상고시대의 무위의 교화로 되돌아가야 한다.

【원문】

陽子居 見老聃曰 有人[42]於此하니 嚮[43]疾[44]彊梁[45]하며 物徹[46]疏明[47]하며

---

42 假若有人이라 | 어느 한 사람을 가정한 것이다.
43 向也라 | 향하다는 뜻이다.
44 捷也니 謂向道敏捷라 | 捷이니, 도를 지향함이 민첩함을 말한다.
45 勇爲也라 | 용감하게 행하는 것이다.
46 事物을 透徹也라 | 사물을 꿰뚫은 것이다.
47 疏는 通이요 明은 達也라 | 疏는 통한다는 뜻이고, 明은 요달한다는 뜻이다.

學道不勌하며 如是者는 可比⁴⁸明王乎닛가 老耼曰 是於聖人也에⁴⁹ 胥⁵⁰易
⁵¹技⁵²係라⁵³ 勞形怵心者也라⁵⁴ 且也虎豹之文來田하며⁵⁵ 猨狙之便과⁵⁶
執斄⁵⁷之狗는⁵⁸ 來藉하니⁵⁹ 如是者를 可比明王乎아⁶⁰ 陽子居蹵然⁶¹曰 敢
問明王之治하노이다⁶² 老耼이 曰 明王之治는 功蓋天下而似不自己하며⁶³

---

48 及也라 | 미치다는 뜻이다.

49 言如此之人比於聖人者라 | 이와 같은 사람을 성인에 비교함을 말한다.

50 胥靡之罪役也라 | 胥靡(노역을 하는 형벌받는 무리)의 죄역이다.

51 更番也라 | 다시 바뀜이다.

52 工技之人이라 | 기술을 가진 사람이다.

53 羈係於市肆也라 | 저자거리에 얽매여 있는 것이다.

54 言嚮疾彊梁之人이 亦似胥役之罪夫更番不暇며 工役之係肆하야 勞苦形骸
며 驚惕其心者也라 將此以比王이 自苦不暇어니 安能治民乎아 | 도를 지향
함이 빠르고 용감한 자 또한 노역하는 죄수가 다시 번갈아 일함에 여가가 없
고 기술자가 저자에 얽매이는 것과 흡사하여 몸이 초췌하고 그 마음은 불안
에 휩싸임을 말한 것이다. 이런 자를 명왕에 비유한다면 자신을 괴롭힘에 겨
를이 없을 것이니, 어떻게 백성을 다스릴 수 있겠는가?

55 言虎豹는 因皮有文하야 故招來田獵之災라 | 범과 표범은 가죽에 문채가 나
는 까닭에 사냥꾼을 불러들인 것이다.

56 捷也라 | 민첩함을 뜻한다.

57 音狸라 | 음은 리이다.

58 言狗能執狸라 | 개가 살쾡이를 잡을 수 있음을 말한다.

59 藉는 以繩繫之也라 言猨狙因便捷故로 人得而繫之하야 以敎衣冠하고 狗
能執狸일새 人得而繫之하야 以充田獵이라 | 藉란 줄로 묶는 것이다. 원숭
이는 민첩하므로 사람이 사슬로 묶어 옷과 모자를 씌우고, 개는 살쾡이 사냥
을 할 수 있는 까닭에 사람이 이를 묶어 사냥에 데리고 간다.

60 言若嚮疾之人을 可比明王하면 則猨狙와 與執狸之狗를 亦可比明王矣니라
| 이와 같이 도에 향함이 민첩한 자를 명왕에 비교하면 원숭이와 살쾡이를
잡는 개도 명왕에 비교할 수 있음을 말한 것이다.

61 改容也라 | 용모를 바꿈이다.

62 言如是之人을 不可比明王인댄 敢問如何是明王之治닛고 | 이와 같은 사람
을 명왕에 견줄 수 없다면 어떠한 것이 명왕의 다스림인지 감히 묻는가 라는

化貸⁶⁴萬物하되⁶⁵ 而民弗恃하며⁶⁶ 有莫擧名이나⁶⁷ 使物自喜하며⁶⁸ 立乎不測하야⁶⁹ 而遊於無有者也니라⁷⁰

【직역】 陽子居가 老聃을 뵙고서 말하기를, "여기에 사람이 있는데, 嚮疾 彊梁하며 物을 通(徹)하여 疏明하며 도 배우기를 게을리하지 않으니, 이와 같은 자는 明王에 비할 만합니까?"

노담이 말하기를, "이(그 사람)는 성인에게 있어서 胥易과 技係라 형체가 수고롭고 마음이 두려운 자이다. 또 虎豹의 무늬는 전렵을 오게 하며 猨狙의 便(便捷)과 斄牛(牛名)를 잡는 개는 묶이게 만드니, 이와 같은 자를 명왕에 비할 수 있을까?"

양자거가 蹴然하여 말하기를, "감히 명왕의 정치를 여쭈옵니다."

말이다.

63 縱有功蓋天下나 而不自居其功이라 | 설령 천하를 덮는 큰 공로가 있더라도 스스로 그 공에 자처하지 않는다.

64 貸者는 與人之意라 | 貸란 남에게 준다는 뜻이다.

65 萬物이 皆往資焉而不匱라 | 만물이 모두 그에게 찾아가 의지해도 모자라지 않는다.

66 而民이 不知恃賴라 | 그럼에도 백성은 믿고 의지할 줄 조차 모른다.

67 名不可得而擧稱이라 | 이름을 들어 칭할 수 없다.

68 但使物物로 自遂自喜니 猶言帝力이 何有於我라 | 단지 모든 만물로 하여금 스스로 이루게 하고 스스로 즐겁게 만드니, 〈격양가〉의 "임금의 힘이 어찌 나에게 있느냐"는 말과 같다.

69 不可測識이라 | 헤아려 알 수 없다.

70 不測無有는 通指大道之鄉也니 此全是老子의 爲而不長不宰之意니라 | 헤아릴 수 없는 경지와 無의 세계는 모두 '大道의 고향'을 가리키니 이는 모두가 『도덕경』에서 말한 "행하면서도 주장하지 않고 주재하지 않는다"는 뜻이다.

노담이 말하기를, "明王의 政治는 功이 天下를 덮어도 자기가 아닌 것처럼 하며 덕화를 만물에 貸(베풂)하여도 백성이 依恃하지 않으며 이름을 들지 못함이 있으나 物로 하여금 스스로 기쁘게 하며 不測에 서서 有가 없는데 노니는 자이다."

【의역】 양자거가 노담을 만나 물었다.

"여기에 어떤 사람이 있는데, 일을 처리하는 데 아주 빠르고 도를 향하여 민첩하고 과감하게 행하는 자이며, 사물을 보는 데 투철하고 매우 밝은 눈을 지닌 지혜로운 자이며, 도(道)를 배우는 데 정근(精勤)하여 게으름 없이 부지런한 자가 있습니다. 그와 같은 인물을 성왕에 견줄 만하겠습니까?"

노담이 그에게 말하였다.

"그 사람은 성인에게 있어서 죄수(胥靡)가 노역을 계속 번갈아 하는 것과 같고 하나의 기술에 얽매여 고생하는 재주꾼과 같기에 몸과 마음이 모두 괴롭고 편치 못한 자이다.

또 호랑이나 표범은 아름다운 모피를 지니고 있음으로써 사냥꾼을 불러들이고, 원숭이의 재빠른 재주와 살쾡이 사냥을 잘하는 개는 하찮은 기량 때문에 올가미를 불러들이는 법이다. 이처럼 인간의 지혜와 능력 역시 일신의 화(禍)를 불러들이는 도구일 뿐이다. 그를 어떻게 성왕에 비할 수 있겠는가."

양자거가 부끄러워하면서 다시 물었다.

"감히 성왕의 정치가 어떤 것인지 여쭙겠습니다."

노담이 다시 그에게 말해 주었다.

"성왕의 정치란 그의 공이 천하를 뒤덮을지라도 원래 자기의 공을 삼으려는 데 무심해서 자기가 한 일이 아닌 것처럼 여기고, 만물에 덕화를 베푸는 것 또한 무심했던 까닭에 백성들 역시 그의 덕화에 의지하고 있는 바를 잊어버리고, 그의 이름을 거론하지도 않으며, 모든 사람으로 하여금 스스로 자족하고 기쁘도록 해 주었으나 그렇다고 누가 그렇게 해 준 줄도 모른다. 헤아릴 수 없는 경지에 서 있기에 그가 머문 곳에는 신비한 감화가 있는 것으로 무위의 행(行)을 행하여 무(無)의 세계에서 노니는 분이다."

【감산 절해】

此一節은 發揮明王之治하되 皆申明老子之意하사 以示所宗立言之本하야 極稱大宗師應世 而爲聖帝明王하야 以行無爲之化也라

上言明王이 立乎不測하야 而遊於無有이니 如此라야 乃可應世以治天下라 但不知케라 不測이 是如何境界오 人亦有能可學而至者乎아 故로 下에 撰出壺子는 乃不測之人이요 所示於神巫者는 乃不測之境界니 列子 見之而願學이 卽其人也니라

이 문장은 명왕의 다스림을 밝혔으나, 모두가 거듭 노자의 뜻을 밝혀, 종주로 삼은 立言의 근본을 보여주면서, 대종사가 세상에 나가 聖帝明王이 되어 無爲의 교화를 펼친 데 대해 지극히 일컬은 것이다.

위 문장에서는 명왕이 알 수 없는 경지에 서서 無의 세계를 소요함이 이와 같아야 세상에 응해서 천하를 다스릴 수 있음을 말한 것이다. 단 알 수 없는 것은 헤아릴 수 없는 경계란 그 어떤 경계일까? 세상 사람 또한

배워서 이를 수 있을까?

이 때문에 아래 문장에서 만들어낸 壺子가 바로 헤아릴 수 없는 경지의 인물이며, 神巫에게 보여준 것이 바로 알 수 없는 경계이니 열자가 그를 보고서 배우기를 원한 대상이 바로 그런 사람이다.

【원문】

鄭에 有神巫하니 曰 季咸이라[71] 知人之死生存亡과 禍福壽夭하야 期以歲月旬日이[72] 若神이어늘 鄭人이 見之皆棄而走라[73] 列子 見之而心醉하야[74] 歸以告壺子[75] 曰 始吾 以夫子之道로 爲至矣러니 則又有至焉者矣로다[76] 壺子曰 吾與汝로 旣其文하고[77] 未旣其實이어늘[78] 而[79]固[80]得道歟아[81] 衆雌

---

71 神巫는 乃善相者니 名이 季咸也라 | 神巫란 관상을 잘 보는 사람을 일컫는 말로 이름은 季咸이다.

72 言相人最驗하야 刻期不爽이라 | 사람의 관상을 보면 너무나 잘 맞추어 예언한 날짜에 틀림이 없음을 말한다.

73 言畏其靈驗하야 恐說出不好之事일새 故皆走不敢近也라 | 그가 아주 영험이 있어 혹여 좋지 않은 일을 발설할까 두려워서 모두 감히 가까이 하지 않고 도망쳐버린 것을 말한다.

74 列子 將以爲神하야 故心醉服也라 | 열자는 그 관상쟁이를 神이라 생각한 까닭에 심취하여 감복한 것이다.

75 此乃列子之師也라 | 이는 곧 열자의 스승이다.

76 意謂神巫超過壺子遠矣라 | 이 뜻은 신무가 호자보다 훨씬 뛰어났음을 말한다.

77 言我之敎汝者는 但外面皮毛耳라 旣는 盡也라 | 내가 그대를 가르친 것은 外面의 毛皮일 뿐임을 말한 것이다. 旣는 다함이다.

78 其道之眞實處를 全未示汝라 | 그 道의 진실한 곳을 모두 그대에게 보여주지 않았다.

79 汝也라 | 너〔열자〕이다.

80 將謂也라 | 생각하는가라는 뜻이다.

81 汝將謂已得道歟아 | 네가 이미 도를 얻었다고 생각하는가.

而無雄이면 而又奚卵焉고[82] 而[83]以道로 與世亢하야[84] 必信夫일새[85] 故使人
得而相汝니[86] 嘗試與來하야 以予示之하라[87] 明日에 列子 與之見壺子한대
出而謂列子曰 噫라[88] 子之先生이 死矣요 弗活矣라 不以旬數矣리라[89] 吾見
怪焉[90]이며 見濕灰焉이로다[91] 列子 入하야 泣涕沾襟하야[92] 以告壺子한댄 壺
子曰 曩吾 示之以地文이라[93] 萌[94]乎不震[95]不正이니[96] 是殆見吾의 杜[97]德

---

82 言物有雌雄하야늘 乃能生卵이니 以比人有心對待하야늘 而相者 乃見其
禍福이라 若心能絶待하면 又何從而相之아 如雌而無雄에 又何卵焉고 | 物
에는 암컷과 수컷이 있어야 알을 낳거늘 견주컨대 사람도 有心으로 상대를
대한 까닭에 관상쟁이가 그의 화복을 보는 것이다. 그러나 만일 마음에 待가
끊어질 수 있다면 어떻게 관상을 볼 수 있겠는가? 예컨대 암컷에 수컷이 없
다면 어떻게 알을 낳을 수 있겠는가.

83 汝也라 | 너〔열자〕이다.

84 與人으로 相比亢也라 | 세상 사람들과 서로 비교하고 겨룬다는 뜻이다.

85 以要人必信일새 故相亢以示己之長이라 | 사람들의 신임을 얻으려 한 까닭
에 서로 겨루어 자기의 장점을 드러내는 것이다.

86 以不能忘己하고 要人知之일새 故人이 亦因得而相之也라 | 자신을 잊지 못
하고 남들이 알아주기를 구한 까닭에 그가 相을 보게 된 것이다.

87 若來以我示之하면 看彼能測我乎리오 | 만일 그가 찾아와 나의 관상을 보게
한다면 저가 나를 능히 헤아린다고 보겠는가?

88 驚歎也라 | 놀라 탄식하는 말이다.

89 言不十數日에 卽死矣라 | 열흘도 못 가서 곧 죽음을 말한다.

90 吾見怪之라 | 나는 괴이함을 보았다는 뜻이다.

91 言面如濕灰하야 絶無生機也라 | 얼굴이 물젖은 잿빛이어서 전혀 생기가 없
음을 말한다.

92 以聞先生必死라 | 그는 스승이 반드시 죽는다는 말을 들었기 때문이다.

93 此下는 三見壺子에 示之安心不測之境하니 此卽佛門之止觀이라 乃安心之
法也니라 地文은 乃安心於至靜之地니 此는 止也라 | 이 아래 문장에서는
호자가 세 번에 걸쳐 마음을 편안히 하여 헤아릴 수 없는 경계를 보여주고 있
으니 이는 바로 佛門의 止觀으로, 곧 마음을 편히 하는 법이다. 地文이란 마
음을 지극히 고요〔至靜〕한 곳에서 편히 하는 것이니, 이것이 止이다.

機⁹⁸也로다⁹⁹ 嘗又與來하라¹⁰⁰ 明日에 又與之見壺子한대 出而謂列子曰 幸

矣라 子之先生이 遇我也여 有瘳矣며¹⁰¹ 全然有生矣라 吾見其杜¹⁰²權¹⁰³

矣¹⁰⁴ 列子 入하야 以告壺子한대 壺子曰 曩吾 示之以天壤라¹⁰⁵ 名實이 不

入이로되¹⁰⁶ 而機發於踵이니¹⁰⁷ 是는 殆見吾의 善者機也온¹⁰⁸ 嘗又與來하

---

94 草之未出芽를 曰萌이라 | 풀에 아직 싹이 나지 않은 것이 萌이다.

95 動也라 | 움직임이다.

96 猶顯示也니 謂我安心於至靜하야 一念不生의 不動不顯之地니 卽心念이
俱灰泯絶이라 故面如濕灰하야 無生機也라 | 顯示와 같으니, 내 마음이 至
靜에 편안함이니, 한 생각도 일어나지 않아 움직임도 없고 드러남도 없는 경
지이니, 이는 마음에 생각이 모두 사라지고 끊어진 까닭에 얼굴이 축축한 잿
빛이 되어 생의 기틀이 없는 것이다.

97 止也라 | 정지함이다.

98 猶生機也라 | 生機와 같다.

99 言彼殆見我止絶生機일새 故將謂我必死也라 | 그는 내〔호자〕게 생기가 끊김
을 본 까닭에 머지않아 내가 죽을 것이라 일렀음을 말한다.

100 命明日에 再來看이라 | 내일 다시 데리고 와서 나의 관상을 보게 하라고 명
한 것이다.

101 言汝之先生이 幸遇我하야 可以不死요 而疾이 有瘳矣라 | 그대〔열자〕의 스
승은 다행히 나를 만나 죽지 않고 병이 나을 수 있음을 말한다.

102 絶也라 | 끊어짐이다.

103 活動也라 | 활발히 움직임이다.

104 言我見其死而復活하야 乃有生機也라 | 나는 그〔호자〕에게서 죽었다가 다
시 살아나 생의 기틀이 있음을 보았다는 말이다.

105 天壤은 謂高明昭曠之地니 此卽觀也라 | 天壤이란 즉 高明하고 昭曠한 경
지니 이는 곧 觀이다.

106 言性地光明에 一切不存也라 | 본성의 광명으로 일체가 존재하지 않음을
말한다.

107 踵은 最深深處也니 言自從至深靜之地하야 而發起照用이니 如所云 卽止
之觀也라 | 踵이란 가장 깊고 깊은 곳이니 가장 깊고 고요한 곳에서부터 照
用이 일어남을 말한다. 이른바 止의 觀이다.

108 言彼見吾의 善而不死者는 以我示之以天機也라 | 그가 내게서 좋아져서

라¹⁰⁹ 明日에 又與之見壺子한대 出而謂列子曰 子之先生이 不齊하야¹¹⁰ 吾
無得而相焉이러니 試齊어니와 且復相之라¹¹¹ 列子 入하야 以告壺子한대 壺
子曰 吾曏示之以太沖¹¹²莫勝이니¹¹³ 是는 殆見吾의 衡¹¹⁴氣機也로다¹¹⁵
鯢¹¹⁶桓¹¹⁷之審¹¹⁸이 爲淵이요¹¹⁹ 止水之審이 爲淵이요¹²⁰ 流水之審이 爲淵

죽지 않음을 본 것은, 내가 그에게 天機를 보여주었기 때문이다는 말이다.

109 再命明日에 更來라 | 내일 다시 한 번 데려오도록 거듭 명한 것이다.

110 言精神이 恍惚하고 顔色이 不一이라 齊는 一也라 | 정신이 황홀하여 안색
이 한결같지 않음을 말한다. 齊는 한결같음이다.

111 言待精神一定 而復相之也라 | 정신이 안정되기를 기다려 다시 상을 보겠
음을 말한다.

112 至虛之地라 | 至虛의 경계이다.

113 言動靜이 不二也라 初偏於靜하고 次偏於動 今則安心 於極虛하야 動靜
이 不二니 猶言止觀雙運不二之境也라 | 動靜이 不二인지라 처음에는 靜
에 치우쳤다가 다음에는 動으로 치우쳤지만 지금 그는 極虛에 마음을 편히
한 까닭에 動靜이 不二한 것을 말한 것이니, 이는 止觀雙運의 불이경계라
는 말과 같다.

114 平也라 | 平正한 것이다.

115 言平等持心하야 動靜不二일새 故氣機亦和融而不測也라 下에 壺子 又講
明前所示者 乃三種觀法이니 故彼莫測耳라 | 평등하게 마음을 지녀 動靜
이 不二하므로 氣機 또한 和融하여 헤아릴 수 없음을 말한다. 아래 문장에
서 호자가 또 그가 앞에 보여준 것이 곧 三種觀法임을 밝힌 까닭에 그가 헤
아릴 수 없었다.

116 鰌魚也라 | 미꾸라지이다.

117 盤桓은 言鰌魚 盤於深泥也라 | 盤桓이란 미꾸라지가 깊은 진흙에서 빙빙
도는 것을 말한다.

118 處也라 | 물이 있는 곳이다.

119 淵은 湛淵이니 乃止觀之名이라 然鯢桓之所處於深泥로 以喩至靜이니 卽
初之止也라 | 淵이란 湛淵으로 곧 止觀의 이름이다. 미꾸라지가 진흙탕에
서 빙빙 도는 것을 至靜에 비유하니, 이는 곧 첫 단계의 止이다.

120 此喩觀也니 止水澄淸하고 萬象을 斯鑑하니 卽次之天壤之觀也라 | 이는
觀을 비유한 것이니 止水는 澄淸하여 모든 물상을 이에 비춰주니, 이는 두

이라[121] 淵有九名에[122] 此處三焉이니라[123] 嘗又與來하라 明日에 又與之見壺

子러니 立未定에 自失而走어늘 壺子曰 追之라 列子 追之不及하야 返以報

壺子曰 已滅矣며[124] 已失矣라[125] 吾弗及已로다[126] 壺子曰 曩吾示之以 未

始出吾宗호니[127] 吾與之虛而委蛇하야[128] 不知其誰何라[129] 因以爲弟靡하며

[130] 因以爲波流일새[131] 故로 逃也니라[132] 然後에 列子 自以爲未始學이라하고

번째 天壤의 觀이다.

121 流水雖動이나 而水性은 湛然不動이니 此喩卽動而靜이며 卽靜而動하야
動靜不二로 平等安心이니 卽末後太沖莫朕의 止觀不二也라 | 흐르는 물
은 비록 출렁거리지만 水性은 담연 부동하니, 이는 움직이면서 고요하고 고
요하면서 움직이는 動靜不二로 平等安心을 비유한 것이다. 이는 마지막 단
계인 太沖莫朕의 止觀不二이다.

122 言定有九種이라 | 禪定에 아홉 가지가 있음을 말한다.

123 言我示之者는 乃三種定法也라 | 내가 그에게 보여준 것은 (아홉 가지 가운
데) 세 가지 선정의 법을 말한다.

124 言去之하야 已無蹤影矣라 | 달아나 이미 자취를 찾을 수 없음을 말한다.

125 言卽尋之나 已不得見矣라 | 찾아봐도 이미 그를 발견할 수 없음을 말한다.

126 言我追之나 已不及已라 | 내가 그를 뒤쫓아 갔지만 그를 붙잡을 수 없음을
말한다.

127 宗者는 謂虛無大道之根宗이니 安心於無有하야 了無動靜之相이니 卽佛
氏之攝三觀於一心也라 | 宗이란 虛無大道의 근본 종지를 이르니, 無에 마
음을 편히하여 동정의 상이 전혀 없는 것이다. 이는 곧 불교에서 말한 '三觀
을 一心에 포섭한다'는 뜻이다.

128 言我安心於至虛無有之地하야 但以虛體로 而示狀貌하야 委蛇隨順彼耳
라 | 나는 至虛인 無의 경계에 마음을 편히 한 채, 다만 虛의 본체에 입각해
그 모습을 보여 자연을 따라 순응함을 말한다.

129 故彼不知其誰何也라 | 따라서 그는 호자가 도대체 어떤 사람인지 모르는
것임을 말한다.

130 言物之頹靡는 難於收拾也라 | 사물의 흐트러져 수습하기 어려움을 말한
다.

131 言精神이 浩蕩捉摸不定也라 | 정신이 호탕하여 잡으려 해도 일정하지 않
음을 말한다.

¹³³ 而歸하야¹³⁴ 三年을 不出하고¹³⁵ 爲其妻爨하며¹³⁶ 食豕를 如食人하고¹³⁷ 於事에 無與親하며¹³⁸ 雕琢復樸하야¹³⁹ 塊然¹⁴⁰獨以其形으로 立하야 紛而封哉하야¹⁴¹ 一以是終하니라¹⁴²

---

132 因此難測일새 故逃走耳라 | 이 때문에 예측하기 어려워 달아났을 뿐이다.

133 初則列子未得壺子之眞實일새 故以神巫로 爲至러니 今見壺子 所以示神巫者 雖善相이나 卒莫能測識其端倪하고 到此하야 方信壺子之道 大難測이요 而始知自己從來로 未有學也라 | 처음에 열자는 스승 호자의 진실을 깨닫지 못한 까닭에 관상쟁이 신무를 지극하다고 생각했다. 그러나 호자가 관상쟁이에게 자신의 지극한 相好를 보여주었으나 그는 마침내 이를 헤아리지 못하고 이에 이르러서야 비로소 호자의 도가 헤아리기 어려운 경계임을 믿었고, 비로소 자신의 지난날 공부가 모자람을 깨닫게 되었다.

134 辭壺子而歸에 立志造修也라 | 호자를 떠나 돌아가서 도를 배우는 데 뜻을 두고 수양에 힘썼다.

135 專一做工夫라 | 공부에 전념한 것이다.

136 言列子 初恃自己有道하야 以驕其妻하시니 今能忘身하야 而爲妻爨이라 | 열자는 전에는 자신에게 도가 있다고 자부하여 그 아내에게 거드름을 피웠으나, 이제는 자신을 잊고서 아내를 위해 밥을 지었다는 뜻이다.

137 初未入道에 而有人物分別之心이러니 今則分別情忘이라 | 처음 입도하기 전에는 사람과 짐승을 분별하는 마음이 있었으나 이제는 분별하는 마음을 잊어버렸다.

138 言無心於事也라 | 일에 무심함을 말한다.

139 先以雕琢喪樸이러니 今則還純返樸矣라 | 예전에는 조탁으로써 질박함을 잃었으나 이제는 다시 순수하고 질박함으로 되돌아갔다.

140 不識不知之貌라 | 전혀 모르는 모양이다.

141 封은 卽齊物之有封之封이니 謂受形骸라 是於大化之中에 乃立人我하고 橫生是非하야 固執而不化者니 猶有封之疆界也라 而今에 乃知此形이 爲紛授而封畛之也라 | 封이란 〈제물론〉에서 말한 有封의 封이니, 육신을 받은 것을 말한다. 큰 조화의 가운데 나와 남을 분별하여 온갖 시비를 내어 고집으로 변화하지 않은 자이니, 이는 有封의 경계가 있는 것과 같다. 그러나 이제 그는 이 육신이 어지럽게 얽히고 경계를 나누게 됨을 깨달았다.

142 言列子 竟此學하야 以終其身也라 | 열자는 이 공부를 다하고서 이로써 한 생을 마쳤다.

【직역】 鄭나라에 神巫가 있으니 季咸이라 한다. 사람의 사생, 존망과 화복, 壽夭를 알아 歲, 月, 旬, 日로써 기약함이 신과 같기에 정나라 사람들은 그를 보면 모두 멀리 달아나 버렸다. 列子는 그를 보고서 심취하여 돌아와 이로써 壺子에게 고하여 말하기를, "처음엔 저는 夫子의 道로써 지극하다 생각했었는데 또 지극한 자가 있습니다."

호자가 말하기를, "내, 너와 더불어 그 文을 다하였고 그 實을 다하지 않았는데 네가 도를 얻었다고 생각하느냐? 많은 암컷에 수컷이 없이 또 어떻게 알을 낳을 수 있을까?

네가 도로써 世人과 겨루어 드높여 반드시 믿음이 있었기에 이런 까닭에 사람으로 하여금 너의 상을 보게끔 만든 것이니, 시험 삼아 함께 데려오라. 나를 그에게 보여 보자."

明日에 열자가 그와 더불어서 호자를 보였는데, 나와서 열자에게 말하기를, "아! 그대의 선생이 죽겠다. 살지 못할 것이다. 열흘로써도 셀 수 없다. 내, 괴함을 보았으며 濕灰를 보았다."

열자가 들어가 泣涕로 옷깃을 적시면서 호자에게 고하자, 호자가 말하기를, "조금 前에 내 그에게 地文으로써 보여 주었다. 震(動)하지도 않고 正(止)하지도 않은 것에서 싹틈이니, 이는 자못 나의 杜德機를 보여줌이다. 또다시 함께 오라!"

明日에 또 그와 더불어 호자를 보였는데, 나와서 列子에게 말하기를, "다행이다. 그대 선생이 나를 만남이여! 치유되었다. 모두 全然히 生이 있다. 내, 그 杜權을 보았다."

열자가 들어가 이로써 호자에게 고하자, 호자가 말하기를 "조금 전에 내가 天壤으로써 보여주었다. 名實이 들어오지 않았으나 機가 발뒷꿈치에서 발하였다. 이는 내 善者(生意)의 機를 보여준 것이다. 또다시 함께 오라."

다음날에 또 그(계함)와 더불어 호자를 뵈었다. 그가 밖으로 나와서 열자에게 말하였다. "그대 선생의 相은 일정하지 않기 때문에 나는 볼 수가 없네. 그러니 일정하게 해 준다면 다시 보겠네." 열자가 들어가서 호자에게 말하자 호자가 이렇게 말하였다. "좀 전에 나는 이루 헤아릴 수 없는 텅 빈 허공 같은 모습을 보여 주었다. 이것은 거의 나의 氣가 형평을 이룬 모습을 본 것이다. 미꾸라지가 노는 곳도 연못이요, 정지되어 있는 곳도 연못이요, 흐르는 곳도 연못이다. 연못에 아홉 가지 이름이 있는데 이곳은 그 세 번째이다. 다시 한번 데리고 오라."

다음날 또 그와 함께 호자를 뵙자 그는 바로 서지도 못한 채, 自失하여 달아나버리자, 호자가 "그를 뒤쫓아 가라" 하였다. 열자가 뒤쫓아 갔으나 미치지 못하고 돌아와 호자에게 아뢰기를, "벌써 사라졌습니다. 이미 잃어버렸습니다. 제가 미칠 수 없었습니다."

호자가 말하기를, "조금 전에 내가 애당초 나의 宗을 드러내 보이지 않음으로써 보여주었다. 내, 그와 함께 하되 허하여 委蛇한지라, 그 누구인지 모른 것이다. 인하여 弟靡하다 생각하고 인하여 波流하다 생각한 것이다. 이 때문에 도망친 것이다."

연후에 열자 스스로 애당초 배우지 못했다고 생각하여 돌아가 삼년을 나오지 않고 그 처를 위하여 밥 지으며 돼지 먹이기를 사람 먹이듯이 하고 일에 더불어 친함이 없고 巧琢을 彫去하고 소박으로 회복하여 塊然히 홀로 그 형체로써 서며 紛紜함으로 封哉하여 하나같이 이로써 마쳤다.

【의역】 정나라에 귀신처럼 영험이 있다는 관상쟁이 한 사람이 있었다. 그의 이름을 계함이라 한다.

그는 사람들의 사생 · 존망과 길흉 · 화복을 너무도 잘 알아서 어느 해, 어느 달, 어느 열흘, 어느 날이라 말하면 귀신처럼 들어맞았다. 정나라 사람들은 그를 보면 행여 그가 자기에게 불길한 말을 할까 두려워서 모두 멀리 달아나 버렸다. 열자는 그를 보고서 심취하여 호자의 문하에 돌아와 이 사실을 말씀드렸다.

"저는 처음엔 선생의 도가 가장 높다고 생각했었는데, 오늘날 더욱 더 높은 사람이 있습니다."

호자가 열자에게 말하였다.

"나는 너에게 외적으로 볼 수 있는 문장만을 모두 보여주었을 뿐, 일찍이 내면세계의 정온(精蘊)을 너에게 보여준 적이 없었는데, 너는 네가 도를 얻었다고 생각하느냐?

수많은 암탉이 알을 낳을 때는 반드시 수탉이 있어야 하는데, 오늘날 수탉도 없이 어떻게 알을 낳을 수 있었다는 말이더냐?

아마 네가 너로서 말할 수 있는 도를 세상 사람들 앞에서 맘껏 자랑하여 사람들에게 자신감을 얻었나 보다. 이처럼 너의 처신이 천박했던 까닭에 그 계함이라는 이가 너의 관상을 볼 수 있었던 것이다. 그렇다면 시험 삼아 네가 계함을 데려오도록 하라. 나를 그에게 한번 보여 보자구나."

그 이튿날, 열자는 계함을 데리고 와서 호자의 얼굴을 보였다. 계함이 호자의 관상을 본 뒤, 밖으로 나와서 열자에게 말하였다.

"아! 그대의 선생이 죽겠다. 영영 살지 못한다. 열흘도 살 수 없을 것이다. 나는 그의 얼굴빛에서 이상한 것을 보았다. 그의 얼굴이 물에 젖은 재처럼 털끝만큼도 생기(生機)를 찾아볼 수 없었다."

열자가 호자의 방으로 들어가 눈물을 줄줄 흘리어 옷깃을 흠뻑 적시면서 계함의 말을 그대로 전하자, 호자가 그에게 말하였다.

"내가 조금 전에 마음을 고요히 止의 상태인 지문(地文)을 그에게 보여주었다. 마음이 동하지도 않고 드러나지도 않은 곳에서 나의 相을 보여주었으니, 이는 생의(生意)의 징조가 닫혀버린 것으로 보여준 것이다. 다시한 번 그를 데리고 오라!"

그 이튿날, 열자는 또다시 계함을 데리고 와서 호자의 얼굴을 보였다. 계함이 호자의 관상을 본 뒤, 밖으로 나와서 열자에게 말하였다.

"참으로 다행이다. 그대 선생이 나를 만난 것이…! 이젠 나았다. 물에 젖은 재처럼 보였던 얼굴이 다시 화색이 돌아 이젠 살 수 있을 것이다. 나는 어제와 달리 오늘은 그의 막혔던 생기에 변화가 있음을 볼 수 있었다."

열자가 들어가 호자에게 계함의 말을 전하자, 호자가 말하였다.

"내가 조금 전에 생기가 동하는 밝은 경지를 열어 천양(天壤)을 그에게 보여주었다. 아직 뚜렷한 명실이 있는 것은 아니지만 겨우 하나의 생기가 아주 깊고 고요한 곳에서 발산된 것이다. 이는 나의 생의의 기틀을 그에게 보여준 것이다. 다시 한 번 계함을 데리고 오라!"

다음날 계함이 호자를 만나서 상(相)을 보았으나 호자의 마음은 동정(動靜) 그 어디에도 치우치지 않고 마음은 움직이지 않았다. 마음이 움직여야 그 모습이 얼굴에 나타나고 상(相)을 볼 수 있는데 마음이 부동(不動)이므로 볼 수 없었던 것이다. 마음이 고정되어 있지 않고 텅 빈 상태에서는 그를 측량할 수 없는 것이다.

또 그 이튿날, 다시 계함을 데리고 와서 호자의 관상을 보이려고 할 적에 채 바로 서기도 전에 얼이 빠져 달아나 버리자, 호자가 "그를 뒤쫓아 가서 다시 데려 오라" 하였다. 열자가 뒤쫓아 갔으나 붙잡지 못하고 되돌아와 호자에게 아뢰었다.

"벌써 그의 모습이 보이지 않아서 그가 어디로 갔는지 알 수 없습니다. 그래서 제가 뒤쫓아 갈 수 없었습니다."

호자가 말하였다.

"조금 전, 動靜이 둘이 아니고 止觀이 雙運한 至虛한 경지를 그에게 보여주었다.

이처럼 나는 계함과 함께하면서도 그 마음(機)을 비움으로써 천지조화를 따라 변화하되 그 자취를 찾아볼 수 없도록 하였다. 이 때문에 그가 나의 실체가 뭔지를 모른 것이다.

그래서 그는 나에 대해서 바람 부는 대로 나부끼듯이 하나도 가진 바 없다 생각하였고 물결치는 대로 흐르듯이 하나도 막힌 바 없다고 생각했던 까닭에 도망쳐버린 것이다."

그런 일을 겪은 뒤, 열자는 스스로 학문이 얕음을 후회하고서 집으로 돌아가 3년 동안 문밖을 나오지 않은 채, 아내가 있는 데도 있는 줄 모르고 그 아내를 위해 밥을 짓고, 돼지를 돼지로 보지 않고서 사람에게 밥 주듯이 기르고, 세상의 일에 무심하여 사사로이 한 바 없고, 허식을 떨쳐버리고 본래의 소박함으로 돌아가 마치 아무 생각도 없는 듯이 정식(情識)과 작위가 없이 몸을 잊었다.

이 때문에 세상사 분분하여 끝이 없으나 열자는 무심으로 차별의 정식을 버리고 한결같이 그렇게 살다가 한 생을 마쳤다.

【감산 절해】

此一節은 因上言明王이 立乎不測하야 以無爲而化하야 莊子- 恐世人이
不知不測이란 是何等境界며 爲何等人物일새 故로 特撰出箇壺子하니 乃其
人也요 卽所示於神巫者는 乃不測之境界也라 如此等人이 安心如此라야
乃可應世니 可稱明王이요 方能無爲而化也라 其他는 豈可彷彿哉아 言此
段學問 亦可學而至로되 只貴信得及做得出이라 若列子는 卽有志信道之
人也라 此勵世之心을 難以名言矣로다

上言壺子하사 但示其不測之境하시고 下文에 重發揮應世之用이라

이 문장은 앞 단락에서 말한 "명왕이 헤아릴 수 없는 경지에 서서 無爲
로서 화한다"는 말로 인하여, 장자는 세상 사람들이 "알 수 없고 헤아릴
수 없는 경지란 어떤 경계이며, 어떤 인물일까?"라고 의심하였다. 이 때문
에 특별히 호자라는 사람을 만들어냈는 바, 바로 그 사람이며, 그가 신령
스럽다는 점쟁이에게 보인 것은 바로 헤아릴 수 없는 경계이다.

이런 사람이 이처럼 마음이 편안해야 세상에 응할 수 있으니, 명왕이라
칭할 수 있고, 비로소 무위로써 화할 수 있다. 그 밖의 사람이야 어찌 비
슷하게나마 할 수 있겠는가? 이 단락의 학문 또한 배워서 이를 수 있지만,
단지 이를 믿고 행하는 것이 귀중하다. 열자와 같은 이는 뜻을 두고 도를
믿는 사람인지라 그 세상을 격려하기 위한 마음을 이루 형언하기 어렵다.

위에서는 호자를 말하여 "헤아릴 수 없는 경지"를 밝혔고, 아래 문장에
서는 거듭 응세(應世)의 묘용을 말하였다.

無爲名尸하며[143] 無爲謀府하며[144] 無爲事任하며[145] 無爲知主하야[146] 體盡無窮하되[147] 而遊無朕하며[148] 盡其所受乎天하고 而無見得이니[149] 亦虛而已니라[150] 至人之用心은 若鏡하야 不將不迎하며 應而不藏하나니 故로 能勝物而不傷이니라[151]

---

[143] 尸는 主也니 言眞人은 先要忘名일새 故로 戒其不可爲名尸라 | 尸는 主이다. 眞人은 먼저 명예를 잊어야 한 까닭에 명예의 주가 되어서는 안 된다고 경계한 것이다.

[144] 智謀之所聚曰 謀府니 言一任無心하야 不可以智謀로 爲事也라 | 지모가 모인 곳을 謀府라 하니 하나같이 무심하여 지모를 일삼지 않음을 말한다.

[145] 言不可强行任事니 謂有擔當에 則爲累 爲患이라 但順事而應하야 若非己出者也라 | 억지로 일을 맡아서는 안 됨을 말한 것이니, 담당하는 일이 있으면 누가 되고 우환이 된다. 단 사리에 따라 순응하여 자기에게서 나온 것이 아닌 것처럼 해야 한다.

[146] 知主는 以知巧爲主也니 言順物忘懷하야 不可主於智巧也라 | 知主란 知巧를 주로 삼음이니 사물을 따라 생각을 잊고서 지교를 주로 삼지 않아야 함을 말한 것이다.

[147] 體는 言體會於大道니 應化無有窮盡也라 | 體란 大道를 체득하고 회통함이니, 변화를 응함에 무궁무진함을 말한다.

[148] 朕은 兆也니 謂遊於無物之初하야 安心於一念不生之地也라 | 朕은 조짐이니, 하나의 사물도 없는 本初에 노닐며 한 생각 일어나지 않는 곳에 마음을 편히 해야 함을 말한다.

[149] 言但自盡其所受乎天者를 全體不失하고 而亦未見有得之心也라 | 단지 하늘에서 얻은 바를 스스로 다해 전체를 잃지 않고, 또 얻었다는 마음을 보지 않은 것을 말한다.

[150] 如此亦歸於虛而已니 言一毫를 不可有加於其間也라 | 이와 같이 또한 虛로 돌아갈 뿐이니 일호라도 그 사이에 더해서는 안 됨을 말한 것이다.

[151] 至人用心은 如門鏡當臺하야 物來順照하고 並不將心要應하며 事之未至에 亦不以心先迎하며 卽物一至에 姸醜分明이나 而不留藏姸醜之跡하야 了無是非之心이라 如此虛心應世일새 故로 能勝物이나 而物卒莫能傷之者니 虛之至也라 | 至人의 用心은 거울이 臺에 있으면 外物이 오는 대로

【직역】 名의 尸(主)를 위함이 없으며, 謀의 府를 위함이 없으며, 事의 任을 위함이 없으며, 知의 主를 위함이 없고 무궁함을 체득하여 다하되 無朕에 놀며, 그 하늘에 받은 바를 다하되 얻음을 봄이 없으니 또한 허할 뿐이다.

지인의 용심은 거울과 같아서 보내지도 않으며 맞이하지도 않으며 응하되 간직하지도 않는다. 그러므로 능히 물을 이기되 상처입지 않는다.

【의역】 명예의 표적이 되는 공명심이 없으며, 모략의 창고가 되는 지모가 없으며, 일의 담당자가 되는 소임이 없으며, 지혜의 주인공이 되는 모사가 되지 말라.

무궁한 대도를 모두 체득하여 갖추지 않은 바 없을지라도 한 터럭 끝도 붙일 수 없는, 소리와 냄새의 자취조차 없는〔無朕〕 경지에 노닐며, 그 하늘에 받은 바 자연의 본성을 다하되 스스로 본성을 얻었다는 한 생각도 없어야 한다. 또한 마음을 비울 뿐이다.

지인의 무심한 마음은 마치 밝은 거울과 같다. 사물의 오감을 맡겨두 듯이 앞서 보내지도 맞이하지도 않는다. 사물이 이르러 오는 족족 응하되 한번 떠나가면 이미 떠난 것을 마음속에 간직해 두지도 않는다. 그러므로 지인의 용심은 외물을 이겼으되 그 외물은 지인을 상하게 하지 못한다.

비출 뿐, 마음을 내어 응하지 않으며, 사물이 아직 이르지 않았을 때도 마음으로 먼저 맞이하지 않고, 어떤 사물이 이름에 어여쁘고 추한 모습이 분명히 드러나지만 그 어여쁘고 추한 흔적을 남겨 두지 않아 전혀 시비의 마음이 없다. 이와 같이 마음을 비우고 세상에 應한 까닭에 外物을 이길 수 있어서 外物에 끝내 상처입지 않으니 虛心의 지극함이다.

已前에 說了眞人의 許多情狀과 許多工夫하고 末後에 直結歸至人已下
二十二字하야 乃盡莊子之學問功夫와 效驗作用이 盡在此而已요 其餘種種
撰出은 皆蔓衍之辭也라 內篇之意 已盡此矣라 學者 體認에 亦不必多요 只
在此數語下手니 則應物忘懷하면 一生受用不盡이니 此所謂逍遙遊也니라

이미 앞의 문장에서 眞人의 다양한 실상과 다양한 공부를 말하고, 맨
마지막에 이르러 至人 이하 22자(至人之用心…不傷)로 끝맺으면서, 장자의
학문 공부와 효험 작용이 모두 여기에 담겨 있음을 다 말했을 뿐이다. 그
나머지 갖가지 지어낸 말들은 모두 蔓衍한 문장들이다. 내편의 뜻은 이미
여기에서 다하였다.

배우는 이들이 체득·인식해야 할 것 또한 많지 않다. 단지 이 몇 마디
에 착수하면 된다. 외물을 응함에 모든 생각을 잊으면 일생 동안 모두 수
용해도 다함이 없으니 이것이 이른바 逍遙遊이다.

【원문】

南海之帝 爲儵이요 北海之帝 爲忽이요 中央之帝 爲渾沌이라 儵與忽이
時相與遇於渾沌之地에 渾沌이 待之甚善이어늘 儵與忽이 謀報渾沌之德曰
人皆有七竅하야 以視聽食息이어늘 此獨無有하니 嘗試鑿之하리라 日鑿一竅
하니 七日에 而渾沌死하다[152]

---

[152] 儵忽者는 無而忽有니 言人이 於大化에 最初受形之始也요 渾沌은 言雖
俄爾有形이나 尙無情識하고 渾然沌然하야 無知無識之時也라 及情實日
鑿하야 知識一開면 則天眞盡喪하니 所謂日鑿一竅에 七日而渾沌死也라

【직역】 南海의 帝를 儵이라 하고 北海의 帝를 忽이라 하고 中央의 帝를 渾沌이라 한다.

儵과 忽이 때로 혼돈의 땅에서 서로 만났는데 혼돈이 그들 대접하기를 매우 잘하였다. 숙과 홀이 혼돈의 덕을 갚고자 꾀하기를, "사람은 모두 일곱 구멍이 있어 이로써 보고 듣고 먹고 숨을 쉬는데 이(渾沌)는 홀로 없으니 시험 삼아 뚫어주자" 하고, 날마다 한 구멍씩을 뚫으니 七日 만에 혼돈이 죽어버렸다.

【의역】 남해의 임금을 숙(儵), 북해의 임금을 홀(忽), 중앙의 임금을 혼돈(渾沌)이라 한다.

숙과 홀이 으레 혼돈의 땅에서 만났는데, 혼돈이 그들을 융숭하게 대접하여, 두 임금은 혼돈의 아름다운 마음에 보답하고자 의논하였다.

"사람들은 모두가 일곱 구멍이 있어 두 눈으로 보고 두 귀로 듣고 하나의 입으로 먹고 두 콧구멍으로 숨을 쉬는데, 유독 혼돈에게만 없다. 우리가 시험 삼아 일곱 구멍을 뚫어주자."

이에 하루에 한 구멍씩을 뚫어나갔는데, 7일이 지나자 혼돈은 그만 죽고 말았다.

副墨以儵爲火하고 以忽爲水하고 渾沌爲土하니 似有理나 太犯穿鑿이니 只如此解則已니라 | 儵忽이란 없다가 갑자기 있다는 것이다. 사람이 천지의 큰 조화 속에서 최초로 형체를 부여받은 시초를 말한다. 渾沌이란 갑자기 형체가 있으나 오히려 情識이 없고 渾沌하여 無知無識한 때이다. 그러나 情識을 날로 파헤쳐 알음알이가 한번 열리면 天眞을 모두 잃게 되니, 이른바 "날마다 하나의 구멍을 뚫은 지 이레 만에 혼돈은 죽고 말았다"는 것이다. 『副墨』에서 儵을 火, 忽을 水, 渾沌을 土로 하니, 그럴싸하지만 지나치게 천착을 범한 것이니, 단 이처럼 해석하면 될 뿐이다.

【감산 절해】

此儵忽一章은 不獨結應帝王一篇이라 其實은 總結內七篇之大意라 前言逍遙는 則總歸大宗師요 前頻言小知傷生은 養形而忘生之主라 以物傷生하야 種種不得逍遙는 皆知巧之過니 蓋都爲鑿破渾沌하야 喪失天眞者라 卽古今宇宙兩間之人이 自堯舜以來로 未有一人不是鑿破渾沌之人也라 此特寓言이나 大地皆凡夫愚迷之人이 槩若此耳라 以俗眼觀之에 似乎不經이나 其實은 所言이 無一字不是救世愍迷之心也니 豈可以文字視之哉아 讀者當見其心이 可也라 卽予此解는 亦非牽强附合이요 蓋就其所宗하야 以得其立言之旨로되 但以佛法中의 人天止觀으로 而參證之니 所謂天乘止觀이라 卽宗鏡에 亦云 老莊所宗自然淸淨無爲之道 卽初禪天通明禪也라하니라 吾徒觀者는 幸無以佛法으로 妄擬爲過也니라

이 儵忽 一章은 오직 〈응제왕〉 편의 결론일 뿐 아니라, 실은 『장자』 내 7편의 대의를 총결한 것이다. 앞에서 말한 逍遙는 대종사로 모두 귀결되었다.

앞에서 小知로 생명을 해침에 대해 자주 말한 것은 몸만 위할 뿐〔養形〕, 생명의 주체를 망각했기 때문이다. 외물로 삶을 손상시켜 갖가지로 소요하지 못하는 것은 모두 지나친 知巧 때문이니 이는 모두 혼돈에 구멍을 뚫어 天眞을 상실한 때문이다. 고금 우주 안에 있는 사람 가운데 요순 이후로 어느 누구도 자신의 혼돈에 구멍을 뚫지 않은 이가 없다. 이는 우화일 뿐이지만, 온 누리에 모든 범부와 우매한 사람들이 대체로 이와 같다.

이를 俗眼으로 보면 상식과는 동떨어진 듯하지만, 실은 장자가 말한 어느 글자 하나 세속을 구제하고 어리석은 이를 불쌍히 여기는 마음 아닌

게 없으니 어찌 단순한 문자로만 볼 수 있겠는가? 이를 읽는 이는 장자의 그 마음을 보아야 할 것이다.

나의 이런 풀이 또한 견강부회가 아니다. 장자 종지의 입장에서 그 立言의 본지를 얻은 것이다. 단 佛法 가운데 '人天止觀'으로 증명한 것이니, 이른바 天乘止觀*이다. 『종경록』에서도 "노장의 宗旨인 自然淸淨無爲의 道는 바로 初禪天의 通明禪이다"라고 했다.

우리 불자로서 이를 본 자는 바라건대 佛法을 부질없이 잘못되었다고 생각해서는 안 될 것이다.

---

* 乘은 梵語 yāna의 번역으로 道, 船, 車를 뜻한다. 중생을 善處로 운반하는 다섯 가지 法門. 즉 人乘, 天乘, 聲聞乘, 緣覺乘, 菩薩乘이다. 『于蘭盆經疏』卷上에 따르면 이 다섯 가지에는 힘에 大小가 있고 거리에 遠近이 있다. 人乘은 三歸五戒를 뜻하고, 天乘은 上品十善과 四禪八定이다. 初禪天은 四禪 중 첫 번째이다.

통광 스님 국역 · 현토
장자 감산주

초판 1쇄 인쇄	2015년 5월 12일
초판 1쇄 발행	2015년 5월 20일

국역 · 현토	통광 스님
엮은이	통광불교연구원
펴낸이	오세광

펴낸곳	나라연

출판신고번호	제 313-2006-000136호
신고일자	2006년 6월 26일
주소	서울 마포구 마포대로 12 한신빌딩 1813호
전화	02-706-0792
팩스	02-719-8198

ISBN   978-89-958734-9- 6   03140

이 도서의 국립중앙도서관 출판예정도서목록(CIP)은 서지정보유통지원시스템 홈
페이지(http://seoji.nl.go.kr)와 국가자료공동목록시스템(http://www.nl.go.kr/
kolisnet)에서 이용하실 수 있습니다.(CIP제어번호: CIP2015013387)